母子情深。

敬愛的母親。

1966年與父親在紐約。

1997年，北京中南海，中國國家領導人江澤民主席接見。

2001年，中國大陸國務院朱鎔基總理。

左起作者、二姐、弟弟、大姐於紐約。

1991年，左起弟弟、二姐、大姐、作者於美國密西根州。

2007年，於紐約為師大附中鐘幹老師慶生。

1959年，附中校園，畢業前。
左起：李家淦老師，安仲明，戴元亨，作者，邱崑崙，林英瑋，許元士。

1961年，為人民服務。

1959年，師大附中實驗八班籃球隊。自左至右，前排：安仲明，戴元亨，邱崑崙，沈均生，李弘謙。中間是作者。後排：許元士，顧立凡，黃威，楊漢中，王榮滇，江得恩。

1989年，師大附中同學會於美國加州蒙特瑞（Monterey, CA）。
左起：許元士，劉鎮輝，樂近凱，程禮寰，作者，李弘謙。

1989年，師大附中同學同學會籃球隊於美國加州蒙特瑞（Monterey, CA）。
前排左起：劉鎮輝，同學，程禮寰，李弘謙，同學的兒女。後排左起：邱崑崙，黃威，安仲明，戴元亨，蕭崇仁，許濬，顧立凡，湯于光，江得恩，許元士，康力行，樂近凱，李沅鳳。

2005年，台大電機系同學會與同學玩乒乓球。

2005年，台大電機系同學會與同學玩撞球。

1998年，台大電機系同學會於美國灣區。
前排左起：范崇淜，查濟川，胡宏勳，梁慶封，黃特杕。
後排左起：王正齊，王晃三，潘克，作者，林朝武，邱再興，胡定華，施家昕，林本堅，林辰雄。

1994年，加州大學洛杉磯分校老師柯藍洛克（Professor Klienrock）60歲生日，在洛杉磯老師家為其祝壽。

作者初入社會。

1973年，與「清華壹號」迷你電腦和清華學生。

1973年，台灣清華大學課堂。

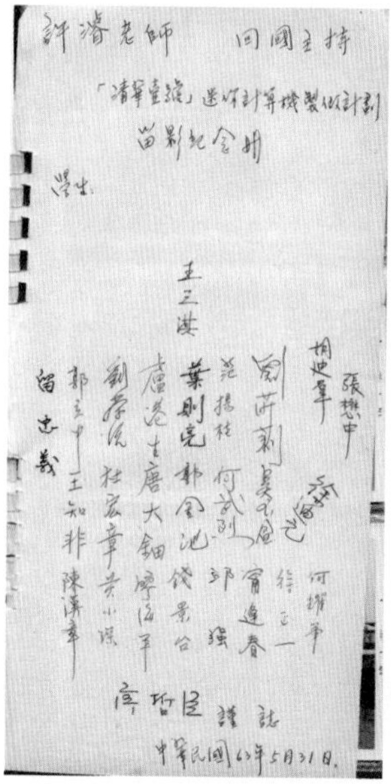

許濬老師　回國主持

「清華壹號」迷你計算機製做計劃

留影紀念冊

學生：

中華民國62年5月31日

1973年，回台灣主持「清華壹號」迷你計算機製做計畫。

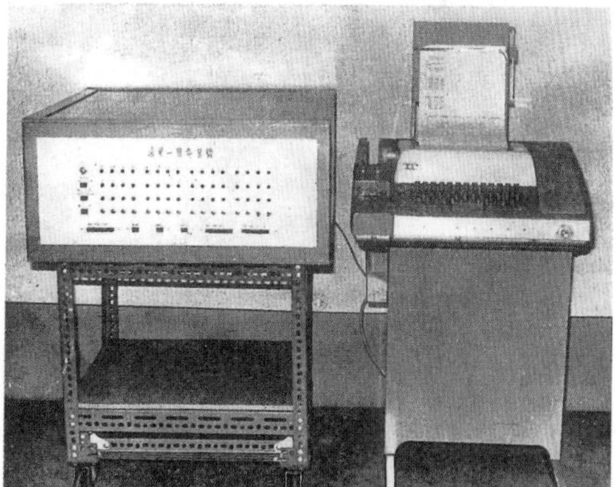

1973年，作者帶領設計製作的清華壹號迷你電腦。

1975年贏得百萬員工的AT&T貝爾系統橋牌冠軍。

1976年贏得百萬員工的AT&T貝爾系統贏得橋牌冠軍。

1983 年，拜會行政院長孫運璿。

1983年，芝加哥美中科技協會年會，頒獎給李國鼎部長。

1986年，慶祝1PSS R4 完工交付舊金山客戶。

1987年，與AT&T董事長（右）查理布朗（Charlie Brown）。

美國太浩湖滑雪勝地。一覽眾山小。

1985年，作者與兒女攝於猶他州錫安國家公園的納羅斯的地區（the Narrows, Zion National Park, Utah）。

打壘球。

打壘球。

瑞柏城（Naperville, IL）家起居室。可以酣高樓。

打高爾夫球，入境隨俗。

1989年，與早期職業咨詢委員會導師同事（Supervisor Career Advisory Program SCAP Advisory Committee）。

1989年，作者（右二）與硬體實驗室同事。

1994年，右起作者（Carl）、道格道頓（Doug Dowden，項目主管）和鮑伯馬李爾（Bob McLear，技術經理負責1B客戶技術支持）。攝於路易斯安那州巴吞魯日（Baton Rouge, Louisiana）的1B第一批應用。

1994年，與眾多製造部門經理攝於1B製造地俄亥俄州哥倫布市（Columbus, Ohio）。前排左一作者，右二白色毛衣是AT&T經理艾德沙佛（Ed Schafer），1B主要客戶。第一批應用出貨至路易斯安那州巴吞魯日（Baton Rouge, Louisiana）。

1991年作者（中）與西北大學（Northwestern University）同學。

貝爾實驗室科學家（左起）：斯坦・戈林斯基（Stan Golinski）企業產品實現流程（CPRP）經理，唐・麥克勞夫林（Don McLaughlin）硬體技術經理，吉姆・艾瑞克森（Jim Erickson）開發項目管理經理和作者，慶祝1B贏得1995年貝爾實驗室總裁金獎。攝於印第安山（Indian Hill, IL）。

1991年，女兒洛芸（Carolyn）耶魯大學畢業。攝於拜內爾開圖書館（Beinelke Library）前。

籃球是最愛。

1993年，參加 AT&T 領導培養工作會。

美中新聞
Chinese American News
中華民國八十三年九月三十日至十月六日

許濬 AT&T 榮陞副總裁新職

【本報記者黛薇芝加哥訊】在AT&T有二十三年工作履歷的最高級人主管許濬先生，九月底榮陞AT&T貝爾實驗室及網路系統副總裁（VICE PRESIDENT）。這一新職於九月底由該美國最大的電訊公司宣佈生效。

許濬生先生原籍山東，台大畢業後留美，於加州大學先成電腦碩士、博士學位。在AT&T原職位是貝爾實驗室主管寬頻道交換機（BROAD-BAND SWITCHING SYSTEMS）及交換技術研究發展的總監（LABORATORY DIRECTOR）。

「向寬頻率邁進」──這是世界電訊工業界的展望。世界先進的電訊強手，都在朝著這一高科技的目標悄然努力，激烈競爭。長期以來，許濬先生所管轄的業務範疇，就是以這一目標為使命。許濬本人長期從事研究。工作作風冷靜而有條不紊，事在必行的意志深得公司賞識及大家信賴。

許濬所任新職將負責長途電話的交換系統，發音及信號處理系統等重要部門的全球性業務及研究發展。所有使用AT&T長途電話的顧客，打電話時都會用到這個部門所研發的電話交換機。AT&T新引進成功的「您的原聲」（TRUE VOICE）的電腦及通訊技術也是由這個部門所提供。

據新任副總裁許濬博士表示：將來業務發展的方向即以國際上開發新技術及產品為主要目標。作為在世界上擁有強大實力的AT&T重要部份如何在世界電訊業上占領風騷，許濬有著充足的信心。

▲灑脫依然的許濬。（黛薇攝）

1994年，進入資深行政層，管理幾個實驗室。《美中新聞》照片介紹「灑脫依然的許濬」。

1996年，貝爾實驗室拜會台灣副總統及行政院長連戰。

1994年，主持會議。

1994年，AT&T 董事長 Bob Allen。

1995年，兒子洛鳴（Wesley）南加大研究生院（Graduate School, University of Southern California）畢業典禮。

1B 項目獲1995年總裁最高獎，攝於紐澤西貝爾實驗室總部獲獎展示廳內。

1996年，朗訊從 AT&T 成立，由貝爾實驗室兩位執行副總裁，作者和奈特維利（Arun Netravali，左）升旗。

1996年，朗訊從AT&T成立，由貝爾實驗室兩位執行副總裁，作者和奈特維利（Arun Netravali，右）升旗。

PUBLISHED FOR THE R&D COMMUNITY OF LUCENT TECHNOLOGIES

SEPTEMBER 9, 1996

Bell Labs News

Advanced Technologies: Playing a Key Role in Lucent's Global Pursuits

BY ALEX DUMAS

Murray Hill, N.J. — It's been nearly a year since the AT&T/Lucent reorganization was announced and when Carl Hsu, then a vice president at AT&T Global Public Networks, was asked to return to Bell Labs. His charter: to create a new world-class organization called Advanced Technologies (AT).

There was much to do. Hsu had to merge Quality, Engineering, Software and Technologies (QUEST), Architecture, Engineering Research, Global Supply Line Management, and the Environmental, Health & Safety organizations into a centralized function that would provide the rest of Lucent with the leading edge technologies, tools, processes and people skills needed to succeed in the global marketplace.

Carl Hsu

"The main thrust for the formation of Advanced Technologies was to create a centralized technology talent pool, to serve as a broadband bridge between research and development, so that Lucent's business units could synergistically tap in and leverage our R&D skills to quickly bring new ideas to the marketplace," Hsu explains.

Hsu also had to come up with an equitable plan to divide the 4,400-person organization among Bell Labs, Lucent's Chief Information Organization, and the newly formed AT&T Labs.

He and his team worked through last fall and into this year to consolidate all technology-enabling functions in the "central labs" of Bell Labs under his AT umbrella, while also moving people to the Lucent CIO and AT&T. Nearly two thousand people stayed with AT in Bell Labs.

Many New Goals

Looking back, the reorganization and launch of Advanced Technologies was a piece of cake compared to Hsu's current list of goals. It

The Bell Labs R&D Community

Aligned R&D　Central labs

ADVANCED TECHNOLOGIES
RESEARCH
TECHNICAL SUPPORT SOLUTIONS (TSS)
TECHNOLOGY OFFICE
CHIEF SCIENTIST
NETWORK SYSTEMS
MICROELECTRONICS GROUP

Advanced Technologies, part of the "Central Labs," provides support to

1995年，創建貝爾實驗室先進技術院。

1996年作者（中）與哈佛大學（Harvard University）同學，攝於校園。

1999年與貝爾實驗室科學家維克托・勞倫斯（Victor Lawrence，右）。

PUBLISHED FOR THE R&D COMMUNITY OF LUCENT TECHNOLOGIES

Bell Labs News

JUNE 16, 1997

Hsu Named President of the NS Software Unit

He will retain oversight of Bell Labs-China and stay a member of the Bell Labs Council, however

BY ALEX DUMAS

Murray Hill, N.J. — Carl Hsu, head of the Advanced Technologies organization in Bell Labs since the AT&T/Lucent split was announced in 1995 and the driving force behind the creation of Bell Labs-China this year, has been promoted to president of the Network Systems Software Unit.

He replaces Jim Zucco, whose resignation was previously announced. Hsu becomes a member of the Network Systems Operations Council and will continue to be supported by Dan Stanzione, president of Bell Labs and Network Systems. Prior to returning to Bell Labs two years ago, Hsu was vice president of Toll Switching, Voice and Signaling Systems (TSVS) at Network Systems.

Wants More Synergy

In his new assignment, Hsu will be responsible for providing the strategic leadership for enhancing Lucent's ability to leverage opportunities in network and communications software. His NS unit will continue to focus on developing open, standards-based, hardware-independent software products and services.

"There needs to be more synergy between central Bell Labs (Research and Advanced Technologies) and the people in the business units," Hsu maintains. "Arun (Netravali), Bob (Martin) and I have talked about what has to be done, and we are going to work on this as a team. Primarily, I see myself in a position to create a much stronger pull from the business side to better take advantage of the innovative software technologies created in the central Labs."

While vice president of Advanced Technologies (AT) at Bell Labs, Hsu managed a centralized technology talent pool that provided Lucent with the leading-edge technologies, tools, and processes. "AT has become a strong enabler organization working with Research and the business units," Hsu notes. "And while we've generally become faster as a company, we still need to speed up the innovation cycle that starts in the Labs and ends up in the marketplace."

Hsu's successor hasn't been named.

Strong Leadership

His "strong leadership and innovative work have contributed to increased speed and quality and reduced cost of the services provided to the Lucent business unit partners," Stanzione said.

"Carl brings to this position a depth of knowledge and extensive experience in information systems design, development and leadership in both Bell Labs and Network Systems," Stanzione remarked. Prior to joining Bell Labs in 1971, Hsu received his Ph.D. in computer science from UCLA.

In addition to his NS responsibilities, Hsu will remain a member of the Bell Labs Council and will retain executive oversight of Bell Labs-China. "For business success in China," he explains, "we need to build long-term relationships with people. Lucent's people in China have the day-to-day business responsibility. My job will be to build the relationships with the leaders in the university and technical communities."

During a distinguished 26-year career with Bell Labs and Network Systems, Hsu has received numerous quality leadership awards, including two Bell Labs President's Quality Awards. One was for leading the development of an operating system for the 5ESS Switch, and the other for leading the design, manufacturing and deployment efforts for the 1B processor — the brain of the 4ESS Switch. Hsu also received the Project Management Institute's 1996 International Project of the Year Award for the 1B Project on behalf of Lucent Technologies.

Long a proponent of continuous improvement, Hsu believes that Lucent must get its innovation engine into higher gear. "Everybody is very busy at what they're doing," he observes. "But we still tend to be consumed by what we need to do inside the enterprise. We have to learn to look more toward the marketplace with a much stronger focus on results. Once we learn how to do that, it will be to Lucent's and our customers' great benefit." ■

Carl Hsu (left) meets Chinese President Jiang Zemin last month

Horst Stormer Returns to Semiconductor Physics Research; Cherry Murray Named Director

New director looks forward to making sure physical scientists understand business needs as well as technology

Horst Stormer

Cherry Murray

Murray Hill, N.J. — Horst Stormer, director of Physical Sciences Research since 1992, is leaving his position at his own request to return to research on semiconductor physics. Cherry Murray, currently head of the Semiconductor Physics Research Department, is appointed director, replacing Stormer. Both moves are effective June 16.

"I want to personally thank Horst for all the excellent work he has done in leading the Physical

Continued on page 3

Researchers Use Fractals to Better Understand the Nature of Networks

BY SASWATO R. DAS

The coastline of the U.S. and the flow of data on the Internet share an underlying mathematical similarity that has come to light only recently, causing much excitement among the people who design the world's networks. Anwar Elwalid of the Mathematics of Networks and Systems Research Department has been investigating how this discovery will influence the design of tomorrow's networks. At Bell Labs, he and colleague Debasis Mitra have modeled data traffic for many years; his present work is a consequence of his interest in regulating traffic on networks.

Both the coastline of the United States and the data traffic on today's fast broadband networks can be characterized by fractals — mathematical entities which replicate themselves on every possible scale. (For a description of fractals, see related article, page 3.) But the realization that packet network traffic has a fractal signature is relatively new. In 1993, researchers William Leland, Walter Willinger, Murad Taqqu and Daniel Wilson presented a paper that pointed out the fractal nature of Ethernet traffic, starting off a flurry of research. They found that the Ethernet traffic clusters on every timescale from the very short (milliseconds) to the very long (days, weeks). Mathematically, this is called self-similarity; it implies long-range dependence. This sort of self-repetitive behavior means that aggregating network traffic over a long period of time would not smooth it out, as was previously thought. The burstiness that is apparent at the shortest time-scale remains.

Multiplexing bursty streams of data produces a bursty output stream. Subsequent work has shown that all sorts of data traffic — digital video streams, asynchronous transfer mode (ATM), and so on — exhibit fractal characteristics. This has raised an

Continued on page 2

1997 年，貝爾實驗室新聞發佈 Carl Hsu 擔任朗訊通訊軟體事業群總裁。新聞左下方為科學家斯托默（Horst Stormer）。1998年由作者向公司同仁宣佈斯托默獲得1998年諾貝爾物理獎。

1B項目獲得項目管理學會1996年度最大獎，作者立於紐澤西貝爾實驗室總部獲獎展示廳獎牌旁。

1996 年，夫人張德昭博士利用美國國慶節貝爾實驗室放假，繪於紐澤西家中。夫人是電腦專業，此為興趣習作。

1997年朗訊科技首席執行官和貝爾實驗室總裁丹·史德揚（Dan Stanzione，中左）與作者（中右）訪問北京。

2001年與麻省理工學院（MIT）校長霍德華·約翰遜（Howard Johnson）及其夫人伊麗莎白（Elizabeth）。攝於美國麻州。

1997 年，歡迎江澤民主席訪問朗訊貝爾實驗室。董事會會議室，中方代表（右）自前至後賈庭安（國家主席辦公室主任）、喜貴（中央警衛局局長）、劉華秋（外交部副部長）、錢其琛（中央政治局委員）、總書記、曾慶紅（中央辦公廳主任），還有曾培炎（國家計委主任）、李道豫（駐美大使）。
美方代表（左）自前至後，美國助理國務卿蘇珊（Susan）、朗訊科技（中國）總裁葉祖禹（Randy Yeh），朗訊科技通訊軟體集團總裁許濬（Carl Hsu）、貝爾實驗室總裁史德揚(Dan Stanzione)、朗訊科技董事長沙赫特（Henry Schacht）、朗訊科技執行長麥金（Rich McGinn）、楊潔篪（中國外交部部長助理兼美大司司長）。

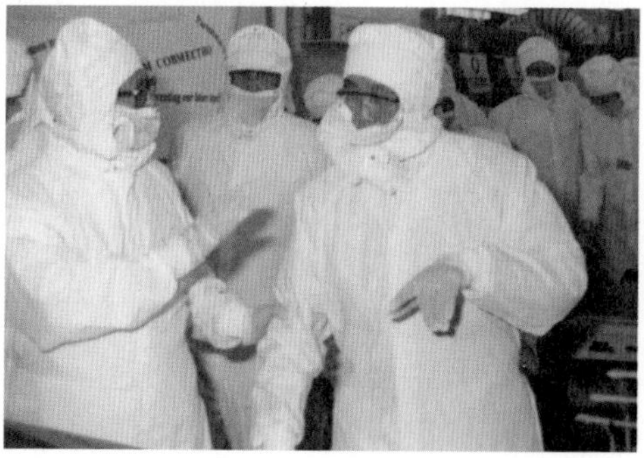

1997年，作者（右）穿防塵衣帽向江主席（左）匯報參觀貝爾實驗室發明當時世界上最小的電晶體。

作者臨文徵明書帖。

1997年，中國國家領導人江澤民主席（中）訪問貝爾實驗室總部並題字「開闢高科技合作的新天地」。主席舉筆相邀。作者（左）。

2001年作者（中）與中國國務院副總理錢其琛（右）在紐約。

1997年作者（左）和中國國家教委副主任韋鈺相互致意。韋鈺副主任是中國大陸第一位德國洪堡獎學金拿到博士學位回國。曾任東南大學校長，直取教委。右二為清華大學校長王大中，右三是北大校長陳佳洱。

1998年北大百年校慶，與夫人應邀參加慶典，攜岳父母攝於北大未名湖。

2002年，中科院研究生院演講。

1999年與夫人攝於中國黃山。

2002年與北京大學校長遲惠生攝於北京。

貝爾實驗室卡通文化，同事簽名圍繞作者。貝爾實驗室在中國贏得2000年貝爾實驗室總裁金獎。感謝同仁的努力。

2009年7月，與夫人攝於阿爾卑斯山少女峰冰宮內。知否？知否？原是冰川出岫。

2001年，國際會議作者（左）與演講人會議室交流。

慶祝貝爾實驗室在中國贏得2000年貝爾實驗室總裁金獎（會議室右側）。

慶祝貝爾實驗室在中國贏得2000年貝爾實驗室總裁金獎（會議室左側）。

2005年兒子婚禮，左起媳婦安（Ann），兒子洛鳴（Wes），夫人德昭，作者，女兒洛芸（Carolyn），孫女玲（Lin），女婿克里斯（Chris），攝於泰國海邊。

2008年與夫人攝於美國舊金山。尋常。

美國紐澤西勝米（Summit, NJ）家園與孫女玲（Lin）。

小孫 Skye（左）長孫 Darwin（右），攝於兒子媳婦家。

許濬——著

大其心

全美電信第一華人
貝爾實驗室全球執行副總裁
許濬 回憶錄

我的職業生涯，
近距離見證了美國的輝煌和中國的起飛。

我感謝這難得的學習成長機遇，
但有所得，
希望能夠對後進有所幫助，
也鼓勵自己不忘年少時候滿懷抱負的初心。

目錄

第一部・青少年時期 1942-1965

第一章 祖籍和家庭 010
第二章 大陸（四川、山東）時期 020
第三章 台灣時期（中小學） 038
第四章 台灣時期（大學） 060
第五章 服兵役時期 085
第六章 準備留學 106
第七章 韓國停留 109

第二部・留學美國 1965-1971

第八章 讀碩士時期 116
第九章 短暫工作時期 170
第十章 讀博士和半工半讀時期 179
第十一章 IBM研究中心 197

第三部 1971-1974 美國工作初期

第十二章 AT&T 貝爾實驗室 202
第十三章 初到貝爾實驗室 220
第十四章 參與創建台灣電腦工業 234
第十五章 重返貝爾實驗室 237

第四部 1974-1999 貝爾實驗室（美國）

第十六章 美國進入高速發展期 240
第十七章 回到東部 322
第十八章 貝爾實驗室的華人 365
第十九章 企業文化 405

第五部 貝爾實驗室（中國）

1999-2002

第二十章 江澤民訪問茉莉山 414
第二十一章 企業全球化 424
第二十二章 貝爾實驗室在中國的建立 431
第二十三章 貝爾實驗室亞太地區和中國 452

第六部 大趨勢、大挑戰和大機會

第二十四章 巨大趨勢、巨大挑戰和巨大機會 484
第二十五章 未來的力量 517
第二十六章 春節應該設定在立春 534

第一部・青少年時期

1942—1965

第一章　祖籍和家庭

我的父親和母親都是山東人，結髮三十年，恩愛不移。我們祖籍是在山東的恩縣，這個地方比較小。後來我問了一下，恩縣在什麼地方？姑姑他們說在山東的南部靠近德縣。德縣還是比較大一點，恩縣我從來沒有去過，我的祖父那一輩搬到濟南，就在濟南住下來了。所以我們後來的，就把濟南當作籍貫了。

祖父母和濟南老家

我對祖父還有一些印象。他是律師，讀書蠻多的。他們以前在清朝的時候受教育，我不知道那時候教育的制度是怎麼樣？他在濟南是律師，也算是蠻成功的人。

我對他的印象，是抗戰勝利以後，我們從四川搬回老家在濟南住了半年。是一九四八年的年初那段時間，我記得那段時間，冬天非常的冷，然後到春天，所以相信應該是一九四七年的秋天到一九四八年的春天，差不多住了六個月。對老人家的印象就是，祖父是一位很和藹可親的長者。祖父祖母一共有四個小孩，兩個大的爲男孩，兩個小的女孩。我父親是老二，我聽我的姑姑們，還有後來爸爸媽媽講，我祖母跟我的祖父，在這四個小孩子裡面，他們特別喜歡我的父親。所以我們從抗戰勝利以後回到濟南，第一次跟他們見面，他們自然非常高興。

祖父不知道爲什麼原因，有人說是可能我小時候就長得跟他很像，對我特別疼愛，很小的時候，什麼好事情，什麼好的東西，都要給我。我還記得很清楚，一九四七年秋天的時候，他叫我跟他一起騎頭驢子，到千佛山去看紅葉，我那時候才五歲半不到六歲。

我是一九四二年生的，當時對於紅葉實在沒有欣賞的能力。那時候覺得好玩的是騎頭驢子，祖父坐在驢子上面，把我放到他前面比較靠驢子的脖子的地方。這個是一個非常新奇的經驗，從來沒坐過驢子，我覺得好奇，然後又有點害怕，我的印象非常深刻。然後，千佛山上的紅葉現在還記得，可見紅葉眞的是紅，霜葉紅似二月花，感覺眞的是非常漂亮。另外一個印象，就是吃了很多東西，反正我喜歡吃什麼零食，什麼羊肉包子，什麼冰糖葫蘆，想吃什麼就可以吃什麼，就是我對我祖父的印象。

我們在老家一共住了半年，就是秋天到第二年春天。春天以後我想可能是跟整個局勢的關係，我們就到青島去住了一段時間。所以印象裡面就是祖父疼愛孫子。我祖母對我也不錯的，她是比較很典型的中國式的婆婆，對我的母親蠻嚴格。那時候就覺得還是祖母比較凶一點，跟她距離也覺得比較遠。我想她要管一個很大的家，做事情也不是那麼容易，對她沒有太深的印象，對我的祖父印象深刻多了。

父母親

我的父親許振德，是一九一〇年生。那一代的人，都是按「振」字輩來排行的。所以我的伯父叫許振英。另外兩個比較小的姑姑，大的姑姑叫許振堃，小的姑姑叫許振鐸，後來改了叫許楠。父親從小讀書讀得非常好，我想這也是我的祖父祖母爲什麼對他特別疼愛的關係。事實上我的父親、我的伯父，還有兩個姑姑書讀的都很好。

父親從小很喜歡讀書，功課也很好，大家叫他山東才子。後來考進了清華大學，清華大學從來都是很難進的一個大學。我想也是因爲他在文學方面造詣非常高，中文跟英文都非常好。他進了清華，跟錢鍾書先生、喬冠華先生他們都是一九三三級的；大家都很熟，常常來往。因爲上課用的是英文原文書，父親焚膏繼晷，日日與英文字典爲伍，他自思英文方面，很難出人頭地，於是對法文痛下苦工，大小考試名列前茅，對於老師每在課堂上高呼他的學號八七〇，加以表揚，甚是滿意。錢鍾書先生跟我父親他們是非常好的幾十年的朋友，當年錢、楊二人花前月下，錢先生每將他們的戀愛經過逐一相告，並且朗誦往返情書佳作。後來我父親再回到中國的時候，常常都是跟錢先生在一起，住到他那兒，他們是非常深遠的關係。錢先生和他夫人楊季康（絳）有時候寫寫文章，裡面會提到父親，我父親也是會提到他們。

父親大學畢業的時候，考取了官費，可以留學美國。那時候就是一九三幾年的事情，留學對很多人來講還是一個比較陌生的觀念。

我伯父在他之前有機會到美國威斯康辛（Wisconsin）大學學農，得了一個碩士。他中國也是清華大學畢業，那時候留學並不是件很容易的事情，伯父去留學，他回來了以後就一直做得不錯。後來他在哈爾濱農業大學作一級教授，在國內這方面還蠻有成就，蠻有名氣的一個人，後來學校好像還設有他的銅像。

我見到我的伯父，唯一的印象就是他在一九八〇年代，有一次機會到美國去考察，我那時候住在芝加哥，他跟另外兩位一起來考察的人，到我那邊去住了一下，跟他談的也蠻高興的。我最驚訝的就是他的英文講得極爲流利。他在美國待了多久我不知道，我想唸一個碩士，一般常理來講，可能是兩年的樣子，可是我非常驚訝的是他的英文這麼多年來，講起來比我所認得很多後來的留學生都要好的很多。

父親是學西洋文學的，他對文學的興趣很濃，當時是以英國、美國爲主的，以英文爲主。他也想如果能夠有這樣一個機會，到美國去深造一下很不錯。可是我的祖母疼愛兒子，怎麼樣也不肯讓他去，那時候覺得到一個不同的國家去，好像是一件危險的事情，離鄉背井，覺得聽起來很可怕。到最後，父親爲了不違背祖母的強烈意願，就沒有去美國留學。這件事情對他來講，是一個蠻遺憾的事情。

父親在清華大學畢業以後到抗戰這段時間，他中間是教書還是在做別的事？做了什麼事情我不是很清楚。

等到抗戰開始以後他很快的就跟著大家逃難，逃到後方。所以在我記憶裡面，聽我父親母親講起來，他們那段日子過得非常辛苦，我父親曾經在不同地方教過書。好像還在四川一個叫做北涪兼善中學擔任過校長，因爲我記得他跟我提過，他覺得後來很多校長只做管理方面的工作，他不太以爲然，覺得校長當然在管理方面需要做一些事情，可是校長應該也是繼續教書才對，這樣才能夠把自己的專業可以再維持下去。所以他也做過中學的校長。

等到我出生的時候，他已經在四川大學教書了，四川大學應該是在成都。

像很多人一樣，我自己很多的習慣、個性等等，都是受了父親母親非常大的影響。他們兩位都對我有非常大的影響。

我先談一下我父親，我父親是一個非常有趣的人。我覺得他很像一位標準的中國知識份子，他興趣非常廣，對讀書非常有興趣；所以從小，我們家裡面就到處都是書。他只要有了錢，最大的嗜好就是去買書、逛書店，尤其是舊書店。他很喜歡逛舊書店，他不管在中國什麼地方，或者是在美國任何地方，只要有機會他就去逛舊書店；所以只要他住的地方，一般來講沒有什麼其他的陳設。他對生活的要求，更是簡單，對物質上的東西，沒有什麼很大的要求，穿衣服什麼他都不是非常講究。可是他只要有機會買到什麼很好的書，就非常高興。我們家裡面放書的地方永遠不夠，家裡面不管是什麼房間，客廳也好，臥室也好，甚至於廚房也好，到處都是書，一本一本堆在那個地方，這是他最大的嗜好。他收集了非常多的書。

我從小，我想受益最大的，當然自己那時候不知道，就是喜歡看書。然後家裡面有這麼多書，也不用常常到圖書館裡面去，隨便找找書都可以看。我父親買書的話，也是什麼樣的書都買；所以我非常幸運，從小的時候就看了很多的書。有的書是正經的書，有的書，像小說之類也很多。我想有的時候甚至有些父親母親可能覺得小孩子太小的時候不適合看的書，我那時候也看到了。這對我來講，後來對我做人做事都有很大的影響。我到現在爲止，最大的嗜好還是看到一本好書，不管是中文的好書，或者英文的好書，我覺得是最大的享受，比任何其他東西對我來講吸引力都要更大。

另外，父親的興趣非常的廣泛，他除了很愛看書以外，對運動也非常有興趣。他當初在清華的時候，籃球也打的非常好，他在世的時候跟我講過，有一位後來在中國體育界，做的很好，提起來名氣很高的，姓榮？還是姓什麼？當初比他低幾屆，那時候他常常把那位指使來指使去，因爲他們打球，球打得比那個人要好。

記得那時候我們家在台灣，他在韓國做事情，很有意思。有一次回到台灣來，他送我一個禮物，就是一個棒球手套，這棒球手套，裡面還有一個棒球。那時候台灣的生活很苦，有一個棒球就很不容易了，有棒球手套更是一件了不起的事情。他就在休假這段時間在家裡面，教我怎麼樣打棒球，怎麼樣來跟他互相丟來丟去，教我怎麼樣打，投手有什麼祕訣等等。他興趣非常廣泛，並且知道的、有興趣的東西，他就花功夫去研究，知道大概訣竅在什麼地方。

父親這種讀書人個性，在他做事、做人方面，也是表露得很透徹。他的個性是一個很標準的山東人個性，他是一個非常耿直的人。做事情的話，他不喜歡轉彎抹角，有什麼事情都是直來直去。尤其是他讀書也蠻多，腦筋也蠻快的，所以有的時候講話也很直，他是一個做事情很認眞做的人。可是在官場裡面，註定他不會非常成功，因爲他對吹牛拍馬這些事情，非常的不擅長，也就是他做事情，常常就是有點書生的想法。尤其書生的想法做起來的時候，可能對有些人來講，不是那麼的能夠變通，有時候甚至有一點點迂腐。

可是他這種個性，我覺得還是非常值得驕傲的做人的方式，我自己也是盡量的學他這種做事的方法。唯一的一點，我想因爲我母親也是山東人，她的個性也是山東人的個性，可是母親一般來講，比較內斂一些，就是覺得很多事情可能需要多容忍一點，這一方面，我可能受到母親的影響也不小。

父親沒能到美國留學，後來雖然再到美國去，也在美國住了蠻久，可是時過境遷。一個人做事情，年輕的時候跟你年紀大的時候就不太一樣。我想對他的事業等等也有一些阻礙，這個事情就是這樣過去了。我們都知道中國是一個對學位非常重視的國家。實際上我想差不多所有的地方包括美國，對學位都是非常重視。我想父親沒有得到更高的學位，對他後來的一些工作，不管是在外面工作，或者是教書，都有一些蠻大的負面的影響。

他自己雖然都不講，可是我想感受最深的是母親。母親覺得父親在事業上可以做得更好。可是由於一些原因，其中有一個很大的原因就是學歷上不夠高；所以這件事情他總是記在心頭。

所以到後來，我們家裡四個兄弟姐妹，唸書雖然都唸了，也都是大學畢業，可是他們覺得眞正從小好好唸書學習的人，就只有我一個。母親從小對我的要求就非常的高，我想跟這個原因有很大的關係。

講到母親，我母親侯玉貞是一九一七年出生，她是屬蛇的，在青島出生。家裡也是書香門第。至於我的外祖父，他們以前在青島住了多久，這些我都不熟悉。母親他們住在青島環境很好。我的外祖父去世比較早，我從來沒有機會見過他。母親有三個哥哥，她是家裡唯一的女孩子，四個小孩裡面最小的。她從小是在一個很好的一個環境裡面長大。那時候女孩子要唸書，機會不是很多，她還算蠻幸運，家裡面對她支持，她最後在師範學校畢業，畢業以後就去教小學。那時候對於女性來講，就是一件很不容易的事情了。

母親除了有機會可以唸到師範畢業，她也是非常愛好運動。我覺得我父親母親都非常愛好運動，我想這是我爲什麼非常愛好運動的一個很大的原因。這件事情，事實上我原來都不知道。因爲從我有記憶開始，母親因爲工作，一天到晚都是非常的忙碌。我是家中第三個孩子，等到我能夠對環境開始有一些瞭解的時候，我弟弟也出生了。所以她一個人帶四個小孩，也沒辦法再做事，一天到晚就是很忙碌。進到中年以後，人也胖了一點，所以看到她，不會想到她的運動方面很好。

我印象很深刻的是，唸初中的時候，我很喜歡運動，什麼籃球、田徑，都蠻喜歡的，成績還算是不錯的，當然也不是說頂尖的那樣。常常回家的時候，就跟母親提起來，覺得自己好像在學校裡面，運動方面還蠻不錯的，蠻有成就感。

母親每次聽我講，就笑笑，然後就鼓勵我一番。我記得有一天，不知道爲什麼在家裡面翻來翻去，突然翻出個獎牌來了，獎牌是說全國第一名，我不知道什麼東西，就跑去問母親，我說這個是什麼？她說這個是當初他們在山東，女子全國壘球比賽，她是游擊手（Shortstop）。那一年他們打了冠軍，所以每人發了個獎牌。我聽了以後，覺得非常不好意思，母親的級別比我高了很多。她的個性就是從來不講自己怎麼樣。一般來講每個人大多受自己的父親、母親，尤其是母親的影響是最大的。我想我自己也是不例外。

雖然跟父親的接觸也不少，可是父親白天都是在上班，有一段時間他在外面工作，所以我跟母親的接觸遠比跟父親的接觸要多。我覺得母親是一個非常偉大的人。母親雖然自己的家世出身非常好，在家裡面可以說是一個千金小姐，可她嫁了我父親以後，完全站在中國很典型的賢妻良母的這樣的位置。她跟我們說，她在出嫁前，她什麼都不動手，可是後來她什麼都是自己做，她菜做得很好。就是說既然嫁過來，就完全進入另外一種不同的生活方式。

父親的個性是一個很標準的中國讀書人。父親對理財沒有什麼概念。對賺錢沒有很大的興趣，對於這也沒有太大的能力？我笑想。他什麼事情都是大而化之，不太願意多去想，對於一般民生經濟的問題不太考慮。然後環境一直都是很惡劣，這種惡劣的環境主要都是由於外在的因素，就是從抗戰開始，整個動亂，這種情形之下，又有四個小孩，所以家裡面的事情，一直都需要母親來張羅，需要她來管。在環境不好的時候，是一件非常辛苦的事情。很多事情都需要她來籌、來弄。家裡面整個的重擔，怎麼樣來維持這個家，怎麼樣來帶小孩，都是在母親的身上。所以她的生活一直過得很辛苦，壓力也很大，這對她後來的身體，我想都有很大的影響。這也可以說是一個大時代的悲劇。

但是，不管家裡面的情況怎麼樣，我們家裡面母親的第一優先永遠是孩子唸書；這點是自我有記憶非常清楚的，母親對我們的關切，每天上學回來給我們看功課，一直教誨我們說好好讀書怎麼樣重要。這些事情給我的印象都是非常的深刻。

我們家中不管我的祖父這一邊，還是外祖父這一邊，都是屬於中產階級的知識份子的家庭。家裡面並不是有很顯赫的家世，也不是說有很多的財產，可是生活都不錯，代表中產階級，算是比較偏高的這樣情況。這個家裡面也沒有什麼很有名的人，我想我家裡面就是我的伯父，他做的很好，在農業界方面做的很好。可是在我們生下來的時候，也不是那麼有名的人。所以我們大概可以算是比較平凡的一個家庭，大家日子過得還蠻不錯。經濟情況，可以說是小康，或者略好一點。我父親這邊的健康情形，好像大家身體都不錯，沒有意外的情況下，都活得蠻久的。

我母親那邊，外祖父過去的比較早，所以我不知道他怎麼樣。我舅父看起來身體蠻好的。有一點蠻深的印象，就是我們一九四八年快要往台灣方向走的時候，在青島住過一段時間，我記得舅父身體很好，還常常跑去打網球。那時候，打網球還是一個比較時髦的東西。他感覺上是一個精神非常好，然後在社會上也是蠻有地位的一個人。

手足親情

我出生的時間，陰曆是一九四二年，就是壬午年正月二十四日，我始終沒有搞清楚時辰。因爲我母親過世得很早，我父親對這些事情也不太重視，問他，他也搞不太清楚。由於父親是我們祖父祖母最喜愛的一個兒子，我母親則是家裡唯一的女兒，我又是我們家裡的第一個男孩子；所以，親友們後來跟我說，我的出生對家裡來講，是一件非常喜悅的事情。

父親給我取名「濬」，因爲在中國是用簡體字，濬字就不見了，變成另外一個浚，這兩個字，意思大概都差不多，可是因爲我的名字只有一個字，隨便換掉一直都覺得不習慣，現在慢慢開始比較適應，但是中國人的場合，還是喜歡用原名。這個濬，是疏濬，把一些阻塞的東西疏通，我想這個字的意思，倒是蠻好的。

歷史上像三國的王濬，都是有名的人。這個字也給我在小的時候帶來很多的困擾，因爲這是一個比較冷僻的字，很多人不知道怎麼唸。然後這個字，如果沒有三點水唸睿，加了一個斜玉旁，我們知道唸璿。很多人包括我在小學的時候，老師碰到常常都不會唸，也都不願意承認，胡亂唸個字，我的名字就常被叫來叫去，叫得面目全非。父親給我的英文名字是 Carl。

我們兄弟姐妹，一共有四個。在家裡面，我們這一輩當初排名都是單名，都是水字旁。我的堂兄弟姐妹跟我們，基本都是單名。我的大堂兄叫許濤，每個人都是這樣子取的。我的名字是我父親取的。普通取名都是長輩取，因爲那時候抗戰，我祖父他們還是留在山東，山東還是被日本人占了。我父親在四川教書，所以大家沒辦法通音信。我們家四個兄弟姐妹，大姐叫許萍，二姐叫許渙，弟弟叫許湘，雖然他也是在四川生的。

我的大姐比我大五歲，她是一九三七年生的。二姐比我大三歲，一九三九年生的。弟弟比我小四歲。他是四六年生。我們家這四人，年齡的差別是等差級數。弟弟跟我還有二姐都在四川生的，大姐可能在四川生的，不是完全能夠確定。我們兄弟姐妹年紀不是差的很遠，所以從小都是在一起，尤其是以前，大家經濟情況都比較困苦，住的地方也比較小，所以兄弟姐妹就是一天到晚都在一起，從小一起長大，彼此之間也是蠻親的。

長大了以後，從台灣出來，大家就分在各個不同地方。雖然後來都到了美國定居，可是美國也很大，四個人住在四個不同的地方。雖然有的時候大家還是互通訊息，可是見面的機會隨著年齡增加，也就比較少了。

第二章　大陸（四川、山東）時期

抗戰的時候，非常艱苦；從我出生，在四川，母親日子過得非常辛苦。父親在四川大學教書，原來是在峨眉山附近，後來再遷回到成都去。

抗戰勝利以後，回到老家一段時間，我們在濟南只住了六個月。之後，母親回青島娘家，實際上娘家就是我的三舅家裡面，中國人說長兄如父，母親就是視三舅家如娘家。我對青島的印象非常好。母親回娘家的日子過了三、四個月，我們開始逃難了。

成都

我們家裡面，雖然父親母親都是山東人，可是在四川住了一段蠻久的時間。

幼年的時候雖然我是生在峨眉山的下面，對峨眉山本身是一點印象都沒有。從峨眉山搬到成都的時候我年紀還很小，所以幼年的時候對峨眉山沒有概念。對於峨眉山多半是聽大人談起來，覺得好像有很多的寺廟，有很多的猴子，再加上看了一些小說，我很小的時候就看了什麼像《蜀山劍俠傳》這一類的劍俠小說，總是覺得山上住了很多很了不起的高人，所以總是充滿了非常神祕的感覺。我眞正有印象是八〇年代的後期，第一次有機會回到四川，然後就到峨眉山去看了看。眞的接觸，事實上也是很久以後的事情了。所以原來對峨眉山的印象，當然後來眞正去看峨眉山的時候年紀也大了，不會再有這種奇幻的感覺了。

可是我是生在峨眉山下的，這件事情我原來一直覺得很奇怪，母親在世的時候，我們也從來沒有去談。因爲那時候，出生地什麼的，小的時候也不太在意這種事情，所以也沒有仔細去問。可是等到年紀大了以後想要知道，我父親母親已經過世了。我對這件事情也覺得非常好奇，爲什麼會跑到峨眉山下去生下我來？

一九九一年，我到四川的時候，成都電子大學（成電）給我一個名譽教授的榮譽。那時候我作了個演講，再經過一個蠻隆重的儀式，他們授予我名譽教授。這時候碰到一位跟我年紀相若的教授，我就跟他談起來，非常巧，他的父親當初也是在四川大學教書。他說他也在峨眉山下面生的，我就覺得這個機會也不容易。就問他，爲什麼在四川大學教書的先生，生小孩都跑到峨眉山底下，難道是那裡醫院、還是說助產士好？他覺得非常好笑，他說不是這樣。因爲那時候抗戰的時候打的辛苦，成都不像重慶，它是一個沒有什麼遮掩的地方，成都地處平原，很容易被飛機轟炸，學校爲了安全起見，把四川大學就搬到了峨眉山腳底下去了，這樣就安全了很多。所以像我們這個年紀，如果父親母親都是在四川大學裡面做事的話，大概都是生在峨眉山底下，只是我直到一九九一年，才知道是這個原因。

小時候居住的環境，當然最開始的時候沒有什麼印象。最早有記憶的時候，我們住在成都了，四川大學已經搬回成都去，那時候住在學校的宿舍裡面，感覺上那個環境還不錯。家裡面大人的來往，父親的朋友，都是在學校裡面的教授先生。偶爾出去一下，看到很多人。出去總是父親母親帶我到公園裡去，或者在車站看見人力車，賣吃東西的，可是那時候年紀太小，沒有什麼太深印象。

我們四個兄弟姐妹都是差不多在四川生的，然後小的時候也在四川住了一段時間，所以我們的飲食習慣什麼的，受四川影響蠻大的，尤其是吃比較辣的東西。

我母親的烹飪的技術蠻高的。她到什麼地方就學習當地的菜，尤其我父親也很喜歡吃味道比較濃包括比較辣的東西。像我們從小吃東西都養成吃的味道比較重，辣的東西也蠻多。

我還記得我們剛剛搬到台灣去的時候，住在一個大樓裡面，那裡住了很多家人。因爲當時剛剛去的時候，生活的環境不是很好，大家都逃難逃到那邊去，所以就是一樓擠了很多家。廚房也都是公用，也就是很大的地方，每家擺了些爐子，到了要吃飯的時候，母親們就下去炒菜，每家吃什麼別人都知道。

我印象很深的就是，我們吃飯的習慣還是吃的比較辣，一炒菜的時候隔壁其他的朋友們在炒菜，也都開始流眼淚。他們很多人尤其是南方人的話，江南的人或者是福建這一帶人，還有廣東人他們都很怕辣的東西，從熱鍋裡面炒出辣椒的那種味道他們聞到鼻子裡都受不了，這些我還印象蠻深刻的。

濟南

我比較有印象的是回到山東的老家，先是濟南，然後是青島。

那個時候，家裡面祖父祖母留在山東，姑姑也留在山東。我的伯父那時候大概也在教書，我不太清楚。

濟南的話，我的印象裡面就是我們住在一個蠻大的四合院裡，那院子蠻大的。第一次有北方、東方、西方、南方的觀念，然後中間有一個大的院子，裡面還有一個水池，種了一些樹。

印象很深的就是有一棵很大的香椿樹就在家裡面。到了春天的時候，看人家去剪香椿芽，覺得這是一件很新鮮的事情，香椿苗拿下來包餃子，或者炒蛋之類的，沒想到這個樹上的葉子拔下來就可以吃。這些東西，我們在四川的時候都沒見過。

在濟南主要是從秋天經過冬天，到年初春天的時候，就離開了。印象裡面，一個是秋天的印象，一個是冬天的印象，春天就沒什麼印象。

秋天的時候，就是秋天的紅葉，還有爺爺帶我去出去玩兒的零零亂亂的印象。

冬天時候，就是覺得那地方很冷，外面的水池也凍住了。因爲家裡很大，很大的四合院，中間有很大的一塊院子，冬天的時候結了冰，出去的時候，還能到冰上去，玩兒冰玩兒雪蠻好玩的，可是外面覺得非常冷。住的話，都是住在炕上，這對我們從四川過去的人，是一個新的經驗。炕還要把它燒熱什麼的，那時候覺得坐在炕上，非常舒服。然後就是怕上廁所了。從很熱的炕裡面，爬起來要上廁所的話，冷得要命。上廁所，不知道是在外面，還是在哪裡？就是很冷。我那時候總覺得上廁所是非常辛苦的事情。

另外一個比較深的記憶，就是過春節的時候。過春節是件非常重要的事情，跟爺爺奶奶磕頭，然後他們給我們壓歲錢，然後煮餃子，然後吃很多東西。反正家裡面當然從上到下忙的頭昏眼花，都是在做吃的東西。我們小孩子當然很高興，大人都很忙，僕人都很忙，我們就是儘量吃。

那時候有兩個印象，我還記得，一個就是有幾個餃子裡面包了銅錢，說誰吃到的話，就是明年給帶來好運。我記得曾經吃到一個餃子，裡面包了一個銅錢。大家就說，這是非常好的一個吉兆。

另外一個很深的印象，就是我小的時候，我吃餃子，我只喜歡吃皮，不喜歡吃肉，覺得肉肥肥的。我喜歡吃餃子裡面的味道，但是不需要去吃的裡面的肉。我就把我這個想法跟大家講，我說我喜歡吃餃子皮。我所謂餃子皮的意思，是說餃子包好，煮好以後，打開了以後，別人吃裡面的餡兒，我吃剩下的東西。結果他們誤解了，以爲我只想吃皮，就把擀好的餃子皮丟到水裡去煮，煮完以後給我吃，結果一點味道都沒有。

還有一個我比較喜歡吃的就是窩窩頭。在山東那時候覺得窩窩頭，是玉米粉做的，是比較窮的人吃的東西。有錢人應該吃白麵或者是大米。可是我就覺得這東西吃起來蠻有意思的，所以每次就要求，不要吃饅頭，不要吃別的，寧願吃窩窩頭。

對於濟南的感覺，這個環境應該是一個大的四合院。然後年紀還小，大部分的時間就在那裡面。可是玩起來，活動空間還蠻大的，然後覺得就是一個古老的那種感覺。到現在爲止，我回想那段時間，還是那個古老的一個庭院。一個大家庭，爺爺奶奶住在北房，我們住在我也不知道是東房，還是南房，反正大家都住在一起，一天到晚很多人一起見面，覺得蠻有意思的。

青島

青島的感覺就不一樣了，我們到青島的時候，我的外公很早就過世了。就是三個舅舅，大舅舅、二舅舅都是好像年紀比較大，很嚴肅的人。雖然跟他們見過幾次面，可是沒有什麼印象，覺得距離好像比較遠一點。當然舅舅對外甥的話都是很好的，都是蠻慈祥的人，可是其他就沒有什麼特別的印象。印象最深的是我的三舅，因爲我們住在他家裡面，三舅大概是在一個洋機關做事，做的不錯，所以他的那個居住的地方也是很漂亮，是一個洋式的房子，跟我們家山東濟南住四合院感覺完全不一樣。

青島的天氣又不一樣，到青島的時間可能不是春天就是夏天，濟南的話不是秋天就是冬天，所以感覺上很不一樣，青島的天氣比起濟南來講也是暖和多了。

青島就是到海濱浴場去游泳，整個的沙灘很長很漂亮，然後大家在水裡面玩，覺得很高興。因爲三舅家裡面環境也很好，並且也是在外國機關做事，所以人也非常進步開通，跟小孩之間比較沒有代溝。青島在海邊這一部分，很像到地中海去那種感覺。所以我在三舅青島住的那段時間，一直到今天，感覺青島給我的印象還是最不像中國城市的一個中國城市。

小時候的印象，覺得好像到了外國，然後住在洋房裡面，過的日子跟我以前在四川，跟在濟南不一樣，非常不一樣，好像是完全不同的世界。

那時候父親好像還是在青島跟濟南之間跑來跑去，所以見他的時候不是很多。那段時間，因爲濟南是跟祖父祖母在一起，他們的思想跟做法都是比較傳統型。他們對我們非常疼愛，也有傳統式的家庭氛圍。到了青島就是一個比較新的地方，一個新的世界，然後大家都比較平和。那段日子現在想起來覺得非常好，不過那段時間也沒有多久，就是幾個月的樣子。

至於大人之間的往來，那時候年紀太小了，所以也沒有什麼印象。唯一有的印象就是到抗戰，不管是濟南還是青島，提到一些主要是內戰的時候，關於一些打仗的消息。大家提到都是非常的沉悶，我們當然那時候也不懂。可是聽到大人提到，將來要怎麼樣留下來，還是要搬？談到這種問題的時候，可以感覺得到，他們有很大的壓力，整個家裡面的空氣一下子就變得非常的凝重起來。

另外一點在濟南跟青島不太一樣的地方，我們在濟南的時候，我的伯父他們不住在那裡，所以家裡面小孩子就是我們自家幾個小孩兒，家裡庭院蠻大的，也很少和外面的往來。在青島就不太一樣，表哥表弟年紀差不多，大家就玩在一起。另外父親母親一起去，由於天氣很好，所以在外面要做什麼事，玩啊什麼的，不管做什麼事情，因爲青島天氣很好，所以感覺到還是一個很開朗的環境。

除此之外，我覺得我小的時候，就幼年的時候可以說是比較乏善可陳，沒有什麼特殊的。感覺除了一直在逃難，就是老是在搬家，老是在換地方，然後每到一個不同的地方就聽到不同的方言，到四川的時候就講四川話，到了山東的時候就講山東話，然後到上海的時候就講上海話，到台灣的時候就講台灣話，就覺得隔一段時間就換一個地方住，總是常常換。

換的話，剛開始有時候聽人家講話，完全不知道講什麼，小的時候學話學的快，很快就學會了，然後跟當地的小孩就打成一片。隔一段時間搬家了，搬家了再換，除此之外，可以說是沒有什麼特別的印象。

父母對我的教育

我想提一下我父親母親在教育上面大概是一個怎麼樣的想法跟做法。

父親母親都有個基本的態度，母親對子女的管教，就是什麼事情都是家裡的最重要，所以對四個子女，要求蠻嚴格的，然後管得也很嚴，當然也是非常的愛護。尤其是父親有一段時間，不跟我們住在一起，母親等於要兼代父親的責任。母親當然是慈母，她雖然對我們要求嚴格，可是對我們來講，四個兄弟姐妹都是覺得非常親近，從小母親辛苦的養育我們，大家都看得清楚，也記得很清楚。

母親的想法是比較一種傳統型的想法，就是在學校裡面好好的唸書，好好的學習，功課好，然後從小學進到好的中學，從好的中學再進到好的大學，一直這樣唸下去。

所以基本上母親對我的教育，我想跟很多的父母想法都是很接近的，就是多唸書，唸的學位越高越好。我想這個想法當然也是一個很實際的想法，也是一個很有用的想法，跟中國的傳統，跟當時實際的環境都是非常配合的。

中國自古以來一向比較是一個重男輕女的社會。越是鄉下的地方，重男輕女的觀念可能更濃。我有兩位姐姐，所以母親懷我的時候，壓力非常大，比如說，如果再生出一個女孩子來的話怎麼辦呢？有人就半開玩笑說，再生個女孩就不要了，丟掉就算了。所以當我出生的時候是個男孩，我想對我的父親母親、親友們來講，都是覺得是一個很大的安慰。當然做父母親的，不管男孩子女孩子，自己都會喜歡的。可是生了兩個女孩以後，生了一個男孩子，那種感覺我想到底還是不太一樣。

所以從小我在家裡面，當然因爲另外一個緣故——我是長子的關係，始終是不一樣的。從生下來，大家對我的期待就比別人要高蠻多的，在這種情形之下，我想父母親對我們的態度，多多少少就是大同小異。從小我就感覺到父親母親，對我們兄弟姐妹的愛護，沒有什麼分別，四個兄弟姐妹從小長大的環境都是一樣的。父母對我們，也就是要我們進到一個很好的教育的環境。可是對於我們的期望，我可以明顯地感覺到，我的姐姐跟我弟弟也可以明顯地感覺到，他們對我的期望遠比對其他兄弟姐妹要來的高。這也是一個循環，一方面是要求高，另外一方面跟自己做的事情有關係。慢慢分別就越來越明顯了。我姐姐從小就說媽媽對我偏心，母親就說，我對誰都是一樣，你們如果書唸好的話，我對你們也是一樣。我其他的兩個姐姐和弟弟，他們唸書就是唸到一個程度，唸到大學就爲止。媽媽對我有非常高的期望，因爲我一直在學校裡面書唸得很好。

從小母親給我的觀念就是，別的事情你不必去管，主要的是我們把家裡面希望放在你的身上，希望你好好的唸書，然後唸到博士，這樣子的話她就會很欣慰。博士以後再做什麼那是另外一件事情。

父親的理念比較不太一樣，他對學位比較不是那麼的重視，而是對於學問本身，對於追求一個人的知識、一個人的學問，他的興趣比較大多了。他是學文學的，西洋文學，對中國的文學也有很深的興趣跟造詣。我覺得他是一個眞正的知識人，對於各方面的事情，興趣都很高，對於各方面知識吸收力也很強。

對他來講，他並不是反對學東西，他也是對我們的學業功課也非常的重視。可是他另外一點就是他覺得一個人對知識的接觸，要盡量的廣，從小他就是給我們灌輸這樣的觀念。

比如說《三國演義》就可能是一個很好的例子。對很多家庭來講，好好唸書的傳統，不要去管任何雜物觀念。看《三國演義》、看《水滸傳》、看《紅樓夢》這樣的書很多家庭都是非常反對，因爲這些書對考試一點幫助都沒有，對將來要唸好的學校一點幫助都沒有，事實上可能會讓你心有旁騖，然後可能會是分神。所以我的很多同學家裡面就是絕對不許他們看任何跟功課內沒有關係的書，要看他都是要去買參考書，教你怎麼樣考試考得更好這一類的書。

我父親當然也希望我們功課很好以外，他非常鼓勵，直接、間接鼓勵我們多接觸一些其他的東西。小的時候，字還認的不夠多，自己沒辦法看，他給我們唸，唸《三國演義》，唸的時候唸到一半他就給我們講講，他唸的話有點像說書的那種感覺，我們覺得很有意思。小的時候覺得他唸唸，講到什麼赤壁之戰，講到什麼官渡之戰，講到很多很多，因爲《三國演義》本身就是一部非常有趣的書，三國，尤其是對一個男孩子來講，裡面很多打仗的事情，我聽得興味盎然。

《水滸傳》也是另外一個例子，《水滸傳》，至少在前面對人物的刻劃都非常色彩鮮明、形象生動。他就這樣唸給我們聽，講給我們聽，讓我們得到了很多的知識。

當然再過一段時間，我們有足夠的能力自己可以看的時候，就開始養成看書的習慣。這點我想就是我們從小的時候受教育，跟別人不太一樣的地方。也可以說是也有好處，也有它的不好的地方。好處呢，至少我自己覺得對我來講受益非常大，從小的時候有機會看不同的事物，然後得到很多不同的知識。在課本裡面學的東西雖然不少，可是範圍是比較狹窄多了。

壞處呢，就是如果雜的書看的多的時候，有的時候可能對於所謂正經的課內書的興趣就會比較低一點。有的時候在學校裡面的學習或者考試，眞的會受到一些影響。像我的大姐她也是喜歡看書，我覺得她的聰明才智絕對不會比我差，可是後來唸書唸到一個程度以後，就沒有再唸下去。我想有的時候可能如果不能夠把握住這個重點，多看了太多別的外面的書，有的時候可能眞的會產生一些負面的影響。

這是父親可能跟別人很多父親有點不太一樣的地方。我現在想起來，對他非常的佩服。一般是嚴父慈母，小孩總是覺得父親比較嚴格，所以對父親也比較畏懼。中國人講趨庭之訓，反正經過中庭看到你，就把你訓一頓；好像父親不這樣子，就表示沒有盡到父親的責任。我很慶幸父親對我們四個兄弟姐妹，他比較不像一般的中國的嚴父，而是把我們當作像朋友一樣來看。當然，不可能完全像是朋友，有時候遇到該處罰的時候還是會處罰。他很多事情，寧願在家裡面跟小孩子一起來玩一起來做，或者是唸書給我們聽，或者我們大家一起看書，這一點我想不太一樣。

我想像中國人會打麻將的很多，我父親和母親也會打麻將，或者是玩撲克牌的各種不同的賭的東西。父親有很多東西都會，可是他從來不在外面，像有些人一樣在外面去跟人家打麻將，或者花了很多時間，不太管家裡面。因爲這種東西做不好，一方面就是會浪費很多時間；另外，當然就是金錢糾紛，一賭起來，有很多的負面東西都會出來。

父親的做法非常有意思，我還記得，那時候我們的很多親友都非常羡慕。在家裡面，我們一共有四個小孩子，兩個姐姐，一個弟弟跟我，還有他自己。有時候母親也參加，不過母親大部分時間都很忙，所以常常還沒有辦法參加這種事。他如果學會了一個新的什麼撲克牌的賭的東西，他就會來教我們。

教完了以後，就說好，那我們在家裡面自己玩，每人發一點點東西，有的時候是假的，有時候放一點點錢，數目都非常小，可就在家裡面自己來玩玩，把它當做一個家庭的遊戲。甚至有的時候打麻將，他從來不到外面去跟別人打麻將，他有的時候就是在家裡面找自己的小孩，就說我們自己來玩一玩，就是玩，也是玩一下，就把它當做是一個家庭的娛樂，玩完了以後也就算了。

我想大概在很少家裡面會有這種情形。一般來講，做父親母親的，要不然就說這種事情是很不好的事，你絕對不要去碰；或者是父親母親自己有這個嗜好，常常就是花了很多時間，到外面去打麻將或者是玩別的東西，對家庭的照顧就稍微欠缺了一點。自己不在外面玩，可是在家裡面教小孩子這樣玩，我覺得可能是很少見的事。

另外一個很有趣的事情，就是他有時候也喜歡喝一點點酒，他酒量也不是很大，也不是說喜歡很多酒，就是有點像中國的知識份子，標準的讀書人知識份子，有時候覺得喝點酒可以助興。他也是不喜歡跟別人，什麼酒肉朋友到外面去，他喝酒，也是在家裡面喝一點。我母親菜做的很不錯，所以他就經常喝點酒，品品酒。我年紀還沒有多大，我記得還在唸小學的時候，他就開始說，他一個人喝酒有什麼意思，因為我是長子的關係，那時候如果要喝點酒，他就給我倒一點，叫我也跟他喝一點，談一談我們看過的書之類。我對酒沒什麼興趣，到現在對酒還是沒什麼興趣，就是喝一點可以。如果說是情況對的話，喝一點點酒，我覺得還蠻有意思。可是我覺得如果大杯大杯的喝酒什麼，從來沒興趣。小學的時候看到酒更是覺得沒意思，可是父親叫我陪他喝一點，我就陪他這樣稍微喝一點。他有時候喝喝喝，就說：「你們實在是不太成樣子，小的時候我哪裡敢跟我父親喝酒？」我就想：「豈有此理」？心裡笑了，這個酒是你讓我喝的，其實我也不想喝，不過要陪著你。我陪著父親，就跟他喝一喝，他自己想想也覺得很好笑。我覺得他就是一個很標準的讀書人的個性。

從小，我是在兄弟姐妹裡面，對看書最有興趣的，我這點跟父親的習慣很像，什麼樣的書都喜歡看。因爲我這點習慣跟他比較像，所以父親很多事情，他都願意來跟我談，因爲兩個人要交談的話，基本上是要有一些共同的背景。如果大家都看過了類似的書，或者是怎麼樣，這個水準比較接近，談起來就比較容易了。

幼年的時候，至少到台灣之前一直常常跑來跑去，可以說涉獵很少藝術方面的東西。除了一個是家裡面的書非常的多，這是我接觸最多的。另外，就是我父親母親對於京劇的興趣非常高，而且有相當程度的造詣，所以常常有些時候請一些朋友，或者他們在家裡面自己娛樂。

父親他很早就學了拉胡琴，所以他自己也唱一些，偶爾也唱一唱黑頭，可是他唱的並不是很好。他比較喜歡拉胡琴，拉的還不錯。常常吃完飯以後，拉拉胡琴，非常能夠自得其樂。我母親對京劇也非常有興趣，她唱青衣，人家說是夫唱婦隨，我們家裡面，常常是父親拉胡琴，母親唱，當然覺得這在家裡面是一件還蠻有意思的事情。他們常常談起一些有名的京劇，像《蘇三起解》，我從小就聽到。

我還記得小的時候，有時他們去看京劇，就帶我去看。那時候很小，蠻興沖沖的。因爲前面都是一些武戲，我覺得跳來跳去，打來打去，還蠻好玩的。等到後面主要的大軸什麼之類的上來的唱功、做功，那時候我大概都是睡著了，然後他們就把我抱回家。

我的姐姐對這個也很喜歡，我始終就是對京劇，尤其是唱的這一部分沒有眞正有興趣過。眞有興趣的倒是這些故事，講到比如說蘇三起解故事，講到失空斬——失街亭、空城計、斬馬謖，這裡面的事情我倒是蠻有興趣。因爲這些故事本身覺得比較有意思，但到唱的時候，我對這個唱的方式不太能夠欣賞。

任何不管是東方的京劇、昆曲或是西洋的歌劇，很簡單的故事可以唱的很久，眞正值得欣賞的話是裡面的唱功、做功，這個我想需要一段蠻高深的，相當的瞭解才能夠眞正的欣賞它中間不同的地方，這一點很遺憾，始終沒有做到。

母親的個性跟父親有點不一樣，雖然兩個都是山東人，父親非常的耿直，他覺得有什麼話他就非講不可，這樣因此常常會得罪人。母親她的性情也是非常的正直，可是她基本上什麼事情，都是把它藏在自己的心裡面，教育我們也是這樣。我記得小的時候，如果跟別的小孩子吵架，或者是有什麼糾紛，回來我知道母親責罵的一定是我，不管誰對誰錯，即使對方再無理，她一定會責罵我們兄弟姐妹：「你們不可以去做這種事情。」從小就教我們忍讓，不要去跟人家爭，尤其是不要去跟人家吵架，更不要說打架了。

小的時候，我們兄弟姐妹都不太習慣，都不太能夠接受這件事情。我想我可能是接受最早的，像我弟弟一直到很大，他還是不能夠接受，他總覺得這是比較弱的一種表示。現在想起來，才眞正能夠瞭解我母親的智慧，就是你去跟人家爭強鬥勝，到最後的話，到最後你不可能贏，贏了也是輸，那輸了當然也是輸了。

母親的這種個性，以及養育我們的方法，對我來講也是有很大的影響；所以我進到中學以後，很少有跟同學或者同事爭執的時候，即使大家有什麼不同的意見，我大概都是能夠站在一個比較客觀、比較冷靜的立場來處理，而不是希望能夠最大面戰勝人家，或者是怎麼使人家輸給我。因爲我逐漸瞭解，這種情形之下，這種贏也是假的，到最後，一定是一個輸的局面。

我們四個兄弟姐妹個性都是不太一樣的。我的兩個姐姐跟我弟弟，從小都比較活潑，他們性格都比較外向。尤其是我的大姐跟我的弟弟，很喜歡跟人家往來，跟人家很容易就變得很熟，講起話都比較容易和別人打成一片。

而我自己，家裡面父親母親或者其他長輩總是覺得我比較不喜歡講話，比較沉默寡言。這個習慣我想大概跟天性有很大的關係。

另外一方面，也是有後天的影響。我本身就是不喜歡講很多話；看了一些書籍上面總是勸人家不要講太多的話。有人看這種書，覺得沒什麼道理，我自己倒是很能體會中國有句話，「吉人之辭寡，燥人之詞多」，這類的話看多了，我總覺得講話，不要講太多比較好。

所以這一點，我想可能是從小的時候，父親母親和其他的親友對我的感覺和評語，就是覺得我比較喜歡默默在那兒，有親戚來，或是長輩來，我也會尊敬的跟他們在一起，可是不太願意講太多的話。慢慢長大以後這個習慣比較改了，尤其到了美國以後，完全不講話不行，所以訓練自己講話講得比較多一點，從小來講，這大概是跟人家比較不同的地方。

我雖然不是很喜歡講話，但我對運動之類的也蠻有興趣，所以我跟別人相處的機會倒是很多，我從小就有這麼一個感覺，就是一個人受到別人尊敬，或者是他的領導的才能、或者是領導力不一定要跟講話有關。有的人不會講話，也是很好的領導，有人不見得很喜歡講話，人家就是願意跟著他走。我從小就不太願意講話，可是跟同學朋友在一起的時候，他們常常是希望聽我的意見，然後跟著我走。小的時候，父親母親及親友，覺得我一方面是比較沉默寡言；另外一方面，跟小朋友常常起一些比較領頭的作用。

隨著年紀慢慢變大，雖然那時候年紀是小了，可是也可以感覺到，大家包括我的父親，我們的親友，大家都是爲了生活，付出很大的代價。作小孩，不管母親再怎麼樣努力來保護我們，也可以感覺得到，這不是一個很好的環境。我自己也很早就覺悟到，物質上的東西即使碰到一些困難，母親都可以接受，都可以忍受。對她來講唯一的安慰，就是我們在學業上面的情形，我們如果書唸的好，她就會覺得非常安慰，她做的一切事情都是很值得的；如果書唸的不是很好，她就會覺得非常的難過。所以為了使她比較高興，我從小就瞭解到我們最應該做的、也能夠做的，就是好好的唸書，然後唸個好的成績，去唸好的學校。

這個感覺，是從小的感受，對我來講是非常深刻的，就是從來也沒有想過另外一種可能。我覺得就是不管怎麼樣，就是光是為了我的母親的話，我也應該好好的唸書。

我講到我的父親母親對我的一些影響，至於祖父母、外祖父母或者是其他的舅舅、伯父、阿姨這些人，由於我們一直在抗戰的時候，內戰中間一直在跑來跑去，所以這些親戚都聚在一起的時候很少，我也對他們的印象非常的淺，即使住在一起的時間也是很短，後來由於海峽兩岸的關係，一分就分了好幾十年，大家聽講起來只是變成一個名字，實際的接觸就沒有了。

我幼年一直生長的環境裡面，雖然親戚很多，可是大家都分在不同的地方，尤其是大部分的親戚都是繼續留在中國大陸，我們是到了台灣，後來再到了美國，所以大家接觸的機會很少，也是一件蠻遺憾的事情。

快樂童年

童年這段時間，不管是在成都、或者在濟南、或者在青島，一直到台灣這段時間，雖然中間物質生活，尤其在成都這段時間並不是很好，然後又常常搬家等等，可是感覺上，童年是一個蠻快樂的童年，因爲基本上自己的物質環境雖然不好，可是認識的所有人，附近的人，大家的物質環境也都不是很好。除此之外，好像就是每天日子過得蠻好的，印象裡面，家裡也都是很和氣，然後每個人做自己的事情，小的時候就是玩兒，然後慢慢開始唸書。

從家庭的立場來看，是一個蠻穩定、蠻安定的一個環境。父親母親對我們也是，一方面有很高的期待，另外一方面，就是很大的愛護。所以我覺得是在愛的基礎裡面過的童年。這個童年是一個蠻快樂，也可以說一個比較沒有什麼特殊事情、蠻平凡的一個童年。

我從小有記憶就是在抗戰，抗戰的時候中國人被日本人欺負的很厲害，我們自己離鄉背井，從山東到了成都，原來家裡面很多很好的東西都沒有了。家裡面的親人也都隔離了，從小就總覺得很多中國不幸的事情，都是由日本造成的。這些有些是實情，另外一些不見得是實情，可是就是這麼一個的印象。

抗戰勝利，大家都很高興，於是我們也就回到了老家。回到老家以後開始那段時間，大家都是，整個中國那時候也是，覺得抗戰終於勝利，我們開始可以重建家園，大家期望也很高。

很不幸，隔了沒多久就開始內戰了，內戰的那段時間，對我來講是一個比較混亂的記憶。因爲大家講起內戰，有的時候也不是講的很清楚，好像爲什麼打仗？

這段時間的感覺跟抗日的感覺很不一樣，抗日的話我覺得大家同仇敵愾，有一個共同的敵人，講起來的話分的很清楚。內戰這段時間，我覺得對很多中國人來講，都是一個混亂的時間，就是不是很清楚的時間。當然戰爭總是帶來一些很不幸的悲劇，內戰裡面就是老是搬家，還有這個話也不可以講，那個話也不可以講，到底什麼話可以講，大人也搞不清楚，最後就不要講，或者是偷偷的講。這段時間的感覺是氣壓很低，大家的感受都非常不好，不像當初抗日戰爭那樣，雖然物質的環境非常的不好，精神的方面大家是非常一致的。

由於內戰的關係，我們一直逃，到最後逃到上海，我父親在學校跟政府機關做事，他最後是決定跟國民黨的政府一起到了台灣。

從上海坐船到台灣，到台灣的時候也是非常辛苦。因爲蔣介石帶了這些人過去，台灣那時候很落後，沒有什麼工業，百廢待舉。唯一比較好一點的就是台灣因爲天氣的關係，農作物生長得比較好，很多農作物，其他方面的話都是非常簡陋。

整個時代，從抗日到內戰，然後一直到韓戰以後，整個亞洲的局勢、海峽兩岸的局勢，才比較穩定下來。大家開始慢慢過得比較好，在那之前，很不幸生在我父親母親那一代的人，他們是非常不幸的；就是碰到很多的戰亂，碰到很多生活的困苦，然後很多時間不是在逃難，就是爲了衣食，需要去花很多功夫張羅。比起今天來講，他們的生活是要困苦的很多。

大時代裡面，我想很多人都遭遇到這種不幸的悲劇。我的父親母親也是生在這個大的時代的一代人，可以說都相當辛苦。對我而言，我覺得最幸運的是，他們在辛苦的環境裡面，念茲在茲的都是說怎麼樣能夠使我們兄弟姐妹得到最好的教育，過比較好的生活。我們的教育學習，就是他們最重要最重視的事情，我想這個跟中國的傳統文化當然也有很大的關係。也就是因爲這樣，我才很幸運得到了我很多現在得到的東西。

我上過幼稚園。幼稚園跟小學一年級的這段時間，由於就是從四川跑到濟南、青島，又到上海。每個地方住的都是幾個月，是一個支離破碎的上課法。到學校裡面去上，上了以後，隔一段時間又轉學，就跟著家裡面跑。所以覺得老是到一個陌生的環境，然後同學也不是很熟，隔一陣子稍微熟一點了之後就又要分開了。當然因爲還是很小，在哪個學校裡面唸書？老師教些什麼？老師的興趣是什麼？可以說是完全都沒有印象，變成都是同樣的一張圖片，後面人物都非常模糊了。

出去看的時候，發現外面的窮人也很多。可是小的時候對這方面，就是看了以後也沒有什麼太大的感覺，看過以後覺得好像就是這麼回事。

家裡面的人，我父親母親兩邊對政治都沒有太大的興趣，所以家裡面也沒有說很有名的人。說起來大部分人跟教育界還比較有關係，我的伯父、父親，還有我的姑姑都是在大學裡面教書，所以他們在學校裡面都是和教知識比較有關係，跟政治距離遠一些。

我眞正開始對學習有印象是到了台灣台北以後，那時候記得開始從小學二年級，糊裡糊塗跳了一班，跳了二年級去上。那時候才從一個非常不穩定的情況變成非常穩定的讀書環境。進到台灣小學二年級以後，就是小學一直唸到畢業一個學校，然後中學六年又在另外一個學校，大學四年在同一個學校，基本上是一個非常穩定的情形，兩者之間的感受完全不一樣。

第三章　台灣時期（中小學）

我們家裡面一九四九年二月搬到台灣。我們去了以後就住在台北，一直到我大學畢業離開了，我一直住在台北。台灣並不是一個很大的地方，主要的政治中心、經濟中心都在台北。台北在這幾十年變化也很大。

台灣教育制度

台灣的教育制度，跟在亞洲的國家跟地區的教育制度，基本上都是類似的；跟中國大陸、日本、韓國，基本的教育制度差不多是一樣。小學是從一年級到六年級，中學是六年。中學，差不多學校都是分成初中跟高中；初中三年，然後高中三年。我讀的學校，師大附中，剛好是不太一樣，這點等我們到中學的時候再來談。

台灣的教育制度，在我們唸的那個時候是這樣，後來也有所改變了。在我唸書的時候，實行三級制，就是大學、中學、跟小學的。差不多好的大學，叫國立大學，由台灣政府的教育部來管理。另外一些就是私立大學，基本上那時候就是這兩種。如果是政府辦的，就是國立的。省立的大學很少，私立的大學有一些。後來這個也改變了。中學差不多都是省立，省立的話就是台灣省教育廳管理的。

當時的教育，小學是義務教育，每一個人有義務一定要唸到小學畢業。小學畢業以後就開始有兩條岔路了，大部分人繼續去唸普通的初中跟高中。這時候有的人可能家裡環境的關係，或者是對唸書的興趣比較欠缺等等，開始希望能夠盡早投入到社會裡面去做事情，就會去唸跟初中類似同一等級的職業學校；也就是說去學一些比較基本的一些技術，然後就可以到工廠裡面去做工人。

然後有的是初中畢業，他去唸高職或五專，高職學歷方面就是相當於高中畢業，可是比如說歷史、地理、國文這些，他學的比較少，他學的是專科。職業學校工職的話，就學一些在工廠裡面需做的技術活；農職就是跟農業比較有關。他書唸的比較少，可是做事的能力就比較強。

高中畢業，台灣的大學聯考，稱做大專聯考。大專就是大學，也就是高校跟專科學校。專科學校也是高中畢業去考，考了以後，可以進類似於大學等級的兩年或者三年的一個專科學校，出來是實用方面的教育，或者是培訓爲主，當時一些有名的專科辦得也非常好，學員有很高的專業技術。不是像大學裡面站在長遠以教育爲主的計畫。台灣的當初的教育制度大概是這樣子。

考試的時間也都是每年一次，台灣的這個制度就是所有的人都是秋季班，沒有春季班的觀念。所有的人進學校都是秋天進學校，就是八月底九月的時候進學校，然後暑假的話是六月多放暑假，七、八兩個月是放暑假的時間。中間有一段寒假，可是寒假沒有什麼新的學生進來，大家都是九月進去六月出來，或者八月進去六月出來，都是這個樣子。

考試的話，基本上每過一關，是一個聯考的制度，就是一個競爭非常激烈的一關，我想這個跟很多地方都是一樣。就是說，有兩天讓所有的學生一起來考試，根據考試的成績，按照他們的志願來分發到不同的學校。

考聯考是每一個層次，不管小學畢業考初中，初中畢業考高中，高中畢業考大學，都是在暑假。都是在天氣最熱的時候考，我想也是很不幸的一個巧合。天氣最熱的時候考，在台灣的話尤其是一件很辛苦的事情。我們唸書的時候也沒有冷氣，電也很少，冷氣機都是極爲奢侈的東西。考試的話教室裡面也沒有冷氣，考的時候總是七月份，我記得大概是七月考八月放榜。所以考的時候都是七、八兩個月，七月也是最熱的時候。台灣天氣本來就很熱，所以這個暑假都是三十幾度，又悶又熱，可是沒有辦法，所有人都是這個樣子。所以這種情況下哪個人身體不好，就比較吃虧，除了要準備考試是一件很辛苦的事情；身體不好的人，外在的環境對他影響就比較大，考起來的結果很可能比較不好一些。

小學

小學是市立，比如台北市，或者是台中市、高雄市的教育局來管。我唸書的時候還是分的蠻清楚的一個三級式的制度。學校小學、中學、大學出來分的很清楚，誰來管也分的很清楚。

小學的話，在那個時候是義務制的，也就是說，每一個人到了六歲就一定要去唸小學，沒有不唸書的權利，強迫要去唸書。唸的話，到了一個年齡唸書就根據你的學區，家住在哪裡，那個學區裡面的那一個小學就是你去唸書的學校。

我們家那時候住在台北市的比較東區的一個地方，那時候我們分的學校很有意思，以前在日據時代就有這個學校了。日據時代很多名字，都是根據日本人取的名字，有些是日本的英雄，或者是日本的高官，日本天皇，這樣來取的名字。我們的學校有一個日本名字，好像是跟哪個天皇有關，我現在不記得了。等到台灣省光復以後，二次世界大戰台灣收復回歸到中國以後，很多這種日本式的名字都把它改了。改了以後，變成和中國有關的，剛好由於蔣介石的國民黨政府搬到台灣去，所以很多名字，都是跟大陸有很多關係，或者是跟國民黨本身有一定的關係。我們的學校名字改的很有意思，叫中正國小，中正就是蔣介石的名字，這個名字當初起了以後，對我們學校來講還是一件蠻不錯的事情，因爲蔣介石在台灣說了算，用中正作爲名字聽起來蠻神氣，也是蠻嫡系的。

台北市的地理街的名字，原來在日據時代是怎麼用我也不清楚，聽說是日據時代根據日本的幾個藩、幾個丁目這種方法來做的。當然後來收復以後，國民政府，尤其是蔣介石一九四九年以後，很多街的名字全部都換掉了。換的時候，他有一個戰略上的想法，就是把台北市的所有街道，都根據中國的一個地方來命名的。比如說台北南部的，廣州街、福州街；如果在西部，就叫重慶路、成都路；北邊有中國北方一些城市的名字；東部就是根據中國東部，所以有的同學講，我們住在東區，就跟東邊東北的名字比較多，像吉林路、安東街這一類。我們家去的時候，實際上就是住在安東街這個地方，安東街可以想像得到是在台北東北的方向。

我們剛剛去的時候，因爲整個的情形很困難，所以我們就住在一個很大的宿舍裡面。旁邊是一條火車鐵路，台北市到基隆市的一條鐵路。開始的時候，鐵路每天有很多人，吵的很厲害，待的久了也就習慣了。

所以台北到今天爲止，如果從來沒有去過台北，你要知道東南西北的方向其實並不困難，大部分的街道都是這樣。比如說康定路，你就知道他是在西北了，到了廈門街，你就知道是在東南。台北的命名很有意思。也就是說，可以看出來當時蔣介石的政府，不管怎麼樣，他有一個非常濃厚的中國情結。

我唸小學的時候是從小學二年級一直到小學六年級畢業，都是在中正國民小學唸的。那時候我覺得我唸小學的時候，跟現在大陸上的一些稍微落後一點的城市的感覺，我想可能差不多。

那時候台北沒有什麼高樓大廈，很少，大部分都是平房，日本時代留下來的都是很多的平房。台灣，尤其是之前地震比較多，那時候建築的技術還不是特別高，不敢蓋太多樓房，尤其是鋼筋水泥的房子，怕一地震就會垮。台灣那時候人也沒有那麼多，所以很多房子都是用竹子做的，一年四季，冬天的時候也不是很冷。

我們住的地方，每天就走路，背著書包，沿著田邊的路走去上學。唸完以後再沿著田邊的路走回家裡來，時間很長，腳踏車比較多一點，跟中國大陸很多地方也蠻相近的。

唸書的時候，教書的老師，很多都是在日據時代受的教育，所以他們對教育基本上是非常重視，這點也是非常可喜的事情。另外一點就是非常嚴厲，日本以前的那種，包括我們自己的想法，老師需要嚴厲一點比較好。雖然那時候老師對我們的要求很高，並且常常施行體罰，事情做的不好會打手心，或者打屁股，或者其他體罰，但老師教書也非常的認真。整個的體制來講的話，大概是這樣的。

老師大部分是兩種，一種就是在台灣長大，以前在日本受過教育，做事情非常認真，講話是講普通話，帶著比較濃重的台灣口音，很多人都會講日本話，有時候彼此之間還用日文來交談。另外一些是隨著國民政府到台灣去的一些人，原來是做別的事，或者原來也在教書，現在到小學、中學或者大學來教書，這些人可以說是什麼樣的人都有，因爲當初從中國大陸很多不同的地方去，所以口音也非常的多樣，各種學位背景都不同，學校裡面也是有所謂多元化，有很多不同的老師來教我們。

老師裡面，有一位我印象非常深刻，一直到現在好幾十年了，我對他的印象還是非常深刻，他姓朱，叫作朱兆熊。這位老師是一位很標準的台灣人，生長在台灣，在台灣受的教育，在日本統治下受的教育。這位老師確實是非常的負責，開始的時候大家也都非常怕他，覺得他很凶，如果該做的事情不做的話，他會責罰我們，有時候是體罰。可是逐漸的發現他是一個非常有愛心的老師，眞正花了很多的心血，主要是想把每一位學生都教好，所以我覺得很幸運碰到這樣一位老師。很小的時候，很多事情自己不是很瞭解的時候，碰到這樣的嚴師，他並且很好，很願意來教我們，然後把我們教得也不錯。

學生的話也很有意思，學生有一些是在台灣長大的。台灣同學，他們自己的故鄉就在那個地方，跟台灣籍的老師也蠻像的，講話帶著比較濃重的閩南的口音。台灣話就是閩南話，在家裡面都是這樣，很多同學大家都是這樣，彼此間用閩南話交談。另外很多學生像我一樣，我是從山東過來的；另外有一些人是從別的省，跟著國民政府過去的；還有不少的人跟著軍隊，我們所謂的軍眷，軍眷有很多不同的背景。所以同學的背景也蠻不同的。這種情形也是很難得的。

老師也是各地方來的，學生也是各地方來的，基本上大家有一個相同的地方，那就是說局勢非常的艱難，大家的經濟情況也都非常的不好。可是對於教育來講，不管是老師，學校裡的校長，還是家長，對每一個學生的教育都非常重視，覺得教育是唯一的一條出路，所以造成學校裡面大家讀書有一個很好的環境。

另外，學校裡面，小學和中學都是要穿制服，每人都有學號，衣服上繡學號，有的地方甚至是繡一個名字在上面。頭髮也規定的很嚴格，男生大部分都是三分頭，不許留長的頭髮；女學生多半都是清湯掛麵，整整齊齊的，也是剪的很短的。那時候一方面是跟整個社會經濟有很大的關係，另外一方面也還是受到當初的日本影響。

小學的時候，我想有幾樣東西也許可以提出來。一個是講話的問題，我後來等大了以後才逐漸瞭解，其實這些都是跟政治有關的，當初不太明白，只是覺得要做。

第一個，不許講方言，只許講我們所謂的普通話，就是我們現在講的普通話，普通話台灣叫作國語，意思是一樣的，不許講方言。後來發現其實不許講方言很有意思，講四川話他不太管，可是講台灣話，學校裡面就管的很嚴格。那個時候我覺得台灣的政府，當時先是蔣介石，後來是蔣經國主政，他們比較擔心所謂後來台獨的問題，所以在這方面從很早的時候就防範的很嚴格，嚴格的要求大家在學校裡面的時候不許講方言，講方言會受到蠻嚴厲的處分。

另外一個是不許寫簡筆字，小的時候寫字什麼的，有的時候覺得寫簡筆字比較方便，簡筆字倒不是說像現在大陸適用的這種，大家都有簡體字，整個文字都被簡化。那個時候有些字蠻複雜的，寫的簡單可以省很多筆劃，省筆劃對學生來講能偷一點懶就偷一點懶。大家不太瞭解，爲什麼台灣政府對不許寫簡筆字這麼雷厲風行，後來發現因爲大陸把整個中文字簡化了的關係，政治上的問題，而不是說眞正的筆墨上的問題。

第三件事情，我還記得，小的時候我參加各種各樣的比賽。我自己從小數學就很好，那時候是從算術開始學的，後來學校裡面還要教珠算，有時候用算盤來做很多算術上的問題。那時候我記得我算盤打的蠻不錯，還會經代表學校到全市去參加珠算比賽；參加全市珠算比賽的時候，並沒有得到很優異的成績。有些人算盤打的很快，我想這些人後來會變成很好的商人。我記得當時代表學校參加珠算比賽，出了很多加減乘除的題目，大家在最短的時間，最精確的把這些答案算出來，現在想起來還覺得還蠻有意思的。

整個來講，我印象裡面小學的生活就是每天背著書包。有另外一件事情我覺得印象蠻深刻的，叫作便當，便當是日本字，每天大家帶了一個，大家去學校的時候，因爲上課是上午要上，下午也要上，中午沒有其他的地方可以吃飯，所以每個人都帶飯吃，帶便當就是一件很重要的事情。家長做好，做好以後帶到學校去，第二天中午要吃的時候冷了，所以有蒸便當，每天早上送進去，中午蒸一下，蒸了熱氣騰騰的，大家來吃。小時候大家反正對吃的很有興趣，其他吃的東西也是蠻普通的。

總共來講，對小學這幾年印象裡面就是每天早上去上學，然後中午吃便當，下午再上學，下了課就回家。下了學的時候，一般來講都是在學校裡面待一陣，那個時候大家覺得最高興的事，就是學校裡面有一個操場，有很多地方可以給大家玩。我對運動興趣蠻高的，因爲那時候大家都比較窮，所以玩的最多的大概是棒球和足球。這個原因其實很簡單，棒球並不是我們現在講的棒球，大家沒有人買得起手套，就是用一個皮球，在底下找一根棍子，這樣十幾個人就可以玩，一個球就可以讓十幾個人變得很忙，這是非常經濟的一個東西。另外的話，足球也是這樣，我們也沒有什麼設備，主要就是學校裡面有一個球，或者哪個同學家裡面環境稍微好一點，有一個球，這個球也不是我們眞正的足球，能踢就行了，兩邊用磚頭堆兩塊，就把它當做是一個進球的地方，這樣的話二十幾個人跑來跑去可以忙半天。對這小學的生活覺得是一個很有規律，也是蠻平淡的日子。

除了在學校的這段時間，回到家裡面，大家一起吃晚飯，我們家六個人也蠻熱鬧的，吃飯的時候大家吵吵鬧鬧。完了以後，有人洗碗，有人擦桌子，有人做什麼事情。從小我母親做菜做的很好，有時候姐姐幫忙，所謂前置作業的這部分永遠輪不到我，我的責任永遠是後端，吃完飯以後去洗碗擦桌子，這是我的事情。日子大概就是這樣過的。

那時候的台灣，在六〇年初這一段時間，台灣的經濟形勢還是非常的困苦，也沒有什麼其他的東西。現在想想看其實蠻好的，經濟情況不是很好，家裡面互相在一起的時候反而比較多，不像現在吃完飯以後你看你的電視，我上我的網，也可以說是很多地方進步了，但家人之間，或者朋友之間的距離反而沒有像以前那麼近了，甚至是越來越遠了。

上小學的時候有一個背景下的東西對我們來講始終是一個很大的陰影，那個時候因為蔣介石剛剛到台灣沒有多久，所以對於整個的台灣，和他自身的安全有非常大的不安的感覺。對於共產黨，他覺得隨時有打過來的可能。所以整個那個時候，政府的情況可以說是非常的不安定，英文叫作Paranoids，疑神疑鬼、焦躁不安，保不齊會發生什麼事情，所以那時候統治的也是非常嚴格。但是對於我們，小學生來講沒有什麼影響。可是你可以感覺到整個環境，整個家裡面，也有耳語，大家不敢公開的談這種事情，可能某某人他的家裡面的人，他的父親，或者他的親戚被抓走，從此就再也看不見了，就會被祕密的處死，或者祕密的送到什麼地方去了。那個時候，社會上有些人可能眞的是安全有問題；另外也不見得，有的人就是要陷害別人，故意造謠或者怎麼樣。在這方面，那時候台灣和現在不一樣，始終大家都有一個蠻強的恐懼的感覺。

我還記得，尤其是剛剛去台灣沒有多久的那幾年，韓戰沒有打之前，有的時候大陸方面的飛機會過來，晚上或者白天有空襲警報，大家趕快躲起來。那時候台灣有一個很普遍的現象，在很多地方都挖了防空洞，或是挖了防空壕，怕萬一打起仗來，大家有地方可以躲，這個現象當初是非常的普遍。一直到我唸中學以後，韓戰打了以後，情形慢慢開始改變了。

剛剛去台灣那幾年，我在小學的時候，對於整個台灣的政府來講，還是有非常高度的不安的焦慮。所以這時候就發生了一些問題，政治方面的問題、還有省籍方面的問題。有一些種子，在這個時候就種下去了，後來不幸對台灣有一些非常負面的影響。最有名的事情就是二二八事件。二二八事件其實在我們還沒有去台灣之前就發生了，最主要就是台灣當地的人，跟所謂從大陸去收復台灣的人，由於種種利益方面的、文化方面的、社會方面的種種不同，發生了很大衝突，結果雙方死了不少人。後來對台獨有興趣的人，他們覺得這是一件非常重大的事件，中間殺人放火的仇恨不太容易消解。一直到現在爲止，台灣的統一跟獨立，還有省籍方面具有非常深的矛盾。當然有一些是無法避免的，另外有一些我覺得也是跟當初去的時候，國民黨的政府可能並沒有處理的很好有相當大的關係。

作爲學生來講，作爲小學生來講倒無所謂。因爲我自己小的時候，從小跟著台灣同學或者外省的同學在一起玩，小學生交朋友沒有這種觀念，我自己那時候台灣話講的呱呱叫，跟他們在一起，人家以爲我是在台灣長大的，對於小孩子來講沒有任何的隔閡。

中學

在唸書的過程裡面，我對中學跟大學有非常美好的回憶，我想跟我唸的學校有很大的關係。

中學所有的學校都是分成三三制，三年初中，三年高中，初中到高中的時候需要考一次試。如果仔細想一想，每考一次試對人生有極大極深遠的影響。明顯的影響是你考好了你可以進好的學校，將來成功的機會，所謂成功在我們面前來講就是好好讀書，好好做事，有很大的影響，因爲你進的學校好，老師好，學習好，你將來再進好的學校，找好的職業機會就大很多。如果不幸考到不好的學校，學校環境不好，很容易就交到一些不好的朋友，將來要做好的機會可能性就減少了很多；甚至於你沒有考上任何學校，有的時候第二年再考，不但耽誤了很多時間，並且對自己的自信有很大的打擊。

不管怎麼樣，我們進中學的時候，那時候台灣有一些最好的學校。我住在台北，所以我那時候不考慮到別的地方去。台北有個五省中，五個省立的中學，是大家公認最好的學校，這五個學校基本上三個是收男生的，兩個是收女生的。收女生的學校叫台北市一女中、台北市二女中，像我太太就是台北市一女中出來的，大家覺得是女校裡面最好的學校。男生的學校有三個，一個叫師大附中，就是師範大學的附屬中學，也就是我自己唸的，一個叫建國中學，另外一個叫做成功中學，這三個大家都公認是台北最好的男學生唸的學校。其他的地方比如說台中有台中一中、台中女中，高雄有高雄女中，高雄中學，這些的話在當地是最好的學校。因爲我們中學的時候大部分都是住在家裡面，基本上都是在哪個城市就去考哪個學校，很少有人跑到別的城市去，以後比較多一點，當時在我唸書的時候還是很少的。

我從一九五三年小學畢業以後要考中學，那時候考試之前先塡志願，塡了志願以後根據你考試成績分發，你考的很好的話你就可以進第一志願，假如考的不好就進第二志願。當然跟學校也有關係，差不多所有的小學畢業生，他的志願，男生就是師大附中和建國中學。女生就是北一女中和北二女中。

男生三個中學，建國中學、師大附中和成功中學，都是非常好的學校。三個學校校風比較不一樣。建國中學給人家的感覺是讀書比較嚴謹。師大附中，當時大家的感覺就是，讀附中的學生比較活躍。成功中學校風比較規矩。

雖然那時候年紀還不是很大，才十一歲，可是我已經決定了我要去唸師大附中，原因倒也蠻簡單，第一，師大附中在東區，建國中學在台北的西邊，師大附中離我家裡面住的地方最近。第二，那時候師大附中，有一個實驗班，我考的時候是第四年，這個實驗班就把初中跟高中的課程重新分配一下，由於課程的教法和次序跟其他學校不一樣，所以沒有辦法說你唸了一半以後再去別的學校。實驗班定六年，你一進去以後就在師大附中唸六年，跟人家不一樣了。如果說初中要唸四年，高中要唸二年，這四年二年其實沒有什麼太大意義。主要是反正要唸六年，可是由於他的課程編排跟別的學校不一樣，所以沒有辦法唸了三年以後再去唸別的學校，別的學校唸了三年以後再過來，也很麻煩。

我們在師大附中的實驗班是唯一的可以不用考高中的，也就是初中如果考進去以後，六年就在同一個學校，同一個班級裡面唸書。由於中間不需要再考高中，對於很多人來講是一個很大的吸引力，我也是覺得這樣子也蠻不錯，可是當初也沒有想到其中最大的好處，除了可以不用考試以外，最大的好處是可以跟同班的同學六年在一起同窗，一起學習。中學從十一、二歲到十七、八歲這段時間，對一個人來講，是成長影響很大的一段年紀，這時候交的朋友常常就是一輩子的朋友。這一點我沒有想到，可以說是後來意外得來的一個很大的好處。

我們考試，我塡的是師大附中作我的第一志願，也很順利的就考到師大附中了。那時候一年大概有十班左右，每個班大概五十個人，同期大概有五百個學生到六百個學生，一班五十多個人，共十個班到十二個班。所以這五、六百個人同時進去，進去以後分十到十二個班。我們那年大概差不多十個班的樣子，十個班裡面有八個班是普通班，作爲普通班就是跟別的學校一樣，初中三年以後再去考高中，另外有兩個班的學生叫實驗班。每一年有兩個實驗班，我們是第四梯次，所以就是實驗七班和實驗八班。

怎麼樣決定誰進哪一班？因爲大家都想進實驗班，所以學校裡面進去以後，在這幾百個人裡面又舉行了一個智力測驗，一個特別的測驗，他在這裡面找智商比較高的學生，進到這二個班。因爲這二個班大家都想進去，比較不容易進去。就考智力測驗，考完以後，我也很幸運，可以說考的很好，名列前茅，除了智力測驗以外，當時還有一個口試。

當初唸小學一直到小學畢業，從來沒有碰到口試，所以每個人都緊張得很。考試大家都考慣了，雖然是小學畢業，已經是身經百戰了。反正題目拿來，我考就是了。小學的時候覺得老師跟自己的有很大的一個距離，對老師是又敬又畏，看都是遠遠的看，對老師都很尊敬。

從小學進入中學，突然有一個中學的老師要來口試，口試如果成績不好，就會影響很大，所以每個人都很緊張。然後因爲也從來沒有參加過口試，也不知道怎麼準備；也不告訴你口試要考什麼題目。我還記得那時候去的時候，心裡面就相當不安。到那以後，我碰到是一位女老師，看到是一位女老師，心裡稍微比較放鬆一點，因爲一般來講，女老師都比較和藹可親點，男老師都比較嚴肅。然後老師突然說，口試也不是說眞的要考什麼試，不是說讓你們做一個算數的問題，或是要讓你們考常識；是跟你談一談，看你這個表達的能力怎麼樣啊？我還記得很清楚，這已經是好多年前的事，她就問我說你在家裡面平常除了課業之外看什麼書？我就跟她講我看什麼書，說看過《三國演義》、《水滸傳》、《紅樓夢》這些奇奇怪怪雜七雜八的書。她蠻驚訝，她就問《三國演義》看過以後，你對這裡面的人物，哪一位最印象最深？哪位最敬佩？我毫不猶豫的就說是關公，後來就這樣談談，越來越自然。談完以後完全不像考試。然後這位老師很高興地說，她的看法跟我一樣。所以我想這對進實驗班，有很大的影響，最後分數取得很高，排在前面，就進到實驗八班。

附中實驗班　終生受益

從一九五三年到一九五九年中學畢業，我都是在這個學校，這個班裡面。我覺得當初進了實驗班，對我這一生，有蠻大的影響。

一方面對我的影響很大，另外一方面給我一個很深的印象，就是說看一些課外的書籍，做一些課外的事情，如果這東西是對的，不但自己做的時候是一件享受的事情，還有一些其他的好處，一些可能是完全意想不到的影響。這件事情，算起來那時候才十一、十二歲，可是在一生裡面印象很深刻的事件之一。

進去以後，同學很多都是從各個地方、不同的地方來的。我們班上有不少的學生，台灣稱爲軍公教，軍就是父親是在軍隊裡面，軍隊多半是跟著蔣介石從大陸過去的；公是公務員，也是跟蔣介石過去的；教是在學校裡面教書的，有一部分也是從大陸來的。所以我們班上的人，可以說背景比較不同的，什麼地方來的人都有。我記得講四川話的人不少，很多都是空軍的子弟。

在那幾年裡面，對我來講最好的，一是說交了很多朋友。這些朋友因爲是從小一起長大，六年都在一起。當然有一些進大學的時候也是同學，即使有的不是同學，有人唸不同的大學，後來有的到美國，有的留在台灣，由於那段時間六年都在一起，所以這種友誼的話可以說是一輩子的，交了很多朋友。到現在爲止，即使很多年不見面，見了面大家就回想到當初一起唸書的日子。

第二，附中的校風比起其他的學校相對來講要開明得很多，尤其是對運動體育方面非常鼓勵。學校裡面操場的設施也很多，對我們來講是件非常好的事。

台灣我唸中學的時候，一九五三年到一九五九年，還是在台灣的經濟起飛之前，那時候台灣還是一個農業的地區，人民經濟水準還是蠻低的。在這種情況之下，除了唸書以外也沒有什麼太多娛樂。對於很多人來講，有些時間不知道做什麼東西好。

我們學校裡面由於體育運動的設備很多，所以差不多的時間，除了唸書跟回家，有閒暇時間都在學校裡面運動。我對運動，差不多什麼樣的運動都很有興趣。最喜歡的是打籃球，籃球打的也還不錯，所以一直打，從小學開始打籃球，一直打到二十一世紀初才停止。足球我也踢，棒球我也打，還有一些田徑我也參加。這樣每天等於都是在運動場上，除了在學校裡面唸書，在家裡面讀書以外，很多時間都是花在運動上面。

我從小就非常喜歡運動，可是一直並不是一個非常出類拔萃的運動員，並沒有達到很高的水準。然後其他的像下棋、象棋，打橋牌等等，都是蠻有興趣的。

玩這些東西的時候，一方面鍛練身體，另外一點可能非常重要，就是一個人陶冶性情、培養個性，需要自己培養自己，使自己變得更好。

我用打球作一個例子，打球總是有輸有贏。事實上，我如果把這一輩子我所有比賽的球賽加起來的話，我想可能輸的比贏的次數要多。運動，常常有人忘記它的主要的目標；主要目標不是贏，比賽的時候當然希望贏，沒有人比賽的時候希望是輸。運動本身當然是讓人的身體會變得更好，可另外一方面我覺得，如何在失敗裡面，培養一個人在精神方面，如何面對一些挫折，如何面對一些失敗，而繼續能夠再去努力，運動是一個很好的工具。

對於一個成長的孩子來講，能夠運動是非常好的一件事情。不但身體方面練的很好，另外重要的是對其他團隊的精神和領導的才能的培養，其實有很大的影響。

很多領導的才能我覺得也是從這個地方可以發掘出來，培養出來，也可以看得出來。跟小孩子玩兒的時候，你很容易看得出來誰在這裡面是一個領導，或者有的人沒有這樣的能力，他要做也沒辦法做好，這種情況我覺得也是很容易看得清楚的。做領導的人，專業天賦可能不見得是最好的，我覺得籃球打的最好的人不一定是籃球隊的隊長，足球踢的最好的不見得是一個足球隊的隊長，或者是其他運動裡面不見得這個人一定是天賦最好，或者甚至他的專業最高，而是他能夠使其他的隊員對他的決策有足夠信服的能力，覺得他會公平的帶著大家；所以在運動方面，對一個人領導才能的培養，可能比在學校裡面上課學習的影響力還要更大，至少我根據自己的經驗，還有同學朋友的經驗，我蠻相信這種看法的。

運動也會使人顯露本性，一個人的個性，在這種地方很容易看得出來。人家常說要看一個人眞的個性是在牌桌上或者球場上看是最好的。我自己不打麻將，有時候玩一點點撲克的遊戲之類的，這方面的經驗比較少一點。因爲我從小就很喜歡運動，在運動方面看一個人眞的個性是一件非常好的事情，到了球場上面，一個人的個性很難隱藏。打球的時候，這個人本性是正直的，還是不正直的，喜歡賴皮的，喜歡騙人的，很容易就看得出來。一個人是否公平，有的人很奇怪，想占小便宜，或者做一些偸雞摸狗的事情，到運動場上就會原形畢露。

另外是團隊的精神，哪些人很有團隊的精神，很願意跟人家合作，或者哪一些人很沒有團隊精神。有人表面上看起來很有，可是到了打球的時候非常獨霸，明明隊友有很好的機會，他就是不傳球，或者怎麼樣，這種很容易就看得出來。我覺得這個準確程度非常的高。

運動本身的目標是培養自己的身體，培養自己的心智，可以得到很多的益處。中學裡面，運動最重要的，就在於培養有益的身心素質。這是最重要的。

講到中學，有幾位老師，我現在印象還蠻深刻的，覺得他們對我也有蠻深的影響。初一剛剛進去的時候，每一個班都有一位導師，除了教他的課業以外，對於我們生活的輔導等等也負一部分責任。我們的導師，姓鐘，叫鐘幹。他說他的祖先本來姓鐘離，所以他的名字應該是鐘離幹，可是後來鐘離這個姓很不方便，所以到了大概他父親還是祖父那邊就把「離」字去掉了，就姓鐘了。鐘老師來的時候，是剛好師範大學畢業之後當過兵，那時候台灣所有人都要服兵役。師範大學唸完以後服完兵役，因為唸師範是國家出錢來培養老師的人才，必須要教幾年的書回饋。鐘老師教國文的，是一個很沉穩的人，不隨隨便便講話，做事情非常嚴謹，教書的態度也是非常嚴謹。很多人對國文沒有興趣，覺得國文是一個很枯燥的東西，可是他教的時候盡量把其中的一些東西講的比較生動有趣，講一些當時的歷史背景，這件事情為什麼這樣發生？為什麼這些人講這些話？

我原來就是對中國文學蠻有興趣的，後來非常有幸，他教了我們好幾年，從初一，大概有三年的國文是由他來教我們的。使我對原來可能有一些很枯燥無味的東西，由於他的教導，使我們聽起來更有興趣。看稗官野史，看這種小說是很有趣的；但是講到很正式的文章，像是《左傳》、《論語》裡面的一些文章，常常就覺得沒有什麼意思。他能把國文裡面很多東西講得讓我們覺得很有意思，跟我們生活上面有一些關係連結，覺得跟我們歷史文化背景連起來，我覺得受益非常的大。有些以前背的東西，到現在我還可以記得住，我覺得這些跟老師有非常大的關係。如果老師教的好，深入淺出，能夠使學生覺得有意思，學的東西就是蠻扎實的東西，可以跟你走下去；如果老師教的不好，大家敷衍過去，或者老師讓你敷衍過去，學的東西始終沒有深入的，很快的就忘記了。

以前教我們的一些東西，像《左傳》〈襄公二十四年〉，「太上有立德，其次有立功，其次有立言」這類東西，或者背《桃花源記》，或者背《瀧岡阡表》，或者很多東西，現在想起來覺得還是令人神往。一位老師能做到這些也實在不容易了。

另外有一位教數學的老師，他叫李嘉淦。李老師，我們高二的時候教我們解析幾何，教比較深一點的數學。每位老師在學校裡面大家對他有一個形象認知：有的老師是比較鬆，有的老師和氣，有的老師非常凶等等。李老師沒有教我們的時候，他的形象和名氣是大家覺得他非常的凶，對學生要求非常嚴，並且常常給人家不及格。所以他來教我們的時候，大家都心裡面怕的很，總覺得碰到可能不合理的老師。跟他唸了一段書以後，發現其實完全不是這麼一回事情。他教書教得非常好，對我們要求也非常嚴格。這點是沒有問題，因為我覺得老師對學生要求是應該嚴格的，對學生過分寬鬆的老師，實際上是沒有做他該做的事情的；也就是說學習不是天生的，學生有的時候是要逼的。他對我們逼的蠻緊的。大家和他慢慢熟悉以後，發現他有蠻有趣的一面，他還蠻喜歡打籃球，所以我們後來就跟他一起打球，打籃球的時候發現他根本就是蠻和藹的一個長者。他真的為什麼對我們那麼嚴格，為什麼表面上要裝成很凶的樣子呢？還是為了我們好。像解析幾何，代數，如果不把底子打的很好，不做得很好，將來再去唸工或理，就要比人家辛苦很多。唸好的話，將來再去唸比較更深的數學，或者其他理工方面的東西就會容易很多。這份苦心如果講出來我們也不見得會瞭解，他就是做這件事情，然後做的時候他教得很好，對我們要求很嚴格，可是事實上，他是一個很好的人。

我後來發現，在我的經驗裡面，不管是哪一個階段，小學也好，中學也好，大學也好，最好的教師一般來講都是要求很嚴格。他要求很嚴格是他對他自己的要求很嚴格，他對學生的要求很嚴格，在嚴格裡面他自己又能夠教得很好，在這種情形之下學生才能夠真正的學到一些東西，才能夠受益很多。最糟糕的老師是哪一種？討好學生，做出一副好好先生的樣子，你要怎樣都可以，到最後學生幾年下來什麼都沒有學。等他把這段可以學東西的黃金時段浪費掉，以後再要學，即使想學也沒有時間了，年紀到了一定程度，再要學東西就會艱難得很多。

師大附中，在所有的學校裡，大概算是比較自由的一個學校。那個時候的中學，一般來講都管得蠻嚴的，學校裡面都有教官，這是台灣蠻有趣的一個制度。那時，國民黨非常重視對學生的思想控制。

因為他們覺得大陸的失敗，其中有很大的原因，就是在宣傳方面，使年輕人或學生被共產黨吸收過去，在這場戰爭裡面國民黨失敗了，所以到台灣以後，對於控制學生、吸收學生，是一件非常重要的事情。

我們每個學校都有教官，是軍隊派來的軍官，在學校教軍訓。教官主要的目的，是在思想方面，給大家做一些教育和控制。所以我們有教官。可是我們基本上校風是比較趨向於活潑一點，並且那時候我想大部分的中學生，進了中學以後，由於家庭的關係，大環境的關係，都有相當程度的政治警覺性。大家知道什麼可以碰，什麼不可以碰，也就是對政治事情儘量避開，不要碰它，只要你不去碰政治，別的事情也都比較好辦一點，所以就是從小有一種政治的警覺性。

我自己當然也不例外，因為這樣的環境，也就從小對政治沒有什麼興趣。因為覺得這是大家都不願意碰，不願意提，好像是一個比較戒備的東西。所以從小到大，就是跟政治保持一段距離。等我到唸了大學再出來，始終對政治興趣缺缺。

大塊假我以文章

中學這六年對我來講，大概是這一生裡面，過得是最快活，最比較沒有憂慮的一段時間。因為那個時候，整個台灣的局勢，由於韓戰的關係，韓戰發生以後，美國就派了第七艦隊到台灣海峽來。也就是說，短時間使中國大陸跟台灣之間，軍事上沒有什麼接觸，台灣的人也就覺得基本上比較有一點那種安定感。當然，這種安全感並不是很強烈的，只是暫時覺得可能沒有什麼太大的危險。可是軍事的行動，尤其是在台灣所謂的外島，金門馬祖，跟對面的廈門，還是有炮戰，還是蠻激烈的一些事情。

台灣的經濟環境在五〇年代，還是很落後的，是一個農業的地區。台灣有一點，比較得天獨厚的就是，台灣的天氣是亞熱帶天氣，土壤非常肥沃，所以基本上就是一個農業的地方。在工業方面生產東西並不是很多，整個的科學技術方面，比較來講是相當的落後。可是由於亞熱帶天氣雨水非常充分，種植的東西，種稻一年可以收三次水稻，幾乎種東西就長什麼東西，像香蕉、鳳梨、蔬菜，這些都蠻充足的。大家對吃東西沒有什麼問題，都吃的還不錯。

由於天氣很暖和，衣服也不要穿的很多。居住還是蠻簡陋的，我唸中學的時候，幾乎沒見過什麼高樓，高樓很少，基本上都是平房，應該說台灣的人也不是很多。台北市，也不過是幾十萬人的一個城，現在的話已經三百萬人了，是完全不同的一個城市。整個城可以說還是蠻落後的。

台北市當初的發展是從西區開始，他有兩條河，一條叫做基隆河，一條淡水河。任何貿易都是跟河流有關的，當初這條河就讓西部帶來一些繁榮，西區就是代表比較高級的住宅區，經濟政治中心，都是在西區。東區那個時候全部都是稻田。我是在東區長大的，我唸的學校也是在東區，學校一出來就全都是稻田，走路也在稻田中間走，回家路上也是走在稻田的路上。然後秋天收稻以後，地是乾的，大家就到稻田裡面玩，這是非常鄉村型的一個城市。

台灣的天氣是亞熱帶的氣候，一年的話，冬天不會太冷，很少到零度，到了幾度大家都覺得很冷了。夏天蠻長的，並且很熱，常常都是保持三十幾度，並且濕度非常大，所以台灣的夏天，就是又濕又熱不是很舒適，所以只要天一開始熱，大家都很喜歡去游泳。

那時候游泳，台灣的經濟建設還沒有眞正的開始，所以基本上是一個很自然的心態。眞的是游泳池的地方很少，太貴了。我們去游泳的話，都是就到外面的河裡面去游泳。河裡面去游泳，當然沒有救生員，設備都是非常的簡陋的，可以說是沒有什麼設備，可是水還是蠻乾淨的，在河裡面玩起來也蠻有意思。可是由於是河裡面比較危險，萬一發生什麼事情，旁邊沒有救生員。所以每年，總有一些人，到河裡面去游泳的時候淹死了或什麼，所以家長都不太願意帶小孩子去游泳。可是，天一熱大家都想去，所以我們那時候就是常常偷著跑去游。我是住在外面，父親母親不在身邊，也不必去問他們，當然就是盡量小心就是了。

那時候每人都是一輛腳踏車，到那兒都是一輛腳踏車。天一熱的時候，到了放假天，大家結群引伴，跑到郊外。有個很有名的地方叫作碧潭，是一條風景不錯的河。上游的活水非常清澈，就到那邊去游泳。游泳的時候，大家都不敢跟家裡講。遊完泳，游泳褲要怎麼樣處理，就變成蠻大的問題。後來大家就覺得最好的方法，就是每次把這些游泳褲全部交給我來幫他們曬乾，然後下次再去的時候，再幫他們帶去。他們就不必跟家裡講；否則帶著濕的游泳褲回去的話，家裡一定知道他跑出去游泳了。

在那裡，大家的經濟水準都不是很高，大家都窮的時候，做事比較容易，要求也比較低，交朋友比較容易；然後做一些事情，出去玩的話，都是一個團隊的，不需要花很多錢的事情，反而玩的很好。所以我們所謂做的一些比較調皮搗蛋的事情，也大概差不多就是這個境界。沒有做什麼眞正的不好的事情。即使做一些好像比較冒險性的，什麼旅遊、運動的，大致不出這個方向。

主要做的事情就是運動，然後就是看些書籍。生活過得比較平淡，可是這種平淡的生活，我想對一些成長的學生來講，可能反而是一個最好的環境。

那個時候，台灣進任何學校都是考試，這一點，一直到一九九四年教改以前都做得不錯。考試制度，中國是實行了很多年，一方面大家都覺得這個制度有很多的缺點，可是，另一方面大家找不出一個比它更好的制度。考試制度不管怎麼樣，它基本的精神是一個公平的精神。我們那時候考到師大附中，或者台灣大學的話，都是最好的學生才能夠進得去。同學之間品質很好，學生的品質好，學校的品質也就好。

台灣在我唸書的時候，從小學、中學到大學這段時間，我現在回頭來看非常慶幸，就是當初學校對學生都是採取一個非常負責的態度，要求嚴格，希望學生好好的學習東西。現在想起來，我非常感謝這些老師、這些校長、學校裡面的工作人員。相對來講，台灣現在的教育制度，一天到晚教育改革，越改越糟糕。台灣現在的大學多如牛毛，到了一個程度，幾幾乎乎任何人都可以開大學，大學很多都變成學店，收費蠻高的，也就是說什麼人都可以收，收了以後，他現在怕的是什麼呢？跟以前可以說是反過來的，以前是怕學生不好好唸書，怕學生不好好唸書，學校要採取一些嚴厲的措施，甚至於包括把學生開除。現在反過來，現在開大學的人主要的目的是賺錢，他最怕的是什麼？是怕學生不來交錢，所以台灣現在很多的學校，當然不是所有的學校，還有很多好的學校，可是不幸的很，有很多不好的學校。他開這個學校的目的，你什麼人來我都收，收了以後你只要交錢，你可以不來唸書，可以不用來上課，四年以後給你一張文憑。我覺得這種等於把人家一輩子都害了，非常糟糕的一個現象，這是台灣現在很大的一個問題。

我現在回顧中學生活覺得非常的好，主要是因爲我覺得那時候在中學裡面過的，現在事後來看是一個蠻平衡的一個日子。有的同學非常用功，把所有的時間都花在學習上面。我很高興我沒有這樣做，因爲我覺得唸書是一件非常重要的事情，可是唸書只是生活的一部分，所以我除了上課以外，我花在運動上的時間也不少，書當然讀的還不錯。當時考入台大電機系，等於是全台灣理工前五十名。另外，我們同學，由於大家六年都在一起，所以常常出去，有時候一起到外面去玩，耳畔清風，記憶猶新。

第四章　台灣時期（大學）

大學聯考

我一九五九年在師大附中畢業。台灣的制度我在前面提到過，跟大陸的制度蠻接近的。暑假的時候，就是應屆的畢業生到了暑月，七、八月一起考聯考，所有的大學一起來招生，然後根據分數跟志願分發到不同的學校跟院系。那時我們也是一樣，就是考的人很多，大家都是盡量想進最好的學校。

那時大家都覺得，台灣大學是都想要進的一所大學。現在也還如此。

台灣的大學，層次很明顯，不像中國大陸，也許有的學生在清華、北大之間有所選擇，或者由於地域的考慮，願意選離家近的大學。南方人也許願意到復旦、上海交大或者是南京大學，或者浙江大學離家裡面比較近點，學校也是非常的好。台灣的話，台灣大學是一枝獨秀，大家都想去考。考的話，就要決定考哪一些科系？那個時候，大家對科系的選擇，學校也沒有什麼老師來輔導，甚至老師自己也不是很清楚，所以一般來講，大家都是說找那個學校裡當時最熱門的科系，讓大家去考。

眞正說是在那時對自己的興趣，有比較深的瞭解的人，我想很少。當時整個的台灣的環境還是比較落後，學校老師對就業這些的觀念，跟現在也很不一樣。當初一般來講，就是如果選學工的、學理的差不多都是到美國去進修，因爲在台灣本身，吸收這些人才的能力非常有限。如果是學醫這一類也可能留下來，然後還有一些，比如說商科都是留在台灣做事。

我自己呢，在學校，中學分爲甲乙兩組。甲組是理工方面，包括醫類，乙組是文組。如果一個人性向比較偏重文學、歷史方面，這一類算是乙組。這兩組在高中的時候已經決定。考試的時候，題目也不太一樣，考甲組的，物理、化學、數學考的多；文組方面，就是文的東西考的比較多，比如說地理、歷史這些。考甲組，不要考這些，而是多考物理、化學；乙組就要考歷史、地理。我們分科時候，也有相當的限制。自己對文學歷史的都還蠻有興趣，可是很早就決定，我要學科技的，一定是在理工的方面。我覺得一個人的興趣跟做的事情，有的時候你做的事情也是你最有興趣的東西；有的時候，你做的事情跟你有興趣的東西不一定是完全一樣，相輔相成觸類旁通反而可能還更好。

另外一個當然是很實際的考慮，在那種時代，所謂最好的學生一定是要去學理工，或者是學醫。因爲這一類將來出國方便，找事方便，收入也比較好，社會的地位也比較高。學文學的歷史方面其他方面，除非特別優秀，就會受到很多限制。這些東西全部都考慮進去，然後再加上家裡大家討論的結果，對我來講，很早我就決定就是要唸理工。

我也很早就把醫科排除了。我雖然對很多學科都有興趣，但對於生物，中學的時候對解剖，這類的課我是非常沒有興趣；並且有一樣東西，我很不喜歡，不喜歡看到血。看到人家流血，心裡就會很不舒服。做醫生如果很怕看到血，對這方面又很沒有興趣，即使是內科醫生，我想是很糟糕的醫生。所以我早就決定不學醫。

唯一不是百分之百的確定，就是在理工方面，選哪一門可能對我自己將來最適合？這種選擇，當初的話，可以說是一個完全沒有根據的選擇，也沒有太多的人來幫你的忙，或者提供一些參考，可是這個選擇對這一輩子，有著非常大的影響。

常常覺得一個人作出對自己最大的影響的決定時，可能並不是花了很多時間，有時花了很多時間作了決定，到最後看看並沒有什麼太大分別；左也可以，右也可以。不過當然事先不知道，事先如果知道就不會這樣做，肯定會多花一點時間，去想一些重要的事情。我們常常不知道，哪些會對自己影響最大。

我們考大學，在那之前，我們那一段時間，很多人對純理科有很大的興趣，尤其是物理跟化學。這個原因，其實是一個外在的原因，就是當初楊振寧先生、李政道先生得了諾貝爾獎，因爲那個時候他們兩位是華裔，華裔第一次得到了這個世界上的科學最高榮譽，最不容易得到的物理獎；他們獲獎，不管是在大陸、在台灣都有極深遠的影響。很多人都是覺得這是一輩子最好的、最重要的目標。所以當初唸物理是一個極爲熱門的科系；跟著物理熱起來，化學也相當的熱，化學有諾貝爾獎；其他數學很可惜，數學其實在很多方面，對科學跟工程來講，是最基礎的東西，可是當初這位諾貝爾先生設獎的時候，沒有設一個數學獎，這對數學有一些很不利的影響，覺得既然沒有諾貝爾數學獎，我就不去唸了。所以在台灣要準備考大學的時候，選志願的時候，物理跟化學，尤其是物理，是一個極爲熱門的科系。工學院需要考慮的是，那時候台灣大學工學院只有四個科系，按照次序土、機、電、化，就是土木系、機械系、電機系跟化工系這四個系。

當初考大學的時候塡第一志願就是在想，我到底是對哪一個比較有興趣？事實上那時候對這些東西都沒有什麼瞭解；學校的老師也沒有什麼瞭解；就問問已經在唸大學的同學哥哥姐姐他們，也是眾說紛紜。父親那時候不在台灣，在韓國做事情，那時候打長途電話是不可能的事，跟他之間，就是寫信。父親自己是學文學的，對小孩子的選擇跟教育是抱著比較開明的看法；就是說如果我喜歡唸什麼就去唸什麼，他沒有太多的意見，我做什麼他都支持。母親當然是希望我作一個最好的決定，可是她自己也沒有辦法知道怎麼樣是一個最好的決定。

我跟很多人談過以後，自己也想了一想，最後就是在兩個科系之間需要作一個決定，一個是物理系，物理系是研究宇宙最基本的東西，是一個很偉大的學科，剛好不久之前楊先生、李先生也得到了諾貝爾獎，覺得最好的學生應該去唸這個。

另外在工學院，我覺得對電機系比較有興趣，對土木蓋房子，土木系做建築方面的東西，大的機械，還有化工這些東西我沒有什麼興趣；對電機方面蠻有興趣的。還有一個很大的原因，當初台大電機系有一個外號，叫做留美先修班，就是台大電機系畢業的學生，幾乎所有的都到美國去深造，有的拿到碩士，有的拿到博士。那個時候做事情，尤其拿了博士學位，台灣可以說沒有什麼就業的機會，大家就留在美國繼續做事了。對台灣的學生來講就是一條出路。我自己就是面臨一個決定，到底是去唸物理還是去唸電機。

這個事情在我塡志願之前我也想了很久，最後到了要塡志願的時候非塡一個不可，我想了以後，最後決定還是塡的電機系。當初好像覺得物理也好電機也好，反正沒有想到，將來的影響會有那麼的深遠，因爲我覺得人做事情常常都是碰到二分法的時候你就做一個決定，又碰到二分法的時候就做一個決定。

在做第一個決定的時候，可能覺得差別沒有那麼大。實際上我們那時候的想法是，在工學院，電機跟物理之間的距離是最近的，所以有的人就說，我先去唸電機，如果我眞的有興趣，要做物理科學家，到了美國，我再去唸物理；有的人就是想，我先去唸物理，將來我眞的對工程有興趣，對工程的興趣比做這百分之百的科學的興趣更高的話我再換。這想法在作決定的那一刹那看起來好像是沒有什麼了不起的。事實上，進到學校以後，四年下來，唸的課程有相當大的差異。

然後等到再去申請國外學校的時候，由於以前唸書的成績，跟你唸的科目不同，申請學校的時候又有很大的差異，再一步一步走下來，結果就變成兩條完全不同的路了。我現在想起來，這個決定對我來講，也是一生中一個極爲重大的決定了。

由於我是唸的電機系，所以到了美國，剛好那時候電腦科學系處於開始萌芽的階段，電腦科學系剛開始成立，很多都是從電機系裡面分出來的。因爲當時的電腦科學，主要偏重於電腦的硬體方面，軟體還是一個很新的觀念，很多人那時候對軟體還是覺得不足爲奇沒有什麼用的。因爲電腦科學系剛剛從電機系分出來，所以唸電機的人去唸電腦科學，就是一件很順理成章的事情。可是如果唸物理的要去唸電腦科學，就等於轉了兩個彎，所以也就是說我講的這個距離，不知不覺中越來越遠了。

我在加州大學洛杉磯分校（UCLA）唸書的時候，那裡的電腦科學系也成立沒有多久，去唸一個新的科系，我覺得蠻有意思的。

由於電腦的發明，電腦科系的成立，電腦跟通訊兩個領域就越來越接近。因此，我在加州大學洛杉磯分校（UCLA）拿到電腦科學的學位後，唸博士的時候就往通訊的領域方向走了。

美國學界講究師承血統，我的運氣很好，碰到一位非常好，非常優秀的一位導師，李納德．柯藍洛克教授（Professor Leonard Kleinrock），他那時候非常年輕，還沒有很出名，我是他的第二位博士生。後來很多人尊稱他爲「互聯網之父」（Father of the Internet），因爲他在很早就做了一些互聯網，就是因特網的基本的研究，一步一步這樣走過來，機緣湊巧，就走出一條康莊大道。

當初，在一九五九年塡寫考大學志願，是先塡後考，不像現在有的地方是考完以後，你知道你成績，才決定志願是什麼。當時先塡，塡完以後就不能改了，下面的路就等於全部定了，所以當初塡志願的時候再也沒有想到這樣一步步下來，對這一生有很大的影響。

我想起另外有位跟我交情不錯的同學，也是我們師大附中同班的同學，他的成績非常優秀。當初對於優秀的學生，尤其是在數理方面好的學生，很多人都鼓勵他去唸物理。他本來不是很想去唸物理的，可是家裡面就說你的成績這麼好，我們希望你一直唸物理，希望你將來能得一個諾貝爾獎，這個想法現在肯定覺得太單純了，甚至有點可笑，可是當時很多人都是這樣的想法。

他在家裡面的影響之下就去考了物理，考的成績非常的好，然後就去唸台大物理系。唸完物理以後，不知道是第一名還是第二名，反正是很好很優異的成績從物理系畢業，我們都後來到美國來唸書。他得到了一個物理學博士，然後就在高能物理方面做研究的工作。

可是很不幸，他得到學位，甚至他還沒有得到學位之前，物理這一領域，是一方面還有很多重要物理的問題需要解決，另外一方面，物理方面的經費越來越短縮，因爲那時候基本物理研究人員相對來講比需要的人員要多很多。物理的問題當然是很重要的問題。我在另外一本書裡面提到過，不是問題重要就一定要很多人。做最高深的，對科學方面最重要的，研討最基本的問題，我們雖然要一個很精幹的團隊，要最好的人才，可是人數多了沒有用，太多人、大部分人都是浪費掉了；因爲眞正能夠思考這些問題的人，世界上並不是很多，加了很多人上去，他只能在旁邊做一點打雜的工作。這些人在別的領域也許可以做得非常好，可是進到極爲高深的基本的物理的研究的時候，常常由於有人比他更好，他就沒有發揮的機會，我這位同學就是這樣的一個例子。

他唸書一直唸的非常的優秀，以台灣的標準來看，在物理界他算是學得非常好的，可是他到了美國以後，因爲世界上所有的最好的物理學家、科學家都被美國吸過去了，在這裡，若不是頂尖裡面的頂尖裡面的頂尖的話，就很難出人頭地。所以他就是始終找不到一個很好的工作，老是做博士後，拿了博士二十年以後還是找不到一個教書的工作，因爲這方面人才非常多，需求並不是那麼大。他的職業生涯也就被耽誤了，可惜了。

後來也見到過他兩三次，大家也談起來，老朋友當然見面講話也比較隨便一點。他常常覺得當初這個決定，他非常的後悔，現在也來不及再去改，等於是越陷越深，也沒有辦法走第二條路，始終在學校裡面隔幾年就換一個學校，去做一些博士後，幫人家去做一些研究工作。

我講這個事情，倒不是鼓勵大家不要去唸物理，而是說唸科系的話，一方面是自己的選擇；另外的話就是這個選擇，將來的一些後果，這些後果如果越早想得到的話，那這個選擇的時候作的決定，後悔的機會也就越小。我覺得我們中國人常常有這個想法，總是喜歡做很偉大的事情。有時候目標定的可能稍微太大了一點，這樣做起來可能比較有點不實際，對自己肯定也不是很好的理想。

不要說是我們唸大學的時候，今天的社會有一個很明顯的趨勢，我們對於基本的科學的研究，它的需要，相對來講是越來越少；並不是說基本科學研究不重要，非常重要，可惜由於很多基本科學的東西我們已經都發現了，我們已經在應用它了，需要多少人去做基本研究的絕對數字甚至於都在減少。由於每年的學生的人數一直在增長，每年畢業的人越積越多，能夠做到基本研究的工作研究人比例上更是減少。所以在這種情形之下，對於技術方面的實用要求越來越高，這是市場經濟的一個必然性。

任何一個國家，做實用的東西越多，跟他的經濟的繁榮有正比的關係。基本的研究當然是一定要做的，可是在基本的研究裡面，人數我想不會要那麼的多，這些人一定都是要頂尖的人，像李政道先生演講，講到物理，他說有一些很大的問題我們現在還沒有解決，我們希望有很好的人才來解決。我覺得這是很好的事情，中國絕對有這樣的人才。中國一定可以找到這樣的人去想這個很大的問題，來說明解決物理方面很重要、到現在爲止還沒有解決的事情。

另外一方面來講，這些人一定要是頂尖裡面的頂尖的頂尖，並且這些人數要很少，否則如果人多一來沒有用，二來對這些人來講，這一生做事情，會都是蠻辛苦的，並且始終是在邊緣上面做事情，對他們自己來講也是一個很大的浪費。

若站在應用方面來講，由於一個國家經濟的發展，人才需要越來越多，所以在應用方面發展，機會會越來越多，所以在這中間學生選擇科系，選擇自己將來想做什麼事情的時候，是一個很重要的一件事情。我想除了父親，家長以外，學校跟社會對學生應該再多一些輔導一些幫助，讓他們知道，一方面是理想，另外一方面是實際上需要面對的問題。

一九五九年，畢業以後就考試。中學裡面，還要學毛筆字之類的，當然隔了幾年都沒有學了。我們考大學的時候，還要用毛筆寫作文。考的時候，還要帶著硯台、帶著墨、帶著毛筆去寫篇作文。後來再隔了幾年，這件事情就不做了。這個作文的分數不太容易打，並且用毛筆的話，寫字寫得好的人占便宜，寫字寫得差的比較吃虧，大家覺得這樣可能也不是一個很公平的方法，所以後來作文也不做了，毛筆字也不寫了。

現在很多都是電腦來閱卷。當然各有各的好壞之處。我們那年的作文題目是叫作「學問爲濟世之本」，這篇文章，我寫作內容不完全記得，有一部分還有印象，就是講到眞正的學問，爲什麼學問爲濟世之本呢？就是說眞正的學問是要有用的學問。我還舉個例子，講到諸葛亮舌戰群儒的時候，很會講話的人是「筆下雖有千言，胸中實無一策」。就是很會講，沒有什麼眞正有用的一些貢獻。這種事情不知道爲什麼，反而記得很清楚。當時這篇文章，自己寫下來，還蠻得意的，有點寫八股文的味道。

考完試以後，大家那段時間就是等放榜了，那段時間的話，也就是唸了這麼久的書，很不容易得到一個比較輕鬆的時候。那時父親在韓國做事。韓戰的時候，美國人在台灣請了一批翻譯，就是要能夠講普通話、又能夠講不錯英文的人到韓國去。這也是一件非常有趣的歷史上面的一個很諷刺的事情；就是父親那時候在南韓那邊，我的大堂哥是在北韓參加了抗美援朝的志願軍。當然他們兩位當時都不知道的，兩位都很幸運，都沒有受傷或者怎麼樣。可是這件事在歷史上也是一個悲劇，同一家人在兩邊不同的地方，並且是在同一個外國。

因爲我已經跟父親有一段時間沒有見面了，他們是我高二的時候搬去，差不多兩年的樣子。所以大家就決定說我考完了以後就到漢城去，住到家裡面跟家裡面的人團聚一下。

然後就是等放榜，放榜完了以後再回到台灣去繼續唸書。記得放榜的時候自己並不知道，因爲我人不在台灣，所以就麻煩同學知道後趕快通知。那個時候還是打電報，電話好像長途電話，要不然就是奇貴，要不然就是沒有辦法打，很多人家裡面也沒有電話。同學打電報，因爲那個時候放榜就是在報紙上把所有的名字都寫出來，然後請他們趕快把報紙寄來給我，知道我到底情形怎麼樣。

考完了以後我想大家自己心裡都會有數，覺得考的怎麼樣，我知道自己考的不錯，所以應該沒有什麼問題，可是你不到放榜自己還是不知道。很幸運放榜了以後，同學很快就電報打來，另外報紙也寄來，我考到台大電機系，我的第一志願，我最想去，我想去唸也不是我最想，就是當初我覺得我想去唸的那個科學系。

當然能夠進到台大是一件很不容易的事情，那時候台灣的人還沒有那麼多，考試的話，我如果沒有記錯是幾萬個學生去考，但整個台大大概收了差不多一千個人左右。電機系它是這樣，一年大概收五十個學生。它是有兩班，另外有五十個學生是海外的華僑，華僑學生，都是從各個地方不同的地方來的。台灣那時候是政府拉攏海外的學生，一方面有一個學習的機會，另外一方面當然也是在宣傳方面收到蠻大的效果。所以電機系雖然有一百個人，但是有五十個名額都是給僑生占掉了，因爲他們在海外唸中學程度比較參差不齊，一般來講比在台灣的學生要差一些，所以把他們放在一起，這兩班的學生的進度有相當大的差異。對像我們本地在台灣長大的這些學生，電機系就是這五十個名額，滿了就是滿了，所以要考進去是一件非常不容易的事情，我也非常高興。

我還記得說這個事情的時候我住在家裡面，那也是一個非常愉快的暑假，因爲已經有一段時間家裡面人沒有團聚了，難得家裡面人，差不多都在一起。那時候我記得我姐姐已經到美國去，父親母親還有弟弟在一起，大家都非常高興。我自己剛剛考完大學，所以也沒有任何的壓力，反正在家裡面天天不是出去看看漢城的名勝，就是在家裡面看書。父親每到一個地方都會買很多書，很多書都是他在那邊收集的，所以我還都沒有看過，在家裡面就是非常愉快的環境。

我還記得大學放榜了以後，知道我進了台大電機系，父親母親都是非常的高興，表達的方式也不同。母親她高興、悲傷什麼都藏在自己的心裡。我可以看得出來她這件事情非常高興，她也不多講，就是跟我說你很幫我爭氣。父親的做法就不太一樣，他開始帶我出去拜訪一些朋友，跟大家講講，這是我的大兒子，現在很僥倖的考上了台大電機系怎麼樣怎麼樣。我也看得出來他非常的滿意，也覺得非常的引以爲榮的感覺。讓我有很深的一種感受。

大學生活

一九五九年的八月底回到台灣，開始進入我的大學生活。開始的時候是新生訓練，也就是所有的新生一起接受一些學校裡面幾天的訓練，然後就開始上學了。

台大在日據時代，當初就是台灣帝國大學。在日據時代，台大就一直是台灣最好的一個學校。國民政府搬到台灣去的時候，台大是傅斯年作校長。他是一位很有名的學者，以前在北大也擔任過很重要的職務。他治校的宗旨，就是聘請好的教授，給學生很好的受教育的環境。他也很尊重學生的思想自由，所以那時候，台大在思想方面相當自由，當然任何自由在任何環境裡都有它的限制；就是有些事情就不要去碰，其他的話，至少對我們來講，是一個蠻自由的環境。

我們學校的老師，在我們唸書的時候，大部分都是當初已經在那邊了，留日的老師還不少，很多以前在台灣大學教了蠻多年的。他們教書的方式，比較偏重於日本式，做事非常的嚴謹，也可以說非常的拘謹。做起事來一板一眼，教書也非常認眞。另外有一些，就是隨著國民黨的政府，搬到台灣去的，教授先生們很多很有名，包括傅斯年校長，和後來的錢思亮校長，他們原來在大陸學術上就很有地位。他們匯聚台大，台大一下子成爲臥虎藏龍的地方。這是台大的一個很大的特色。

台灣大學那個時候總共約是七千人，現在大了很多了。那時候台灣大學分成六個學院，文、理、法、醫、工、農，文學院、理學院、法學院、醫學院、工學院、跟農學院。每一個學院裡面又有幾個不同的系，像文學院有中文系、歷史系、考古系、外文系等等，醫學院當然最主要的是醫學院的本科還有藥理之類的。這個次序是根據很多政策，把文學院放到最前面，文理是基礎方面的，然後再把其他的放在後面。我們工學院是六個裡面排在第五個，學號第三位就是以五表示是工學院的學生。

台大六個學院，一年級大家都在校本部上課。校本部是一個很大的校園，很漂亮。裡面種了很多的杜鵑花，所以台大每年到了春天，杜鵑花全部開了，整個校園非常好看，因爲台灣在亞熱帶的關係，有很多椰子樹，建築物都是比較古老的，看起來很像一個學府的景色。

六個學院裡面，醫學院有他自己的校園，還有一個附屬醫院，叫台灣大學醫學院附屬醫院，我們叫做台大醫院，是台灣很有名的醫院。這個醫院設在城裡比較近的地方，台大校本部，是在台北的南邊，原來比較靠近郊外。台大醫院跟醫學院靠近城裡面，因爲這樣，醫生實習和醫院的業務比較方便。

法學院包括商學系也是在城市的比較靠中間的地方。法學院的學生、醫學院的學生，一年級跟我們一起上學，然後就回到他們的分部去了，以後就很難見到面。

另外的四個學院，就是文學院、理學院、工學院、和農學院。學生都是在校本部裡面，所以大家見面的機會很多。工學院的位置跟文學院蠻近的，所以我們去文學聽課很方便。另外一個原因當然是工學院的女生少，文學院女生多，文學院是女多於男，工學院是男遠多於女。所以對工學院的學生來講，到文學院去聽課，一舉兩得。文學院的學生很少到工學院來聽課的。

那時候上課，一年級很多都是必修的課，然後又是跟自己的本科關係不是很大，都是一些基本的課。像我們工學院的學生，要唸國文、唸英文、唸數學、高等微積分、唸物理等等。台灣還需要唸三民主義，每個人都要唸。然後體育課什麼之類的，一年級的課的可以說三分之二以上新生學的都是差不多的東西，另外可能是三分之一或者更少，比較跟自己本科有一點點關係。

我想很多學校都是這樣的教育的方式，因爲大學的教育，不是說是完全專才的教育，有很多是需要通才的教育，很多基礎方面的，像是人文科學等等大家都需要唸。另外就是，有的學生進到學校裡面才發現，當初選的科系，考試的時候並不是他最想唸的，所以一年級完了以後，還有一個機會讓大家可以轉系，雖然轉系成功的並不是很多，也有一些轉系的人。普通當然是，你從分數高的系往分數低的系轉容易，比較容易進去的往比較難進去的轉比較難，所以一年級的時候我們也有幾位從電機系轉出去，還記得有人轉到物理系去，然後也有很少幾位從別的系轉過來，這不是一件很容易做的事情。

台灣那個時候的大學，我想這點跟現在並沒有改變很多，大學是進去非常困難，出來相比來說容易多了，進大學的門非常的窄，尤其是好的大學進去非常的困難，可是一旦進去了以後，當然每個學校都不一樣了，可是大體而言，學校對學生的要求並不是極爲嚴格，你只要還願意唸書的話，多半成績及格就可以畢業了。有的學校就對學生的要求極爲嚴格，可是台灣那時候的大學，一般來講倒不是這個樣子，就是規定你有多少學分，然後哪些課是必修的？哪些是需要選修的？總共起來學分要多少？多少分及格？不及格的話，那一門課可以再重新再選一次，一共有多少門課及格，然後你這個學生就可以畢業了。

當時學生也是個個背景不一樣。有的是在台灣生長的；有的像我們一樣是從大陸去的；第三種就是來自海外不同的地方，尤其是東南亞的一些僑生。所以它多元性質也還蠻大的。

五〇年底六〇年代初的時候，台灣的經濟情況仍以農業爲主，有一些手工業。我記得他們說是客廳即工廠。就是很多人在家裡面客廳裡做一些手工藝的東西，來貼補家裡的收入。那時候台灣每年做很多聖誕燈泡出口。家裡面主婦或者學生回家以後，利用一些空閒的時間，做一些手工加工的東西。台灣真正的高新產業，是等到一九七〇年以後，才開始逐漸發展。那時仍是勞力密集型，以手工爲主。

學校在比較靠近郊區的地方，看起來環境還蠻不錯的，污染也比較少，環境適合讀書學習。學校對待學生，只要你肯唸書，基本上還比較客氣。大一的時候課比較多，到二、三、四年級，需要選修的課越少，空閒的時間也比較多，就可以做一些別的事情。

學社和運動

就我而言，由於對運動蠻有興趣，所以參加了各種不同的運動；大學裡有很多不同的學社，也參加了一些不同的學社。那時候，我對打橋牌比較有興趣，就去參加這個學社。後來一九七五年、一九七六年在AT&T公司百萬員工橋牌大賽，我連續兩年拿了冠軍。之後爲了專心工作，不敢再玩，只有看「紐約時報」的時候，也看看上面的橋牌遊戲欄目，望梅止渴，不相忘。

另外加入的一個主要的學社，就是融融社。融融兩個字，就是其樂也融融。這個學社，就是說大家合在一起，做一些正當的課外活動。活動範圍很廣，郊遊也包括在內。原來在中學時期的郊遊，都是同一個班的同學，男生跟男生，女生跟女生。可是到大學以後，有了男生，也有了女生。可是不同的系，大家見面的機會，接觸的機會還是不多。所以在融融社裡面，有各個不同系的學生來參加，男學生也有，女學生也有。這樣就會增加了一些大家互相見面溝通的機會。我們辦讀書活動，每個月大家輪流來講講一些看過的書。比如說看到一本怎麼樣的書，介紹這本書寫得怎樣，是什麼人寫的，讀書的心得如何。由其中的一位主講，其他的人，聽他講完以後，發表不同意見。大家都看過這本書，同意或不同意，自由討論，對大家來講是一個蠻好的方式。因爲看書看完了以後，每個人都有不同的感受，有的時候聽人家講出來，好像跟我心有戚戚焉；有的時候，在別人講了以後，覺得茅塞頓開，感歎居然還有這樣的想法，我看的時候爲什麼沒有看到？

教授　原文書

大學裡的教授形形色色，反而對好好教書，做事情很循規蹈矩的教授留下來的印象比較淺。而對有些作法特異的教授，到今天還有蠻深的記憶。

還記得我們大學二年級的時候唸微分方程，一門比較高深的數學課。學電機有很多東西跟數學有關，尤其是古典的電、通訊，都是類比式的。類比式的需要用很多的數學方式來形容電的一些行為跟作用。微分方程也是一門蠻重的課。教我們的這位先生姓向，非常有趣不苟言笑，穿衣服也很奇怪，他穿衣服穿的很整齊，裡面有點古怪。他都是穿西服，可是他的褲子很短。褲腳離鞋子有很大一段距離，所以常常看起來，有點像稻田裡的稻草人趕小鳥的感覺。不過我們對他印象最深的，是他教的時候就照著書唸，唸完了以後，就讓大家做些習題。考試的時候，事前大家都知道他要考什麼題目。出來的時候，也告訴你他題目是怎麼回事，又是開卷考，可以看書的。他還怕你找不到，就告訴你，題目是在第幾頁上面出來的。等於說，考試的時候，每個人的答案都是百分之百正確的。可是等到分數發下來的時候，就非常奇怪，有的分數是九十幾分，有人八十幾分了，有人七十幾分，甚至有人六十幾分。沒有一個人知道他這個打分的標準是什麼，所以每次送上去的時候，每個人都知道自己答案都是對的，可是每次拿回來的時候，都是奇奇怪怪的分數。大家想來想去不得要領，想去找他，也不敢去找他；老師很凶，就怕你找他，你七十分去找，他回給你六十分，六十分的去給不及格了，就更糟糕了。一直到現在為止，我想我們的同學裡面，仍然不知道他當初為什麼要這樣做？他做的這個根據的是什麼標準也不知道，只有得高分的都很高興，得低分的，就自認倒楣就是了。

另外我們有位教電工方面的老師，那時候，電子方面的東西還很少，六〇年代左右的時候，電還是蠻新的東西。我還記得我們講這些最新的技術，常講的都是一些眞空管的知識，可見那個時候，技術的層次，就在那個地方。有一位也是我們電機系很有名的教授，他是在日本東京帝大，極有名的學校拿了學位回來，在台大教我們這門課。他的教法很有意思，他是一個非常嚴格的人，大家都在那邊正襟危坐。我們那時候用的教科書，都是用英文的教科書。他用日本發音唸英文書，唸完以後大家回去好好努力。

那時候用的原文書，就是美國的原文的教科書，我覺得這點非常好。這樣對我們，一方面英語的能力，也提高了很多；另外一方面，直接看原文，省了很多翻譯之間的一些容易發生的出錯的地方，尤其是專業的名詞。英文這個語言，我自己的感覺是拿來做技術方面東西的話，是一個比較方便的東西。它是一個拼音的語言，有什麼新的東西出來，它把這個字稍微改一改。比如電腦，它主要是拿來做計算 (Compute)，所以它就叫 Computer。很簡單，你看起來也知道，它是拿來做計算的一個東西。可是中文呢，用在科學和技術方面就會麻煩很多。做出來的字，常常是一個新詞，這個詞聽起來非常彆扭，並且不見得很容易想起他的意思到底是什麼。中文本身幾千年傳下來，當時不是爲技術科學做的。拼音文字的好處，就是把這個字改一改，尾巴加幾個字，就很容易把它變成專業名詞，名詞很容易變掉。直接用英文書籍來學，有很多方便的地方，並且減少很多被誤會。

盜版翻版，也就是從那個時候就開始了。如果要去買原版書，我們都買不起。十幾美元對我們來講，是完全沒法負擔得起了。所以台灣那個時候，盜版的事業就已經蠻發達了，可是這方面對我們來講是蠻正面的。盜版書商自己會賺一些錢，他買一本書回來，翻印很多本，他可以賺些錢，但是對我們學習來講，受惠蠻大的。

那個時候，台灣的經濟情形還不是很好，大家都覺得萬般皆下品，惟有讀書高。要有出息，就非唸書不可。後來就不一樣了，台灣的商業發達以後，變成萬般皆下品，唯有賺錢高。現在的這個社會能夠賺錢，別的書唸不唸無所謂。好好唸書的人就越來越少了。

家教

我們在大學唸書，大家手頭都蠻緊的，所以大學生，如果自己知道要賺點外快的話，機會也很少。大部分的人大概做類似的事情，就是去做家庭老師了。因爲初中生要考高中，高中生要考大學，對他們來講，能夠多學一些東西，找人來幫他補習，考試成功的機會，就會大很多。

大學唸了四年，我大部分的錢，除了零用錢、有時候的一部分的生活費用，都是自己賺來的，靠的就是做家教。

平時我至少有一個家教工作，有的時候甚至兼做兩個家教。基本上就是跟家長講好了，每個禮拜去幾次，一般情況差不多都是去三個晚上，有的時候兩個晚上，比如說一、三、五晚上，七點到幾點。然後去到那兒，替小孩補習。當然有的時候小孩本來就不錯了，可是大部分的小孩子，都是比較不用功的小孩，爸爸媽媽對他們沒辦法，或者是被爸爸媽媽寵壞的小孩子，只好請別人來幫忙，所以等於去幫他們管教小孩子，教他們怎麼唸書，就是陪著他唸書，然後不懂的地方教給他。每次到晚上差不多是兩小時，一個月有幾百塊錢的收入。幾百塊台幣的收入，是一個蠻不錯的收入，幾百塊錢有蠻多的用途。四年下來，做家教倒還教了不少學生。

做家教普通都是跟孩子的母親打交道。天下的母親都是一樣，對自己的子女總是特別的愛護，也對他們有特別高的期望。一方面當然希望老師都是好好的教他，另外一方面，做老師的都是像我們這種大學生，或者尤其是很多好的大學的大學生，他們希望他們的小孩把我們可以當做一個好榜樣，將來他們也可以這樣做。很希望老師多盡心，然後多教他們。有的時候我們也很爲難，因爲有的小孩子實在是太調皮搗蛋了，或者是小孩子實在是太不努力。做老師的也只能做到一個程度爲止。家庭老師不是神仙，即使想好好的教，有的小孩子實在是被父親母親也都是慣壞了，大家就是盡力而爲。

家長們問我的時候，開始的時候，我還是據實相告。後來發現講實話，百分之百的實話家長不太能夠接受。最後，我們同一時間做老師的同學之間交換經驗的結果，發現家長喜歡聽的是什麼呢？就是你這小孩非常聰明，就是不太用功。覺得聰明，就沒什麼問題了，不太用功，反正將來用功點就好了，這是可以接受的一個答案。其實眞正的問題，小孩不管聰明不聰明，用功比聰明要重要多了。聰明人不用功，你要他再用功，其實非常困難。即使天資稍微差一點，肯努力的話，他成功的機會就大很多。可是做父母的都不願意接受自己的小孩不是非常聰明的說法；寧願跟他講，這個小孩非常聰明，就是稍微不用功了一點。

無憂無慮　學無止境

我們大一的時候，唸英文，有一篇文章叫作〈If I were a freshman again〉，如果我變成一個大學的學生，如果我再回到一個大學新生，我將要做什麼不同的事情？寫的這個人，當然，他已經是年紀蠻大了。就是他回想到，當初大學一年級是一個非常美好的日子，如果能再多度過這個日子的話，他會更珍惜，更好好地利用這段時間。我們讀這本書，這篇文章的時候，當然完全沒有這種感覺。自己在那裡，不會覺得有什麼特別的。

我還記得，教這門課的老師，在下課的時候，有些高年級的學生過來，請他寫推薦信。因爲他們快要畢業了，打算去申請在美國的學校。我們看他們的時候覺得蠻羨慕的，因爲他們的書已經唸完了，可以到美國去唸研究院。那麼他們看我的表情呢？我那時候沒有什麼感覺，等到自己到了四年級，快要畢業，去找教授寫推薦信的時候，那時候我才瞭解，他們看我的眼光，其實是一個非常羨慕的眼光。

等到四年級的時候，快要到美國去的時候，我想，其實最美好的日子，還是在大學的這一段的生活，尤其是一年級的時候完全無憂無慮。我想一個人可能，至少我自己的經歷是這樣，在台灣的時候過的最無憂無慮的日子，是在大學這四年。因爲在中學的時候，雖然很幸運，六年都在師大附中唸，跟很多同學，大家做了很多想做的事情，可是大學這一關，始終在前面等到。如果你考試那一天，萬一你生了病，萬一你考不好的話，你不能進好的大學，或進不了大學，那這個日子就非常難過了。

一旦進了大學，最後擔心的事情也沒有了。做大學生，基本上沒有責任，家裡希望你唯一要做的就是把書唸好。其他可以說是沒有什麼責任。可以高談闊論，可以批評任何事情，可以講人家這個做的不好，那個做的不好，因爲自己沒有任何責任。可以說老師教的不好，自己反正考試考完了，即使考不好，也沒什麼關係，下學期再來。就是正常過日子，可能是人一生最沒有憂慮的時光。

進了大學，管的人也少了。很多人也是不住在家裡，家裡要管，也不太管得到。老師沒有什麼時間管，也管不了那麼多。開始眞正覺得好像有相當程度上的自由，也沒有什麼責任。等到眞正進了研究院，開始做事，或是成家以後，在職業上面的責任，對家裡的責任等等就來了。

我一直到現在還有一個理念，覺得進了大學，唸書是需要的，可是我不贊成一個人在大學裡邊花太多時間鑽研。我現在還是有這個想法，就是不太贊成一個人進了大學以後，把所有的時間，或者絕大多數時間都花在唸課內的東西。這樣的話，成績當然會比較好，你當然在這領域學的東西也會不錯，可是我覺得這樣做是蠻可惜的。我覺得大學四年，最好是整體上面，做的比較平衡。當然書是要唸，課是要上。可是另外，大學裡面可以學的東西很多，除了本專業以外，有很多其他地方可以學。不但是書本上的東西，其他對於社會上逐漸的瞭解，對整個環境的瞭解。西方人常常講大學教育，文學教育（the Liberal Arts），讓一個人做一個平衡的人。所以在教的時候不是很注重教你一些很專業的知識，讓你在某一個地方變成一個專家，站在大學四年來講，要達到專家也是不可能。

我覺得大學是一個很基礎的教育，應該很全面，把一個人做得更周全，然後把他的基礎能夠變得更扎實。然後將來他要做什麼事情，知道該怎麼樣去做。能夠做到這樣子，大學的教育，我覺得是就算比較成功的。我認得不少四年都是在圖書館或者在書房裡，書唸的不錯，除此之外，什麼東西都不知道。然後等到大學畢業的時候，才後悔說我這四年到底做了什麼事情？我為什麼不做一些其他的事情？比如說從事一些戶外的活動，或者是到不同的系裡去聽一些不同的課，跟不同的人多多接觸。多做一些這些事情，免得到時候再後悔也來不及了。

大學畢業典禮，英文是用 Commencement 這個字。Commencement 是開始的意思，不是結束的意思，我們是說我畢業了，好像是我學成了。學成這兩個字，我覺得是跟自己親人說的。學的話，是沒有什麼止境的，尤其大學這個階段。中學生進了大學之後，這四年可以說是一個成人的過程。成人的過程，在很多地方都有學習的機會。大學是學習這些東西的最好的地方，我個人的感覺是這樣，很幸運的是，這也是我自己曾經做的事情。

現在想起來我對台大那段日子還是非常的懷念，因爲我覺得那段時間，對我來講是一個很大成長的過程。成長蠻快蠻大的一段時間。在學校裡面有很好的學習環境，有很多非常好的同學，同學當時都是台灣學生裡面最好的考到台大。

所以大學這幾年，至少就我自己的經驗跟觀念來看，可以說是人生最舒服、最自由，成長最快的一段時間。吸收了很多知識，接觸了以前沒有接觸到的很多的事情。整個圖書館你要看什麼就看什麼，你要聽什麼課，就去旁聽。至少我們唸書的時候，你要去旁聽，教授也不管，你就坐在後面聽就是了。不高興聽，就不去聽，唯一的限制，就是有的課，非上不可，有的還可以逃課。逃課也逃了不少，上課也上了不少。逃的課是我覺得不喜歡聽的課。聽的課，是我自己覺得比較喜歡聽的課。逃課的時候，有時候被老師發現，老師對我有一些責罰，就是說不可以這樣或是怎麼樣，考試考的差不多就行了，那時候大家的想法都差不多，考試考的還不錯，也不是那麼難的一件事情。

整個來講，我覺得這樣做是我回憶到大學的時候，覺得是一個很美好的回憶。這四年讓我覺得也就是我前面講的，最無憂無慮，成長很快的四年。

君子之交

我唸大學四年的時間，因為家裡不住在台灣，我都是在外面住，我也沒有住到宿舍裡面。很多台大同學，他們家如果是在中部或者南部，他們就住在宿舍裡面，我也沒有這樣住過。我基本上有時候自己一個人，有時候跟另外一個同學，在學校外面租了一個小的房間，整個四年差不多都是這樣子過的。我想這對我後來個性上也有一些相當大的影響。我從高中二年級，家裡人就搬走了，我就是自己一個人在外面住，所以養成個性上相當的獨立。也就是說自己一個人在外面什麼事情都要自己照顧，習慣成自然。

另外一方面，因爲不是住在家裡，所以交朋友的機會也就比較多。同學之間、朋友之間的往來，也比較頻繁。尤其是做朋友，大部分的朋友都是中學同學，大學同學或者是小學的同學等等，差不多都是年紀比較相近的，興趣比較相投的這些人。朋友交的多的話，可能閱歷比住在家裡的人也多了一些。我交朋友的習慣，也是在那時候，逐漸也養成了。我想每個人都會交到一些不同的朋友，在不同的朋友的交往裡，有的是好的經驗，有的是不好的經驗。從這兒得到了一些教育，然後在做事情的時候，就會逐漸有一些不同的看法。

我交朋友，越是年紀比較大，越覺得「君子之交淡如水」這句話，非常有道理。我覺得我交的朋友裡面，認得的人很多了，有中國朋友、美國朋友；工作中與同事，很多來往。我的感覺朋友眞的要交往一段時間以後，才能夠眞正的瞭解這個人個性跟爲人。不管怎麼樣的朋友，彼此尊重然後保持一些距離，也就說君子之交的方法，我覺得長久來講，是最好的方法。很多人表面上很願意跟你很親近，我覺得人跟人的距離，一旦距離近到一個程度以後，你就不可能再遠過去了。所以友情如果是不能夠保持一個君子之交的感覺，一旦距離太近了，友情要維持下去，也就比較困難。所以我一直覺得君子之交的方法最好。很多朋友很多年不見，有幾年不見，有十幾二十年不見面了，可是見了面大家還是很高興，還是覺得好像是非常的親切。

當然，交往時間越久對別人的瞭解會越深刻。可是另外一點，人跟人的關係，美國人講說有沒有「Chemistry」，氣味，就是人跟人的感覺。這種感覺，很難馬上用語言來形容，而是有一種感覺。有的人，你跟他第一次面就覺得你會跟他成爲很好的朋友，有的人即使認得很久，始終好像有一個距離。古人講，白頭如新，傾蓋如故。我這種經驗，也遇到了不少。

我們唸大學的時候，因爲家裡的環境都不是很好，大家也希望儘量能夠減輕家裡的負擔，所以差不多的同學都是在外面做家教。家教那筆錢就變成生活支出很大的一部分。由於年輕，沒有人管錢管得很好，所以常常到月底，有點青黃不接。這時候就可以看得出來誰是眞正的朋友，有的人，反正大家都青黃不接，誰有幾個錢，就拿出來大家一起共度時艱，把這個艱難的時間過去了，然後大家在一起。這種朋友的話，交交以後，就會發現有很多事情，你覺得你可以信任他。

有的人呢？就是說，嘴巴講的很漂亮，大家有福共享、有難同當。有福的時候，他會跟你共起來，有難的時候，他人就會不見，或者各種藉口虛應。你隔了一下就知道，這種朋友的話，也沒什麼好交下去了。這種情形，我覺得是一個實際的，有的時候也是比較殘酷的一個現實。可是也讓個人比較能夠適應環境，也是一個很快的學習的方式。

士不可以不弘毅

我從中學時十六、七歲，就一個人住在外面，很多時候不能跟家人在一起，這是一個蠻大的損失。可是另外等於說是早點步入社會，對我個人的成熟，跟在社會上面怎麼樣面對應付事情，可能是比人家要早一些，可能比人家知道的要多一些。同事眼中我的「男子氣概，沉著周到」，和這些磨練應該是相因而生，幫助我累積動力，勇於有爲。

中學開始我在領導方面的性向就逐漸顯露出來。大學以後，就更明顯了。

我在電機系四年，其中有兩年的時間，是班上的班代表，班代表就是班長代表整個班做事；是大家同學選我出來做。

每次出去參加什麼比賽，什麼籃球比賽，總是我做隊長。這種事情好像很自然，就會加到我的身上。常常我並不是一個最好的運動員，在隊裡也不見得是哪一方面練得最好的，可是我想可能人家要我做隊長或者班代表，是覺得我做事可能比較幫他們多想一點，可能比較公平一點，也可能他們對我的寬大，更勝我容許自己的程度。這種角色慢慢做多了，好像我也就習慣了，到後來慢慢覺得，做這種事情，好像也就變成了理所當然的事情。並不是我自己要求，我從來沒有競選，這些東西自然就會加到我的身上。大學同學，後來也是貝爾實驗室同事的范崇淜曾經說起：「Carl 是天生的領導，聽得到聲音，看得到人。」想起自己不愛講話的個性，這個說法倒讓我有點奇怪的感覺。太太在貝爾實驗室和他也有同事之誼，聽他說：「我沒想到 Carl 這麼成功，事業家庭都好。」太太對他領導力的詮釋讚不絕口。

這種對領導才能的訓練跟經驗，到後來對我做事，我覺得有很大的助益。尤其在美國公司做事，自己做事的能力，還有一些其他的才能都很重要。領導力怎麼樣來領導別人，跟相關的溝通的能力，對做事以後，對每個人的職業生涯，對我自己來講，有很大的正面的影響。這些我覺得蠻大的一部分，需要歸功於我當初在中學，尤其在大學裡面受到了一些訓練，還有一些磨練的機會。

當然一個人，住在外面，有很多事情，有時候比如生病什麼，當然也有一些親友，可是親友跟自己的家人到底不太一樣，所以遇到困境的時候，如果跟家裡跟父母一起住，我想很自然的就把這些問題告訴父親母親，讓他們來解決。可是自己一個人在外面，這些問題就變成自己的問題，自己要去解決。碰到的問題也比較多，自己需要解決的問題也比較多，就變成一個很好的磨練機會。

孟子曰，「天將降大任於斯人也，必先苦其心志，勞其筋骨」等等，我覺得適用於每一個人，你碰到的問題越多，你成長的過程，阻礙的時間多的話，你因此解決問題的能力就越大，競爭力就越強，機會就越多。當然有些人碰到這些，沒有辦法解決，那就回到「進化論」，就會被環境淘汰。能夠在環境對你的挑戰越大，你也越能夠去適應環境，生存或者是能夠往前發展的可能性，也就會越大了。我根據自己的經驗，非常相信這種看法。

第五章　服兵役時期

台灣兵役制度

我唸書的時候，台灣的兵役制度變化很大。不變的是，男的學生，就是役男，只要過了十幾歲以後，在台灣都有服兵役的義務。至於服兵役的時間有多長？做什麼事情？有的時候，根據它當時的需求，會變化。

我們那時候的制度大概是，所有沒有唸過書或小學畢業生去當兵的話，要當兩年的兵。這兩年的兵，基本上就是兵，就是一等兵、二等兵，那時候是二等兵，是最低一層的兵。若是高中畢業，就去做士官；士官可以管一些兵，可以做班長，服役時間好像也是兩年。記得不太清楚了。

大學畢業的人是最受優待的，大學畢業，是做預備軍官，就是少尉，並且只須服役一年。但每個人都需要服兵役，除非你有特別的原因，比如說生理上有問題，或者有特別的關係，比方說父親是很大的官。

台灣當初也有一些大官享受特權的現象，可是並不是很多。我記得當時有一個很有名的例子，蔣介石做總統的時候，有一段時間副總統的兒子高中將要畢業時，副總統兼行政院長，他就把這個法律改了。那一年政府規定，高中畢業未經考試就可以去留學。這個法訂的看似很公平，所有人都可以這樣做，可是很多人都知道，是副總統兒子剛好那個時候要畢業；所以那一年，有些人就撿了大便宜；

就是高中畢業就可以出國，可以不要當兵。這種例子也有，可是並不是很多。基本上大家還是遵守制度，只是偶爾有一點變化。

當一年的兵，是結結實實要當一年。當兵的時間，分兩個階段。一個是需要接受將近三個月的基本訓練，每個人都進到軍隊訓練。另外一個，基本訓練受完了以後，先要去接受一些專業的訓練，然後再做一段事情。兩個階段加起來一共十五個月。

假若這十五個月的兵役都是在大學畢業以後完成，做完以後再去唸書，新的學期已經開學了，就會耽誤一年的學業。尤其對打算出國去留學的人，造成更大的不便。所以在大學三年級到四年級那個暑假，會把那一年全部的役男集合起來，什麼事都不能幹，基本的訓練完了以後，再回來念大學四年級。大學一畢業，就把他們分到不同的兵種裡接受專業訓練，此時軍階已經是少尉了。這個訓練大概是兩、三個月。剩下的九個月到十個月，就分到不同的崗位，做不同的事情。全部完成，是大學畢業以後的十二個月。也就是說大學畢業以後，有一年的時間要在軍隊裡服兵役。之後，還可以趕得及去唸書等等，不會耽誤兩年的時間。

基本新兵訓練

所以我們大學三年級那個暑假，所有的同學，除了少數兩三個身體有問題的，大家都就入伍了，去接受新兵的訓練，這是最起碼、最基層，也是最艱苦的訓練。我們那一年，跟以前沒有什麼不一樣。這個制度一九五二年開始實行，到我們那屆，是第十二屆，就是預官第十二期。有時候我們常開玩笑，就改了說是黃埔十二期，人家聽得糊里糊塗，如果是黃埔的話，時間比這早了很多。

我們在那個暑假，先集合到一起，再分到不同地方。一共有四、五個訓練中心，分佈在台灣島各地。我們那一年特別，大專畢業的預備軍官放在一起受訓。受訓的地方都很荒僻，我們被集中在台中成功嶺。我們預官第十二屆受訓者，全部放在一個地方，組成一個師，成爲它的編制，這是兵役有史以來第一次。這倒也蠻有意思，我們所有的人，原來也沒有機會能夠大家在一起。

他們是根據戶籍所在地，把人放在不同的團、營、連裡。我那時候家住台北市大安區，被分到第一師第一團第一營第一連。大安區很多人都是我們的同學，進去以後才發現這個營裡，甚至連裡，都是差不多認得的人。很多不是小學同學，就是中學同學；不是中學同學，就是大學同學。

我們這個部隊，兵都是大學三年級的少爺兵，所以這個部隊，基本上是一個空架子。有一個師長，下面有幾個團長、幾個營長，有團部有營部，連裡有個連長、副連長，還有幾位排長，也有一位指導員，管思想政治。排長大部分都是職業的，有陸軍官校畢業的，也有一位是預備軍官，比我們早一年，現在剛好分來做我們的排長。班長有的是高職畢業了來做兩年的班長，有的是職業軍官。

職業軍官，在那個時候很多都是從大陸過去的，跟著國民黨政府過去。這些人，從很高的軍官一直到很低的，甚至於到兵，很多都是家裡在大陸的，自己一個人到台灣；有的是自願加入的，也有的是被抓去拉伕進去的。

講到服兵役，這大概是世界上很獨特的一個現象，就是當初蔣介石到台灣，一九四九年帶去的幾十萬軍隊，大部分都是在大陸生、大陸長大，到了台灣以後，台灣的軍隊的主幹就是這些人了，慢慢這些人年紀變大了，後來有台灣長大的逐漸補充。現在大部分的軍隊都是在台灣生長的。

這些當初從大陸過去的人，有一些就在台灣成家立業，是比較高級的軍官，也有一些可能在大陸已經結了婚，或者是生了小孩，有家庭了。所以在台灣有很多地方是有軍眷住的眷村。台灣的眷村，是一個很獨特的現象。這些人由於當初是跟蔣介石一起過去，所以對國民黨比較忠心，軍隊跟黨當初是沒有什麼太大分別的。

這些人在以往的台灣選舉，所謂眷村的票，就是國民黨的鐵票，眷村裡有他們獨特的文化。孩子長大，有他們特別的特色。很多人是很聰明的，可是調皮搗蛋，組織一些不良少年集團的也不少。隨著這些人年紀慢慢長大，逐漸散掉，眷村文化逐漸地消失了。

至於軍隊的本身，我覺得這些人，很多這一生的命運是很不幸的，他們當初加入國民黨的軍隊，然後到了台灣，有的人甚至家裡的人都不知道他們加入了，就離鄉背井到台灣住了一輩子。慢慢就退了伍，有的人家也沒有，一輩子過孤零零的生活。他們在社會的邊緣上過日子，逐漸凋零，我相信很多台灣的老兵都是這樣，一輩子始終就沒有一個根的感覺。他的家原來還在大陸，可是從一九四九年一直到一九八〇年代，兩邊的對立狀態非常嚴重，有家也不能回。

你常常可看到坐在那裡發呆，也不願意多講話。因爲他們知道多講話的話也會出問題，有的時候講一講，也就是想念他們在大陸的親人，但大家也都不願意多講。我現在想到這些人，覺得對他們非常的同情，這是大時代裡面的個人悲劇。

我記得有一位老士官開始不願意講，後來熟了，喝點酒以後就開始講一些。他自己是江西人，家裡面日子還過的可以，有一次到城裡去買東西，走在路上就被軍隊抓起來，去當兵了。從此他家裡人也不知道他到哪裡去了，他也沒有辦法告訴他家裡人他被抓走了。一直到了他跟我談的時候，他還在想，他家裡人還是不知道他發生了什麼事情，他是莫名其妙的就不見了，從此就完全沒有辦法聯絡。他非常想念他的家人，可是他沒有任何辦法跟他們聯絡。

他常常就是一個人，眼睛無神的往前面看著，有的時候打牙祭喝點酒，或者有時候大哭一場。我覺得也是沒有辦法。後來我想著，我不知道他能不能等到八〇年代以後，兩邊可以開始三通了，他可以回去看看他的家人。不過即使能夠這樣做，他是一九四七、一九四八年的時候被抓的，等到慢慢兩邊解凍，再回去也是四十年了，物是人非了。

如果想回到自己的故鄉再居住也很難了，賀知章有一首詩：「少小離家老大回，鄉音無改鬢毛衰，兒童相見不相識，笑問客從何處來。」雖然是自己的故鄉，但是大家都不認得你了。

在台灣留下來，現在台獨的意識跟獨統之間的競爭，兩種意見越來越水火不相容。雖然他們對台灣政府做了很大的貢獻，做了很多的事情，個人也做了很大的犧牲，可是到最後，很多人無家可歸。有的窮困潦倒，有的人即使是經濟方面沒有什麼問題，因爲他們很多人都是蠻節儉的，最後還是感覺漂泊無依，始終不知道什麼地方才是自己的故鄉。我二〇〇〇年回台灣時看到台北的街頭，尤其是一般的大廈，或者是公寓，大的樓裡面常常有管理人坐在那裡，很多都是當初退役下來，離當初一九四九年已經是五十幾年前的事情了。即使那時候十幾歲的人，到現在也有八十幾歲了，所以這些人慢慢就不見了。

這三個月受訓是非常結結實實的新兵訓練。我們受訓的時候，軍階是二等兵，就是最低的兵。每個月還給一點點錢，數目很少。吃的東西也是亂七八糟，可是三個月訓練，每個人身體倒是訓練得蠻不錯的。每天要把棉被疊得整整齊齊的，反正是沒事找事，沒事就讓你去訓練，沒事就叫你擦槍。跟一般的軍隊沒有什麼太大的分別。

因爲去當兵的大部分都是少爺兵，很多人在家裡什麼事都沒做過，養尊處優慣的。即使家裡環境不是很好，因爲書唸的很好，爸爸媽媽尤其是媽媽，什麼事情都不讓你動。去當兵的話就原形畢露，什麼也不能做。棉被也不會疊，早上也爬不起來。軍隊裡要求很嚴格，很多人在裡面吃不了這個苦。

成功嶺在台中，在台灣中部的一座山上。有名的天氣好，每天都是大太陽。這對當兵的人來講是最辛苦的事情，每天都大太陽就出操，跑來跑去大汗淋漓，軍服也是很厚重的軍服，折騰人就是了。三個月下來，大家的身體變好了很多。因爲生活作息非常有規律，每天早晨到晚上，累得要命一睡就睡得很熟，早上號角一響就要起來。我覺得那三個月的時間倒是蠻有意思，因爲我自己基本上就是生活比較有規律的人。當然不是很喜歡軍人的生活，規律太多的話也不好。最大的好處就是不太用腦筋，做的事情都是體力活。

每個禮拜，如果沒有犯什麼錯誤被關禁閉的話，禮拜天就可以到台中市去逛一逛。一個禮拜下來，就是盼這件事情。到一處地方找一個冰店有冷氣，或者是有電風扇，吃點冰塊，就覺得這是非常享福的一件事情。

當兵的時候，現在還記得有些趣事。因爲我們那時候都是大學生，也是兵，我們班長，是高中或者高職畢業的人來做班長，當然也有一些職業的軍人做班長。

我們的那位班長，剛好是一個高職畢業的。很老實的一個本地人。我們跟他處得不錯。他非常老實，碰到這些大學生，他也沒什麼辦法。大家覺得他這個人還不錯，所以對他也不爲難，所以彼此相處的都還不錯。

我對他印象很深的是，那時候他喜歡一個女孩子，在一個工廠裡做事的一個女孩子。他想去追那個女孩子，可是他自己很害羞，他不知道怎麼辦？他想寫情書給那個人，可是他筆下又寫不出來，所以常常很苦惱。開始的時候，我們也不知道怎麼回事，看他一個人在那邊發呆。到最後大家比較熟了，和他談起這個事情來，他隔一陣子才吞吞吐吐的告訴我這回事。然後就說好，這樣我們來幫你忙，其實要幫人家忙的人，自己也沒有什麼經驗。總覺得我們大學生，連這件事情不能做，也好像太丟臉了點。所以大家幾個人聯手，幫他寫情書。那些人自己都沒有寫過情書，寫情書，都是從《情書大全》裡面，這邊抄一句，那邊抄一句，然後聯合創作幫他寫，寫了以後覺得還不錯。不過對方也沒有回。

開始的時候他沒有什麼反應，我們也覺得有點洩氣。也許是女孩子矜持的緣故，隔了一陣，回了他一封信。他拿過來給我們看，興奮得臉泛紅光。我們看了，大家也忍不住偸笑，因爲那女孩子寫給他的信，也是從《情書大全》抄下來的。於是他們倆個就開始魚雁往返，後來怎麼樣我們不知道，因爲我們在那裡不到三個月就結訓了。

與人為善　後事之師

在我大學三年級暑假接受軍訓的時候，我們連長、指導員都是正規的軍人出身。軍隊裡一個連裡有幾個排，其中有的排長、從空軍官校出來，有的排長是行伍出身。有一位跟我們一樣是預備軍官，比我們早一年，分到我們連裡當排長。

我想任何有人的地方，總會有一些矛盾存在，軍隊也不例外。第一個矛盾是，行伍出身或軍校出身的軍官和預備軍官的矛盾。預備軍官一年做完就走，談的事情都是，要麼出國進修，要麼找工作，不管在社會地位上，還是經濟水準上，與職業軍人有相當大的差距。很多職業的軍人在當時的台灣沒有什麼前途，有些人覺得蠻苦悶。預備軍官是大學畢業生，天之驕子，可以說在社會上是最有地位，最有前途的。他們之間存在一些最基本的矛盾。

每個人解決矛盾的方法也不一樣，有的預備軍官比較聰明，做事很低姿態很小心，也就過去了。有的做事情不太謹慎，或者是讓人家覺得是比較高姿態，或者比較驕傲，這個矛盾就更大了。

我們接受基本訓練的時候，這個第一師第一團第一營第一連，被人家重視的程度也比較高一些。當然連長跟我們預備軍官的排長，一個是上尉一個是少尉之間，一開始就有蠻大的一些隔閡。我想這個連長，是從大陸隨著國民黨政府過來的，家人還留在大陸，在軍隊的時間也久了，才升爲上尉，這難免有一些矛盾。但這矛盾，在我們受訓的三個月裡越來越大，以致連長就常常跟這個預備軍官少尉排長過不去。

這些當兵的人，自己剛剛都是大學生的兵，所以一看就覺得很看不過去，覺得職業軍官要跟預備軍官過不去，所以就慢慢醞釀，要打抱不平，就在受訓快要完畢的時候，事情終於爆發。

那天連長和排長之間不知因爲何事，連長就對排長非常凶，當著很多人的面很不客氣地訓斥排長。剛好大家也很累，所以就有人開始說這個連長太豈有此理了，欺負這個預備軍官就等於是跟我們大家都過不去。這種事情其實過去也就過去了。可是一旦有人煽動起來，好像一下子就變成了一件很嚴重的事情。大家被煽動，覺得一定要對連長做一些抗議才可以。那時剛好接近快要吃晚飯的時間，就開始有人提出，我們來罷食抗議，那時候大家都是大學學生，對軍隊裡的利害關係也搞不太清楚。事後想起來，在軍隊裡鬧事的話，其實是件蠻嚴重的事情。可當初大家一聽，就說好，就這樣做。到了吃飯的時候，大多數人坐在那裡，筷子不動。這件事是非常反常的現象，因爲在受訓的時候，尤其是基本訓練的時候，一天下來，每個人都是又累又餓，通常吃飯的時候都是狼吞虎嚥，一下就搶光了。那天大部分人都在那兒坐著不動，筷子不動。每個人都看著食物，坐在那裡默默不語。另外有一些人，雖然早先大家都講好，就是開始吃了。我想那些人的出發點大概很清楚，雖然我們大家先講好了，他們這樣做可以保護他們自己的安全。

有人說在運動場上，可以看出一個人的本性。有人說在牌桌上面可以看出一個人的本性，我相信都是正確的。基本在壓力大的情況下，也可以看得出來有一些人的本性。大部分都停筷不吃，這個時候連長和指導員覺得事態非常嚴重。他們對這個事情的瞭解遠比我們要清楚許多，認爲這是件非常嚴重的事情，所以他們想趕快利用高壓來讓大家開始吃飯，把這個事情平息過去。講了半天大家還是不動，然後他們兩位還是請了比較高級的領導過來，然後就開始跟大家講，講了以後大部分人還是不動。

那位比較高級的領導，我記得是一位營長，他就一個人一個人來問，就像這樣從團體接受壓力變成個人的壓力。他這樣一個一個過來，有的人就受不了壓力，就開始吃飯。有的人很氣盛的跟他辯論、爭吵起來，那營長的也是採取很強硬的態度，把這些名字記下來，說將來要處分他們。很快就輪到我了，他就說你爲什麼不吃飯？當初他在問別人的時候，我已經在想了，這件事情是一件很難處理的事情，我從來沒有碰到過這種事情，可是，如果因爲他這樣講就吃的話，好像是違反了大家一起的約定。如果跟他爭論的話，也不知道後果將來會如何？那時候是一九六二年，台灣的情形還是蠻可怕的，離民主自由理想的境界還差的很遠，那時候還是有很多問題。如果應付不好就會有很大的後遺症。

很快到我的時候，這位營長問我爲什麼不吃飯。我說我肚子不餓。他沒有想到是這樣一個答案，就有點愣住了。其實肚子餓的要命。可是我覺得我一方面要堅持跟大家同學之間共同的約定，另一方面也要小心應付這個事情。他想了一下，狠狠地瞪了我一眼，然後就去跟下面一個人談。整個連裡有一百多人，所以他也就沒有跟我多講，就過去了。這個事情到最後，就是當天晚上有人吃，有人不吃。也有不少人像我這樣肚子餓得扁扁的，到最後一點東西都沒有吃，那晚上也就這樣過去。

這件事情後來鬧得很大，一直往上，當然有些背景我們也不知道。連長軍旅生涯，也受到很大影響。這個排長後來的結果，我們也不太清楚，因爲不久以後我們就結訓回去了。

事後再想起來，或者是碰到以前一起受訓的同學，大家也會講起這件事情。我想如果以後再碰到這樣的情形，我不會再這樣做了。因爲我覺得這就是大家爲了一點點小事情，好像說憑著一時的意氣，做了一些當初好像是覺得是見義勇爲的行爲。事後覺得應該容忍過去，因爲我們這樣做，把事情就鬧大了。當然比較幸運的就是，同學之間大家都沒有受到太多的報復。可是我們基本上還是傷害了兩個人，一個是我們的連長，雖然大家不太喜歡他，可是我覺得我們沒有這樣的權利對他的軍旅生涯做出一個無可挽救的打擊；而對排長，我們好像幫了他的忙，其實對他的負面影響遠比正面大，將來對他這一生，也有一些不好的影響。

對我來講，這一事件得到的教訓，就是凡事容忍是非常重要的。當然到了忍無可忍的時候你要採取行動，可是爲了一點小事，卻鬧大，雖然說暴虎馮河，好像是很英勇的行爲，其實是蠻幼稚的。

空軍通訊官訓練

大三的那個暑假先去受基本訓練，然後大四，就是大學一畢業以後，我們就抽籤決定分發到哪一個兵種。這個抽籤影響很大，抽得好的話就去好的單位，比較舒服，不需要做什麼事情。最好的當然是在台北，離家很近，最舒服，每天可以回家。最不好的，就是去分到前線金門馬祖，那時候還是一個很危險的任務，因爲雙方有時候還是會炮戰，或者是水鬼互相騷擾，搞不好還有生命危險。

唯一可以不抽是憲兵，能夠做憲兵的人，大部分都是家裡有人是做大官的，基本上已經把關係都拉好了；抽的時候，一抽就是抽中憲兵的，完全走後門的。大部分都還沒有這樣的能力，大家抽籤，過程還算是一個蠻公平的過程。我自己還算運氣不錯，抽的空軍。因爲我們電機系，差不多所謂的專長都是通訊方面。如果說能夠抽到跟通訊有關，日子就不會太難過，就怕你是學電機的，抽的跟你沒有關係，我們運氣最不好的是抽到陸軍去做排長，然後這個部隊分到金門，或者是馬祖去，那是運氣最不好的。那就是眞的每天坐在碉堡裡，炮轟來轟去，就非常危險了。我們有一些同學也是抽到那裡。我是抽到空軍的通訊，運氣是蠻好的。因爲陸、海、空三軍，空軍是最舒服的。

因爲台灣有一些規定，空軍算是特殊兵種，所以同樣的位階的人，空軍的人身份比較高一點。我們那時候都是少尉，每個人預備軍官都是少尉，最起碼的官，我們進到空軍做少尉比我們同學進陸軍做少尉要稍微多拿一點錢。錢沒有多少，能多拿一點倒也不錯。

我們分到空軍，就跑去空軍通訊學校受訓。台灣空軍的空軍通校（空軍通訊學校）主要的集中地是在岡山，在台灣的南部，離高雄不太遠，高雄跟台南之間，是空軍的大本營。海軍是在左營，也是在南部，一提到左營，大家就猜它一定是跟海軍有關係。陸軍是在鳳山，陸軍的人數最多了。大部分是陸軍，它也有三個兵團，北部有一個兵團，中部有一個兵團，南部有一個兵團，有點像軍區的觀念，所以陸軍比較分散。空軍當然也有一些不同的空軍基地，可是空軍大部分軍官學校、空軍通訊學校都在岡山。所以我就分到岡山去受訓。

台灣的空軍當初成軍以後，主要是跟日本人打仗。打完仗以後就是內戰，打一下就回來。所以空軍很多，要麼是四川人，要麼就在四川待過，空軍人見面都是講四川話。所以到了岡山很有意思，講三種話，一個是四川話，一個是本地台灣話，一個是我們說的國語，就是普通話。你到了跟前，就像到了四川一樣，大家都是講四川話。

我們先去是在通訊學校受專業訓練，就是通訊方面的專業訓練，然後再分發到各種不同的單位去。在那邊受了兩、三月的訓練，課程對我們電機系大學畢業的人來講，是很粗淺的一些課程，所以學起來倒也蠻輕鬆愉快的。一旦到那兒以後，我們的軍階就是少尉了，所以社會地位也提高了，上課學的東西也很容易，所以大部分時間就是自己看看自己的書本，學一些英文，因爲大部分人都準備要到美國去留學。

那段時間，反正軍隊裡面吃東西總是不是很妙，菜都不怎麼好吃。岡山是空軍的大本營，很多是四川人，或者是在四川住過的人，所以岡山最有名的產品叫岡山豆瓣醬，豆瓣醬做的非常好，所以我們那時候每個人每天去吃飯，只要是吃辣的人，每個人都是帶一罐豆瓣醬，因爲菜實在又少又不好吃，最後只好用豆瓣醬來下飯。

另外在岡山，因爲我們屬於通訊，所以我還記得剛去的時候，就把我們帶到實驗室裡面去。那裡當然都是一些通訊的器材，我們的任務就是通訊，空軍的通訊大部分都是空跟地，地對空。所以上面飛機飛，但我們不是學飛行的，我們主要的任務，就在下面負責維護一些通訊的儀器，跟飛機上的飛行員保持聯絡，訓練我們做這一類的事情。進到實驗室，第一個印象很有意思，裡面全都是通訊的儀器，上面貼了一大堆的標語，是什麼呢？就是嚴禁收聽匪播。這個匪字當時是國民黨政府用來形容大陸的。所以嚴禁收聽匪播的意思，就是嚴禁收聽大陸方面播放的一些東西。寫的用意當然是很明顯，你們不可以聽。可是我們受訓人的第一個印象呢，就是原來可以聽，所以每一個人第一件事情就是開始聽對方的，大陸從廈門、福建這一帶，他很多專門對台灣的廣播。在家裡的時候，都沒有辦法收聽，這波長是一個特別的波長，台灣在城市裡都把它干擾掉了。所以在岡山的時候，因爲它有很多的播道，不能全部都把它弄掉，並且自己要做一些通訊的培訓，所以很多的播道都可以聽得見。我們非常好奇，因爲這是從來沒有聽過的東西。

加入籃球隊

台灣雖然是一個不大的島，從北到南只有三百多公里，可是氣候的變化還是可以感覺到。我們從小差不多都是在台北住，只有當兵的時候才到台中來，現在又到了南部。南部天氣更熱，岡山在嘉義的南邊，北回歸線經過嘉義，所以它在北回歸線的更南邊，天氣更熱，太陽更厲害。不過還好，就是我們現在受的是專業訓練，已經不需要在外面天天出操，什麼匍匐前進，這些事情都不需要再做了。我們除了專業訓練以外，就是自己看看書，另外是參加一些軍隊和學校裡的一些活動。因爲我一直在打籃球，就被選進空軍通訊校的一個籃球隊。在軍隊裡，參加各種活動有一個好處，一參加這種活動，就自由多了，所以常常練球、打球，日子就比較輕鬆一些。

我們服兵役的時候，在軍隊裡也是對運動蠻重視的，我就常常有機會參加各種不同的代表隊，有時候是學校，有時候到服役的部隊去參加比賽。我記得有一件事情很有意思：爲了爭取勝利，指揮官說我們這些打球的人營養要好一點，可是軍費也不是很充足，所以到比賽前，上午要比賽的話早上就給我們多吃一個蛋，這個蛋好像可以讓我們體力增加很多的樣子。打球的場地都是在外面，有一次早上起來，本來說上午要去比賽，結果開始下雨了，我們這位主管就決定把那個蛋給收回了。說今天不比賽蛋就不給了，下次比賽的時候再把這個蛋給你們吃。

我們空軍的最主流是空軍官校。官校出來的人，將來在空軍裡會擔任重要職位，一直到司令、總司令位置都是官校出來的人。所以他們對空軍通校的人都不怎麼放在眼裡，打籃球也是，當然各種運動會的時候也都是官校奪魁，因爲比較優秀的人才去唸官校，通訊學校、或其他學校，都是稍微差一些的。

我們這些大學生則是一個特別的情形。還記得那時候進去沒多久，就要跟官校舉行每年一度的比賽。每一年，官校都是贏空校的，那一年我們去打的時候，把官校打敗了。我們打贏了，在學校裡是一個很大的事情，官校的校長氣得臉都白了。我們校長很有面子，贏了那場球以後，我們的日子就過得更好了。禮拜六上午還要上課，到了禮拜六的下午就放假，到了禮拜天也放假。我們現在少尉，不像以前做二等兵，什麼都來管你，做了少尉自由也比較多一點，所以我們就從岡山往北走就到台南，往南走到高雄，大家也是要到城裡面去看一看，反正那時候也沒有什麼事情做，想找一個地方坐下來休養休養，做一些跟軍隊裡沒有關係的事情就很好了。

專業訓練是兩個多月不到三個月的樣子。訓練完了以後，我還記得當初每門課唸完都要考試，考試反正就是稀里糊塗考考。到最後要結業的時候我非常驚奇，因爲訓練班的主任把我叫去，說我成績優異，是前三名，我大吃一驚，非常驚異的還上去領了一個獎狀。

抽籤分發宜蘭

接著我們就開始要分發，分發的話，這個時候就要各顯神通了，家裡有辦法的話，就分發得比較好一點，不然，就比較差一點。中間還是有一個抽籤的過程，抽籤就比較公平了，抽籤的作弊比較難一點，如果不是抽籤就比較麻煩。我抽籤抽到跟另一個同期受訓的大學生一起。我們很巧畢業自同一個中學，大學唸不同的大學。我們倆都抽到分在空軍裡。抽到空軍的時候，它叫做航管大隊；航管就是航行管理。抽到以後，上面的空管就叫我們到台北的航管大隊去報到。所以我們倆就把東西收拾好，從岡山坐火車北上。

那時候交通工具大部分都是火車，軍人還可以買半票，價錢蠻便宜，不過我們去報到，都是軍隊出路費。到那裡以後，長官說有兩個機場各需要一個少尉通訊官；一個在桃園，一個在宜蘭。桃園在台灣的西邊，即面對大陸這一邊，桃園機場那時候是一個軍事機場，現在變成台灣中正機場，即台灣的國際機場，是台灣最大的機場。所有從別的地方飛過來，只要不是台灣內部的飛機，都要到桃園中正機場。因爲那時候航運還不發達，台灣只有一個松山機場，在台北。宜蘭在台灣的東邊，面對太平洋，這兩個地方很不一樣，桃園是一個很重要的軍事基地，因爲桃園是面對整個中國大陸的方向，是當初台灣空軍，五個空軍基地裡最重要的基地之一。宜蘭的機場完全是另外一回事。所以他叫我們兩個抽籤，那個朋友抽到了桃園機場，他非常高興，因爲他家好像就是在桃園那一帶。我抽到宜蘭機場，因爲桃園跟宜蘭離台北的距離差不了多遠，坐火車大概都要坐一兩個鐘頭。宜蘭稍微遠了一點，對於我來講沒有什麼分別，抽到宜蘭我覺得也蠻好的。

抽完了以後，大隊就給我一個公文，就是說某某人，少尉軍官許濬要到你這邊來了，然後你就去報到，哪天之前要去報到。所以我就拿了公文、帶了行李就坐火車到了宜蘭。像桃園機場、新竹機場，在台灣西邊，面對大陸這邊的，這幾個機場都很有名。你一去，大家都知道機場在那裡，有很多的飛機，隨時做好作戰的準備。

宜蘭機場的話，我沒聽說宜蘭有一個機場，現在叫到宜蘭機場去報到，我就去報到就是了。到了宜蘭以後，一下火車，我就問當地人飛機場在哪裡，我要去報到。問了半天沒有人知道宜蘭機場在哪裡，我越問越心慌，因爲現在是預備軍官的身份要去報到，如果過了時間不報到的話，要軍法處置。

可是問了半天沒有一個人知道這個機場在哪裡，我不知道去哪裡報到好。

最後有一個人說，那邊有一位老的人力車伕，他在這邊住的最久，你去問他，他也許會知道。我就跑去問他，他說他知道宜蘭機場在哪裡，可以帶我去，我說只要他帶我去，錢多一點都沒有問題。所以他就騎著三輪車把東西放上去就帶我過去了。在郊外還騎了一段時間，就到了一個很荒僻的地方，那裡完全看不出有什麼機場的樣子。他把車騎到了一個像碉堡的地方，說這就是宜蘭機場了。我覺得不可思議，我問機場在哪裡？他就說機場就在旁邊。這個宜蘭機場是一個蠻有趣的事情，假如我沒有當過兵的話，我永遠不知道宜蘭有一個機場，也不會知道他的歷史。

宜蘭機場是在台灣的東北方，在二次世界大戰的時候是一個非常大的機場，因爲那時台灣是被日本佔領的，日本的敵人是美國人，所以機場是在東方。聽上面說，當初是一個很大的機場，天上有很多日本的自殺飛機，主要是去撞，撞了以後，人和飛機出去都毀掉了再也回不來了，說那裡的冤魂很多。

我去的時候，已經看不到什麼機場，只有一條跑道。那個跑道上長滿了野草。使我想起當初孔尙任的〈折桂令〉，講戰後的情形，眞是一片淒涼的樣子，「嫩黃花有些蝶飛，新紅葉無個人瞧」，故壘東邊，一片荒煙蔓草景象。當地人說打完仗以後，機場跑道就被挖掉了，變成農田，所以旁邊全是農田，只剩下一條跑道。這跑道也沒有多大，上面長滿了草，有幾頭牛在上面吃草。整個機場也沒有什麼其他設施，那些設施也都全部拆掉了，變成田，只剩下一個小堡壘一樣的建築物。

我們這個分部，航管大隊駐宜蘭的分部就在這個地方。宜蘭是在台灣的東邊，從二次大戰打完了以後，一直到蔣介石政府搬過去，東邊完全不被受重視，所有軍事重鎮都是在台灣的西邊。我們這個宜蘭機場，也沒有飛機。我不知道現在，可能還是沒有機場。台灣島很小，很多地方不需要坐飛機，坐火車、坐汽車就可以了。

這個機場，這個塔，這個基地唯一的作用是什麼呢？台灣東部有一個城比較大，叫花蓮，花蓮跟台北因爲中間交通不方便，就是坐飛機往來，坐飛機經過宜蘭的時候，我們塔台就跟飛行員做一些聯繫，就是確認他飛行的路程沒有什麼問題，做一些不是很重要的事情。這裡面有一些機器，專門來做通訊的用途，機場現在就剩下一條跑道，反正平常也沒有飛機來。

這個基地指揮官是一位上尉，叫做台長，就是這個塔台的台長。另外有一位副主管，是個中尉，他是副台長，我這個少尉，就變成了第三高的軍官了。另外剩下一些士官跟士兵，總共加起來一共是有十幾個人。因爲這個地方沒有什麼工作，所以他們普通採取輪班值，就是三、四個人，每三、四天來一次，輪到誰的時候誰再來。做的事情主要是兩件，一個是管機械，另外一個是航管。管機器的人就是確保這個機器的運轉沒有問題，裡面的發動機，是柴油發動機，萬一遇到停電，用柴油機發動，使得通訊可以一直維持下去。另外一個是通訊官，就是飛機飛過去的時候，要跟那個飛行員，跟上面的民航機的飛行員談一談，告訴他位置，表示飛行沒有什麼問題，就是這兩件事。

台長和副台長都成了家，住在機場外面，軍官做的還是蠻舒服的。因爲當初的收入都很低，軍人收入尤其低，有的人就在外面兼點小差，貼補生活。所以平常大約有十個人左右，住在塔台裡面。這個塔台，上面是辦公室，下面住人，住反正就是每人一張床排開來，東西也都很簡單。沒事的時候，我反而變成最高指揮官了，也沒有什麼好指揮的，因爲反正沒有什麼事做。我帶去的軍服，平時也不穿，也沒有別人來，大部分的日子都是這樣過的。

對於我來講，這也是一個蠻好的機會，其他的人隔幾天來一下。有一位士官他高中畢業分過來，他要當兩年，比我早來了一年，他退伍的時間，大概跟我差不多一起。他跟我就比較談得來，因爲我們是從學校出來的，其他都是一些老兵跟老士官了，也沒有什麼親人，也沒有什麼地方可去，就把這裡當成他們自己的家了。在那段時間，我帶了一些書去看；尤其在英文方面，我覺得自己需要再努力一些，所以就多看一些英文的東西。

開始的一段時間，日子過得也蠻平靜的。沒有多久，他們跟我說，每個人都養一些雞鴨，因爲那個地方旁邊就是稻田，所以養雞鴨很容易，也沒有地方可以去，我就養一些雞和鴨子放在那個地方，覺得好玩，入境隨俗。在那邊待了差不多九個月的時間，大部分的時間，可以說是乏善可陳，跟我另外一些同學分到前線去打仗，天天聽炮聲隆隆，天天演習，天天準備作戰，可以說是完全不一樣的。看每一個人的運氣就是了。

兼差補給官

做了一段以後，我發現我們的補給，都是從台北來的。那時候，台北的松山機場，是台北唯一的一個大的機場，軍用機場跟民用機場都在那個地方；補給的話，隔一陣到那邊去領一些東西。每次去領就要帶一個人去，還要付他差旅費，還要找人，有人願意去，有人不願意去。我就跟台長說，我反正一直都住在台北，台北我也很熟，所以你乾脆把這個事交給我算了，我也不要你的差旅費了，你隔一陣等於說放我回台北住幾天，回來的時候我就幫你把東西領齊了，這樣的話你也省錢，我也省事。他也覺得這樣不錯，所以我又兼了一個差事，變成了機器的補給官了。另外，平常沒什麼事，可是總有一些公文，所以我另外一件事，就是每次公文來了就看一看，那些公文反正都是一些雞毛蒜皮的事，因爲我們那個塔台在不在，人家都無所謂的，所以來的都是一些零零碎碎的事。我做的，就是看了以後，說請台長批示，然後台長給批示一下，等因奉此，就是如此這般。

空軍司令檢閱

做了一陣以後，這幾個月裡面大概發生了幾件事情值得稍微提一下。有一天，跟平常一樣在那兒執勤的時候，突然接到一個電話說，等一下空軍總司令要到宜蘭來；他有一些公事要辦，他要坐飛機來，要在宜蘭機場降落，要我們排隊去迎接他。電話打來的時候，台長也不在，副台長也不在，只有我一個人，最高階級的人，打電話來我接了。我從來也沒有碰到過這種事情，不知道該怎麼辦。他叫我們去迎接，我不知道怎麼個迎接法，那時候也沒有交通工具，也沒有像別的軍事機構，還分到一輛吉普車，我們人太少，連吉普車都沒有，每人就是買了一輛腳踏車騎來騎去。我想了想，跟其他的幾個人商量一下，再過一個鐘頭，空軍總司令就來了，我們怎麼辦？大家想了一下，穿著軍服去迎接，也沒有其他辦法了。我們就把軍服穿上，這是唯一或是唯二兩次，把制服穿整整齊齊，然後就騎腳踏車去。去的時候，騎到了跑道的頭，到頭上去迎接他。迎接的時候發現，跑道上面還有兩頭牛在吃草，我就派了兩個士兵，把那兩頭牛趕走，飛機才下得來。

到了以後，把腳踏車放到旁邊，然後排隊，我還站在最前面。隔一陣，飛機眞的來了，從宜蘭也有幾部車子來接他，我們見他下來了以後，跟總司令行個禮，握握手，他走了，我們也就走了。這是我當兵在機場裡發生的最重要的一件事情。

台灣的軍隊制度是這樣的，他是將軍，最高叫做參謀總長就是有四顆星，剩下的就是各個軍種的總司令有三顆星，是上將。四顆星叫一級上將，三顆星叫二級上將，二顆星叫中將，一顆星叫少將。

下面就是上校、中校、少校，然後是上尉、中尉、少尉。所以我們迎接的這個總司令是一個三星上將，差不多接近於最高的官階，我是一個最起碼的少尉，領著一大堆呆頭呆腦的士官跟兵在那裡迎接，現在想起來也蠻好笑的。

在宜蘭當兵的這九個月的時間是我這一生唯一住在鄉下的時候。在台灣的時候都住在台北，算是一個比較大的城。以後到美國唸書、做事，一直到住在北京，基本上都是住在大城，或者是大城的附近。宜蘭是一個很鄉下的地方，那眞的是鄉下。我們騎腳踏車進城，大概要騎半個小時，沿路也比較荒涼。即使進了城，宜蘭市在整個台灣來講，一直是屬於比較落後的地方。台灣比較繁華的地方都是在西邊，宜蘭是在東邊，山比較多，比較沒有開發。

那九個月也常常騎著腳踏車到宜蘭去逛一逛，碰到的人都是很樸實的農民。我後來發現實在是太閒了，就去找了一個家庭老師的工作，幫一個小孩子補習功課，到了家裡也是覺得很普通的、很樸實的一個家庭，家裡人都是規規矩矩做事情。台灣大部分地方的人民，這種形態的人民最多，對外面的人都很客氣，自己都很節儉、勤勞，我覺得在台灣的鄉下，跟我在中國大陸的鄉下看到的實在是沒有什麼兩樣，大家都是同文同種，習俗文化背景都是一樣的，除了方言發音不一樣以外，其他實在看不出來有什麼不同的地方。

服兵役的時候，我們很多人做的另外一件重要的事情，就是開始申請留學。當初覺得好像這一年兵當的非常浪費時間，如果能夠直接唸書的話會更好。現在若從純粹學習的角度來看，當然說讀書中間沒有停頓，可能是讀書最好的一個方法，可是我因此在台灣多留了一年，當了一年兵，其實也是一件很好的事情。我們讀書，讀到最後，讀書本身不是一個目的，讀書到最後還是要出來做事做人，這是讀書的目的。從小學一直唸到中學、大學，唸了十幾年書大家都沒有停過，有一個機會稍微的緩衝一下，跟社會的接觸稍微多一點。我們當兵到底有多大貢獻當然也許有爭議之處，可是我覺得這樣緩衝一下的話，其實倒也是一件不錯的事情。

那時候我們大家除了當兵，或者是做其他的事情，看看書之外，最主要的一個任務，就是要開始申請美國的研究所，做進修的準備，我當初也是開始做這件事情。我們同班的同學，像我們都是台灣大學電機系的學生，差不多絕大部分都到美國留學了。

第六章　準備留學

台大畢業就開始邁入下一個重要里程，到美國唸書。

台灣在那個時代，還是一個以農業爲主的經濟，沒有什麼就業的機會，尤其是工科方面。很多大學生畢業以後，都是到國外留學。台灣那時候就業機會很少，研究院所也很少。那時在台灣復校後的清華、交大研究院所剛剛成立，對很多人來講，還是一個蠻新奇的東西。

尤其我們台大電機系，一向有出國先修班的綽號，大都會到美國去留學，我自己也不例外。我申請的學校，主要是公立學校，在美國所謂公立學校，就是州立。美國國情不一樣，什麼事情都是以地方爲主導，不像在其他地方，尤其是亞洲國家和地區，都是以國家爲主導。中國很多大學，都是由教育部來管理，日本、韓國也是這樣。美國私立學校如哈佛、耶魯當然非常好，可是學費非常昂貴。當時對我來講，絕對沒有能力支付這樣的學費。美國許多州立學校也非常好，收費比私立學校要低非常多，對我和許多同學來講，選擇是很容易的。我就申請了加州大學，加州大學有好幾個分校，我選擇加州大學洛杉磯分校（UCLA），作爲我唸研究所的下一個學府。

我們那一屆稍微有一點點特別，那時台灣的交通大學開始成立了一個研究所。我們那年留在台灣，唸研究所的比較多一點，有些人在台灣唸碩士以後也還是會到美國再去唸一個博士學位。即使要在台灣唸的話，也要忙著考研究所，準備繼續唸書。所以大部分人，就業的很少。那時候，要找事也並不是那麼難，尤其是我們台大電機系出來，找事是沒有問題的，可是大部分人覺得趁著這個時候多唸點書，當然也有實際的一面，學位越高的話，將來找事情，收入都比較好。

我也不例外，我也是申請了幾個學校。當初我主要是想到加州去，因爲我有一個學長在加州大學洛杉磯分校（UCLA）唸書，他寫信跟我說，加州大學洛杉磯分校（UCLA）這個學校非常好，天氣也非常好，環境也非常好，如果去的話，他覺得這個學校蠻好的。當時選學校，可以說是沒有太多的人幫你講什麼，因爲不可能申請太多的學校，每一位教授只能寫那麼多介紹信，每個學校都有申請費用，所以也就是選了一些學校。還有一個很大的原因是，我當初想到加州去，那時加州大學還沒有收學費，不但對本國人不收，對外國人也不收學費，現在回想還覺得有點難以想像。

現在所有的學校學費收的都非常高，即使公立學校學費，對本州的人學費已經不低了，外國人就更不要說，外國學生來讀書要花很多錢。可是當初在六〇年代，美國有一些學校基本上覺得教育這件事，是應該盡量由政府來出錢，所以加州大學不收學費，對於我來講也是一件非常重要的事情。

那時候留學，讀理科的，就是學物理、化學、數學，得到獎助金的機會比較大。在學校裡做一個研究助理（Research Assistant），得到的機會比較大，因爲他們做實驗很多。可是學工程，要想得到獎助金，或獎學金的可能性就非常小，尤其外國學生，從台灣去，人家對你什麼樣子也不知道，所以很不願意，尤其第一年很不願意給錢。這第一年的費用要想辦法湊到，是件很不容易的事情，所以錢是一個很重要的考量因素。

我當時大概申請了四個學校，這四個學校後來都給了我入學許可。我考慮了一下，決定去加州大學洛杉磯分校（UCLA）。這個決定也沒有根據，其他學校也有免學費的。那時候對美國其實很不瞭解，這個決定也不是說根據很多的知道的知識來做的，只是剛好有認得的人在那個地方，聽說那個地方天氣不錯，學校也不錯，就這麼決定了。

我當時的想法是，不管去哪裡唸書，我跟母親已經很久沒有見面了，那時候她身體就已經不是很好了。父親已經到美國去做事了，我想到了美國，我見父親的機會也會比較多。可是一旦去留學，一段時間裡又見不到母親，所以寫信給學校說，學校給了我的入學許可，因爲家裡的一些原因，我希望先去看一看我家裡的人，我可不可以晚半年入學？別人都是秋天入學，我可不可以春天二月的時候唸第二個學期？學校回答很客氣，他們覺得這是一個很合理的理由，也就答應了我的要求。所以我當完兵以後，在七、八月的時候，我就到漢城（今首爾）去住一段時間。

第七章　韓國停留

和母親相聚的珍貴日子

那個時候台灣對於我們這種役男，如果沒有服過預備軍官役，或者是士官、預備士官役的話，不能夠出國。所以我們大家都服過兵役以後，得到一個結業證書，證明你已經服過兵役，你才可以申請出國。我就利用這個機會到漢城去，跟家裡面住了幾個月時間，然後等到春天的時候，晚一個學期再入學。我就開始申請出國的手續，這些手續雖然很繁瑣，但基本上也沒有太大的波折。

我一九六三年大學畢業，一九六四年服完兵役。一九六四年的秋天，我就到了漢城，也就是現在的首爾。那時我父親在美國做事。兩個姐姐，大姐已經出嫁。二姐已經到美國去唸書了，弟弟在我要去韓國的時候，剛好也到美國去留學，開始唸大學一年級，所以家裡就只有母親一個人還留在韓國。她留在韓國的原因，主要是因爲她等著我父親在美國把身份辦好了以後，她才能夠過去。我們家其他人，像姐姐跟弟弟，去唸書，就像我一樣，是以留學生的身份去的。父親主要是去工作。工作了以後就開始申請美國居留，申請完了才能夠再把母親帶過去。所以那時候全家的話差不多都到美國去了，只有母親一個人留在漢城，她一邊在華僑小學教書，一邊等手續辦好。可是即使到現在移民美國，也要等相當一段時間。那時候等的時間更久，不知道要等幾年以後，父親的手續辦下來才能夠把母親接過去。

我自己的想法就是我一到美國去留學，一九六五年出來一段時間，交通很不方便，通信也不是很方便，一去留學的話，我要再回到亞洲來的機會就少了。不像現在坐飛機就走了，那時一到美國去之後就不知道多少年以後才能夠見面，母親也不知道什麼時候才能夠到美國，所以就想去一段時間。

那段時間大概是九、十月，到第二年的二月初。我住在漢城，就跟母親兩個人住在一起。事後想起來，覺得這是一個極好的決定。雖然當初母親她不願意我這樣做，她總是希望我能夠趕快去唸書，早點把書唸完，對她來講是了了一個很大的心願。我跟她講，書我一定會唸，可是我跟她幾年的時間都很少在一起，所以我想我還是要這樣做。她也不堅持，所以我就到了漢城。

到漢城以後，當然也不可能在家裡坐著沒有事情。我一去，就有很多家的人請我做家教。當時中國華僑也很多，有一個華僑小學，母親在那裡面教書；還有華僑中學。中國人的傳統都是對於讀書非常重視。那邊的人在漢城的華僑社會，很多都是山東人，山東因爲當時求生不易，才會離鄉背井跑到那邊去。他們大都是做生意，比如開餐館等等。他們自己教育水準都不是很高，可是對子女的教育很重視，除了讓他們唸書以外，希望他們有更好的機會，讓他們書唸得更好。華僑的學校由於環境的原因，水準差一段距離。所以學生後來即使去台灣唸大學，或是到其他地方唸大學，總是很吃力，有的人就唸不下去了，因爲當初的基礎差的很遠。這是一些背景情況。所以我將要去的時候，就有人來跟母親講，聽說我書唸的很好，台大電機系畢業，希望我能夠花一些時間，幫他們的子女補習，做家庭老師。母親說等到我去了再說。

去了以後，我想反正在那裡本來也不可能天天在家裡無所事事，能夠做一些事情，也蠻不錯的。他們做父母的，對自己的子女的教育重視，所以對老師就非常客氣。還是像以前中國聘來一位老師的樣子，也送禮，很客氣，希望我能夠做這件事情。所以那時候蠻大一部分時間，就是幫這些學生做家庭老師，補習的話就是什麼都補，主要是英文、數學或物理這些比較硬的東西。事實上我開始給他們補習以後我就發現，有些學生自己非常努力，可是由於各種環境因素，比起台灣的同齡學生差了一些。剩下的時間，母親白天去教書，晚上天天我們就在一起吃飯，到週末我們就出去到別的地方走走。

那時的漢城，韓戰打完沒多久，給我的感覺跟今天的漢城是完全不一樣的。很多地方還可以看到戰爭的痕跡。很多地方當初被轟炸過，看著還是戰場那種感覺。我覺得印象很深的，還有很多傷殘的士兵，都是打仗的時候，受到襲擊變成殘廢的人，在街上討飯吃。我覺得他們非常可憐，因爲有人缺手，有人缺腿，完全沒有養活自己的能力。所以那個時候，漢城的感覺眞的就是戰亂之後，滿目瘡痍的景象。

與此同時，你也是可以看得出來，韓國已經開始往經濟發展的路上走，你可以看到開始興建土木，一些新的建築帶來一些新的希望。我自己最有興趣的是，正走向城市近代化的漢城，保存的很多古蹟。韓國的文化當然受到中國很大的影響，那個時候韓國還沒有完全推行拼音文字，現在韓文裡面是一個中文字都沒有，就是全部把它變成拼音的方法。看韓文跟看日文不一樣，日文總是有一些中國字在裡面，所以大概看一看能夠揣摩出它的意思。那時韓文也沿用了一些中國字。所以在街上能夠看到一些，不管是報紙，或者街上的招牌，或者路標很多還是用了些中文字，跟日本有點像，只要看一看，大致就可以揣摩出它大概是什麼意思。

我在漢城住了三、四個月。白天大部分就是看書，因爲白天學生上課，補習都是在他們課餘的時間，有的是在晚上，有的是在週末。白天母親要去教小學，我大部分的時間，要麼出去逛逛，要麼看一看書，爲將來留學作準備。這段日子過的還算是蠻不錯，一方面自己進修，一方面中國人講行萬里路，到了一個不同的地方，眞正有機會，在漢城自己坐著車子到每個地方去跑一跑。

韓國很多地方，至少那時候，感覺除了語言不一樣，其實很多地方跟中國蠻接近的。漢城，因爲我去的時候已是秋天了，非常漂亮，尤其是一些名勝的地方。漢城以前的皇宮，感覺跟中國的很多地方古蹟都蠻相近。後來等到一九八〇年底、九〇年代以後有機會再回到中國大陸，到北京和其他地方看了以後，覺得韓國很多東西事實上是模仿中國，根據中國的形式來做的。由於它的國家比較小，人口比較少，財富比較低，常常是一種具體而微的感覺。

漢城到冬天也非常冷，至少對我這個台灣長大的人來說非常冷，也會下雪結冰。這些對於我來講就是比較新奇的東西。我那時候在漢城住，家裡也燒炕，和我記憶中小時候住濟南，住炕感覺非常像。住炕，晚上把炕燒的熱熱的，睡起來眞是很舒服。可是因爲屋子裡沒有暖氣的關係，早上起床，就變成一件蠻辛苦的事情。雖然我自己那時候並沒有一定要每天早上起床，也沒有固定的職業，每天必須很早起床；可是母親每天早上起來要教書，她一定早上要起來，所以我也養成習慣，跟她一起起來。家裡有一位保姆幫我們做早飯之類。等到母親去學校以後，天氣好我就出去走走，如果天氣實在不好，我就在家裡看看書。有時候下午學校放學以後，學生就到我這邊來，我就給他們補習。我記得有一家，我晚上到他們家裡去，因爲女孩子的關係，唸高中，晚上就到她家裡去，幫她補習。

值得一提的是在漢城的一些中國餐館，即所謂的中國料理。這些飯店大部分都是山東人開的，所以他們食物也是比較粗獷爲主，就是大碗的面，用的料也是比較濃的像蔥、蒜這類東西很多。也有一些別的風味，北方人吃東西和南方人當然很不一樣。另外，韓國的泡菜到處都是，我去了沒多久，就對韓國泡菜上了癮，蠻喜歡吃韓國泡菜。我覺得韓國食物的風味跟北方人吃東西比較接近，也是比較粗獷的。烤肉或者韓國的麵，都是大碗來盛，裡面的東西也是味道比較濃，很有中國北方的味道，跟南方精緻小吃是完全不一樣的。

在韓國這段日子，過的清靜、平淡。以前都是在學校唸書，從小學、中學、大學唸書，每天都是跟同學在一起，大家熱熱鬧鬧，很多朋友玩來玩去。在漢城住的時候，剛好我父親、姐姐、弟弟都不在家，剩下我跟母親兩個人還有一個韓國的保姆，韓國的保姆勉強會講幾句中國話，也講的很少，跟她也沒有什麼交流。我的日子就是平常白天的話看看書，或者教教學生，母親去學校教課，回來以後我們兩個一起吃晚飯，吃完晚飯以後她多半有些作業要改，或者準備第二天的教材，我就做一些其他的事情，或者是教學生，當然這時候交談的時間也蠻多的。我這一生就是這幾個月可以眞正跟母親兩個人比較接近。

以前的話，家裡一家人在一起，六個人，兩個大人四個小孩，吵吵鬧鬧，家裡總是有做不完的事情。母親總是在忙，我自己也忙。

在漢城這段時間，去了也沒有什麼朋友，也不願意去交一些新的朋友，事實上也不太容易交一些新的朋友。而且時間也很短，基本上就是過了一個比較單獨的生活，其實我自己倒還蠻享受這樣的日子。

跟母親單獨在一起的時間也很多，我現在再想起來，覺得非常高興能夠做了這件事情。跟母親交談和我跟父親交談很不一樣；我跟父親在一起，常常都是談一些男人之間比較大的事情，談的都是一些國家大事，或者世界大事，或者是一些不同的書籍；從中國的古書，談到中國近代的這樣的書，談到英國的作者、美國的作者，或者談到托爾斯泰（Tolstoy）、講到戰爭與和平，卡拉馬佐夫兄弟作品，屠格涅夫的作品，或者是其他像狄更斯 (Dickens) 怎麼樣，有時候談談唐詩，有時候談談宋詞，談的話的內容很不一樣。

因爲我去漢城的時候是秋天，我想世界上大概每個地方最漂亮、最美的時候，大概都是秋天。我也很高興剛好趕上漢城的秋天，當然不久就嚴冬了。秋天的時候，漢城也是有很多北國的秋天紅葉，一方面有點肅殺的感覺，另外一方面，就是有各種顏色，其實跟北京秋天蠻相似，就記得以前跟父親談到這個秋天美景的時候，他就提到蘇東坡的詩：「一年好景君須記，最是橙黃橘綠時。」

我跟母親談的都是比較家裡的事或者是一些比較瑣碎的事情；談來談去，總是講到兄弟姐妹或者怎麼樣，或者父親在美國的事情不知道怎麼樣了，或者是談一談她在學校裡面教書的事情，或者是我在那邊做家教的事情；談到最後，總是談到我自己身上。

母親總是覺得好像我在漢城待了幾個月，一方面她心裡非常高興我能夠去；另外一方面，她覺得好像說是把我的學業耽擱了幾個月。又希望我留下來，大家在一起的日子比較久一點，我一旦去了美國，大概要見面又不容易，因爲她到美國的話，大概要等蠻長的一段時間。

我自己心裡也是蠻複雜的，覺得一方面很珍惜這段日子；另外一方面覺得好像應該早點去唸書，早點開始唸書就可以早點拿到學位，早點拿到學位，也就可以早點做事開始賺錢了。

兩個人的心裡都有這種複雜的心理，可是講話的時候，就是彼此了然於心，也不太願意講出來。隨著這樣的日子一天天過去，我知道我離開她到美國的時間越來越近了。這是一段我非常珍惜的日子，因爲這次與母親分別以後，我就很不幸的再也沒辦法見到她了。

第二部・留學美國

1965—1971

第八章　讀碩士時期

到美國去讀書，這就是進到一個新的階段了。

我去美國的時間，比我大部分的同學都晚了一個學期，原因就是服完兵役，我到漢城去住了幾個月。到加州大學是二月初，因爲即將啟程的時候，發現要辦手續跟買飛機票，要花很多的時間。作爲一個從台灣去的留學生，要在韓國辦到美國留學手續，有不少困難，所以我當初早就開始辦，可是要湊齊那些證件，雖然有些懂韓國話的親戚朋友幫我來做這些事情，還是花了一些時間，到最後總算有驚無險，成行了。

我大概是一九六五年二月五號到了洛杉磯。洛杉磯在加州整個州也是有名的天氣特別好，四季如春。冬天的時候，南加州甚至北加州，從來不下雪，低於攝氏十度的時候都不多。夏天雖然比較熱，但是天氣比較乾燥，所以也不覺得不舒服，而且炎熱的程度，比起台灣來，要好多了。

我還記得坐飛機到加州的第一天，飛機下降的時候雨下得不小。我就覺得有點奇怪，洛杉磯有名天氣好的地方，居然在我第一天到達的時候，大雨傾盆。可是在台灣雨下慣了，我也不覺得怎麼樣。

朋友請來一位學長接我，他有一輛老車，當年有車子都是很老的老爺車。他把我接到學校裡去，我很感謝，從飛機場到學校，還有一段蠻長的路，大概有好幾十公里，我自己要過去，就非常麻煩了。結果第二天洛杉磯所有頭條，都說昨天晚上，一場極大的暴風雨襲擊洛杉磯這一帶，下了很多雨，颳了很多風，有多少損失。我覺得非常有意思，因為這場雨，以台灣的標準來講，只是一場普通的雨，沒有人會對它投注任何注意力。沒想到洛杉磯一下，下出一個頭條新聞來。這就是我對洛杉磯的第一印象。後來在洛杉磯住了才發現，南加州的天氣非常好，一年到頭都是陽光普照，下雨的時候很少，眞的下比較大的雨或者打雷，對他們來講是很不平常的事情。

洛杉磯的地勢跟台北有點像，它也是一個盆地，三面是山，一面靠海，不像台北四面都是山了。天氣好跟海洋有很大的關係。就是因為天氣太好，洛杉磯城又分佈的相當的廣，所以很少人坐公共交通工具，大部分人都是自己開車。天氣好，開車的人多，颳風的時候不多，下雨的時候也不多，所以自然而然，污染就變得非常嚴重。在美國的城市，洛杉磯的污染一向是非常有名的。我還記得，我去了不久，看電視，播音員說，洛杉磯的空氣品質非常不好，住下去對人體的損害跟每天吸一包煙差不多，空氣的污染程度蠻厲害的。後來美國對於環保的問題越來越重視，經過很多年的努力，洛杉磯的空氣已經比當年要好了很多。可是在整個國家來講，洛杉磯一直是空氣比較差的一個城市。

除了空氣不好以外，洛杉磯可以說是一個完美居住的地方。夏天不是那麼熱，冬天不是那麼冷，一年四季陽光都非常充分，所以植物、花開的也很好。離海岸又很近，開車很容易就可以開到海邊去，有很多漂亮的沙灘，所以就居住環境來講，洛杉磯是一個非常好的地方。

每一年從台灣出去留學的學生不少，到洛杉磯，碰到的從台灣大學出去的同學、學長其實還是蠻多的，所以有一些學生會之類的組織，事先幫新來的一些學生做安排或接飛機。我剛好有一位跟我從很早就是同學，台大電機系也是同學，也蠻好的一個朋友，許元士，他比我早半年到加州大學去唸書。他在那兒經過半年，就是一個學期，情形比我熟悉多了。他那個時候還沒有汽車，就找了一個朋友來接我，先在他那裡住一下，然後他跟另外一個留學生談了一下。那時候住的情形，大概就是幾個留學生住在一起，就看那個屋子的大小，反正最普遍就是兩個人合租一間一個居室的公寓，就是一個居室裡面放兩張床。外面有個小的客廳，有一個廚房、一個廁所。在美國當時來講，算是比較簡單，比較便宜的一種安排。可是對我來講，由於是從一個生活水準蠻低的地方，不管是從台灣還是漢城幾個月，比起美國來說當然是生活水準差的很多，所以覺得這個安排已經非常好了。我還記得一個月的房租是，一套設備全部加起來是一百美元，也就是每個人負責五十美元，包括了房租和水電，但不包括電話。那時候我室友問我說要不要裝一個電話，我感覺電話是非常奢侈的東西，價錢非常高。這是我在台灣的感覺，就是只有很有錢的人才能夠裝得起電話。事實上，當初在台灣要裝一個電話，第一筆你要拿出一千、二千美元那麼多錢來。台灣那時候有電話的人很少，所以電話的密度非常低。

美國電話為什麼便宜？

當時在美國，電話已經非常普遍。這個問題順便提一下，因爲這跟我以後在貝爾實驗室做事有蠻多的關係。我在加州大學時候第一次跟電話發生關連。在這之前，家裡從來沒有電話，也裝不起電話，朋友有電話的很少，所以電話對我們來說，當初是一個蠻陌生的東西。但我這位新的室友，他是台大機械系，比我早幾年，我去的時候他從另外一個學校已經拿到了一個碩士學位，再到加州大學來唸博士。我當時是去唸碩士學位，由於他在美國已經住了一段時間，他就覺得電話非常重要，他在裝電話之前，來徵求我的意見，願不願意負擔這個電話？我的第一反應，因爲不知道多少錢，以爲費用非常高，完全是一種奢侈品，所以很難想像我怎麼負擔得起？他看我樣子，知道我對美國的情形不瞭解，他跟我解釋一下，當時他也不是很瞭解，唯一知道的就是美國的電話基本上是一個還蠻便宜的東西，如果不打長途電話。那個時候長途電話還是蠻貴的。如果電話裝了以後，只是在附近跟當地的同學之間打電話，每個月加起來的費用只有不到十美元。兩個人分攤的話就幾塊美元。幾塊美元也不是一個小數目，可是至少已經覺得可以負擔。我覺得好像是六、七塊錢的樣子，也就是每個人出了三·五美元。我那個時候很不瞭解爲什麼在美國電話會那麼便宜，而在台灣電話會那麼貴？我就問他，他也不瞭解。他只是說，這種事情他也懶得管，因爲跟他學的沒什麼關係。他就說，如果我願意負擔這個費用，我們就裝一個。裝一個當然有很多好處，同學之間聯繫就方便了很多，即使有時候有什麼急事兒，偶爾打一個長途電話也方便很多。所以我們就做了這件事情。

爲什麼美國的電話那麼便宜？事實上，後來很多國家和地區，也就用這個方法。裝一個電話，當時其實是一個很貴的東西。電話在那個時候，就算高科技了，因爲裝電話從買機器、埋線等等，加起來，當時光是成本，大概就需要一千美元，甚至更高一點。在任何一個比較不富有的國家，電話公司是要求用電話的使用者直接來付這個費用的。裝個電話，電話公司的成本是一千美元，他還要賺你的錢，電話公司說你這個是一千一百美元或者一千二百美元，幫你裝電話，每個月再收費，這樣的話就很少人能夠負擔得起，這也就是電話當初應用的範圍不是很廣的原因。

美國的電話公司，當初 AT&T，也就是貝爾實驗室的的母公司。當初貝爾成立這個電話公司的時候，有一個非常簡單，又極爲有利的想法。這個想法，後來對美國電話和通訊的發展有極爲深遠的影響。在美國，開始的時候大家也不是很有錢，要他突然間拿出一千多塊裝個電話，很多家庭都不願意，或者是沒有這個能力來做。所以成立貝爾公司以後，等於在美國是把所有的電話都壟斷。事實上，每個地方，電話都是由政府來做，都是壟斷的東西，即使到最後是競爭，基本上電話公司跟政府都有很大的關係。九〇年代可以說是才開始進到民營化。

美國的做法跟別的地方不太一樣，它不是由政府來直接經營，是由政府來管，來節制貝爾公司，貝爾電話公司所有的電話都是由它來管。貝爾公司每年都要借很多錢，因爲它是一個很大的公司，借錢的時候銀行都願意借給它，知道它不會倒掉，並且知道電話是不會賠錢的東西，尤其是獨家經營的時候。所以它每年就去借很多的錢，到市場上去借錢，或者到銀行借錢。借錢基本上就是幫著用戶去借錢；普通用戶如果自己借錢不一定能夠借到，並且不願意借這個錢，會發生很多的問題。

所以美國那個時候電話公司的做法，就是一個很大的電話公司，它有很雄厚的資產，很高的技術，才會做出一些很好的東西來。它跟大家去借錢，然後把電話鋪好，鋪好以後誰要用電話的時候，他們就去裝一個電話。裝一個電話，基本上成本是一千美元，但它提前已經把錢借好了，所以每個客戶只要付利息，每個月電話費用基本上是在一個付利息的情況下；也就是前面所說每個月要六、七美元，每一年就七十、八十美元。

即使借了一千美元，每年付七十、八十美元，相當於七%、八%的年息，公司去借的時候，可能只要付四%、五%的利息。剩餘的部分，就是它的經營費用。它每個月再收一些，用戶打了多少，然後再收多少錢。電話公司，由於壟斷，又被政府管制，政府一定要讓它賺錢，可是不能讓它賺太多錢。所以說在這種情況下，當時是一個非常有效率的體制，這個體制就是由一個經營很好的公司，等於壟斷整個美國的電話，然後去幫大家借錢。由於它是一個很大的公司，信譽非常好，所以借錢的利息非常低。也是說它幫我們用很低的利息可以借到錢，然後可以幫我們裝電話，我們每個月付它利息，那對我們來說也很方便，我們每個月付的錢也很少。

還有一種有趣的做法，現在已經沒有地方再做這個了。可是那時候這種做法還是蠻普遍的，叫做群組共用線（Party Line），就是兩家人或者四家人可以共用一條線。共用一條線，就可以減少電話公司的費用，電話打的時候可以說是一條線過來，這個公寓裡有四個人住的很近，大家同用一條線，打進來的時候，四家人只有一家人可以接，出去的時候也只有一個人可以打。因爲就這麼一條線，費用更便宜。更便宜的壞處是什麼？就是你要打電話的時候，別人在打你就不能打，別人在接，你也沒辦法接；並且打來的時候，打給誰，有時候甚至你也許可以偷聽別人電話。這個好處就是費用更低廉，就是家裡電話，當時是一個很新的、很摩登的一個通訊方式。到後來由於技術的進步，電話價錢越來越低，並且其中實在有很多不太方便的地方，這種群組共用線的安排（Party Line Arrangement），運行了幾年以後也就沒有了。

剛到洛杉磯的時候，前幾天，住在同學家裡，很快就跟室友安排好，我和新室友就開始住在一起，搬到一個新的環境去。那時感覺壓力非常大，因爲我從小到大，從小學、中學到大學，一直都是在一個自己比較熟悉的環境裡長大；小的時候逃難，自己年紀很小，只要父親、母親在的話，遇到什麼問題，總是有大人會去解決。那時一直都是在一個很熟悉的城市裡，在台北，很多朋友很多同學。雖然有很多不同的挑戰，可是這些挑戰基本上不會覺得一種很不安或者很惶恐的感覺，總認爲在這個環境裡有什麼事情都可以解決。

經濟壓力

到了美國唸書以後，開始的那幾個禮拜，我現在想起來，是有生以來第一次心裡面有種很強烈的不安的感覺。第一個就是經濟方面的壓力很大，因爲那時，要去唸書的話，是一件很不容易的事情，在經濟上面，光是買張飛機票就需要花很多的錢，自己也要帶著一些生活費用。美國政府，也要求一些保證金，數額雖然不大。像這些東西，因爲那時家裡也沒有辦法負擔這些東西，所以像飛機票，是親戚朋友大家湊一湊，雖然說是幫助我，可是我覺得這都是要還的。

保證金的話，更不要提了，那完全是借來的，到美國拿著這個讓政府學校看一看，這個錢馬上就要還給人家。我還記得跟我新的室友住了下來，住的雖然是最便宜房租的地方，把第一個月的房租付掉以後，我身上剩下的錢已經不足一百美元了，就是我全部剩下的錢。我估計了一下，因爲房租沒有辦法省，每個月最低消費也將近要一百美元，也就是說一半錢拿來付房租，另外，基本上就是吃東西，其他的衣服、車子一類的都不必提了，沒有什麼好想的了。不過洛杉磯很好，天氣很好，一年四季如春，所以衣服的話，帶了一些舊的衣服過去，基本上也沒有問題。

那時候的美國州立大學，包括加州大學，對於教育非常重視，從國外去的學生也不多。學校對外國留學生，也是非常的客氣。學校裡只有雜費而沒有學費的觀念。雜費的數目也很低，學費是後來才開始收，現在當然數目非常可觀。那時候加州大學把我們當作與美國人一樣看待，不收學費，只收雜費，所以交的錢非常少。這是爲什麼很多人家庭環境都不是很好，卻可以到美國唸書很大的一個原因。

即使這樣，我交過第一個學期的雜費以後，身上的錢已經所剩無幾了，大概只夠我過一個月的樣子，所以我當時立刻面臨兩個很嚴重的問題，第一是我得選課選完以後，好好地唸，好好地學習，至少成績要不錯才行。第二，光是這樣還不夠，我立刻得找一個事做，否則再過一個月左右，我身上的錢就會用光了。這樣立刻面臨有陳蔡之厄，不要說唸書了，連待下去可能都有問題。

學業壓力

所以當時一下子面臨經濟和學業兩個挑戰。先談第二個學業方面的挑戰，因爲我到了學校，學校已經開學一個禮拜，並且電腦這個東西，我在大學的時候從來沒有碰過，那是非常新的一個科系。

由於辦手續的關係，到那裡的時候已經晚了一點。我到學校的時候，是第二個學期，由於事先已跟學校聯絡好，學校答應我，讓我晚一個禮拜再註冊。到了學校以後，第一件事情，就是趕快去註冊。註冊就面臨一個非常重要的選擇。加州大學洛杉磯分校（UCLA）那時候工學院是不分系的，進到工學院的學生，你可以選任何課，自己選擇你想要哪樣東西做你的主修。這件事情事前不需要作決定，但是等到註冊選課的時候，就非要作一個決定不可。我看了一下學校裡選的課，主修分了很多領域，當然我要作的一定要與電機、電子這方面有關係。那時候電腦這一門剛剛才開始，是一個非常新的東西。我看了一下學校對這個課的描述，以及對整個這門專長的描述，聽起來好像也蠻有意思的，那時候也沒有什麼人可以商量，自己其實非常快的作一個決定，所以我就選擇電腦做我的主修。第一學期選了三門課，也都是這方面的課。

人的決定，常常對你一生的最重要決定，並不是有很多時間來讓你深思熟慮，或是跟別人來討論，事實上在那一剎那，我就要作一個決定。如果我當時選的不是電腦，而是與電相關的另外一樣東西，我相信我這輩子過得會很不一樣。當然怎麼個不一樣，我永遠不會知道。可是這個決定，當時就在那一剎那，就作了這個決定。我就選了幾門課在電腦裡面作爲主修，要拿到碩士的話，反正有一系列的課要選。我就選了幾門課，這樣就決定了我將來唸書的方向。

由於去的時候學校已經開學一個禮拜了，第一個禮拜的課我都沒有上。雖然我還是可以註冊去上我要上的課，可是心裡非常惶恐。不知道學校其他同學的程度怎麼樣？剛到一個國家，雖然從小就開始學英語，可是眞正講話的能力，實際的經驗非常少。閱讀，可以；寫的話，也還馬馬虎虎；可是聽跟講，由於實際的經驗不多，所以感覺上總是有些惶恐。那種不安的心情等到我開學第二個禮拜，禮拜一我去上課的時候，就更強烈了。那個時候，整個加州大學是學期制（Semester），一年兩個學期。後來改成學季（Quarter），一年有四個學季。暑假有暑期課程。

由於這是一門新的學問，所以那裡的東西跟我以前在台大電機系學的，完全不一樣。

第一天去聽課，老師在上面講課，講的那些專有名詞我一個都不懂；像什麼註冊表（Register），系統架構（System Architecture）什麼，我一個都不懂，有的字雖然知道它英文的意思，可是用在電腦科學裡面，意思也就變了。加上我第一個禮拜沒有去，老師教的東西，我也不清楚教的什麼；書也沒有來得及看，這位老師跟學生直接的互動，遠比在亞洲要頻繁。

我還記得，我第一天到學校上學，大概有二、三十個學生，都是第一年的研究生。有很多人是半工半讀，所以年齡參差不齊；有的是剛剛從大學畢業，有的年紀已經蠻大，做事做了十幾二十年，再回來唸碩士學位。第一堂課，我坐在那地方聽課，老師講的東西，英文我是聽得懂，可是他所用的專有名詞，我一個都沒有聽過，因爲專有名詞全是電腦裡面的英文名字，這些名詞我從來沒有聽過，所以我一堂課下來，完全不知道他在講什麼東西。

老師在上面講，有幾個同學在下面講，同學發問的時候，讓我更心慌，剛好有幾個同學都是大鬍子，作出嬉皮士的樣子，「忽聞毛里有聲傳」，講起來的時候，呼嚕嚕講話，他原來英文就很難聽的懂，然後又作出很有學問的樣子。因爲同學發問的時候，他們問的很快，講話的速度遠比我以前經歷過英語的速度要快很多。他們在跟老師答問之間，因爲美國老師跟學生之間的關係跟東方國家很不一樣，老師跟學生有點像朋友，講話也比較隨便。講起來像朋友一樣，速度很快，用的字又是一些專有的字，我以前也沒有聽過。我發現老師話我也聽不懂，學生同學的我也聽不懂。他們講完以後，大家好像都很有心得的樣子；我在那邊完全是茫茫然。所以一堂課下來，雖然是洛杉磯的冬天，可是我那時候是汗流浹背，眞的是被嚇到了。如果一直這樣下去，老師講的話我也聽不懂，同學講的話我也聽不懂。我選了幾門課，每門課都這樣子的話，不知道書怎麼唸下去，前途一點希望也沒有。那時候是我這輩子唸書遭到最大的困境。如果說我眞的是有畏懼感覺的話，我知道我如果不比同學多很多倍努力，我唸起書來將來問題會很多，這是我第二個挑戰。

我這一生大概眞正覺得非常的惶恐，非常的不安的時刻，覺得好像一下子突然到了一個非常陌生、非常沒有支持的環境裡面。覺得這個日子過得非常非常難過，那時候眞的有點想退縮，可是實在也不知道有什麼地方可以退。到最後的話，其實也沒有其他選擇，就只有硬著頭皮往前面去衝就是了。

話雖然這樣講，可是錢的問題也不知道怎麼解決，而書也不知道怎麼開始唸，怎麼樣跟人家一下子很快地進入情況。那時候好像心是懸在高空，現在回想起來，還可以感受到那種難過的感覺。

志在必得

我迫在眉睫的有兩個問題，要趕快解決。一個是經濟問題，另一個是怎麼樣好好把書讀下來。這兩個問題，都是刻不容緩，尤其是經濟問題，對我的壓力非常大。我那時第二個學期才去，其實也是誤打誤撞。第二個學期去的話，還剩一個學期，把第一個學期問題解決，到了暑假就可以去打工了。暑假打完工，第二年開始就比較容易。如果當初秋天就進去，我就有兩個學期的費用，需要想辦法，問題就會更大一些。這在當初完全沒有想到，事到臨頭，才瞭解它的嚴重性。反過來看，就是年輕有年輕的好處，雖然心中惶恐，非常不安。卻覺得，反正總可以解決這個問題，就想辦法解決。

第一個挑戰，我必須要立刻找一個工作，可是我剛到美國，人生地不熟，雖然有些中國的學長，他們都是從台灣過去的，也跟我講了很多。大家的感覺都是，第一年要找事做很難。因爲老師對我們也不熟，語言能力和學習經歷還不夠。要找的話，難度非常大。可是我也別無他法，如果學校裡找到事最好，學校裡找不到，我只好到外面，到餐館裡去打工也可以，但是事是非找不可。

我開始問一些比我早去的留學生，那時中國跟美國之間的關係非常不好，所謂的中國留學生，大部分都是從台灣去的。有一些是從其他地方比如香港去的。學長大多都是從台灣去，我就想請教他們一下，他們怎麼樣解決這些問題？

當然大家都拿到一些助學金 (Assistantship)。唸我們這一行的，拿獎學金 (Scholarship) 的就比較少了。拿助學金就是幫教授做一些教學方面的工作，像是做助教，教學助理或者研究助理，待遇還不錯。那時美國的生活水準，日常開銷並不是很高，所以收入並不要很高，日子也就可以過去了。並且洛杉磯天氣很好，天氣好，也可以節省一些衣服甚至暖氣。夏天最熱的時候也不必開冷氣，冬天也不必開暖氣。這些都是對窮的人來講，比較正面的事情。

我剛去，直接想做助教，幾乎不可能。有一個學長不錯，他說他大概瞭解，當年他自己也是這樣過來的。他說有一個可能，就是去找找看有沒有教授需要幫他改作業，或是改考卷。這是什麼樣的一個職位呢？就是比助教和研究助理要低一級，不是眞正去做助教工作，或者做研究助理的工作，而是主要就是幫教授改他的習題，改考卷。教授對這種事情都沒什麼興趣，出了習題以後希望找個人能夠幫他批改，考完試以後，希望有人能幫他評分。教授自己日子比較好過一點。但這個薪水比較低，不過他說：「你剛來，找這樣的事情，總比到超級市場裡面去打工要好一些，至少這個做起來比較容易做一點。」

我想這也蠻有道理的，我就去試。因爲我去的時間不對，已經過了一個學期，平常教授找這些人，都是在學年開始的時候找，找完了以後，那個學年就請那個人繼續做下去了。因爲大部分人進來都是秋天，離開大概都是春天，或者夏天，就是第二個學期結束的之後。我中途過來，也就是學期已經開始了，差不多教授都找到了他們想要的助理，我只好到處找找看。

到電機系裡，正好看到有位教授貼了佈告欄，他說他有一門課，是研究生級別的課，要找一位助理，這個助理要幫他改作業和批改考卷。事也湊巧，這教授原來有一個改考卷的，這人唸了一學期之後，不想唸下去，就跑掉了。教授突然發現他教的這門課，沒有人幫他改考卷，他急著找個人幫他做。

這門課是一門電子課，若把電子作爲主修的，是研究所第一年要修的課。由於我的主修是電腦，所以我沒有修到這門課。這在後來反而變成一件好事。他的要求，是一定要修過這門課，才能作他的助理，否則沒有修過的話，他覺得學生沒有能力來做這個事情。如果這時我正好修他這門課，他就知道我之前沒有修過，我就沒有希望。我看了他這個佈告，跟其他的學長大概談了一下，就跑去敲他的門，說我有興趣來做這件事情。他就隨便問了我幾個問題，最主要的問題，就是我有沒有修過這門課。我說我在加州大學洛杉磯分校（UCLA）沒有選過你這門課，可是我在台灣大學，選過好幾門電子的課，我覺得我應該有足夠的背景，勝任這個工作。他說他是希望選過這門課的人來做。他說你就隔幾天再來好了，我看我能不能找到更適合的人選；如果能夠找到的話，我就找他們，如果實在沒辦法，我再考慮你。美國人講話很直率。我覺得能夠這樣的話，至少還有點希望。

回去以後，我就到圖書館把這門課的書借出來，就開始看這本書。這本書裡面講的東西是比我大學裡學的要深，因爲是研究所的課程，大學裡學的是本科的課。可是我自己看起來，我還可以看得懂。我就開始看，作了一些準備，隔了兩三天以後，我又去這位教授的研究室敲門，問怎麼樣了？這時學校已經開學兩個禮拜了，老師也覺得他非要找一位助理不可，可是沒有其他的人來應徵。雖然他覺得我條件不是很好，但覺得有一個人總比沒有人好。

他就問我說這門課大概是什麼樣的東西，他說你能不能做這個事情？那時候我已經沒有第二條路了，這是我找了半天，唯一能夠找到的機會，我就說我一定可以做。他就答應了讓我來做這件事情，就把那本教科書給我，就說你把這本教科書回去看一看，後面都有習題，當然是他會把答案告訴我；考試也是他會把答案告訴我。可是至少我要知道怎麼回事。這門課，事實上我從來沒唸過，因爲我唸的都是本科的這種電方面的東西。這門課比我唸過的課都要高深一級，是研究生院的，我也從來沒選過。它是電子方面的課。然後我想，既然已經答應了，我也沒有第二條路。我就把那本書拿回去，自己就在那邊苦唸。唸了一陣，也差不多了。有些不太懂的地方，就去找人家問了一下，問了一下以後，基本上可以知道怎麼回事，也可以改考卷，也可以改習題。

這件事情的待遇並不是很好，一個月大概一百美元的樣子。可是我算了一下，我如果省吃儉用的話，一個月差不多一百美元就夠了，非常的省吃儉用。所以這件事情有還是沒有，對我非常重要。他對我說他這件事有點勉強的給了我，我一定要做好，否則，我就沒有辦法繼續做下去。我瞭解假使我是他，我也會有這樣的想法。這樣把問題都解決，我就可以撐到暑假了。暑假到了以後，我就可以去做別的工作。就這樣，第一個學期，總算找到一個事情。

從此我就等於多選了一門課。他每次教課的時候，我都在教室裡旁聽，然後自己再看跟這門課有關的一些書籍。

我選了三門課，加上這門等於選了第四門課。每次到考試後、交習題之前，自己先去研究一陣，這樣跟他應對沒有問題，習題考卷可以改就沒有問題。開始的時候也是戰戰兢兢，非常惶恐，唯恐把事情做砸了。做砸了，不但收入沒有了，對自己也是一件很丟臉的事情。那時，像這樣一個處境下，就背水一戰，做了下來。幾個禮拜下來，發現他要求我做的事，我可以做得蠻不錯，他也蠻滿意。所以這個學期，我就找到一個固定的工作。到美國的第一個學期，我至少衣食方面就不必擔心了。

做下來這樣一學期之後，沒想到那位教授對我極爲欣賞，他說他教了那麼多年的書，找了那麼多改考卷的，沒有一個像我做的這麼好的。他希望我暑假完了以後繼續幫他做。他要幫我保留這個位置要我做下去。我也非常感謝，但我對他說，這一百塊錢對我來講，實在是過得太辛苦了。我也想去找一些可能收入高一點的，即使工作量多一點也無所謂，否則我每個月捉襟見肘，太辛苦。他也很瞭解，他說當然我也認爲你應該去找收入更高的事情，去做助理。如果找不到更好的事情，非常歡迎我回去。我對他非常感激。他當初不給我這個機會的話，我第一個學期日子就會過得會非常辛苦，大概得靠借貸度日。那日子是很難過的，因爲我是非常不喜歡去找人家幫忙的人，假如實在沒辦法，也沒有第二條路可以走。我第一個大的挑戰，可以說還蠻圓滿解決的。

第二個大的問題呢，就是上課。上課開始的時候，聽的稀里糊塗，不知所云。英文聽的能力和說的能力，不是說發奮圖強就馬上可以提高，一定要自己花功夫下去。所以我那時候，第一，我覺得要把目前的問題解決，第二，我也就等於下了一個決心，對自己說，我一定要把英語弄好。既然到這邊唸書，如果老是語言方面有問題，不敢講，或者老是怕講錯，或者是講的時候詞不達意，對自己的學習，對將來自己的事業，一定有很大的不好的影響。不過這是以後的事情。

目前的問題，那就是要怎麼樣能夠很快地解決唸書的問題，這也沒什麼其他的方法，就是苦讀就是了。

因爲我選了幾門課，再加上我需要工作的這門課，所以整個份量是蠻重的。可是我自己瞭解，本來我在台灣唸書的時候，也有這種感覺，覺得眞正要唸自己專科的東西，到了研究所去唸。大學是一個基本的教育，是一個通才的教育。

我其實眞正的唸書，是從唸研究所開始。在這之前，不管是唸小學中學大學，雖然成績都不錯，可是基本上，我總是覺得進學校，尤其是大學，應該是一個平衡的教育，需要學一些比較正面的東西、跟一些做人的道理、一些基本的各方面的知識；在文學方面、數學方面、歷史方面、地理方面，每樣東西都需要知道一些，也就是說讓人可以比較完整一些。唸書，當然本科的東西需要唸一些，可是其他的東西也需要知道一些，並且覺得大學這四年，不應該花全部時間專門只在唸書上面。基本上是有這樣一個感覺。

進了研究所以後，我覺得是應該好好唸書的時候。研究所是進到一個專門的領域，既然選擇這個領域，就應該把這些東西唸好。我這個想法倒不是說我很早前就形成，是逐漸的開始往這個方向走，做了自己也沒有多想。可是事後，我書唸完以後做事，我又回到學校裡去，每年招聘學生。這時候，我自己就越來越有這個感覺。

眞的專業方面的東西，是進到研究所裡面專門研究專門學習。後來我對這個理念越來越有比較強烈的感覺。所以到後來，我曾經教過一段書，教書的時候，有年輕人來問我的話，我也是跟他們這麼講，這是我的感覺。就是在唸大學的時候，最好不要花太多時間鑽研在專科裡面去，不然將來畢業以後可能會後悔，覺得當初大學的這段日子，沒有好好利用。眞的要把一個東西進到一個比較深比較專業的地方，是到研究所去做這件事情。你進到研究所以後，因爲你已經決定往這個方向走，好好地讀，可能對你更重要一些。不管怎麼樣，這是我的一個理念一個想法。我本來就有這個理念至今未變。這也是逼上梁山，非把英文和專業弄好不行，否則，書可能就唸不下去。

所以我這輩子眞正開始好好學習，好好唸書，並不是說以前沒有好好學習、沒好好唸書，而是自己眞正發自內心的感覺，覺得這個對我非常的重要，我非把它做好不可。一來是環境的壓力，二來也是自己自覺地覺得如果眞的把這件事做好的話，會對我將來的前途有很大的幫助。

回到我這個擔心的問題。那時候，沒有什麼辦法，只好自己拼命地唸，唸了不懂的時候，自己想辦法去解決，或者是去找一些學過這門課的人，去請教他們。有的時候，硬著頭皮也去跟那些班上的美國同學打打交道，尤其那些喜歡問問題的人，我想既然這個人高談闊論，應該比人家瞭解多一點，所以就去跟他談一談。這一點，我覺得是美國人、美國的國民性，一個很大的優點。一方面，你也可以說是他比較喜歡炫耀、喜歡講；另外一方面，我覺得他們對幫助別人，如果人家來問他，對幫助人家的這種意願跟誠意，我覺得是非常的高。

我覺得在美國住了這麼多年，我始終就是這種感覺。美國人有不好的一面，也有很多很正面的特質，其中有一個就是很願意去幫助別人。我發現跟他談談以後，再去上課的時候，老師講的東西就比較能夠瞭解。

一些專門的字，本來查字典，專門的字查字典沒有用，因爲字典上只是講它原來的意思，還沒有跟得上，眞的用到一些電腦裡面的時候，意思完全不一樣了，就只有去問別人，然後自己慢慢的去瞭解。第二次去上課的時候，老師講的東西我也比較瞭解了，同學問的問題我也稍微知道一點，也就是這樣，慢慢地開始覺得這個環境比較熟悉，惶恐的心理也就比較稍微減少了一些。

不久以後就要開始考試了，考第一次考試。考前我也覺得很擔心，不知道考試怎麼樣？因爲考試是一個眞正的考驗，是很客觀的一個考驗，讓我自己知道，我在這整個班上大概是一個什麼樣的位置？

考完第一次試，老師把考卷發下來。發之前，他會告訴我們，我們班上大概有多少位學生，最高分是多少，最低分是多少，中間是多少。這樣每個學生，除了自己的成績以外，也可知道這次考試，大概是考在什麼地方，有一個定位。這是非常好的一件事情。第一次考完試，考卷發下來，發現我是名列前茅。考的大概是全班裡面最前面的幾個。自從那次考完試以後，我就對自己的信心增加了很多了。我到美國的第一個難關，經濟的難關已經解決了。讀書的難關，主要是心理上的一個不安，對自己一個自信的問題，在這個時候，可以說是大部分的疑問都解決了，對自己的自信又增加了很多。考過了第一次試，然後再考期中考，就對自己有了很大的信心。

在加州大學洛杉磯分校（UCLA）開始唸書，我是眞的付出了很多的時間，開始學習，開始好好的唸，好好把自己的英語弄好。當時只是一個開始，可是一方面開始，做下去的話，就逐漸的積累下來。

我就以英語作一個例子。我還記得很清楚，雖然我在台灣的時候，從中學開始，就有英語課程，大學也有，也好像學了不少東西，尤其在單詞、單字方面，背了不少，可是發現自己在應用的時候，就有非常大的困難。我那時候，用英語的時候，總是先用中文，想了再把它變成英語。既彆扭，聽起來像中文，時間也不對，反應也很慢。我自己也知道，我一定要強迫自己努力，要讓我的英語進步，進步到什麼程度呢？進步到我能夠想、跟說、跟看，把英語當做是我母語一樣，而不需要再經過中文。

也就是說講中文的時候，用中文來想；講英文的時候，用英文來想。一定要把自己訓練、強迫到這個境界，我才能夠眞正在美國，跟美國人可以站在稍微平等的地位，來互相討論事情。

兩件事情，把本科學好，把英語學好，都是不容易的事情。可是我覺得我後來都做到了。這個過程裡，讓我體會到一件事情，有的人是比較聰明，有的人天分是比較差一點。有的人對語言比較有天賦，學起語言來，比別人要快一些。我對語言並沒有什麼天分，不像有些人，到什麼地方，學那個地方的語言，一下就可以學得很好。我知道我自己並沒有這樣的天分，我學語言的能力，在這一方面大概是跟普通人差不多。可是努力的積累，到最後眞正的分別，是在這個地方，並不是天分。

我認得很多人，有的人天分非常的好，可是他不努力。在美國一直有很多這樣的中國人，不講英文，因爲覺得這是一件很累的事。他的生活起居，甚至住的地方，都是跟中國人在一起。這樣就盡量減少需要用英語的地方。這樣幾十年下來，他的語言能力，一點進步都沒有，雖然他個人也許是聰明才智非常高的人。

我鼓勵大家學好英文，不是說中文不重要，中文很重要，但是中文是母語，學說自然。英文是最通用的語文，無論是不是用在專業領域或是職場生涯，英文可以幫助我們增長見聞、提升知識。如果想要在美國職場成爲管理者，甚至領導人，更是要有好的英文能力。因爲管理深植於文化，英文是西方文化的一部分，也幫助我們瞭解西方文化。

專業方面也是一樣，有些人好像學起來比較快，有的人好像智慧比較高。當然每個人的智商本來就有不同，但是對於大部分的人來講，我一直深信一件事情，努力，持之以恆的努力遠比一個人的天分更重要。天分是天分，生下來就是這個樣子，有人運氣好，天分比較好，有人運氣不好，天分比較差一點，這不是我們所能改變的事情，可是努力的積累是我們能夠改變的事情。並且最後我覺得努不努力是最後能不能成功最大的一個因素。我自己也深信這一點，當我遇到一些挑戰的時候，我覺得最主要的就是努力不懈去面對這些問題，想辦法去解決這些問題，或是去學一些東西，到最後只要努力下去，結果總不會太差。

第一個學期的幾個月，就在這種情形下過去了。學習，通過我自己的一番努力唸書，考完一次試大概自己心裡就有數了。我開始的時候選了幾門課，都覺得比人家落後很多，每天反正有時間就去唸書。考完第一次試下來以後我的心就安了，我知道最艱難的時間已經過去了。只要我繼續朝我自己原來這條路走下去，我唸書不會有問題。並且找到一份小事，至少到暑假之前，衣食就不愁了。暑假美國人的習慣，這段時間都是去打工賺錢，所以我只要能挨到暑假，我經濟的問題也會解決。

我到時候去找一個事情，暑假三個月的時間，我好好打工的話，就可以存下足夠的錢，一直到我唸完碩士都不會有問題，當然假設我還可以在學校繼續找到工作。找工作的話，永遠是第一份是最困難的，找了第一份以後，就有了經驗，再找第二份就比較容易了。

到了差不多一個月以後，每一科都考過試，我就不那麼擔心了，日子就不會太難過了。

當時在加州大學洛杉磯分校（UCLA）唸書，唸一個碩士，平均的時間大概爲兩年。大部分的人都說預備兩年的時間唸一個碩士，我由於比人家晚去了一個學期，我就想若讀兩年的話，我又要等到春天的時候，才能畢業。我希望能早一點畢業，因爲大部分人都是在暑假之前畢業，大部分找事，就業的機會、申請學校的機會也都是在暑假前後。所以我就去跟我的導師談了一下，雖然學校一般安排都是兩年把碩士修完，我若想在一年半裡面修完，可不可以這樣做？導師說事實上沒有人規定說一定要唸兩年，有的人唸兩年、三年，甚至四、五年都不一定。有人每次選一門課，因爲工作的原因，家庭的原因，他可能要唸四、五年。這個學校也不管，你想早點唸完，只要你能唸，跟學校沒什麼關係。你如果想一年半唸完，你就每個學期多選一些課，然後到最後需要一個考試，你只要這個考試可以通過，修的學分夠了，學校就會給你一個碩士學位。他這樣一講，我就覺得蠻有希望的。

我在電腦系裡面，因爲它是一個新的學科，我進去的時候，這個學科還沒有多久，我就一直唸，唸到後來唸到博士。畢業時，我是當時在加州大學洛杉磯分校（UCLA）電腦系第一個從碩士唸到博士拿全A的學生。不過這是後話了，第一個學期拿了三個A以後，心裡就安心多了。這第一個學期開始這段時間，眞的是在我這輩子最不安的。

第一個學期唸完以後，我算了一下，就是我們唸碩士，一共要唸十門課。學校裡一般一個學期唸三門課，認爲是全職滿載。我想了一下，第一個學期、第二個學期三門，第三個學期唸四門課。雖然比較重一點，我這樣三個學期可以把學位拿下來。

我看了一下學校的課程，覺得在一年半裡面，應該可以唸得完。反正每個人都要考試，到時候再去考試就是了。於是我作了一個準備，就是要一年半把碩士唸完。

暑期工作

第一個學期唸完，就到了暑假，暑假開始，大家就找不同的工作。在六〇年代中期，美國的情形跟現在很不一樣。現在唸書的人唸到本科三、四年級，或是唸研究所的話，大部分人都會去找一家公司，找一個暑假的實習工作。那時候美國的所謂高科技，包括電腦產業、通訊產業遠比今天要落後很多，眞正所謂高科技都是後來才發生的事。所以那時候要在公司裡找一個暑期的工作，是一個相當困難的事，尤其像我們是外國學生，又還沒有拿到美國的學位，就更困難。差不多外國學生，都是找不同的地方去打工。我的想法，也是去找個地方打工。很多人當然因爲在洛杉磯唸書，就在洛杉磯城裡或附近找一個工作，這樣暑假也不必搬家了。

學長們講起來很有意思。有一個學長已經到美國去了幾年了，他每年就到果園裡去採果子，採的蠻有心得，他覺得他的收入還蠻高的。有人去做不同的事情，有的是非常奇怪的事情。另外有些人，因爲我們是在加州大學洛杉磯分校（UCLA）的校園，是在西木區（Westwood），在洛杉磯是一個非常好的區，再過去，加州大學洛杉磯分校（UCLA）的校園後面，就是比華利山莊（Beverly Hills），洛杉磯最有錢的人住的地方。我們校園的後面那條馬路就是落日大道（Sunset Boulevard），非常有名。這個大道是從海邊開始，過來沒有多遠，就到了我們學校的後面，然後再過去一點，就是比華利山莊（Beverly Hills），很多的好萊塢電影明星都住在那個地方。有人就乾脆到這些有錢人家裡面去做一些打雜的工作。

有一個女孩子，還記得她說她找了一個很好的工作，她覺得很有意思，是什麼呢？她說她幫一位很有名的電影明星——莎莎嘉寶，幫她管衣服。女明星衣服太多了，衣服就像一個圖書館一樣，哪件衣服放在哪裡，什麼時候穿什麼？很有秩序幫她做出一些索引出來。她暑假跟平常就是這樣做，她吃住的問題就解決了。

還有另外一個人，他就是住在比華利山莊有錢人家裡工作，等於說是半管家。就是在外面幫他整理院子，做一些比較粗一點的活。每個月有錢拿，然後他們車房的後面有一個房子，裡面的一個房間就給他住。他開車、住房也不要錢，就是諸如此類的什麼樣的工作都有。

有一個同學很有意思，幫一個很有錢的人，房子都是很大的山上面的豪華房子，常常房子外面都有一些鐵欄杆，有警衛，就是我們在電影上面看到這種情形。他自己已經到美國兩三年，買了部爛車子。他要到山上幫人家工作，如果自己沒有車子，沒辦法做，因爲山勢很陡，騎腳踏車根本騎不上去。公共汽車也不會到有錢人區，如果公車可以坐到那裡的話，這個區就不是很有錢的區了。所以他自己有一個爛車子，他才能做這個事情。

平日，他就把這個車子停在那個地方。有一次他開車子出來的時候，開到洛杉磯的高速公路上面，這個車子年久失修，前面的引擎蓋突然間就飛起來，飄飄飄，不知道飄到哪裡去，再回去找也找不到了。車子之後就沒有引擎蓋，開起來之後，一眼就可以看到，什麼引擎，什麼亂七八糟的東西都看得很清楚。他當天回去以後，就把車停到那個屋主的車道上面。他用一個紙板放在上面，用繩子捆一捆，勉強把它蓋住，他也不願意花錢，也沒有這個能力把車子修好，並且那車已經很爛了。他老闆看他那個車，本來就很難看了，已經不太滿意，現在看他連引擎蓋都不見了，那屋主實在看得很不順眼，就跟他說算了，你的車子放在這裡，實在是不好看了，就把自己很名貴的賓士車（Mercedes Benz）開出來放到外面，然後請他把他那個車子放到車庫裡面去，免得給他鄰居看到讓他沒面子。他回來非常自得給我們講述他這個車子每天停在車庫裡面，每天都享受高級的待遇。這就是當初的留學生形形色色。

紐約行

到了暑假到處去打工。我的情形比較不太一樣，因爲父親在紐約工作，整個學期都是忙著唸書和賺錢，那時候都還沒有跟他見面。好不容易暑假到了，他就是希望我們暑假的時候，大家都到紐約去。因爲事實上，也有很多人到紐約去打工。他說，你們要打工，何不都到紐約來？至少我們可以住在一起。所以弟弟跟我，還有我的二姐，二姐那個時候已經結婚了，她跟她的先生也住在紐約，乾脆我們就大家都一起到紐約去。我就想，我到紐約找一份工作，反正在哪兒工作都是一樣，主要就是工作賺錢存下來，所以我就決定到紐約去。

我們就大家都講好，我跟弟弟跟父親就住在一起。雖然他住的地方也不是很大，可是我們大家住在一起，坐地鐵都還蠻方便的，到了紐約以後，那時候反正覺得要找事，只要你肯出力，願意吃苦的話，沒有什麼找不到的事情。

並且我自己，到了美國以後，幾個月了，只局限在一個城裡，就一直都是在洛杉磯。洛杉磯這個城，有空看看，也有一個相當程度的熟悉了。在洛杉磯因爲自己也沒有車子，又要上課，還要改習題這類事情，一天到晚非常忙。有空的時間，就是盡量想辦法把自己英語方面，聽跟講的能力再加強。所以第一個學期可以說什麼事情都沒有做，什麼地方也沒有去看。唯一去過的地方，就是從洛杉磯去了三藩市，因爲有些朋友在加州大學洛杉磯分校（UCLA），有些朋友在加大柏克萊分校（UC Berkeley）唸書。他們有的時候下來玩，我們有的時候上去玩。這大概是我唯一去過的地方，那也是搭別人的便車過去。美國這麼大一個國家，我對其他地方一點概念都沒有，所以我就想這是一個很好的機會，到美國的東部去看一看。

紐約是在美國的東部，洛杉磯是在美國的西部。一個是靠太平洋，一個是靠大西洋。我想如果利用這個機會，我能夠從美國的西部到東部去，我可以在路上看一看，所謂行萬里路勝於讀萬卷書。至少有個機會看看美國，因爲以前聽說很多關於美國的事情，電影也看過很多美國的東西，可是現在自己到了美國以後，除了一個城以外，別的什麼都沒看到，有點說不過去。

就想，如果可以到紐約去的話，從洛杉磯到紐約，我就可以在路上看一下。那時候到東部，當然有不同的交通工具。美國的火車非常不發達，中國到什麼地方去，大家第一個想到的就是坐火車，價錢比較便宜，當然如果可以負擔得起，時間比較重要，很多人就坐飛機了。美國坐火車不是一個選擇，坐火車的很少，因此坐火車反而變成很貴的交通工具。

那個時候飛機也是蠻貴的，所以很多學生選的就是坐巴士，長途巴士，像灰狗巴士（Greyhound）等等。坐灰狗巴士的話，在車上要坐幾天幾夜。因爲美國從東到西大約三千英里，相當於五千公里，這是一種走法。

我選擇另外一種走法。這也是在學校和同學談起來以後，才發現學校裡有另外一種做法，就是有人從到從東部到西部來唸書，暑假的時候，他要開車回家或者是有什麼其他的原因，他要從西部到東部去，他就會在學校的校園活動中心，貼一個廣告，說我要開車子，從洛杉磯開到紐約去，哪一天啟程，中間大概會停什麼地方，如果你有興趣的話，我車上還有一個位子或兩個位子，你可以跟我一起去，我收你多少錢。當然路上的食宿，需要自己料理。吃東西，反正你要吃什麼自己決定。住的呢，一般來講都是住很便宜的旅館，或者有時候就一直開，不大住旅館。所以這樣比起來，大概是一個最便宜的方法。開車的人有的時候自己一個人，從美國西部開到東部，感覺很無聊，他希望能夠找一個人，跟他一起開，或找兩人跟他一起開，大家輪流開車。這樣對他來講，也省事，跟大家一起來分享，來分擔一些汽油的費用，他的費用也可以降低。

一直到現在，還是有這種情形，有的人從一個城搬到另外一個城去，他可能有不只一部汽車，或只有一部汽車，他自己沒辦法開過去。他就會貼出一個廣告，說我有一部車子，我想把它從洛杉磯運到紐約去，如果有人願意做這件事的話，我會付多少錢給你。每年暑假，在加州洛杉磯唸書的同學，有人家在東部，就會組一個小團，兩個人、三個人、甚至四個人，去承包這樣的一輛車子，然後大家輪流開，中間因為有幾個人輪流開，白天也開，晚上也開，晚上睡覺的時候，甚至不需要在旅館裡過夜，把住宿費也省了，只花汽油的錢，汽油也非常便宜。一路上就花吃飯的錢，用最快的速度，從西部開到東部去。幾個人開的話，幾天就可以開到。我想了一下，這個方法看來還不錯，我就走這條路，坐一小車，跟一兩個美國人一起過去的話，也許可以看的東西會比較多一點。所以我在那邊看了一下，到底有幾個要從洛杉磯去紐約，我就打電話跟他們聯絡了一下。其中有一個人，我們在學校裡面談了一下，談了一下，我們就講好了。因為那個時間剛好跟我要去的時間差不多，是很配合的人，並且那個人也是學校裡的學生。他說已經找到另外一個人了，我是第三個人，所以我們三個人就輪流開車過去，我想了一下就答應了。

開車到紐約，對我來講，是一個非常新奇的經驗，從西部開到東部這件事，也是一個很有趣的經歷。是我第一次有機會真正看到了美國。

我小的時候雖然從成都，又到濟南、青島，然後又到上海，再到台北，跑了不少地方，可是那時年紀太小了，就跟大人走，並且大部分的時間在逃難，總是覺得是兵荒馬亂，沒有什麼太大印象。至於什麼看風景，就更不用提了。後來雖然也到過漢城，然後到洛杉磯，中間基本上都是有一個目的。在漢城的時間，也就是留在城裡面，雖然看了一些名勝古蹟，可是沒有眞的出外去旅行。到了洛杉磯，第一個學期忙得要命，為了生活，一方面就是為了唸書；另外一方面，為了要賺些錢，也沒有餘錢來做別的事情。跟我一起的室友，他來的比我久一點，所以他的經濟情況比較好一些。他買了一部很老的車子，我們平時出去買菜，都是他開車子，我就跟著他走。唯一到的地方，就是到了三藩市。

所以這次從洛杉磯橫貫整個美國，然後到紐約，對我來講，是一個極為新奇的經驗。這是第一次有機會，長途跋涉，可以看很多東西。然後有自己開車的經驗，對我來講是一個蠻興奮的事情。經過了之後，也是覺得這是一個很好的經歷。

美國很大，並且兩邊臨海，是一個得天獨厚的國家。美國的資源、富庶沒有一個地方可以相比，眞正親眼看到的話，才能夠眞正感覺到。

我們從洛杉磯開始開，第一站，就是經過拉斯維加斯（Las Vegas），美國有名的賭城。賭城拉斯維加斯（Las Vegas）有一個最大的好處，它因爲要吸引大家來賭，所以除了賭以外，什麼東西都便宜。吃東西很便宜，看秀很便宜，住旅館也很便宜。當然你一賭的話，這些東西都變得很貴了。

我們去到那裡，也就是那兩個跟我一起去的，一個是車主，另外也是跟我一樣的。我們三個，他兩位都是美國白人，在車上，大家有事沒事談談，聊聊天，有的時候就聽聽音樂，反正就一直開就是了，江水又東，一直往東走就是了。

我們從洛杉磯開了沒有多久，還沒有到拉斯維加斯（Las Vegas），就進到一個沙漠，或是半沙漠。整個內華達州（Nevada），基本上是一個很荒的地方。拉斯維加斯（Las Vegas）就是在一個很荒的地方，就是爲了賭，就建立了這麼一個城。這個城完全是爲了娛樂。做這個城，這些人也非常有遠見，在沒有人煙的地方，造出一個這麼紙醉金迷的地方，吸引了全世界的人去。

到了拉斯維加斯（Las Vegas），雖然才開了二百哩多，不到三百哩，下來好好地吃一頓，價錢非常便宜，然後到賭場裡面晃了一陣。看人家賭，看了一些不要錢的秀，反正混了半天，以最低廉的價錢得到了一些蠻好的享受。對我們來講，這次算是開了一個眼界，至少到過賭城，雖然沒有賭，但是至少到過賭城了。然後就繼續開。

因爲那時候暑假剛開始，拉斯維加斯（Las Vegas）這個城天氣蠻熱的，尤其從洛杉磯，是個海岸城，在西海岸。由於太平洋暖流的關係，雖然洛杉磯的緯度並不是那麼南，可是由於這個暖流都是由西往東，所以洛杉磯的天氣非常好。三藩市其實緯度已經蠻北了，也是由於這個太平洋暖流的關係，冬天不冷夏天也不熱，非常舒適。

從拉斯維加斯（Las Vegas）出來，我們就沿著大路，從西往東走。經過猶他州（Utah）。因爲我們主要是趕路，所以看風景就是看到什麼就算什麼，而不是說特意去看。

但我這次對美國印象非常深刻，因爲是第一次眞正看到美國。對美國的地廣人稀有極爲深刻的印象。美國東西兩岸的人比較多，剛開始在洛杉磯人很多，就是一個大城。對我來講，沒有什麼稀奇的，因爲我從小也是在大城裡面長大的。去三藩市，也是一個城。這次眞正到了美國的鄉下，兩個城之間都是沒什麼人住的地方。廣眞是廣，一開開了五千公里，從這邊開到那頭，中間看到人的時候並不是很多。車子有時候不見得很多，高速公路車子可以開得很快。

第二個對美國的印象很深刻，就是它的變化非常多。洛杉磯本來就是一個比較乾的地方，出了洛杉磯城，沒有多久，慢慢進到沙漠，或是半沙漠的情形。進到內華達州（Nevada），整個州基本上就是一個沙漠，沒有什麼人住。然後下面，就是猶他州（Utah），猶他州以前有個大的鹽湖（Salt Lake）。以前非常大，後來慢慢乾了。乾了以後，因爲是鹽水湖，乾的地方就變成鹽，開過去的時候，那種感覺非常有意思。旁邊那個鹽，有點像雪的感覺。跟眞正在沙漠裡面，看黃沙子的感覺很不一樣。並且那眞是大，乾了以後，開過去的時候還是一望無際的感覺。然後再開進到猶他州（Utah），然後下面一州，就是科羅拉多州（Colorado）。然後就開始是山。其實洛杉磯一直到科羅拉多州（Colorado）這一段，在美國來講，是比較年輕的一部分。它的山比較多，加州的山不少，科羅拉多（Colorado）山也很多，這些山都是比較秀麗、比較高。

美國有比較年輕的山，年輕的山一般來講，就是尖峰比較多，就是尖尖的，看起來比較舒服，上面長了很多松樹。高的地方，長了很多針葉的樹，一直到科羅拉多。這一帶的話，很多山，風景非常的漂亮。過了科羅拉多經過丹佛（Denver）以後，再往東走，一直到美國中間這一部分。美國的西部比較乾燥，通過中間的沙漠，一過了洛基山，過丹佛（Denver）後，就是大的平原，非常大的平原，在當中開車的時候，中間經過不少的玉蜀黍、小麥、或者大豆。地是非常的平，路上非常直，開起來是一望無際，覺得這些農產品不知還有多少？

從這科羅拉多州（Colorado）過去，經過內布拉斯加州（Nebraska），經過伊利諾州（Illinois），再經過印第安那州（Indiana）、俄亥俄州（Ohio），到了俄亥俄州（Ohio）的東邊，一直到賓夕法尼亞州（Pennsylvania）。這中間這一塊就是完全是平的，非常平，農作物非常多。尤其這些農業的州，像內布拉斯加州（Nebraska）、愛荷華（Iowa）、伊利諾州（Illinois）這幾個州的話，看這些農產，有的種玉米，有的種大豆，不管種什麼東西，都是一望無際。所以美國土地的肥沃、農產的的豐盛，經過那裡一看的話，不需要任何資料，就知道這些東西絕對是產得非常多的地方。可是這兩邊的風景來說，事實上也沒什麼好看的。一天到晚都開在玉米田裡，左邊看也是玉米，右邊看也是玉米，前面看也是玉米。看了一天一夜的話，看下來視覺上覺得很受不了。然後經過大豆田也是這個樣子。這點在亞洲是完全看不到的。像中國，人很多，真正一塊很大的平地並不是很多。比較起來，美國比其他的國家實在是幸運很多。

然後到了俄亥俄州（Ohio）州以後，開始又有山出來，然後賓夕法尼亞州（Pennsylvania）山就滿多的。一直到賓夕法尼亞州（Pennsylvania），經過紐澤西州（New Jersey），就到紐約了。

東部呢？它的山都是比較老的山，沒有那麼高，比較圓。西部的山，跟東部的山，感覺上是非常不一樣的。東部的山沒有那麼高，沒有那麼峻，沒有那麼美。可是它是另外一種，像丘陵起伏，可是有時候高度還是蠻高的。開車每天平均算是開六百英里的話，三千英里，就是每天開，要開五天。我們開的比較多，三個人輪流開，又想省住旅館的錢，所以大概三、四天就開到了。這樣沿途，美國的大，美國的富，開過一遍，就有了非常深刻的印象。

對我來說，最主要的是看看美國到底是什麼樣子。這個旅程是一個非常大的收穫。從西部開到東部，雖然是一個國家，但中間的地形、地貌、風土人情，是完全不一樣的。所以這次橫越美國之行，我的受益非常大。

車上兩位同學都是美國人。他們都是住在東部的美國白人，大家就隨便談談。我到了美國幾個月，每天都是在圖書館，或是在課堂裡面，很少有時間做別的事，唯一的娛樂就是每個禮拜去打籃球，跟眞正的美國社會並沒有什麼接觸。這次旅行，在路上經過不同的店，經過不同的東西，跟兩位同學談談各種不同的事情，也增加蠻多的見識。就這樣白天也開車，晚上也開車，有時候找一個便宜的汽車旅館，休息一下。幾天就從西部開到了東部。

我們到了紐約，這位同學他自己家也是住在紐約城裡。我們到了以後，他就把我們放下來，就自己走了。就是一個蠻愉快的旅程。這個人現在叫什麼名字，我也不記得。當初就是有這麼一段蠻好的經歷。

到了那裡，弟弟放假放的比我還早一點，所以他已經到了。姐姐家也住在那邊，所以當天晚上大家笑語不斷，父親當然也非常開心，跟他有一段時間沒有見面了，家人有一段時間沒有見面了，就算不能全家一起團聚，至少有四個人能夠聚在一起，也是蠻不錯的，所以這是大家都非常高興的一件事情。在家裡住了兩天以後，我們就開始出去找事情了。紐約是一個非常有趣的城，這是我第一次到紐約城裡去，當然紐約這幾十年來也經過一些變化，不過在那個時候，美國的經濟中心，就是在紐約了。

所以整個城就是一個蠻繁華的城，跟洛杉磯是很不一樣的城。

洛杉磯是非常分散，有點像北京的感覺。沒有什麼城中心的觀念，在我們去唸書的時候，城中心就很小一塊，並且也沒有什麼意思。大部分都是分散，分的非常散。人口蠻多的，可是大家都住得遠遠的。從任何一個地方到另外一個地方，都是要開車。洛杉磯有大概全美國最有名、也可能是最完善的高速公路系統。這種高速公路叫 Freeway，Free 有兩個意思：一個是不收錢，所以這是 Freeway，免費公路；另外一個是在這個路上面，沒有紅綠燈，可以通行無阻，所以叫 Freeway，通行無阻路。我在洛杉磯住的時候很奇怪，到三藩市也是這樣，所有加州的路，沒有一個是收錢的。所以我那時候，沒有開車收錢的觀念。我們從洛杉磯開到紐約去的時候，跟那兩位新交的朋友一起開過去，到了中部以後，從伊利諾以後，就開始有叫做 Tollway，收費路，或者 Parkway，公園路，或者 Turnpike，收費公路，不管叫什麼名字，全是要收錢的。所以那時候非常不習慣。因爲那時候，一來錢很少，二來覺得這個攔路收錢是件豈有此理的事情。

當時對整個經濟系統怎樣運作完全沒有瞭解，只是覺得收錢就不對了。其實羊毛出在羊身上，洛杉磯並不是不收錢，加州並不是不收錢，只是他是收在汽油稅裡面。所以，你只要買汽油的時候多交一些稅，至於上不上高速公路（Highway）是你自己的事情。你上高速公路你就占了便宜，你不上高速公路，你也要付這個稅，這是一種做法。

東部的做法是說建這個高速路的時候，他是去借錢。借錢之後，怎麼還呢？就是從收買路錢來還，這就是另外一種系統。我個人來講，覺得 Freeway，免費高速路，比較好。收錢的系統，它可能比較公平點，就是誰開這個路，誰就得交這個錢。可是，只要是收錢的地方，只要有人，或即使沒有人，你的速度就要慢下來。不管用哪一種收費的系統，對開車的總是不方便。

進了紐約更不得了，越往東走，反正我的美國第一個印象非常深刻，西邊都是不要錢，東邊的話越往東走收的錢越多。到了紐約收錢收的最多，連進城都要收錢。我從來沒有想到連進一個城都要收錢。可是現在，當然我也習慣了。在中國，很多地方要進城的話，開高速就是要收錢的。我現在已經接受了這個觀念。當初第一次碰到，這個觀念對我來講不太能夠接受；尤其是要自己付錢，更不能接受。到底是不能接受，不能接受還是接受，不願意接受就是了。

到紐約以後就開始要找事做，對我來說找什麼事倒不是很重要，反正還年輕，二十幾歲，什麼事情我都能做。並且我也沒有什麼太大的妄想找一個很好的事情，主要就是能找到一個事情，能夠讓我這個暑假裡面存足夠的錢，使我第二年的學費，跟生活費用，能夠過得去，願望就達到了。除此之外，找什麼事都無所謂，所以就去找。

世界博覽會

找的時候，這也很巧。那是一九六五年，剛好世界博覽會(New York World's Affair)在紐約舉辦，一共兩年的時間。暑假的時候是遊客最多的時候，世界各國都到這個地方來，美國很多州也到這裡來。紐約市很大，有好幾個區，最主要的商業區，當然是曼哈頓（Manhattan），然後有一個很大的住宅區，叫皇后區(Queens)。當初紐約有兩個飛機場，一個是甘迺迪（Kennedy），大家比較熟悉，因為他是一個國際機場。另外一個，國內的飛機場，叫拉瓜迪亞（LaGuardia）。

拉瓜迪亞（LaGuardia）飛機場旁邊有一塊很大的空間，當初就是一九六四年和一九六五兩年在那裡辦博覽會。我是一九六五年暑假去的，那時候，世界博覽會正在舉辦，有很多不同的國家在那邊開了很多的館。除了博覽會，有遊藝場，賣很多不同國家的東西。是很大的一個活動，裡面當然需要很多的工作人員。那時候我二姐她已經在那邊找到了一個事情。她說在那邊做事還蠻有樂趣的，她叫我和弟弟也到那邊去找事情做。我們想這樣也不錯，反正總要做事情，在博覽會裡面做的話，還是一個比較有趣的環境。尤其它外面是露天的，這樣打工總是比在暗無天日的廚房裡面打工，或者是在餐館打工，或者去什麼地方賣東西，或者做什麼，好像聽起來比較有意思一點。所以我們就到那邊去找，很快就找到了事情，因爲那時候，他們裡面很多做生意的人，他也需要這種廉價的勞工。我們也是非常廉價的勞工了。我還記得那時候，工資就是一塊五毛一個鐘頭，是最低工資。做一個鐘頭，算一個鐘頭。

剛好有一個中國家庭，原來是開餐館的，利用世界博覽會的機會，因爲很多的人，進去玩了以後呢，就需要吃東西。他就開了一些分店在裡面，在裡面租了幾個攤位，賣中國的食品，就是春捲、炒飯、炒麵、啤酒，這一類的東西。他們大量的做，有人來時，就賣它就是了，利潤還不錯。他生意蠻好，這裡面有好幾個攤位，主要的攤位是他們夫婦在負責，另外設了幾個小攤位，有的是兒女負責。

他需要找一些人來幫他工作。他們喜歡用中國人，有很多原因，一方面是語言沒有什麼問題，這對夫婦雖然到美國很久，可是英語還是講得很糟糕，所以他們用中國人比較好。另外，中國人跟中國人之間，薪水他可以就給了，他也不必向美國人報，可以省一些稅金。由於我也是中國人，也會講英語，他覺得蠻適合的，所以我就跟他談了一下。

面試之後，當場就錄取，然後就說，你來吧。我問說這個工作幾小時，他說這沒什麼工作幾小時，反正開了門你就來，關了門，你就回去。開門大概是早上九、十點。晚上大概差不多天黑，夏天的話天黑的比較晚，所以差不多到七八點鐘結束。結束完了以後，然後把東西整理一下回到家，也就蠻晚了。

所以那個暑假，我就是基本上在那個地方打工，打了一個暑假。打工打一個暑假，從早上開始做。紐約這個城，它有個很好的地方，交通非常方便。紐約的地鐵如織，大概是全世界最方便的城之一。因爲紐約城的面積不是很大，所以地鐵在裡面穿梭起來很快，如果你在路面上開車，或者叫計程車，速度會慢很多，因爲車子太多了。可是地鐵在底下通行無阻，然後距離又不是很遠。所以，只要有地鐵的地方，都不會花太多時間。那時候弟弟跟父親都是住在城的中間，在曼哈頓，每天就早上起來就坐地鐵，坐到世界博覽會的地方。坐地鐵的時間沒有多久，中間換一次，換一次地鐵，總共加起來不到半個鐘頭。所以比起來算是蠻方便，並且在地鐵上面，還可以休養休養。去了以後就開始做，反正就一天到晚都很忙。因爲來的人總是要吃。去玩的人，不外總是說看看這個，看看那個，玩一玩，然後就吃，吃了以後再玩，玩了很累以後再回家。所以這個老闆的生意也不錯。

我開始做的時候，他有個本店，本店比較大一點，後來又再在幾個地方開了一些分店。所謂分店，就是有一個人在那邊賣東西就是了。他每天給你一堆東西，你就賣，賣了就收錢，然後到晚上把錢給老闆，然後回去。我就在本店做了一下子以後，有一個管分店的人不幹了，他找到另外一個更好的事情。

老闆就把我升作這個分店的主管。這個小攤位，是在美國展覽館的下面。我就開始賣東西，每天早上十點鐘開始，一直到晚上關門爲止，主管也只有我一個人，不過現在獨當一面就是了。美國有很多州設館，他的分店的館叫作路易斯安那（Louisiana），路易斯安那州（Louisiana）在那邊設了一個分館。路易斯安那州（Louisiana）最有名的城是紐澳良（New Orleans），紐澳良（New Orleans）是以法國區（French Quarter）最有名。所以常常就是很多人在旁邊擺個店。我們旁邊就是個披薩店，賣各個不同的食品。路易斯安那（Louisiana）那邊有表演，每一段時間，有一些表演，因爲它是以法國的風味標榜，都是一些漂亮的女孩子出來跳這種大腿舞（Can-Can）之類，奏的音樂就是法國的音樂。因爲比較新奇，尤其是有漂亮的女孩子，所以來看的人還不少，所以我們的生意還蠻興隆的。

反正就是每天就做這個事情，隔一陣子就賣得差不多了，就打電話過去跟老闆請他再送些貨來，然後晚上跟他說賣了多少個春捲，賣了多少個炒麵什麼之類，一共賣了多少錢，再把錢交給他。另外一個本子上就寫早上幾點鐘到，晚上幾點鐘走，規規矩矩的把這個時間算下來。然後每隔一段時間就跟他講，說我每天工作幾小時。他就拿來乘一．五，一塊五毛錢，就是我的工資。

在那裡工作了一下，有幾樣東西比較有意思。一個就是樓上有歌舞，跳舞就是跳所謂的大腿舞，我也從來沒進去看過，我想都沒想要進去看。不過他們跳舞，有的時候，樓上有一個陽台，隔一陣子，每天就出來，把音樂放了，然後直接就跳，跳幾分鐘來招攬顧客。這時候我就跑出去看一看這個免費的秀。這是到現在還記得的事情。另外，旁邊有個披薩店，雜七雜八的，都是賣速食品的，賣漢堡（Hamburger）什麼之類的。

紐約很有意思，反正賣中國食品的一定是中國人；披薩一定是義大利人（Italian-American）；然後賣其他的食物，都有族裔背景；賣漢堡就是美國人在賣。很快的就跟這些人就熟了，大家沒事就東聊西聊，很有意思。義大利人好像都是從義大利來的，講起英文帶著義大利腔。每個人各有各自的腔調。

在世界博覽會裡面打工，想想看這個暑假也蠻有意思的。雖然每天工作的時間都很長，可是每天看到來來往往的人也不一樣。另外旁邊幾個擺小吃店的，外國人有的義大利人，有的猶太人，有的是黑人，有的是白人。久了以後，大家也就變得蠻熟的，談起來分外有趣。

猶太人跟中國人比最接近，來打工的人，都是在唸書的，打完了以後，放完暑假就回去唸書。其他人就很難講，有的人反正能找一個工就找一個工。義大利人的話也從義大利移民過來的，講起英文，義大利腔也蠻足的，他們比較樂天覺得也無所謂，反正能過下去就感覺蠻不錯的。

隔一陣以後大家比較熟了，義大利人，做披薩的人就問我說，他每天吃披薩實在吃厭了。他說他可不可以用他的披薩來跟我換春捲，這樣的話，你吃我的披薩，我吃你的春捲。我說這倒也不錯，後來，我們這幾個小攤販，想吃別人的東西就拿來換一換，嘗了一下各國風味，並且還是免費的嘗，因爲吃東西，也是包括在福利裡面的。我每天吃春捲、炒飯、炒麵，我也受不了。現在有時候吃吃漢堡，有時候吃吃披薩，倒也蠻湯足飯飽。

另外還有一個不期而遇的樂事，我們那裡剛好是一個交通的要道，有個橋。因爲裡面有些小湖，從橋過來，我們的館剛好是在這交通要衝，經過了橋，第一個就到了我們館。很多人都會經過那裡，有些時候有些老同學很久沒有見面，他們到紐約來，有的是來打工，有時候就抽點時間到博覽會來看一看；有的是學長已經來了美國一兩年的，經濟情況比較好來度假，都跑來看博覽會。不想看到我在那邊賣春捲、賣炒飯、炒麵，大家欣然相見，他鄉遇故知啊。

這個分店，一直做到後來暑假結束，要回來唸書，我就是一個分店的負責人，負責賣，就是做銷售（Sales）。我這輩子一共只做過一次銷售，就是賣這種速食，成績斐然，不負眾望。

負責做這個產品，沒有什麼產品，主要是做做春捲，炒飯炒麵的有一個大廚，我對他還蠻有印象，隔這麼多年還記得蠻清楚的。當時我想在中國餐館做廚子的，很多是這樣的人——所謂跳船的。他們背景很多都是，以前是船員出身，或者是像這位，以前是海軍出身。開始的時候，是跟國民黨政府到台灣去；到了台灣以後，他就退役；然後上船做海員，做海員到了紐約的時候，他們就跳船。那以後，下了船就再也不上去，就變成一個非法入境的人，基本上他沒有綠卡，當然也沒有公民身份。在紐約，這種從外國來的非法入境的還蠻多的，大部分都是做比較低階的工作，收入也比較低。

這個人很有意思，獨處的時候常有思鄉之緒。他就說：「雖然到紐約很多年，英文我也不會講，洋涇浜就只會講幾個字。」他表面上看起來蠻外向的，所以到那裡去以後，常常喜歡和外國的女孩子搭訕，然後沾點小便宜，他就蠻得意的。非常佩服他，因爲我們到了美國，雖然快半年了，跟美國人講話的時候，還是常常覺得詞不達意，或者不太敢講，不太願意講。他呢，基本上英文亂講一陣，看到人，張三李四也不管，就上去搭訕，好像就跟人家很熟的樣子。我還記得有一次，看到他跟那些外國女孩子呼嚕呼嚕講了一通，也不知道他講什麼，反正人家笑得很開心。後來那些人走掉了以後，我就說你怎麼這麼厲害？我知道你英文很不行，你到底講了什麼，可以讓人家變得這麼高興？他說那些人不是美國人，是法國人講法文。他法文也是一個字也不懂，所以有些人就是有這個才能。當年英國查爾斯王子（Prince Charles, Prince of Wales）批評美式英語非常腐敗（Very Corrupting），在這兒化腐朽爲神奇了。

到美國的第一個暑假，就在世界博覽會做了一個暑假的工作。博覽會是每天都開，我就每天都去。反正每天都是早出晚歸，我都不記得有什麼休息的時間。回家的時候，已經很累了，梳洗完畢以後，家裡面聊聊天談一談，沒有時間做別的事。一個暑假自己可以說是沒有什麼支出；住不需要付錢，吃也不需要付錢，並且吃的還不錯，還可以跟人家換來換去，每天就是坐地鐵，到展覽館的現場。由於每天都在工作也沒有時間花錢。一個暑假下來，到最後還不錯，雖然一個鐘頭只有一塊五毛錢的收入，可是總共我存了八百多美元。當初來講，這也是一個還不錯的數字。一下子好像自己變得非常富有的樣子。

有這八百多塊錢，對我而言，就是吃了一個定心丸了。所以我那時候就想，我第二學期，還有第三個學期，還要交一些費用。雖然沒有學費，可是有些雜費，還要買書的錢也需要幾百塊錢。然後剩下幾百塊錢，就是當初我從漢城飛過來的時候的飛機票，親友等於是幫了一些忙，我就趕快把它寄還回去。人情可感。

有了這些存款，由於知道自己怎麼樣都可以找到一些事來做，從此以後經濟上壓力對我來講可以說是大減，甚至於沒有了。

下一個學年，我知道我要找事，在學校裡面找事，也可以找到。雖然再付點錢，再交些學費或什麼，這樣第二年就不再需要擔心。等到拿到碩士以後，基本上在美國站住腳就沒什麼問題了。

到美國的第一個學期，跟這個暑假，就這樣過去。第一個暑假，雖然在紐約住了一個暑假，可是實在是對紐約並沒有什麼太深的印象，也沒有時間去看什麼東西，主要就是想怎麼樣能夠打工，讓經濟能夠站穩腳步。這一點目的達到了。其他，我想將來要再去看紐約的機會還是有的，也就算了。

三十年後，九〇年代中期，我們搬回東岸，每次進紐約城參加好萊塢式的聚會，大家穿著正式的宴會服，呈現出和明星「差之毫釐」的樣貌魅力。回家的路上，有時想起這段打工經歷，回味無窮。

另外有一點，我想提一下，我在紐約的時候，開始跟貝爾實驗室（Bell Laboratories）第一次有了接觸。這個接觸也是非常偶然的。有一天在紐約博覽會裡去做一件什麼事，我不記得了，到了一個地方，我從來也沒有去過的地方，就看到有個很大的看板，上面寫的就是「貝爾實驗室」（Bell Laboratories），到現在印象還是很深刻。

嶄新出航

暑假結束，回洛杉磯的時候就沒有再用原來的方法。因爲多做一天工，可以多拿一天錢，剛好又有一家航空公司賣很便宜的機票。我算了一下，搭飛機可能還更划得來，所以就坐飛機回到洛杉磯，不久之後，學校就開學了。

我知道我回到學校去，反正一定可以找到一個工作。最不濟，還可以做原來的改考卷的事情。回到學校的時候發現還不錯，因爲美國的學生讀書，不像亞洲地區，大家對讀書有一個很嚴謹的看法，就是你好不容易考到學校裡，進了學校就好好唸，唸了畢業以後，再決定是不是繼續再唸書或者去做事。美國學生，我想因爲一來是家庭經濟的壓力比較低，二來就是社會上對讀書的壓力也比較低。大家希望對自己的興趣比較尊重，所以有時候唸唸就說我不想唸這個東西了；或者來唸唸，說我要休息一下，然後去做點事情，然後再回來唸。這樣做的人很多，所以大家也就習以爲常。休學的、退學的、轉學的，每個學期都有，尤其到了放暑假的時候，這種事情更多。

我第一個學期的成績蠻好的，所以跟幾位教授提一下，希望有機會幫我留意一下，做一個研究助教。我想做教學助教的話，自己的能力還是不太夠，尤其是在語言表達上。雖然去了美國將近半年，已經進步了不少，總覺得自己還是有很多需要加強的地方。回到學校以後就趕快去找那些教授。學生離開學校的人還不少，我的資歷一下增加了蠻多的。

原來幫他工作的這位老師，說我第一學期做得非常好，要我繼續做。另外他還有一門課，他也需要一個助教，他問我有沒有興趣，錢也比當初改考卷要高一些。這樣的話，薪水可以加倍，當然這個工作的工作量也比較大一點，不過對我當初來講，這都無所謂。這樣的話，生活就沒有什麼問題了。我當然說非常有興趣，就這樣幫他做下去。另外選了些課。

這個暑假賺來的錢，除了還掉人家一部分的人情債以外，差不多可以付兩個學期的學雜費。我想我等到第二個學年，因爲在學校唸書，書讀越來越多，行情就越看漲。所以，雖然是自己的財產很少，可是感覺上好像是蠻富有的樣子，心理上就沒什麼壓力。並且去了半年以後，對美國的環境裡也有了較深的瞭解，所以懼怕的心理差不多也都消去了。

第一個學期，成績非常好，第二個學期和第三個學期，我先選三門課，然後再選了四門課，也就是說，暑假的時候，就可以拿到碩士學位了。第二個學期、跟第三個學期，雖然課程的工作量，比第一個學期還要多，可是心裡上的負擔，少了很多，所以心裡上也就愉快多了。第一個學期，壓力非常大。從此之後，一旦覺得自己可以面對這個問題，解決這個問題，後來的負擔雖然比較大，反而倒不覺得有那麼辛苦。

第三個學期，有的時候，還可以跟同學們到附近走走。我在那裡，基本上唸書這段時間，除了從南加州到北加州以外，別的地方也很少去。雖然說經濟上不愁了，但也沒有那麼多的餘錢，也沒有什麼時間。主要的娛樂和消遣，就是每個禮拜到週末的時候去打球。因爲洛杉磯的天氣很好，一年到頭打球都是在室外打，在室內打的時候很少。

加州大學洛杉磯分校（UCLA）的專業啟發和校風

美國不同的學校，都有一些特殊的校風。加州大學洛杉磯分校（UCLA）在學術上面，算是蠻不錯的一個學校。學校裡有一些學院是非常好的，可是有一些學院並不是那麼好。全美公立學校排名，常常是第二名，次於加州大學柏克萊分校（UC Berkeley）。全美學校排名則在十名左右，醫療方面更靠前。美國學界注重師承和血統。權威教授對整個美國學術界有絕對的影響力。我當初去唸電腦的時候，蠻幸運的一件事情，就是我第一個學期選課，就選了一位後來作爲我博士生導師的教授，他是柯藍洛克教授（Professor Kleinrock）。這位老師非常有名，他在麻省理工學院（MIT）拿到博士，然後到加州大學洛杉磯分校（UCLA）來教書。我去做學生的時候，他剛畢業沒有多久，屬於年輕的助教授。

他的博士論文，做了一些跟數據通訊有極大關係的非常基本的研究。之後在互聯網方面，他也做了很多領先的研究。所以到現在爲止，很多人尊稱他爲「互聯網之父」。當初一九六九年，我們在實驗室裡，大家公認在一九六九年十月的時候，第一個互聯網的通話是在加州大學洛杉磯分校（UCLA）的實驗室裡面發生。所以加州大學洛杉磯分校（UCLA）在這一行業裡，可以說在整個美國，整個世界，可以說是創始者鑾頂尖的。這位教授就是後來變成那麼有名的一位教授。

我很幸運，我碰到他的時候，他還沒有那麼有名。他是一位新的教授，我是一個新的學生，我們一見，非常的投緣。我選了他一些課，等到後來我要唸博士的時候，我去跟他談，他就說他希望我做他的學生，我也希望做他的學生。所以我就是他所有的博士學生裡的第二個。我前面有一位比較資深一點。我留在加州大學洛杉磯分校（UCLA）唸博士，一個很大的原因，當然是柯藍洛克教授（Professor Kleinrock），作他的學生。

加州大學洛杉磯分校（UCLA），整個學校除了學術很不錯以外，天氣很好，加州大學洛杉磯分校（UCLA）在運動方面也非常有名。我做學生的時候，當時是全美國最好的籃球隊。這位教練叫作約翰伍登（John Wooden）。在美國，就是覺得他是有史以來，作爲大學籃球教練，他是最好的教練。這位教練的方法跟別人不一樣的，美國很多教練都是滿面殺伐，大聲吆喝。這個教練的風格，有點東方的哲學味道，講話都是平平和和，學生球員對他很敬佩，他從來也不大聲罵人，可是大家覺得他是一個很好的老師。一九六四到一九七五年間，加州大學洛杉磯分校（UCLA）這個球隊，一共得過十次全美冠軍。由於每個球員只能打三年，那時候的規定，大學一年級的球員不能參加正式的校隊，二、三、四年級才可以參加；並且只能打三年，打完三年，就不能再打，留級也不能打，不能變成職業球員了。

再好的球員也不能打超過三年，所以十二年裡面，能夠贏十次，他就有不同的球員。這是非常難的事情，到現在爲止沒有任何一個大學的球隊，可以跟他比。像北卡羅萊納（U. of North Carolina），杜克（Duke U.），這些學校都不錯。他們就是說能夠連著兩三次贏就是非常不容易，等到這些人一畢業，學校馬上就下來了。所以這位伍登教練在學生球員畢業以後，新的人又來，新的人又來，很不容易。我在唸書的時候，加州大學洛杉磯分校（UCLA）籃球，正是日正中天的時候。就是因爲打得太好了，大家都對看籃球反而沒有興趣。我在學校的時候，開始還興奮地跑去看。看了兩三次以後就不想再看了。因爲每次打個十分鐘，就領先二、三十分了，沒什麼好看的。

另外，加州大學洛杉磯分校（UCLA）其他的田徑方面、美式足球方面、排球方面等等，在美國都是非常有名的。所以它設備也很好，我們做學生除了打籃球以外，也常常從事別的運動。天氣很好，像我們喜歡打美式足球。當然不像美國人那麼打，給他撞一下的話，那大概全身骨頭都會裂掉。我們玩美式足球，叫作碰球（Touch the Ball），不像他們那種鏟（Tackle）。鏟（Tackle）就是把你人硬扳倒，把你很野蠻的撞啊弄的，那種我想中國人能夠受得了的沒有幾個，除非是打橄欖球出身的。我們去玩玩，當然主要是以運動爲主。那時候基本上就是碰（Touch），碰（Touch）就是人一碰到，碰到就算。這種運動，沒有去美國之前根本就不知道。去了以後，也覺得蠻有意思的。所以在學校，運動的機會很多，運動的風氣也很盛。

充實的讀書和運動

所以一方面讀書，一方面多運動，這種組合，倒是蠻好的。我在加州大學洛杉磯分校（UCLA）唸碩士的時候，由於環境的關係，需要很努力的學習，選很多課，並且要做蠻多的事情，才能賺很多的錢養活自己，付自己的生活費用和付學費和買書的費用。在那段時間非常的忙。

我那時，在學校裡的生活蠻簡單，每天除了唸書以外，運動的機會不少。平常運動也就算了，唯一的娛樂，是我們從台灣去的，香港去的，內地學生很少，我們大家一起，有一批人講好了，禮拜天的下午大家一起打籃球，打差不多兩個鐘頭的籃球。打完以後，每個人就回去洗個淋浴。大家再一起到一個喝啤酒的地方。喜歡運動的人都知道，普通運動完之後喝啤酒，是一個非常大的享受。另外啤酒相對其他的東西，可以說是非常便宜的飲料。對學生來說，也是唯一要喝東西的話，或是唯二能夠負擔得起的飲料。那時候每個禮拜的最高潮，就是大家一起打籃球，打完了以後，喝啤酒。所謂喝啤酒，都是到啤酒店裡面，都是要一大敞口水罐（Pitcher），眞正覺得非常舒適、非常放鬆。喝完以後，倒頭大睡。一個禮拜的辛苦，也就把它忘記了。等到禮拜一又開始下一個週期。又開始唸書，開始工作。希望禮拜天快到，又可以打球。那時候的生活，過得還算蠻踏實的。要學的東西也是新的東西，也是自己想學的東西，整個的環境也是蠻好的。

我想，做學生是天下最好的事情。做學生的時候，你主要的事情就是唸書，唸書唸完了，考完試以後，這個學期就結束了；反正都可以忘記，下個學期再開始。最好的是覺得你的前途非常光明。做學生的時候，你知道你畢業以後，可以再去做事。在做學生這段時間，沒有什麼太大的壓力，除了唸書以外，當然除了經濟上也許有壓力，但總覺得前景非常好。所以這樣的話，日子過起來也就比較舒坦。

我覺得運動，不論是哪一種運動，只要是團體的運動，像籃球、足球，和其他的運動，我一向都非常喜歡。一方面出於興趣，一方面鍛鍊身體，再一方面眞是很大的享受。還有一點，在運動場上，常常可以看出一個人眞實的個性。因爲平時大家客客氣氣，看不太出來。可是到運動場上，一個人的性情、個性，就不由自主地表露出來了。運動場上，運動品德好的人，一般來講，做什麼事情都是可以信任。運動場上賴皮的，或是犯規的人，做事的時候，常常也會不能夠信任，比較容易出一些問題。人的本性往往表現在這種地方。

另外一件事情，我們也常常做。加州大學洛杉磯分校（UCLA）是一所很全面的大學。差不多每一個科系都有，包括很好的音樂學院，西洋的音樂，東方的音樂都有。學校裡，有一個音樂廳，就是跟音樂學院有關係的，我還記得叫羅伊斯音樂廳（Royce Hall）。建築物本身也古色古香。那時常有一些很好的交響樂隊，或者是古典音樂，學生組成或是老師組成的音樂表演，或者是一些其他的經典舞表演。學生二毛五分錢就可以買一張票，坐在後面看，是非常物美價廉的享受。

加州一方面政策比較開放，有很多的外國學生來唸；另外一方面，洛杉磯對很多人有很大的吸引力。學生的組成，即使在我唸書的時候，也是蠻多元化，各種不同的人都有，留學生也蠻多的。除了像我們這些從台灣去，日本、韓國、東南亞等其他的國家；歐洲去的留學生也不少；再加上美國的學生有一些是加州自己的，有些是從別的地方來；所以還是一個非常多元的學生群。

我覺得這樣的環境蠻好，大家天天看的人都是不一樣。教授也是蠻多元；除了美國白人以外，也有黑人教授、有些亞裔教授、有一些歐洲教授，我還記得有一些帶著很濃重的東方口音的教授。基本上，雖然多元化的成分，沒有今天這麼多元，但比起很多美國的別的大學、跟美國別的城市，洛杉磯已經算是蠻多元化的了。當然多元化程度跟紐約比還有距離。當時不覺得怎麼樣，事後覺得其實是一個非常好的事情，就是互相彼此之間有機會接觸到不同的人、不同的文化、不同的背景。對所有的人來講，都是一個很好的學習機會。

我也逐漸看到一些中國人之間的負面的東西。因爲我當初去加州大學洛杉磯分校（UCLA）唸書之前，除了先在韓國待了短短一段時間以外，基本上從小長大都是在中國人的環境裡。不管是在大陸的四川、山東或者是上海、尤其台灣，大家都是同文同種的中國人，是一個比較單純的環境。

到了加州大學洛杉磯分校（UCLA）唸書，人變得有點複雜，各種不同的人都有，環境也變得複雜一些。此時開始覺得，跟外國人相處，比起中國人跟中國人之間的相處，好像還要容易些。中國人之間，好像彼此競爭特別大，彼此之間閒言閒語也比較多，尤其是好像不太喜歡看到別人好，有的時候不知道怎麼樣來解釋，可是總覺得中間好像有這種情結。

在中國人的社會，在學校裡，很多人都是從台灣去的，當然有些從別的地方去的，也是講普通話的人。他們就是不太願意跟美國人在一起，不太講英文，英文老是不進步。英文越不進步，就越不願意跟人家相處，常常很多家庭都住在一起，在一個樓裡面，變成一個小的唐人街的樣子。這種地方，反而是非特別多。一方面要住在一起，可是彼此之間又常常有這點那點，我自己常常覺得有點奇怪，甚至覺得太不可思議。

我覺得既然到了美國，有機會還是多跟美國人接觸，多學些美國的東西，就跟是非圈子隔得比較遠。可是從那時候總是覺得，中國人之間的相處，好像問題比較大。我在美國待了四、五十年，看到的跟聽到的，都是讓我覺得好像中國人自己的相處，反而是一個比較大的挑戰，中間的問題好像都更多一點。我不知道別的國家之間是不是都有這種問題，表面上看起來，好像中國的問題比人家要多一些。我不知道這是什麼原因，是跟傳統有關呢？還是跟我們的習性有關？總而言之，這看起來並不是一件非常好的事情。中國人好像自己喜歡內鬥，鬥來鬥去，好像喜歡找一些外國人來幫自己，來鬥自己本國的同胞。這種情況好像比較多，至少我看別的種族的人，譬如像猶太人、像黑人，或者像義大利人，感覺上，他們比中國人在這方面的問題要少一些。

後來去做事的時候也是覺得這樣，常常都是自己人反而不太能團結，常常花很多時間來協調彼此之間內部的中國人的一些問題。我還記得有一次很感慨地跟一位美國朋友講，說我實在覺得很可惜很遺憾，爲什麼中國人總是不太能夠團結？尤其在國外的話，人數並不是很多，更需要團結的時候，大家不團結，當然在國內的話也會有這種現象。那個美國人就笑了，他說你們中國人這麼多，全世界最多的就是中國人，你們全部團結起來的話，那別人還過什麼日子？當然我聽了也是大笑了，這種解釋雖然是一個很牽強的解釋，我想有的時候事情也許有它的道理在裡面。

學開車

我們講學東西，是生而知之，學而知之，困而知之。比如開車，我想大概很少有人是生而知之，大部分是學而知之；有的人協調能力比較不好，或者其他的問題，就變成困而知之，甚至根本沒辦法學會。我們那時候學開汽車，也沒有到駕校裡去學，到駕校去學很貴。並且那時候在美國，開車是一個人生下來的權利，當然是需要考試了，但把它當成是一個權利（Right），而不是特權（Privilege）。開車其實是一個特權，就是需要學，然後證明可以開，能夠遵守交通規則。證明你不會危險駕駛，你才能夠拿到駕駛執照。雖然法律是這樣規定的，可是在美國一般的想法是，不開車的話，日子不能過下去。就是把開車當作一個等於有點與生具有來的一個權利。

我們那時候學，就是看哪個人有車，就用他的車來學。有的就自己買個舊車，快要買的時候，再去學開車，然後拿駕照。都是一些學長們教。我們那時候有一個美國人很有意思，這位爛鐵先生（同學就他名字諧音取的名號，具體的英文字我已經記不得了）有點在美國的社會裡，比較不太能夠合群。他的想法跟他的做法，跟人家有些格格不入。他很喜歡跟中國人在一起，他有一件非常喜歡做的事情，就是教人家開車。對我來講，當時求之不得。找人教開車並不是那麼容易，人家要把他的車子拿出來，要花時間來教，不是有很多人願意做這件事情。這人大概是生下來就是好爲人師，很喜歡教人家。並且他也教了不少人，教到後來，到我去的時候，他把教開車，已經變成一套學問了。開始的時候，在停車場裡面做最基本的動作，然後循序漸進；當然開車之前，我想跟任何地方都是一樣，就是你先要去考試，拿到一個學生的駕照，跟著家裡人學，學到一個程度，然後再去考。他基本上對教新來的中國的留學生很有熱情，對他來講，是蠻有成就感。他還有一部車子，雖然蠻陳舊，可是比起我們的車子，還稍微要好一點。所以大家都很高興，跟他去學開車。

學到最後，看能不能去考試的時候，他有一個最後的畢業考試，就是在我們學校後面的落日大道（Sunset Boulevard），是一條非常有名的路。落日大道是從洛杉磯的城裡面，經過很多很多附近的城，比如像好萊塢（Hollywood）、像比華利山（Beverly Hills），像西木區（Westwood），一直到最後開到太平洋，開到無路可走，開到了海邊，這就是是西邊日落的地方（Sunset）。洛杉磯是一個山，它是一個盆地，中間是平的，可是旁邊的山蠻多的。落日大道從城裡面開始的時候是在平地上，中間開始往西邊走，然後就要在山裡面走一段，最後到了海邊。他給我們的畢業考試就是，在山裡面，路彎得非常厲害，如果能在那個上面開，表示駕駛的技術就差不多了。所以我們當初每一個人，最後要去考試之前，都是在這落日大道（Sunset Boulevard）上面開一次，是最後的畢業考試。落日大道（Sunset Boulevard）在學校那邊由於是非常好的區，又是在山上面，它的山不是很高的山。在山上面這樣開，風景非常優美。對我們來講，也是蠻值得記憶的一段。

教我們的這位先生，碰到他的時候，我已經在美國待了幾個月，就是第二個學期的開始了。在他之前，我也碰到過一些美國人。碰到這位先生以後，就開始有一種感覺，美國有一些人，他願意幫助別人，並且他幫助別人的時候，並不是說爲了什麼原因，需要什麼樣的回報。天生他就覺得有很多人需要幫助，他有這個能力來幫助，幫助的人並不一定很有錢，可以給你很多東西。他自己好像可以教人家開車子，並且他教久了以後，教人家開車的本領也不錯。開車是一個蠻重要的技能，免費教大家開車，對他來講，幫助一些剛剛從各地、中國來的留學生，教他們開車，是一件他很喜歡做的事情。後來在美國，我總是會碰到一些人，在不同的場合、不同的地方、不同的情況、用不同的方式來幫助別人，這好像在別的地方比較少看到。

我在加州大學洛杉磯分校（UCLA）唸碩士的第二年，由於整個的經濟的情形改善了一些，同時由於實際需要，我就買了一部車子。那時候留學生買車子，大部分都是買很舊的車子。我記得那時候是一九六五年，我買了一輛一九五七年還是一九五八年的車子，已開了不少里程。那時候不是自動排擋，都是手排擋的，並且美國車都做的非常大，又重又大，車子裡面，要把它當家的話，可以在裡面睡覺。那時候汽油也非常便宜，普通的加油站，一加侖大概三．八公升，每一加侖大概是三毛多錢，也就是說，每一公升的話，等於美元差不多一毛錢。那個時候我們覺得這還蠻貴的，因爲錢的來源不易。

有了車子，活動範圍大一點了。不過，那個時候基本上還沒有跑很多地方，大部分時候就在附近走走。一個禮拜，開車也就開一、兩次。要等到放假的時候，就到北加州去，跟朋友同學見見面。

所以那時候我就記得，我們學校在一個蠻好的區，西木區（Westwood）是在比華利山莊（Beverly

Hill）的旁邊，全洛杉磯最好的區域之一。我們就開到中國城，因爲我們那時候需要到那裡去買中國菜。中國的飯店還不多，有的餐館我們也吃不起，都是自己買菜。美國的超市賣的東西大部分是美國東西，那時候中國東西很少，要買的話，只有到中國城去買。從學校到中國城，大概要二十英里路，還是有段距離。

中國城有個好處，一方面就是中國的東西特別多，並且賣的便宜。中國城那邊有兩家加油站，油賣的特別便宜，是二毛多一加侖。所以到最後就養成一個習慣。到了週末，大家到中國城去找個最便宜的餐館吃一頓，然後買一個禮拜所需要的雜貨蔬菜、或者是罐頭、肉這些東西，然後把油加滿。這一個禮拜所需要的東西，就差不多一次告一段落了。

至於唸書，因爲已經進入情況了，唸書方面的壓力當時倒是越來越小。並不是說壓力小書唸得少。我開始眞正唸電腦專業的東西，就是從唸碩士的時候開始。我覺得既然進到這個專業，就需要好好地努力。

那時候看了不少的書跟論文。這種專業都是開始的時候難，等到進入情況以後，看英文能力越來越加強，寫的能力也越來越加強，講則是待的時間越久，講的越多，膽子越大，越敢講，所以就逐漸融到這個社會裡面去。

還是覺得既然到了美國，當然說有些中國朋友，大家一起到中國城去買菜，總是還蠻多的。可是儘量是跟一些外國人，當然最主要是美國人，當地美國人，還有從歐洲來的，或者其他國家來的，儘量跟他們多接觸。這樣，一方面對自己的英語的能力有很大的幫助，也對進到美國的社會，融合到美國的社會，有很大的幫助。另外，對整個世界，其他不同地方的人，瞭解他們的習俗與想法，也有很大的幫助。

準備碩士畢業

我一九六六年暑假畢業，拿到碩士學位。那時候有個選擇，可以繼續唸博士學位，學校也希望我繼續留下來，因爲他們覺得我書唸得蠻不錯的，問有沒有興趣想唸博士啊？我自己一直有一個想法，就是終究是會唸一個博士。母親很希望我能夠唸博士。所以這件事情對我來講，我一定會做的。唯一需要考慮的是，我是唸完碩士以後，直接去唸博士呢，還是我先工作一下，再來唸博士，母親的想法，是希望我直接去唸博士。她覺得這樣最好。可是我想要先去做一段事情。因爲在學校裡，雖然經濟上沒有問題，可以自給自足。可是在學校裡的收入，要想存下點錢來，或者是想要省下點錢來，非常困難。

我自己有兩個考量，最主要的是，我希望能夠做事情。做事情，可能跟學校裡唸書的收入會差得很遠。做事，我的收入會多很多，這樣我可以把錢寄回家去，母親的生活會過得好一點。

我也覺得，即使唸完博士以後，我還是需要做事情，既然如此，若早一點有工作經驗，事實上可能對我會比較好一點。我就想，我先去做一段事情，並且是學電腦的人，其實不管學什麼，尤其是像我們學這行，我覺得實際工作經驗其實非常的重要，因爲這不是一個講理論的東西。理論當然需要知道，可是眞正有沒有用，眞正能做一些有用的事情，最後還是在實際的做的方面。知識非常重要，可是實際去做，我覺得更重要。所以我就想利用這個時候，一方面有一些實際的經驗，否則話到後來都是學一些理論，不知道怎麼動手。

更重要的是想出去做事，我的收入會比較在學校裡高很多。這樣可以寄些錢回去，因爲那時候，在美國雖然賺的錢並不是很多，可是比起亞洲國家來講，能夠每個月寄回一兩百塊美元或兩三百塊美元，就是一個非常大的數目。我想這樣子，母親總算可以過比較好一點的生活。唸到碩士爲止，雖然心裡面很想這樣做，其實沒有眞正的賺過錢，所以對家裡來講，也沒有什麼眞正的補益。所以我就把心意跟我的父親母親講，父親那時候在紐約，母親還住在漢城。

父親比較無所謂，他基本上覺得一個人，尤其像我這樣的情形，年紀到了一個程度，並且從小都是知道自己想要做什麼，他覺得我如果想這樣做，就應該讓我去做，所以他沒什麼意見。母親寫信來，那時候都是寫信，航空信，電話很貴，所以很少打電話。我雖然沒有當面講，可是母親知道我的意思。母親寫信來了，她還是不希望我去做事，她覺得我的學業更重要，她非常反對我唸完碩士以後，先去做事情，她覺得書最好一口氣唸完。她說把書唸完了以後再去做事，她會比較心安。錢賺得少一點，她覺得一點都沒有關係，因爲她說她已經習慣了這種生活。

我們倆彼此瞭解對方的心意，可是我跟她講，我已經決定要去做事，並且我答應她，我做事的時間絕對不會很久，我一定會很快回來，再來唸書。事實上，我隔了一年以後，就回到學校去唸博士了。

而在畢業之前，在拿到碩士之前，就已開始找事。

學期很快的過去了，快要畢業之前，學校來了很多不同的公司招聘。

在美國在學校裡當學生、找工作的情形，我那時候就一九六〇年代，跟現在中國的情形還蠻相似的。就是學校有一些專屬的機構跟想要來求才的公司，保持聯絡。那時候美國公司來兩次；一次是在秋天，是爲了十二月畢業的學生，然後等到冬天時候一、二月的時候來，或者二、三月來，主要就是爲了五月六月的畢業生，所以就這樣兩次。

我以前從來沒有找過事情，這是第一次。比較幸運的是，因爲像加州大學洛杉磯分校（UCLA）這樣大的學校，它在這上面已經做了十幾年，做得非常完善。所以到我們學校的就業中心（Placement Center），有很多專門來負責幫學生找事的人，我就先跟他談了一下。他問我想找什麼樣的事，大概想住在哪裡等等，我的要求很簡單，我想找一個跟我學的本行比較接近的事情。這樣的話我可以一方面學以致用，另外一方面得到一些可以親自動手的經驗。否則老師在書本上，雖然說學校有一些實驗室，基本上做的東西，不是很實用的東西。我希望還是留在洛杉磯，將來很快會回到加州大學洛杉磯分校（UCLA），繼續唸博士學位。他們就看了一下，大概有哪些公司什麼時候來，就給我安排了兩三個面談。到了面談那天，我就穿上西裝，這套西裝是從台灣帶去的。到那次大概是第二次，還是第三次穿，只有參加同學的婚禮或者是什麼場合才穿，面談的時候把這套大禮服穿上。

第一個去面談的公司叫做 NCR。這個公司，就在洛杉磯，原來的名字叫做國家收銀機公司（National Cash Register），主要是做收銀機用的，在美國是一個很老的公司。總部是在俄亥俄州的代頓（Dayton, Ohio）。這個公司，在當時想發展高科技。他們需要找學校裡一些唸完碩士的人，負責他們一個新的項目，要設計一個電腦。我聽了蠻感興趣，因爲我那時是學電腦方面的東西，希望有個機會能做些實際的事情，把我學的東西跟實際的事情把它結合起來。

當時的高科技跟我們今天所謂高科技，差了一大截。一九六六年的時候，由於整個電腦行業，還是在一個啟蒙的階段，之後的晶片上電腦對我們來講，還是將來的東西。那個時候高科技的產業，進步的速度還是蠻慢的。很多的公司都在做電腦的處理器 Processor。所以每個公司，甚至於不是設計電腦而是要用電腦，很多的企業，以後會談到貝爾實驗室，我們也花很多的人力和物力和時間，來設計一些特殊用途的電腦。

因爲設計電腦的處理器，全部都是由每個公司自己來做。所以每個地方的電腦都不一樣，每個地方都需要自己的設計。像 NCR，除了收銀機以外，它已經開始在賣商用電腦。所以電腦部門將來的發展，對它來說非常重要。

Intel 到一九七〇年宣佈晶片上的電腦（Computer on a Chip），就是把很多的多功能的一些東西放在一個晶片上面。很多人還不相信，覺得不太可能的事情。當然經過以後的三十幾年的時間，這個市場就等於說被 Intel 完全獨佔了。

事實上這個獨佔，是一件很好的事情。因爲當初很多公司花很多的錢，做很多的不同的處理器。這種處理器不能夠互用，想起來話，其實是有點浪費的事情。現在一家公司去做，做了這個根據摩爾定律，每十八到二十四個月，它就出個新的東西，價錢不降，但是功能比以前要好兩倍。價錢非常便宜，開始出來時候也許幾百塊錢就可以買得到，然後很快就變成幾十塊錢，甚至幾塊錢，就可以買得到。處理器的功能非常好；主要是由於它用了一個標準，所以大家都用的話，在上面做了一些支撐系統，或是一些軟體，也容易做多了。

從英特爾（Intel）成形到幾乎二十一世紀頭十幾二十年，沒有電腦公司在設計處理器的，大家都是在用買現成的處理器，它在上面加很多的應用；這樣的話，又省錢又省事。所以處理器設計的非常好，大家都用同樣的，將來有新的處理器出來的時候，再把它換成新的。所以，後來可以說沒有公司，除了 Intel 跟他的少數的一兩個競爭者外，已經沒有人在做電腦的處理器。近年有些變化，蘋果自製 M1 處理器；大型企業自行研發晶片，兼容 ARM 結構，用於手機。

當初我拿到碩士的時候，很多公司都在做電腦的處理器。當時可以說是一個最紅的領域，就像我們二〇〇〇年做高科技的通訊，是最紅的領域一樣。我去 NCR 面談的時候。這是我第一個面談。我們談了一下，基本上他們問些問題，我回答了一下。我就又問他，他們做些什麼，他告訴我他們公司原來不是做這個。他們買了一個公司，變成做處理器的分公司，已經買了幾年了，現在正是消化完畢，開始正式要做一個大的新的，最新的一個處理器。希望將來，也是當初他的夢想，是要跟 IBM 競爭。我聽起來蠻有意思的，因爲當時做電腦的中心處理器，大家覺得是所有學電腦的人的工作機會裡最好能夠得到的工作。所以我就對那個工作蠻有興趣，跟他談的也蠻投契。這個招聘人員，對我也蠻有興趣，看我的學歷什麼，他覺得也非常好。

談完以後，隔了幾天，他就邀請我到他們的公司去談。公司也在洛杉磯附近，這也是當初我的要求的條件之一。就是要離學校不是太遠，將來回來唸書比較容易。

去了以後，到了那邊就跟一些工程師和他們的經理談。他們還給我考了一個試，臨時考試，考試考完了，然後跟他談，談的也蠻不錯。

談到最後，來了一位招聘的經理來，拿出一些東西，主要就是跟我說，大家談的很好，很希望你來我們公司來做這件事情，我們這個公司，福利大概是怎麼樣。美國公司的福利都還不錯，對我來講的那種福利沒有什麼太大的意義，談到退休後覺得是很遙遠的事情。現在最後要給我一個聘用（Offer），然後請我去談一下，談條件。我那時候從來沒找過事情，沒想到要談什麼條件。

人力資源部的人說，我們需要談一下你對工資的要求是怎麼樣？如果談攏的話，也許我們這件事就可以決定了。我們需要知道你希望的薪水是多少？我從來沒有碰過這種問題，我就愣住了，因爲我從來沒有想到去要求多少錢。其實我到今天爲止，還是很不喜歡和人家談薪水這些事情，總是覺得有點彆扭。那時候更是，因爲我從來沒有碰到過這種事情，在學校裡每個月不到二百塊，因爲那時候做改卷評分員（Grader），一個月一共只有一百塊錢，後來做到這個助理的話，差不多將近二百塊錢一個月。那時候，就覺得應該多要一點，又怕要多了人家覺得你獅子大開口，到後來可能連這個事情也沒有了。所以我想了一下，我就說，如果你每個月能夠給我六、七百塊錢的話，我就覺得蠻不錯的。這經理看我的時候有點緊張，他原怕我要求太高了，這樣可能發生一點問題。他聽到我說這個數字，他就笑了，他說我們剛剛畢業的碩士學生，我們的起薪都是一樣，有工作經驗，稍微加一點。我們最低的起薪是每個月八二五元。我們不能達到你的要求，因爲你的要求太低了。如果你來我們公司工作的話，我們給你的起薪是八二五元。你願不願意接受？我想我只要六、七百，你們給我八二五，我當然接受。我就接受了。這樣我就開始我第一個工作的經驗，結束我加州大學洛杉磯分校（UCLA）碩士的生涯。當然我還會繼續念博士，那就是另外一回事了。

第九章　短暫工作時期

NCR

於是，拿到碩士以後，我就開始在 NCR 做設計電腦的工作。

NCR 在美國也算是一個蠻有名的公司，它不是很大，也不是很小的公司。可是我進去的時候，它主要的產品還是做收銀機的，做得非常好。美國幾乎所有能夠看到收錢的地方，都是用 NCR 收銀機。因爲它要交稅的關係，那裡面有很多的要求。主要是機械方面的操作蠻多的。美國的收銀機都是由它包辦的，壟斷了，在美國只要是去買東西，大家只要看到有收錢的地方，都可以看到 NCR 這家公司的名字。

當我拿到碩士畢業的時候，NCR 這家公司，正好在它的角色方面做了一個很大的改動。他們也看到電腦將來對他們收銀機會有一個很大的衝擊，並且他們覺得應該進到電腦這個行業，所以他們成立了一個新的部門，專門設計電腦，主要用於商業用途。這個部門剛剛成立沒有多久，處於招兵買馬的階段。

那個時候的電腦，整個行業還是在蠻早期的發展階段。雖然電腦用途逐漸普遍，可是還是有很多問題；用電腦的時候有很多的問題，電腦的設計有很多的問題。整個是一個新興的行業，大家感覺前途可能非常好，可是問題也蠻多的。

NCR成立電腦部門以後，其中只有很少數幾位曾經設計過電腦，其他的人，都是從來沒有做過電腦的人，有一點經驗就算不錯的了。他們想找一些剛剛從學校畢業的碩士，得到碩士的人來跟他們一起來做。希望我們能把從學校學到的一些東西，跟它的實際結合起來，然後來設計下一代新的電腦。

這電腦部門是新成立的，擴充得也蠻快。我加入的時候也蠻幸運的，我當初和招聘人員談的時候，我也要求，要去做最新的電腦，他們也答應了。所以可以說我的運氣相當不錯，尤其加州大學洛杉磯分校（UCLA），在南加州是最好的學校，我們當時成績也是非常好，所以他們在分配工作的時候，跟我談，就表示如果去他們公司的話，會把我分到最重要的處理器的這一小組裡面。

這個小組人數並不多，我去的時候不到十個人。有一些是蠻資深的工程師。另外有一些，是剛剛進去的，跟我一起進去的，有一位是我在加州大學洛杉磯分校（UCLA）唸碩士的同學，我們同時被錄取。他是從香港去的。他在美國唸的本科，再到加州大學洛杉磯分校（UCLA）唸研究生。他比我早進去，我們一起加入這個公司。

我們進去以後，剛好碰到下一代的新的電腦就要就開始設計。我們這個小組，就分配到處理器的小組裡面。這是我最想做的一件事，因爲中央處理器，是最複雜的一些系統，並且其中很多東西，需要一些最新的想法、最新的技術，剛好是我在學校裡面學到的一些東西，現在可以把它拿來做實際的工作。

NCR電腦部門（Computer Division）由於是新成立的，時間不久，並沒有很大。所以做事的話，不像很多大公司，一件事情有很多人做。我們就是這一個組，沒有多少人，二十個人左右的單位，就要負責把這整個的中央處理器，從開始設計，一直到做出一個模型，然後到工廠去生產，由我們全部來負責調總共的過程，大概三年多的樣子。當初做什麼事情，速度都沒有現在這麼快，覺得這三年多的時間，已經算是蠻快的了。我加入的時候，剛好是它開始做的時候，等於從頭就加入了他們的工作。

那時候其他同事，差不多都是美國人。大家的工作習慣，也都是非常好。每天早上上班時間之前就會去，去了之後，就努力工作。然後中午，我逐漸跟大家在一起，養成了美國人的習慣。中午吃飯的時間很短，大家中午的時候，到下面去吃飯，忙的話，就買一個三明治在自己辦公桌或者在實驗室裡吃飯，當然更沒有午休的習慣。

美國差不多所有的公司大概都是這樣的，所以我這個習慣一旦養成也就變成這樣。後來到了中國以後，發現大家把中飯當成是最重要的一頓。由於吃的很多，吃完了以後，需要一點時間休息一下，讓血液跑到胃裡去消化一下，反而覺得不習慣。這次這個工作，是我第一次眞正的所謂的踏入了社會。

以前從小學、中學、大學、研究所，都是在唸書，都是在學校裡面，現在總算進到一個企業的環境，對我來講，是一個非常好的學習的機會。以前在學校裡面學到的很多東西，即使在實驗室做點事，總是偏向於紙上談兵，到了一個企業以後，做的東西的基本的理念跟做法，跟學校裡面很不一樣。在學校的話，主要說是做一個雛形，證明這些東西可以運轉，並不是要拿來用。證明這個理念以後，這件事情就到此爲止。

可是在一個企業，最後做出來的東西是要給銀行，或者其他的使用者眞正來用，做他們的工作，所以對於品質的要求，就差得非常遠了。它不但能夠運轉，不但能做到我們要求它跟客戶們期望它所做的事情；它一定要有很高的可靠性，不能說動不動就當機。這些事情，都不是學校裡會去想的事，可是進到實際工作，做的東西好像看起來是類似，可重點和做的要求有很大的分別。這也是當時我覺得我需要出來工作的一個很大的原因。

我需要站在企業的角度來看電腦這個行業，到底什麼東西是重要的？我們怎麼樣才能滿足這個重要的需求？所以在NCR這幾年，這一方面，對我來講，可以說是學到了非常多的東西。

做一樣東西，能夠從頭開始做到尾，不是一件很容易的事。如果加入的時候，時間不對，人家都已經做了一半，你只好做一些比較零零碎碎的工作。我那時進去以後還負責一份蠻重要部分的工作。這個計畫，最後做了三年多全部做成。

寸草心

我原來的想法是，我去做，一邊做，一邊學。大概在外面做事，做差不多兩年到三年的樣子，這樣一方面我可以學蠻多蠻實用的東西。另一方面，從經濟的考量來講，兩三年我也可以存下一些錢來，我希望能夠把這些錢寄回家，一直到我唸完博士爲止，家裡也可以生活過得富裕一點。這是我原來的想法。我也不想做事做太久，我想快點回來把書唸了。因爲唸書這件事情，一鼓作氣是最好最容易。中間一停下來，再要做的話，總是比較難。耽誤的時間越久，年紀比較大，讀出來就比較辛苦。所以我當時是這樣的一個想法。

還記得我一九六六年開始做事的時候，當初年薪是九九〇〇美元，也就是每個月大概是八二五美元。可是公司不是一個月一個月發，而是一個禮拜一個禮拜發。一個禮拜，一般都不到兩百塊錢的樣子，扣了稅，苛捐雜稅還不少，看了以後還有一百多塊錢。每個禮拜拿一百多塊錢，對我來講，我還從來沒見過這麼多錢，這是第一次第一份。我記得就是每個禮拜五，中午或者上午祕書就來給每人一張，大家都很高興，就到公司的小的銀行分部，馬上就把錢都給兌出來，兌出來以後，就可以好好地去玩一下。

我自己，第一次收到這個也是非常高興，我就把它兌成現金。除了零零碎碎的錢以外，我就把錢全部包起來，包得很密，放到信封裡面，用掛號信，寄給我的母親。因爲我那時候只有一個人，自己的花費很低，所以我想大部分的錢都先寄回去。第一次寄，心裡面特別的興奮。五十幾年以前（一九六六年），要寄錢，尤其是從一個國家，寄到另外一個國家，非常麻煩。尤其那時候，韓國還是非常落後，也沒有支票，也沒有電匯的觀念。寄錢都是用現錢，寄現錢很危險，尤其怕人家知道你信封裡面放了一些現錢，又不能講，只能把它包的密密的。用雙掛號的方式，當時是最穩當的一個方式。我也用這個方式，就把它寄了出去。心裡非常高興，總算可以做些對家裡有點幫助的事情。

世界上的事情是很難預料的。很不幸，就在我把錢寄出去的時候，就在同一個禮拜，母親在她還沒有收到我第一封信的時候，她突然中風，是一個非常嚴重的中風。中風以後，母親很快就過去了。中國人講樹欲靜而風不止，很不幸，深深地體會到這種感覺了。當然母親沒有受到太多的痛苦，這是唯一可以感到安慰的事情。可是我覺得非常遺憾的，是我這封信包括我第一次領到的這比較數額大的薪水，她沒有看到。

我心裡是非常非常難過，可是徒喚奈何。那個時候交通非常不方便，我拿的還是台灣的，所謂中華民國的護照。從美國，要到漢城去，不是隨時可以走，還要重新申請簽證，所以種種原因，沒有辦法去參加母親的葬禮。這件事情，對我來講，如果說我這一生有什麼很遺憾的事情，這大概是我最感到最遺憾的一件事情。

決定進入美國主流社會

工作上，對我來講，學到的一個很重要的東西，就是怎麼樣進入美國的主流社會。我剛到美國的時候，在學校裡大家都是學生，學生的日子過得非常有規律，簡單而有規律，該上課的時候去上課，該考試的時候去考試，該學習的時候去學習，該唸書自己去唸書就是了，到了放假就放假了。走什麼樣的形式差不多都是由學校決定，大家就跟著走，所以這中間沒有什麼太多的需要思考的地方。這段時間跟美國學生有些往來，跟美國的老師也有些往來。很多的時間還是會跟中國去美國的留學生在一起，因爲大家的習慣比較一樣，吃東西，喜歡的東西，講話普通話，這種感覺比較親近多了。做學生的時候沒有多想，可是剛開始做事，我就感覺我面臨的另外一個很重要的決定。這個決定就是，我要不要很努力去融入美國的主流社會，還是說我自己過一個中國留學生的生活。這中間，有一個很大的差距。事實上對每個人來講，這都是非常重要的，或者是很多人可能沒有時間去思考，而是按自己的習慣去做下去。

美國是一個很有趣的社會。美國在全世界，是非常獨特的一個國家。美國成立的時候，就是由外來的人所成立，美國最早的人，當初原本是印第安人，很不幸的後來被白人趕盡殺絕了。現在還有少數的，美國人的原住民，可是他們在美國，是處於一個很不被尊重的地位。我們現在所謂的美國人，事實上都是從歐洲各個國家移民來的。大家看美國的主流社會，美國的主流人是美國的白人，最早的是英國人，後來法國人、德國人，西歐到東歐然後到南歐。這些人中，白人是美國的主流社會，然後後來就有了黑人到西班牙人又有亞裔，所以美國作爲一個國家，作爲一個社會，跟其他任何一個國家不一樣的地方，就是美國是一個很大的熔爐。最早來的人，也不過才來了二百多年，不到三百年，對外來的人的對待，跟其他的國家很不一樣。美國覺得，每個人不一樣好像是一個很天經地義的事情。當然在美國歧視的問題，種族歧視的問題是絕對有的。

當我剛剛做事的時候，歧視的問題比現在要嚴重很多。那時候的黑白問題是非常的明顯。六十年代在美國社會是非常動盪不安的時代，由於黑白的問題產生了很多暴動。美國好幾個大城，包括洛杉磯在內，都有黑人很大的暴動。然後白人就鎮壓，發生流血的衝突，然後有些房子就被燒了。當時黑人的感覺就是我們被白人歧視，我們一定要奮鬥爭取我們的平等的地位。這個想法是沒有錯，可是這個做法，事後來看是很有商榷的餘地。在那個時候，黑人覺得要跟白人爭的話，最好的方法就是暴力，所以用槍用火燒等等的暴力的手段。當然鎮壓的時候，政府採取的手段也是暴力的手段，所以發生了蠻大的慘劇。

當時的大的環境是這樣，後來當然黑人也學到了，他們發現爭取平等是絕對應該的，可是用暴力的手段絕對是錯誤的。當他們用暴力的手段的時候，結果吃虧更大的是他們自己。當兩邊發生槍戰時，打死的黑人絕對比白人要多，當他們燒房子的時候，燒了半天燒的都是黑人區的房子。燒完之後自己沒有地方住了。在這種強烈的決裂，兩邊武力鬥爭之下，受害者是黑人。所以後來他們改變了他們的策略，用一些比較溫和的手段，然後讓自己逐漸能夠被整個社會所接受。逐漸地打入主流社會，這個方法比他們原來用暴力的方法好的很多。這是美國的整個的社會一個大的背景。

但我自己所要作的決定，我覺得所要面臨的決定就是，我需不需要花很多的功夫讓自己進入美國的主流社會。事實上，很多的中國人到了美國以後，要不然就是沒有多想這個問題，或者是他想過以後，他不願意這樣做。所以呢，老是在美國主流社會的邊上過日子。我們常常聽到大家講說美國是一個歧視很大的社會，對少數民族非常的不公平，少數民族沒有機會參與。這種抱怨現在非常少，之前非常多。

當我剛拿到碩士去做事的時候，這種抱怨非常多。可是這些抱怨的人呢，常常是並沒有花很多的功夫想讓自己進入到美國的主流社會，讓這些有權力有能力決定或者能夠幫助我們的這些人，眞正瞭解我們。所以有點像是雞犬相聞、老死不相往來，你們白人做什麼事情，我們不管；我們中國人在美國住了很久，甚至已經拿到美國的公民，可是還是過著中國人的生活，中國人在美國看到當地的美國人叫他們外國人。所以雖然白人是有很多歧視的行爲，可是另外還有一個很大的問題，甚至更大的問題，是我們也在歧視別人。

我們不願意跟別人合在一起，這個情形，有一點點類似黑人當初的問題。黑人當初最大的問題就是把黑白分得很清楚。總是想要少數想辦法去打倒多數，事實上是不可能。所以他們終於改變策略，讓他們自己逐漸融合到這個多數的社會，這個多元化的社會。

中國人呢，或者是其他的一些在美國的少數民族，逐漸也領悟到這一點，所以今天少數民族在美國融合的程度，遠比當年要好得多了。可是我當時剛開始工作的時候，是幾十年前了，是六十年代的事情了，那個時候，不同的種族之間，有相當大的一些隔閡的問題。我自己看到了這個問題，我認爲我需要面臨的一個決定，我要不然就是像在美國的其他中國人一樣，永遠把自己當做是一個外國人，永遠覺得不應該被歧視，同時，也不願意跟這個主流的社會接近，去融合，這是一個選擇。

另外一個選擇，我如果希望人家能夠接受我，希望人家能夠把我當成他們這個社會裡的一份子，我自己要付出相當的努力，要讓人家瞭解我，讓人家知道我，我有這個興趣，我有這個意願。除了我長得不太一樣以外，其實我想要做的事跟他們想要做的事情，基本上沒有什麼不一樣。在這種互相不瞭解的情況，總要有人踏出第一步，來增進彼此的瞭解。如果要這樣做的話，我不能夠期望有很多的白人來踏出這一步，也許有人會踏出這一步，可是大多數人不會踏出這一步。這樣的話，他們對我的不瞭解，甚至於對我的誤解會繼續存在。這樣的話，對我來講是只有壞處沒有好處。可是我如果要這樣做，我當然要付出相當的努力、相當的代價。所以這是我一個選擇。

當時我能夠看到這個問題，想過以後，這選擇就不是很難的選擇了。因爲如果我想在美國待下去，我想在美國做事，想在美國安定下來，我想進到美國的社會，我希望能做更多的事，我希望能夠升遷，希望能被別人重視，希望被人家接納，我沒有選擇，我一定要自己採取主動。自己不但要把自己英語說得更流利，更跟人家說得更接近；我的生活習慣或者其他的事情要跟人家更融合；這樣的話我才有希望，才有可能進到主流的社會。一旦我想過這個事情，這個決定也不是一個很困難的決定。所以從那個時候開始，我就努力的往這個方向走，儘量多融入美國的社會，多參與他們所要做的事，使他們覺得我跟他們沒有什麼兩樣，這樣子我才有希望被人家看做是一個平等的一份子。所以這個努力，這個想法是我當時經過一番掙扎以後，可以說是想出來的一些道理。從此之後，一直到今天，我時時注意這個事情，時時往這個方向去努力。

經過這些逐漸積累，我自己的感覺就是我在美國社會，已經覺得自己是其中一個被接受的一份子，別人對和我的交往，也覺得容易得多，不會覺得老是跟一個外國人相處。因爲如果你老被人當一個外國人的話，在這個社會想出人頭地，想要眞正的做一些事情，肯定機會會微乎其微了。

工作一年以後，覺得非常的愉快，做的事情我覺得也很有意思。

第十章　讀博士和半工半讀時期

回學校唸書

我原來的計畫是工作兩年到三年，然後再回到學校去唸書。可是，母親很不幸突然去世，我想到母親對我的期望，我覺得這個博士我一定要唸，既然要唸的話，還是越早唸越好。

並且工作了一段時間以後，我就發現，我也學得蠻快的，很多事情，做到一個程度，很快的對我挑戰性就減少了。當初我做事的一些目標也達到了。最主要的是，母親過世了，所以這個收入對我來講也沒有什麼意義了。所以我就想也許早一點回去唸書，反正博士總是要唸，早點去唸，一方面自己可以把這件事情告一段落，另外就是對家裡的人也有所交代。我們家從來還沒有一個人得過博士學位。伯父他們當初到美國去留學的時候，曾經得到一個碩士學位。家裡希望我能夠得到博士，並且他們看來，可能只有我可能會得到博士學位。基於這些原因，雖然經濟情形也會有所改變，我決定工作一年，就再回到學校去唸書，回到加州大學洛杉磯分校（UCLA）唸博士。由於學校裡面都很熟，我又才畢業沒有多久，老師也很希望我回去，所以這件事，很快就定了。

我就去跟公司裡的領導說要再回去唸書。本來我就想唸書，全部時間放在學校裡，就要把這份工作辭去了；我非常驚奇的是，他們希望我繼續在公司做下去。經理說沒關係，你去唸好了；唸博士，開始的時候是選課，也不需要選很多的課，你可以依然在我們公司裡工作，一邊去唸書，以你能力，應該兩個都可以做到。他們很不希望我走。他們說，反正你唸書的時候，經濟上你不可能不工作，只到學校裡面去做一個助理，薪水蠻低的，何不在公司裡繼續做，可以做半職；我們也希望你繼續做下去，你的收入也會比在學校裡高。這樣，你一面唸書，一面實際的經驗也增加了，對彼此都有好處。你再去唸書，你唸博士的學費、雜費，這些所有的費用公司都願意幫你出了。這個條件當然是非常的優厚。我沒這樣想過，後來想想看其實蠻有道理，這樣做可能也還不錯，因爲我做這個項目才做一年，至少要做兩三年以後才能做完，所以很希望從頭到尾把這個項目做一遍。對我來講，這個經驗更有用。另外，公司裡的人對我也很好。我也不想做到一半離開，如果他們又願意幫我出學費，這樣收入也還是比較好的。我能夠兩邊都做，看起來是一個不錯的方法。所以我就跟公司說，我很感謝他們這樣想，我就這樣做做看，萬一我覺得我無法兩邊兼顧的話，那我可能要辭去這個工作，一直到我唸完博士爲止。在學校裡我就暫時不去做研究助理的工作。

一九六七年的秋天，我就回到學校去唸書，選課還是跟原來一樣，選了三門課。這樣在學校裡來講，就是滿負荷算是全職學生了。

讀博士半工半讀

第二年開始，我就一面工作，一面修課。當然這樣，一下子負擔就大了很多。公司原來是說叫我去三天或者兩天半。後來發現工作量還是蠻大的，就常常要加班。所以事實上，我做的時間相當於四天的時間，就是每個禮拜做四十二個小時，可能有時候去三天，剩下時間學校裡選課。

讀書的學業負擔也蠻重的。雖然選的課並不是很多，可是每一門課都需要相當的時間，這樣就不只半工半讀，有點接近全工全讀的這種感覺。並且不久之後，就要開始做博士的研究，找一些課題一類的東西，這些都需要時間。不過那時候年輕，我自己對這兩件事情，都蠻有興趣的，也能勝任，覺得這樣的安排其實倒滿理想。

雖然每天很忙，可是覺得這樣做，學的東西可以更多。等於兩邊都在學，一邊做一些基本的研究，修一些博士方面的的課程，還在實驗室做一些新的東西。另外一方面，在公司裡做一些實際的設計，這兩樣我都很有興趣。能夠同時做，倒是很難找到這樣的機會，所以一直等到我拿到博士，都是用這個方式。當然隔了一段時間以後，也得到了竅門了，所以壓力、勞累也沒有想像中那麼厲害，倒也不覺得太辛苦。

NCR 從頭到尾完成項目

工作方面，我逐漸瞭解，雖然在技術方面的設計和創造，到了一個程度以後，挑戰性逐漸減少，對於創新，這時候開始比較有些概念。常常就是小小的很繁瑣的事情，其實還是非常重要。重要性絕不亞於做大部的設計。大家都想做設計的工作，做一些新的東西，覺得比較有意思。可是把一件事情做好，中文說行百里者半九十，你眞正最後那一塊，看起來好像容易，其實做起來不容易。要把事情要做得好、做了眞的有用，最後的衝刺需要的耐心和時間，常常比前面還要多。我以前沒有做過一個從頭到尾的項目。學校的項目，做到學期結束就結束了，這類項目，主要是證明你瞭解了這個觀念，而不是要這個東西做出來有用。

在公司裡面做的項目，最後要大量去生產，賣到很多不同的地方去。我們主要的客戶是一些銀行等等。所以可靠性，對他們極爲重要。我原來沒有做過，一年以後，覺得該學的東西都學到了；以後的話，事情越來越繁瑣，反正我都知道該怎麼做，所以做不做好像沒有那麼重要。還好公司裡面我的這位經理，讓我留下來，才使我學到了非常寶貴的一個經驗：就是做事情，難，就是一直做到底，把最後一步做完了，把它做好，才是事情眞正做完。這個計畫，結果做了差不多三年的樣子，才把它全部做完。做完以後工廠裡面開始大量的生產，然後工廠裡面的人，差不多把問題都解決了。像這種高科技的東西，有的時候有些問題，到了客戶使用以後，才會發現。站在設計來講，工廠大量製造，才算眞正的告一段落。

所以後面的這兩年學的東西，看起來好像平淡無奇，都是解決問題，細部的設計，看起來比較繁瑣，做起來好像沒有什麼興趣。可是眞正創新難是難在後面這一部分，而不是在前面這一部分。這是我第一次眞正做一個東西。我那時候，隱隱約約有這麼一個感覺，覺得後面的東西其實蠻有學問的。當然眞正對創新比較有概念，還是以後在貝爾實驗室，做了很多年以後，逐漸形成了強烈的觀念。那時候就是剛開始有這樣的想法。

從一九六七年開始，到一九七〇年，這三年的時間，我就是繼續留在NCR，把這大的項目從頭到尾做過一遍。這對我以後來講，有極大的幫助。事實上我拿了博士以後回到台灣，帶台灣的清華大學的學生做了第一個小型電腦（Minicomputer）清華壹號《TH-1, Minicomputer Document, Precision Instrument Development Center, National Science Council, The Executive Yuan, National Tsing Hua University, Hsinchu Taiwan Republic of China, June, 1975》。假如說當初沒有從頭到尾做這個項目，我相信我也沒有能力來帶他們做這件事情。

唸博士選課，差不多兩年的時間，我把博士的課選完了。然後就開始想論文的材料、題材。到了差不多一九七〇年的時候，公司的計畫做完，新的計畫要開始，我已經要開始寫論文，收集論文的數據等等。

這時候我如果再從公司的一個新計畫開始做，並不合適。那時候公司是希望把我升成一個部門的經理，帶十個人左右來做新的項目。可是我覺得這樣做，對公司來講，一方面我很感謝他們給我這個機會，但我自己的想法是我拿到博士以後，我想去做一些別的事情。那時我想我可能回到學校去教書，或者是到一些不同的地方。我覺得 NCR 公司雖然不錯，可是發展的機會有限。我那時候的想法，是到 IBM，或是貝爾實驗室這類的公司去做，或者去教書。如果我留下來接受公司給我升遷的這個位置，我覺得我對他們也有義務，我就需要這樣再做下去。

因爲我的生涯規劃不是往這方向走，若接受這個是不公平的。所以我就跟他們講，這個時候你們想做新的計畫，我舊的項目也做完了，我離開公司，是一個比較好的時候。

一九七〇年我就離開了 NCR。一直以來，大家都處的很好，所以走的時候，也覺得這是一段很珍惜的過程，也學了不少的東西。NCR 裡面的工作的人員，素質都還不錯，美國來講，大概是屬於是平均的。有些公司專門找最好的工程師，有的公司，就是找還不錯的等等，所以平均，也不是說每個人都平均，有的人還不錯，可有人也不太行。這段經驗，對我以後做事倒是非常有幫助的。

IBM 獎學金（Fellowship）

我在學校裡，最後一年，也很巧，IBM 給了我一個獎學金（Fellowship）。IBM 獎學金是很不容易得到的，每年很多人申請，只有很少數人可以得到。我去申請 IBM 的獎學金，就等於 IBM 贊助我作最後這一年的論文。這樣經濟方面，也沒有什麼問題。這項獎學金，我主要的時間就是在做研究，錢的數目也比較多，跟我在學校、在公司裡面做兼職相差也沒有多少。

幸運地飛快成長

一九七〇年我回到學校以後，就專心作論文，作到一九七一年的時候，我就差不多做好了。講到論文，我就先提一下我研究的過程。當初我到加州大學洛杉磯分校（UCLA）去唸碩士的時候，剛好有一位從麻省理工學院（MIT）畢業的博士，非常聰明，很年輕就很有成就的一位博士。這位李納德·柯藍洛克（Leonard Kleinrock）教授在美國後來非常有名，他是互聯網的最早的奠基人。

柯藍洛克（Kleinrock）教授在唸書的時候，他的博士論文就是一篇很有名的論文。後來就用這篇論文寫了一本書，這本書在數據通訊領域，一直被評為經典之作。後來他又出了兩本書，稱作《排隊論》（Queuing Systems）。這三本書是互聯網的理念的前身。

五十幾年以前，那時候的數據通訊對一般人來講就是像人要上月亮，覺得是件不可思議的事。理論上可以做，實際上怎麼做還不知道，因爲技術還沒有到那個層級。所以他等於是一個先知先覺，後來尊稱他爲「互聯網」或者「因特網之父」（Father of the Internet），就是這個道理。

因爲數據通訊跟類比通訊不一樣。類比通訊這條線接好了以後就直接過去。數據通訊主要是把語音變成一個一個包再送過去，所以中間遇到延遲的時候就會有影響。延遲的時間久的話，聲音就會變質了。這一類的研究一直到今天，所謂服務質量（QoS, Quality of Service），對數據通訊還是一個極爲重要的課題。

這位教授的名字李納德·柯藍洛克（Leonard Kleinrock），是一個猶太名字。柯藍（Klein）就是小，柯藍洛克就是小岩石的意思。猶太人很多地方其實跟中國人很像，家裡對教育非常重視。他當初的家是在紐約城裡面，環境也是很不好，所以在紐約市立大學唸書。因為那是最便宜的學校。他書唸得很好，進了麻省理工學院（MIT），一直都是很優異的成績。所以他畢業的時候，好多學校都希望他去做助教授。他跟我們講他非常喜歡加州的天氣，所以他決定到加州大學洛杉磯分校（UCLA）。

我一九六五年二月剛去加州大學洛杉磯分校（UCLA）的時候，就開始選他的課，非常喜歡他的課，他也是剛到加州大學洛杉磯分校（UCLA）沒有多久，課教得非常好，腦筋非常清楚。我一直在班上功課都很好。所以等到我要決定唸博士的時候，我就跟他談。他非常高興說接受我做他的博士學生。

這裡還有一段淵源，美國老師跟學生的關係，比東方國家老師跟學生的關係親密多了，當然每位老師做法都不一樣。我們那時候，柯藍洛克（Kleinrock）老師由於他自己很年輕，跟學生的年齡差不太多，所以大家都是非常喜歡他，他跟學生也非常接近。

有時候請學生到他家裡去，吃飯聊聊天，玩些遊戲，或是運動。這位老師自己非常聰明，他很喜歡跟學生在一起的時候，出一些類似智力測驗的問題，看誰能夠最早答出來。我現在還記得很清楚，當時他第一次，我被他邀請到他家裡去，大概那次總有十幾位學生，大家在那裡就是吃東西、喝東西、聊天。

隔一陣子，他就說現在我們要玩一個遊戲，他一共準備了十幾個等於是智力測驗的東西，講出來以後，他看哪一個同學第一個答出來，最後把全部成績算一算，誰第一第二，蠻好玩的樣子。我是第一次去，不知道他們玩這個遊戲怎麼個玩法，不過他先解釋一下，大家都瞭解了。所以他就問怎麼個情形，答案是什麼？結果這十幾個題目問完一一過去之後，發現大概有八〇%都是我一個人答對。這是我跟這位老師第一次比較接近的接觸。在這之前他覺得大家都是他的學生，可是那一次給他的印象，他事後告訴我，給他的印象非常深刻。因爲他問的時候，都是東問西問，不是從哪本書裡拿出來，而是他自己從不同的地方、不同的經驗，找出十幾個這樣的題目。他沒有想到，絕大多數，都是我比其他人早答出來，他覺得非常驚訝。因爲這樣一個從台灣來的學生，除了功課蠻好以外，其他跟他也沒有什麼接觸的機會，這方面有這麼優異的表現，給他一個蠻深刻的印象。這件事當初我也沒有多想，他問的時候，能答就答，很自然就答出來了。

後來我要唸博士的時候，要找一位教授作我的博士導師，他非常有興趣。他知道是我的時候，主動說非常願意做我的博士導師。後來我畢業的時候，也就是他的第二個博士學生。第一位博士畢業生，年紀比我大不少，在學校裡面唸了一段時間。我是柯藍洛克（Kleinrock）教授的第二位博士學生。

當我在做他的博士生的時候，因爲他當初帶我們做的一些實驗、一些研究，就是後來的互聯網的前身。我後來就一直跟他做了些研究，作爲他博士的學生。世界上的事情，很多都是在不經意中偶然發生的，對一個人的一生有很大的影響。這是其中的一個例子。

第一個「因特網」電話

我們參加了這個研究工作，是由美國軍方，就是美國國防部出錢，它叫作先進研究計畫署（ARPA, Advanced Research Projects Agency），是屬於國防部的一個機構，現在稱作國防先進研究計畫署（DARPA, Defense Advanced Research Projects Agency），它給了幾個有名的大學，還包括史丹福大學（Stanford U.）、麻省理工學院（MIT）、加州大學洛杉磯分校（UCLA）。就是做一些當初來講，是最領先的一些技術。柯藍洛克（Kleinrock）教授跟其他的幾個學校，都拿到美國的國防部的一些研發項目，當時互聯網這個名字還沒有出現。這個時候美國的國防部，因爲美國跟蘇聯的關係非常緊張，很多人都認爲，美國跟前蘇聯可能會打仗，第三次世界大戰可能會隨時發生。所以站在通訊的立場，假如說美國一旦打起仗來，因爲美國的電話系統，當時是全世界最好的通訊系統。如果一旦受到對方的破壞，美國的整個經濟、軍事可能會癱瘓，會受到很大的影響。所以國防部給了一筆蠻大的錢，給這些研究機構，跟幾個有名的學校，要他們用另外一種不同的方式來做通訊的方法。萬一電話系統受到破壞的話，可以用這種方式來做。這種新的方式，就是用這個包的觀念，用今天互聯網的包的觀念。

這個包的觀念，事實上也是我的老師在博士論文裡提出來的新的觀點。所以我們當時在學校裡面做研究，做我的博士論文的研究，就是怎樣用包這種方式來做通訊，怎麼樣用這個數據通訊，把很多的電腦連在一起，用這種數據的方式，跟當時打電話的方式很不一樣。是用另外一個通訊的方式，不是來代替，而是來互補，跟當時打電話的方式來互補。這個做法呢？主要是爲了軍事方面，萬一遇到了美國受到攻擊的時候，怎麼樣可以保持最重要的一些通訊呢？能夠繼續保持下去。所以如果軍事方面眞的碰到一些電話打不通的情形，我們可以用另外一種方法來做通訊。這也就是當初做這個互聯網最主要的一個原因。

而且我們知道打仗最重要的三項，一個是通訊（Communication），一個是控制（Control），一個是指揮（Command）。這三個東西其實都是跟通訊有關，如果通訊沒有的話，你沒辦法控制，更別說指揮了。那個時候，大家就覺得通訊，對打仗、戰爭來講是極爲重要的東西。所以美國那時候做的，由國防部出了一筆還蠻大的經費，找了一些最好的學校裡面的一些最好的教授，才開始做這方面的研究。柯藍洛克（Kleinrock）在這方面已經做了一些研究，所以他也是其中的主要的份子，然後在加州大學洛杉磯分校（UCLA）整個計畫由他來主持。我也很幸運的參加了這個計畫。所以我的研究工作、後來的論文都是跟數據通訊領域有關係。到一九六九年十月，第一個因特網電話，因特網的通訊是在加州大學洛杉磯分校（UCLA），我們實驗室裡面發生的，這也是非常有歷史性的一件事情。也很感恩自己有機會對一代產業的初始作出貢獻。

這是當年美國夢最積極的實現，把資金環境深化為讓研究人員挑戰、超過他們的能力範圍，鼓勵他們甘冒風險，作出根本性的科研突破。一直到今天，中國崛起，美國為確保科技的領先，許多知名科技專家，還常以這段故事為借鑒，呼籲國家花大錢研發。科學家科技研究時的意外發現，有助於基礎性研究創造出新的方向，重振美國夢。

當然後來互聯網發展，可以說完全超出我們所有人的想像。因為如果當初有人說，互聯網用包的通訊的方式，會變成通訊裡面的主流裡面的主流的方向，變成一個最重要的的通訊的方式，並且對我們今天會有這麼大的影響，沒有人敢說這句話。這當時的出發點，主要是軍事的出發點，只是沒有想到事後造成這麼一個好的後果。

我當時很幸運在這位老師的引導下，和蠻大的一個小組，大家做不同的工作，有人做實際通訊的工作，有的做理論上的一些東西。我做的是用數學的模型來做一些分析包的通訊，有一些可能會碰到一些什麼問題，然後再來預測它大概會遇到一些什麼問題，怎麼樣來解決。這是我做的論文的方向。這個時候，覺得日子過得蠻充實的也蠻辛苦的。可是現在想想看，那段時間是非常美好的時光。

在學校裡面，可以接觸到世界上一流的科學家的指導，做一些最有用、最主流的研究，有很多非常優秀的同學，在當時的學校裡面，我們互相也有往來，學校和學校之間設計的通訊網路，也有些往來。這些人對互聯網的發展史上，有很多很有名氣的人，他們對互聯網整個的發展有極大的貢獻。當然大家當時都沒有意識到這些，我們的接觸，就是年輕的老師和同學，大家都沒有想到將來發展到創造劃時代的技術產業。

這個時候，對我自己來講可能是成長非常快的一段時間。接觸了很多優秀的人，然後又面臨很多的機會，也可以說面臨很多的挑戰。另外的話，就是需要唸很多的東西，所以這個時候，是非常的幸運，自己也非常的努力。我在唸博士的時候，所有的課程，都是得到了最高的分數。就是當我博士畢業的時候，我是加州大學洛杉磯分校（UCLA）工學院裡面，有史以來第一個得到全A的博士生。當初我去，我也不知道有這回事情，可是一旦進到一個自己很有興趣的環境，然後又有很多很好的人，大家互相激盪，這種感覺，眞是一個非常好的感覺。

在加州大學洛杉磯分校（UCLA）唸書，跟我在貝爾實驗室做事，都是有這種感覺，跟一些很好的人才在一起的時候，自己不自覺的就會變得更好。並不是誰來逼你，而是自動自發的有一種潛力就會出來了。中國有句古話，近朱者赤近墨者黑，蓬生麻中不扶自直。我感受到環境對一個人來講，是非常的重要的。事後想起來，我非常的感激那個時候有這麼一個好的環境，來督促我走向一條對自己要求更高的路。

博士這個詞很有趣。英文叫做 Doctor，是一個學位。中國把它翻爲博士。對博士的背景、需求、要求，大家常常有不同的解釋。這個博字使很多人產生一個誤解，以爲唸了博士之後，他的學問就非常淵博，事實上不是這樣。我比較喜歡學校裡的定義，說當一個人得到博士，證明了他有獨立做研究的能力，也就是說他有獨立做事的能力，也就是說他以後做事情，他可以獨立的做，當然也許可以帶著別人來做，而不需要別人帶著他來做。唸到博士的人，常常是在一個專門的領域做了一些研究，這個博字是有點誤導的味道。得到博士常常是在某個範疇裡面，某一樣東西他有一些獨特的見解，或是他做了一些獨特研究，可是跟這個「博」並沒有什麼太大的關係。我還是比較喜歡這個有獨立做事的能力的解釋。這句話看起來，沒有什麼了不起，其實是極爲重要的一句話。在這之前你沒有能夠獨立做事，你要跟著人家做事。過了這個之後，你能夠獨立做事或者你能夠帶人家做事，這是一個非常重要的里程碑，非常重要的能力。

作爲一個好的博士生導師，他對你的教研方法和以前的不一樣。唸中學、大學的時候，唸書常常會有所謂標準答案的觀念。如果提出了疑問，就會有答案出來，答案是對的就是對的，錯的就是錯的。可是訓練一個人有獨立思考、獨立做研究的能力，我們就沒有所謂的標準答案的觀念了。要讓大家學會問，爲什麼？爲什麼？然後自己想辦法去找答案。這個找到答案，本身是對還是錯，有時候不知道，因爲你問的問題無所謂對還是錯，或者對和錯要很多年之後才知道。重點不是說把正確的答案找出來、或者標準的答案找出來；重點是說當你遇到問題的時候，如何去作一些大膽的假設，做一些小心的求證，然後得到一些結論；然後根據這個結論，再來做一些你該做的事。因爲有很多時候，越是涉及到研究、牽涉到未知的事情，完全沒有什麼標準答案的觀念；而是說讓你思考的方式跟你想的方式，可能會讓你找出完全一條不同的路來。這才是我們去唸博士最重要的。

所以我唸博士的時候一方面唸書一方面做事。一方面在做事，做的東西一定要拿出來很有可靠性，很有用。另外一方面做研究的時候，就是要做一些別人從來沒有想到的東西，做一些別人沒有做過的東西，然後自己再來想辦法想這種東西爲什麼會有用？所以這可以說是兩種完全不同的需求。可是站在我們社會來看，站在我們學校來看，這兩種能力都是非常重要的。如何在這種不同的需求、不同的能力裡面得到一個平衡？如何在不同的時候有不同的能力做不同的事？這才是我們眞正學習最主要的目的。所以在加州大學洛杉磯分校（UCLA）我唸博士這段時間，這方面不是循著一條規規矩矩的路，像火車一樣一直往前走，而是逐漸讓自己開始有一些獨立思考的能力，有一些獨立研究的能力，獨立做事的能力，這大概是我最大的收穫。

強將手下無弱兵

當初跟我們前前後後的一些同學，到後來有很多也是成爲這個行業裡面非常有名的人。其中一位就是文特瑟夫（Vint Cerf），他在加州大學洛杉磯分校（UCLA）拿了碩士以後，到史丹福大學（Stanford U.）唸的博士，後來在不同地方工作，把互聯網的觀念繼續發展。到了最後，從我們這第一個互聯網的實驗開始的一九六九年，一直到互聯網眞正的起飛，一九九〇年代眞正開始，經過二十幾年的時間，其中有很多位都是我們同學，包括這位瑟夫博士（Dr. Cerf）在裡面。他們花了很多功夫，繼續做一些關於互聯網、關於數據通訊的一些協議方面的東西，最後做出互聯網的協議 IP（Internet Protocol）。這項發明跟瑟夫博士（Dr. Cerf）有很大的關係。所以後來講到互聯網，大家也覺得他的貢獻非常大。當初跟我們大家在同一個實驗室裡面做的，還有很多其他的同學，有的在學校裡面教書，有的像我一樣是在公司裡面做事，都非常成功。想起來，那時候加州大學洛杉磯分校電腦系（Computer Science, UCLA）這一部分的研究團隊，到後來倒像臥虎藏龍的一個地方。

創造出帶領行業、出類拔萃的團隊，當然有很多不同的因素，我想最大的一個原因，還是因爲柯藍洛克（Kleinrock）教授卓越的領導，他自己是一個非常卓越的人，他可以吸引一些其他卓越的人，願意跟他一起來工作。大部分都是他的研究生。並且我覺得卓越，實際上就是你跟卓越的人在一起，每一個人會變得更好，會變得更卓越。英文就是所謂 It brings out the best of everybody，它帶出了每個人最好的一面。我覺得眞的是這樣，我當時在加州大學洛杉磯分校（UCLA）的感覺就是這樣。那時候不知道這些人到最後的成就，那時候的感覺就是我們的教授，絕對是一個非同小可的人。因爲他那時剛剛拿博士沒有多久，在美國就已經蠻有名的了，後來很快的，在學校裡面幾乎是以最快的速度就升成副教授，然後升正教授，得了非常多的獎。即使那個時候剛剛來，大家都覺得他是一個非常卓越的領導人。就是因爲他是卓越領導人，他吸引了很多的好的人來。這些人由於跟他在一起，又互相在一起，大家就變得更好。後來我進到貝爾實驗室也有這種感覺，就是跟很好的人在一起，跟很好的領導人在一起，自己會變得更好。

在NCR的時候，因爲公司不是專注發展頂尖高科技，比較沒有砥礪的機會。只有在經歷過的時候，才會有這種強烈感覺。環境對於創新、團隊的創新的能力、個人的能力有了非常大的影響。最重要的因素，就像我在《感悟創新》這本書裡面提到過，還是卓越的領導，這是最重要的。

國家公園

我在工作跟唸博士的時候，時間是非常緊張的，因爲要做兩樣不同的事情。可是我不願意給大家一個感覺，就是我除了做這些事，其他都沒有做，只有工作。事實上不是這個樣子的。加州，我前面提到過天氣非常的好。加州也非常的大，有很多風景優美的地方。美國的西部非常的廣闊，景觀也比較好，然後有很多的名勝。美國的古蹟很少。一八七六年才建國，再古也古不了哪去。並且都是在東部。因爲美國整個國家的開發是從東往西。所以等到洛杉磯的時候，已經非常新了，有些古的東西就是當初的印第安人、墨西哥人，跟東方古國像中國、印度和其他國家來比，簡直不值一看。可是美國因爲國家很大，地形的變化也很大，資源很豐富，所以各種名勝倒是蠻多的，國家公園在西部特別多。所以我們那時候，工作越是忙反而越常常找一些時間到處跑跑。

美國西部的國家公園非常的多，並且風景很好，空氣也非常的好。每次去那裡，其實工作越忙，學校的事情越多，越抽一些時間去走走。短的話，一個週末，也可以到附近很多地方去玩；長的話，一個禮拜就可以到很遠了。

另外因爲有一個破車，出門也比較容易。加州有很多的所謂國家公園。我們那時候就開始活動範圍比較大，一到假日，甚至於週末的時候，尤其南加州的天氣又非常的好，喜歡在戶外活動的人，就開始做一些距離比較遠的戶外活動。

當時的美國非常鼓勵大家去國家公園遊玩，價錢非常的低廉。加州有一些國家公園，裡面非常漂亮，並且進去的話，收費非常低，進去一次，大概二塊錢。那個時候，如果願意，可以買一個一年的出入證，只要七美元，就可以通行無阻，可以進去全美國的任何一個國家公園。國家公園的露營的設備非常好，有一塊露營的地方，那裡有水，還有廁所，都弄得乾乾淨淨的。美國由於是地大，平均來講人比較少，大家的公德心比較高，所以這些國家公園，都維持得非常的乾淨，去到那裡，大家都覺得這個地方很乾淨，所以走的時候也都把垃圾收得乾乾淨淨的。只要在好的環境裡面，大家都想做對的事情，環境乾淨，大家都維持，把它維持得非常乾淨。事實上，在這些國家公園裡面，眞正工作的人員並不是很多，可是由於大家都守規矩，把環境弄得很好，所以裡面的工作人員眞正需要做一些指導的事情也很少，大家都非常的友善，在那裡露營起來，會覺得特別的愉快。

做學生有一個最大的好處，就是同學大家都很窮，誰也不誇耀自己的財富，因爲都很窮。車子開出去都是破破的車子，只要能夠開就行了。出去玩的時候，我們也不會住旅館；因爲旅館的價錢比較高，都是去露營，露營的話，就大家買了帳篷，買了睡袋。每人準備一個空氣墊當做床，到了晚上就把那個氣墊充起來。充起來以後，睡起來蠻舒服的，一個睡袋就足夠了。五〇、六〇年代，車子很大，東西放後面都沒有問題。到了那兒，有的在一個地方住幾天，那就比較簡單。有的時候就是晚上去紮營，早上去拔營。反正帳篷也很小，拔完營就把它疊起來，放在車子裡面。然後再去別的地方玩，所以這樣，可以玩不少的地方。然後再買了一個爐子，就是燒汽油的爐子。燒這爐子很簡單，把油放進去，打打氣，點起來就可以，火力還蠻強的。吃東西，都是帶點中國東西，帶點麵、罐頭、速食的東西。反正就出去了，都是儘量以省錢爲主。假如住一天的話，有時候就在車上睡一覺就算了。整個來講，花錢花得很少，可是逐漸的，看的地方還不少。

我們是從南加州開始，去一些加州離我們都比較近的一些地方，最近的就是紅木國家公園（Sequoia National Park），紅木是美國大的紅木。美國紅木國家公園裡面有很多紅木的年齡都很多年，幾百年，甚至可能上千年，到底有多老誰也不知道。非常大的紅木，有最大的紅木，拉開了以後，中間可以開車子過去。這個紅木公園非常大，裡面古木參天。

然後再往北邊點，就是國王峽谷公園（Kings Canyon National Park），再往北邊點，就是優勝美地國家公園（Yosemite National Park）。我還記得，從學校開到優勝美地國家公園（Yosemite National Park）是三百多英里，也就差不多五百公里左右。五百公里，應該開半天多也就到了，所以也沒多遠。再往北邊就是到北加州，就是太浩湖（Lake Tahoe），再往北邊，還有些就是切斯特國家公園（Chester National Park），然後到了俄勒岡州的火山口湖國家公園（Crater Lake National Park, Oregon），這樣一直上去。我們最遠一直跑到懷俄明州（Wyoming），蒙大拿州（Montana），跑到黃石公園（Yellowstone National Park），及猶他州的大蒂頓國家公園（Grand Teton National Park, Utah）。反正差不多美國西部的，當然還有大峽谷（Grand Canyon），這些差不多都是在幾天到一個禮拜之內，就可以玩的蠻好的。反正汽油也便宜，吃東西也便宜，住的也便宜，這樣一趟也不需要多少錢，就可以玩下來。

我們最遠就是跑到美國北部黃石公園（Yellowstone National Park），在懷俄明州（Wyoming），蒙大拿州（Montana）交界的地方，比較靠近內陸，是一個非常有名的、非常大的一個國家公園。那裡面各種風景，因爲它很大，所以它的風景不像去其他地方看著是一個樣子，這裡東南西北各個風景都不一樣。我們去的時候是一個暑假，那時候學校放假，公司也拿了假，然後到那邊繞了一圈，繞了兩個禮拜，去了不少的名勝。還記得去的時候是七月，七月的黃石公園去的時候天氣很好，大概白天的溫度差不多攝氏二十幾度到三十度的樣子。可是住了兩天，天氣說變就變了，這個七月突然就來了一個暴風雪，溫度一下降到零下，後來眞的下起雪來了。在暑假的時候，下了一場雪，這種情形，如果不是親身經歷，實在是很難想像。

我到現在，還記得有一個很有趣的故事。跟我們一起去的一位同學，他很喜歡釣魚。他說在什麼地方看到一本書上講，說釣鱒魚，最好用的就是用鮭魚的魚卵，可是黃石公園有明文規定，不可以用鮭魚的魚卵來釣魚。他們大概也看到同樣的書，覺得這樣會太容易釣上魚來，而且對生態會有所破壞。我這同學就是既然看到書上說，這是一個最好的魚餌，然後公園又說不可以，他就覺得這個更要做；所以偷偷的帶了一小罐鮭魚卵的魚餌，到了以後就告訴我們說用這個釣的話，一定可以釣到很多鱒魚來。我們到了那以後，安營紮寨在河邊，之後就大家就去釣魚，釣了了半天，不要說釣很多鱒魚，一條魚都沒有釣到。鮭魚的魚餌看起來偷偷摸摸的，拿出來沒有用，根本一條魚都沒有看到。有點奇怪，然後就決定，再找不同的地方釣魚，沿著這個河一直往上走，走到後來發現這條河開始冒煙了，大家覺得很奇怪，再往前面走發現這條河是一個很大的溫泉，流出來的水都是很熱的水，裡面一條魚都沒有。釣了半天完全是白費功夫。

美國的這些公園，除了空氣新鮮以外，裡面都是非常的整潔，大家的習慣也非常好，水也非常的乾淨，所以去的話覺得真是心曠神怡，非常舒服。

當然唸書的時候，也沒有那麼多的時間，那麼多錢。這些遊歷是唸了碩士以後，又開始做了一段時間事，然後再唸博士時候的事。我一直都是住在洛杉磯，活動的範圍就越來越廣。這是住在美國西部一個很大的好處。

美國的公路修得非常好，在美國西部，才能感覺得到這個國家真的偉大，真正可以感覺到這個大。尤其在西部，在加州，人還算比較多。開出了洛杉磯或者三藩市，開到比較荒僻點的地方，像內華達州（Nevada），懷俄明州（Wyoming），或猶他州（Utah）的話，常常在一條馬路上面開幾十英里，可能看不到一個人，看不到一輛車子。路修得非常好，所以不知不覺可以開得很快，有時候開到一個小時九十英里自己都不覺得。整個就是地廣人稀的一個地方。一般來講，加州的天氣非常的好，靠海岸天氣都好。進到內陸，天氣變化就比較大了。

第十一章　IBM 研究中心

我拿到博士學位是在一九七一年的五月，就是正式畢業了。我從快要畢業的時候，就開始找工作。一九七一年在美國，是一個很不好的年頭，有點像二〇〇一年。整個美國很不景氣，市場低迷，找工作並不是很容易。那時候由於最後一年拿的是 IBM 獎學金（Fellowship），並且跟 IBM 研究機構的人也有些往來，所以他們就跟我講，很希望我能夠到 IBM。在紐約州的約克城高地（Yorktown Heights），有一個 IBM 的研究中心，就是湯瑪士華生研究中心（Thomas Watson Research Center），在電腦界非常有名的研究中心。因爲我這一年拿的獎學金，基本上大家有一個瞭解，就是我畢業以後，很可能就會去替他們工作。

等到我快要畢業的時候，那邊的經理打電話來告訴我，他說他們整個公司，由於不景氣的關係，整個公司凍結人事，不許雇用任何新人。他們雖然很想雇我，可是公司的總裁跟他們講，說一個人都不許雇，因爲公司那時候在裁員。他覺得非常抱歉。不過現在這種情況之下，他還是替我爭取到了一個暑假的三個月的工作，他說你何不就過來，這三個月裡盡量幫你爭取，希望在這三個月之內，公司可以解凍，一解凍就會把你變成正式的員工。如果公司沒有解凍，我們也會爭取，希望能夠把這個當做一個特殊的例子；可是目前，我們只能給你這個暑期的工作。他們對這件事情非常抱歉，我寫信回去，就說這沒有什麼關係，我非常感謝他們在這種情況下，幫我爭取到這樣一個位置。

這時原來我工作的NCR，知道我快要拿到博士學位了，打電話來跟我說，他們也非常歡迎我回去，雖然由於經濟不是很景氣，公司基本上也不雇人。我在他們那邊已經做了好幾年，同事也很熟，這對我來講，是一個很令我感動的事情。NCR基本上他們並不需要博士學位的人，公司裡面也很少有博士學位的人。當初他們支持我唸博士，我已經非常感謝，現在發現他們還是希望我回去，再繼續給他們工作，就是因爲大家都處得非常好。這對我來講也是得到一個教育的機會，就是不管怎麼樣，你好好做事，即使要走，把事情也好好做完，然後跟大家相處得也很好，將來誰也不知道會發生怎樣的情形。好來好往到最後總是比較好。這對我來講，也是一個寶貴的經驗。

除了企業界，我也在申請一些學校。主要是因爲一九七一年情形很不好，學校也都在採取觀望態度。我的導師柯藍洛克（Kleinrock）教授跟我講，你如果一時找不到好的工作，沒有關係，你就在學校全職幫我做一段時間，然後我們再想別的辦法，所以我倒不擔心找不到什麼事情。那時裁員裁的特別厲害，情形不好到很多拿了博士學位的，尤其是在航空方面，有些航太方面的博士，很多人一下子就沒有職位，有人跑去開計程車，有的人跑去做小工。這種情形之下，我能夠有這種機會，倒也很不容易。

我想，我到了美國，一直都是住在西部。而貝爾實驗室的招聘人員也是一直與我們保持聯繫的。他也說，那一年貝爾實驗室也不雇人。所以大家的情形，都大同小異。他也希望有機會我可以去貝爾實驗室工作。我自己則對貝爾實驗室和IBM研究中心（IBM Research）這兩個地方，興趣最大，我覺得教書也蠻不錯的。所以就說那時候雖然沒有完全落實到底要做什麼，可是基本上也沒什好擔心的。我主要的想法，就是我一直都是在西部，我想去東部住一個暑假也不錯。尤其約克城高地（Yorktown Heights）我因爲原來得到獎學金，所以也去過。那個地方非常漂亮，景色秀麗，離西點軍校不很遠。

美國東部，紐約上州的一塊地方，風景非常優美，又有一些湖，做研究工作，倒是一個非常好的地方。那時候我們就想，也許我就是去那邊三個月，然後再看。另外，有些學校也找我去談過，我也在等消息。實在不行，也還有退路，回到洛杉磯來，或者在加州大學洛杉磯分校（UCLA）繼續做事，或者是到NCR去繼續做事。

那個暑假，我們全家就搬到那裡去。租了一個房子，就是一個暑假的房子。那個暑假倒是過得非常愉快。因爲做事情，只是一個暑假的位置，他們給我的薪水是照博士的起薪，蠻高的，我記得一年是一萬九千塊。在當時來講，是非常高的薪水。做暑假，人家對我也沒有什麼太大的期望，給了我一些研究的事情，我很快就做完。做完以後，就在附近跑來跑去，或者跟同事們聊聊天，談一談他們研究的工作，所以那個暑假，過得蠻舒服的。

就在這個時候，賓州州立大學打電話給我說，我前一陣子去他們學校作了一個演講，他們有一個助教授的位置，經過校方開會決定，要給我這個聘用（Offer），把條件告訴我，說如果接受的話，大概薪水是怎麼樣等等。我想這樣也不錯，也找到一個教職，也是蠻不錯的一個學校。可是我沒有馬上答應他們，因爲我在 IBM 的領導，他們還在想辦法給我一個永久性的工作。

貝爾實驗室來電話

正在這個等的時候，有一天，突然接到一個電話，是貝爾實驗室的一個經理打來的。他就說他們做了一套系統，在整個運行方面，尤其是系統的性能有很大的問題。這個系統是一個很重要的系統，性能有問題，對他們影響很大。這是關於由機器來代理電話接線生的工作，或者是來輔助一些接線生工作。有了這個機器以後，人的數量就可以減少很多。可是因爲這個機器的性能有問題，跟原來預期差得很遠，所以他們一下子面臨很大的問題。假如這個問題不能很快解決，他們就又要雇很多接線生，錢的數目就會一下增加很多。

因爲我的教授柯藍洛克（Kleinrock），是這方面很有名的專家，他就特別跑到加州大學洛杉磯分校（UCLA）去談這個事情，談了半天以後，他就問教授說有沒有什麼辦法可以幫他解決這個問題？有沒有什麼好的人？柯藍洛克（Kleinrock）就說：「剛好我有一個學生，這方面做得非常好。但是他在IBM 做暑期工作。如果你們有興趣的話，去跟他談一談，他也許可以幫你們解決這個問題。」所以這個經理就打電話給我，問我說可不可以跟我談一下，我說當然沒問題。

從約克城高地（Yorktown Heights）到霍姆德爾（Holmdel），開車幾個鐘頭就到了。所以我就跟他約了一個時間，我就跑到霍姆德爾（Holmdel）去。去了以後就跟他談這個問題。

不過談的時候不知道，他的想法就是想我去解決這個問題啊。和他講了以後，他非常滿意。他說如果你不介意的話，雖然我們現在不可以雇人，可是這個問題對我們來講太重要了，我們一定要把它解決不可。所以讓我去跟我的領導談一談，一直談上去。因爲那時候要雇一個人，差不多要談到貝爾實驗室的最高層。就是說把你當做一個特別的例子，特別的情形，准許我們來雇你。我說好，你們願意這樣做也可以，IBM 也在這樣做。我對貝爾實驗室印象也非常好，你如果可以這樣做的話，並且這個事情剛好也是我能夠勝任。

第三部・美國工作初期

1971—1974

第十二章　AT&T貝爾實驗室

AT&T和朗訊科技是美國最大的通訊公司，貝爾實驗室是AT&T和朗訊科技一級機構，是世界上最著名的科學技術研發機構。自一九二五年成立以來，從發明電話，以一日至少一專利的速度，發明晶體管、激光、資訊理論、數字信號處理、通訊交換、數據傳輸、移動通訊、光通訊、語音識別、多媒體技術，和UNIX®操作系統、C/C++計算機語言等人類文明的標桿，並致力於包括數學、統計學、物理學的基礎科學研究。

到目前爲止，貝爾實驗室擁有四萬多個專利，十三位諾貝爾獎得主。貝爾實驗室是世界許多重大發明和創新的發源地，匯集來自全球積極創新和技術卓越的科研人才，結合網路系統的資源優勢，引領人類文明前進的方向，啟發員工學習、貢獻的動力。

貝爾實驗室二〇世紀的科技頂尖地位

我曾經講到任何一個有機體，它基本上會經過，依佛教上的講法，就是生、興、異、滅。生以後是興，興就是興旺、然後是異，就是開始產生各種不同的異端或者不同的看法，然後就是滅。就是說任何有機體，大概都很難逃過這四個所謂的循環，好的公司也不例外。好的公司它可以一直重新改善自己，跟達爾文的演化論一樣的，重新來創造自己，使自己能夠一直在這新的環境裡面，佔據一個地位，可是能夠做到這樣的公司非常少。中國人講「江山代有才人出，各領風騷數百年」，毛澤東的詞裡講到「數風流人物，還看今朝」，基本上講的都是類似的事情。就是環境一直在改變，尤其現在的環境，站在高新科技來講，速度變得越來越快，所謂高新就是變得越來越快。在這種環境之下，更容易大起大落，任何一個公司要始終維持領先的地位、尖端的地位，是十分困難，甚至於不太可能的事情。

回到我們貝爾實驗室，爲什麼那麼特殊呢？就是在二十世紀最後的三、四十年裡，一直處於尖端的地位，這是件非常不容易的事情，也就是說找不出另外一個公司，可以跟它比，甚至於跟它距離近的都找不出這樣的公司來。當然在任何一個時候都有很好的公司領先做的很好，比如說現在谷歌（Google）、微軟、蘋果，做的大家覺得非常成功，當年的奇異公司（General Electric Company）大家覺得做的非常成功。十年、二十年、三十年以後，這些公司是不是能夠還是繼續對技術方面有這麼大的影響力就很難講，這個以後再來看。可是我自己的感覺，他們很難這樣做下去。可歎奇異公司（GE）後來被道瓊除牌了。當然，奇異公司（GE）在技術上面，並沒有對於整個世界或者社會有著那麼大的貢獻，它主要是在商業方面最成功。

壟斷的狀態

現在回到我自己進到貝爾實驗室，七〇年代中期，開始工作的情形。首先我們談一下貝爾實驗室組織的大概的情況。當初我進去的時候，貝爾系統也就是AT&T，可以說是如日中天的時候。AT&T，由於電話的關係，電話是第二次世界大戰以後在美國才開始普及起來了；在一九五〇年代電話還不是很多，可是開始急速成長，六〇年代的電話，蠻普遍的了；所以我加入公司一九七一年，電話已經變成家家戶戶不可或缺的東西。

美國的系統組織裡，有一個很大的電話公司，不是國營而是民營的，可以每年到市場上借很多錢，等於幫電話的使用者借很多錢，所以裝一個電話，當時很便宜，差不多很多人都可以有能力擁有一個電話。不過那時候長途電話還是很貴的，打一個長途電話，對很多人還是奢侈的行爲，可是擁有一個電話，打一些市內電話，已經非常普遍，在通訊方面方便了很多。

等到一九八四年，AT&T 就被政府要求分解。一九七一年我去的時候可以說整個貝爾系統，整個 AT&T 風光燦爛，就是整個的美國電話差不多都由這一個公司壟斷，在美國也沒有什麼競爭。

創新領先世界

而由於它整個的機制運行得非常好，貝爾實驗室在創新方面當時也是領先全美國，領先全世界。所以只要是跟電話，或者是稍微再擴大一點，跟通訊有關係的一些新的創新，很多的東西都是從貝爾實驗室出來的；也就是說整個的貝爾系統，在美國跟全世界享有一個非常特殊的，非常崇高的地位。這是我當初進到公司的時候，這個公司的情形。也就是爲什麼很多人，在美國學理工的人，他的第一志願就是希望能夠進到貝爾實驗室，或是另外一個在電腦方面做的很好的 IBM。這兩家公司等於說是所有公司裡面大家最想進去的。

AT&T 和貝爾系統

AT&T 前面講過，是全世界最大的公司，將近有一百萬名員工。這個公司的結構，基本上是美國每一個州，都有一個電話公司，像紐澤西叫紐澤西貝爾；伊利諾叫伊利諾貝爾，差不多的公司都是冠名貝爾，但不見得完全是，有的就沒有，它是一些歷史上的原因，這樣全部合在一起，就成為所謂的貝爾系統。

這貝爾系統底下，有一個很大的專門管長途電話的單位。長途電話當初是一個比較奢侈的東西，它可以收錢收的蠻高的，然後利潤也非常的大，對應於每一州都有的地方系統的變化。

電話公司是一個民營公司，可是政府要管的。政府怎麼管呢？屬於州裡面，是由每個州都有一個叫做公共事業委員會（Public Utilities Commission），這個委員會來管，不讓它賺太多的錢，不讓它收不合理的費用。另外，調節收費的時候，允許它得到一個比較合理的利潤。當初合理的利潤差不多是一〇%，就是投資大概可以回收一〇%左右。其中一部分是回收要賺點錢，另外一部分是需要繼續投資，全部算進去，每個州有一些不同，基本上大概都差不多是這個樣子。

由於大部分長途電話它是跨州的，所以就是由美國的聯邦政府有一個這樣的委員會（Commission）等於來控制它，規定長途電話怎麼樣來收錢等等。

當時的觀念是說，電話本身，尤其是地方的電話，逐漸從一個奢侈品變成一個必需品，就像裝自來水、裝電線一樣，所以在這種情形下，政府就把價格壓的比較低，差不多所有人都可以擁有電話。可是長途電話，大家還覺得它是一個奢侈的東西，由於是比較奢侈的東西，它價格高，這時候政府對它的價錢就是比較客氣，所以就營運來講，長途電話是整個貝爾系統裡面最賺錢的一部分。負責長途電話裡面的人，也是日子過得最奢侈的。

於是，除了營業機構，每一個州大概都有一個電話公司，然後長途電話歸長途局來管。AT&T下面研究發展的就是貝爾實驗室。那時候貝爾實驗室，所有的研究跟發展都歸貝爾實驗室的總裁來管，這種情形一直維持到一九八九年，我們有個很大的重組，那時候才把研究跟發展分開，把發展的大部分的工程師跟科學家放到事業機構（Business Unit）裡面去，那是貝爾實驗室裡面有史以來最大的一次變動。

在一九八九年以前，所有的研發人員都歸貝爾實驗室的總裁管，所以這個人也就是影響力極大，因爲他在美國跟世界上來講，也是位置極爲崇高的人。所以當時貝爾實驗室裡能夠做到比較高一點的位置，不管到哪裡都是一件蠻神氣的事情，到了後來，當然逐漸改變，可是這是我進去的時候的情形。

西方電器（Western Electric）

此外，我們在AT&T底下有一個很大的製造部門。貝爾實驗室創新的過程，主要是設計的東西需要經過製造以後做出很多有用的東西。這些大概都是跟通訊有關的系統或者機器；從最簡單的電話，一直到非常複雜的一些交換機，傳輸系統等等。一九七一年，軟體的概念還不是很強，通訊軟體對大部分人來講，還是比較陌生的概念，雖然系統裡軟體逐漸也增加了，可是大部分的東西，還是由硬體來處理，所以製造是非常重要的一件事情。整個製造機構是屬於西方電器公司（Western Electric）。因爲製造需要很大的工廠，那時候機器都很大，數量也很大，所以西方電器是一個非常大的公司。在貝爾系統一百萬人裡面，西方電器的人數，我想至少有十幾二十萬人，數量非常驚人。

因爲它是製造部門，西方電器的結構就是以大工廠作爲一個單位。這個單位和工廠，大家叫做Works，我們叫做工廠。可當時工廠比一般工廠範圍又廣一些。那時候工廠的範圍非常廣，管的東西非常多，占地非常大。常常一個工廠，可能就有好幾萬人在裡面，幾千人的工廠不算什麼，上萬人的工廠不少，範圍也非常廣。不是像現在的工廠由於要精簡的關係，工廠做的東西都比較特殊，那時候工廠什麼東西都做。

我們那時候最有名的一個工廠，在芝加哥附近，叫做霍桑工廠（Hawthorne Works），那個工廠非常大，裡面像個小城一樣。管理這工廠的廠長在公司裡享有特殊的地位，等於是一方之主，工廠裡什麼事情都歸他管，所以這個位置是非常神氣的一個位置。當初關於這方面也有很多的故事，是說當初這些人，日子過得非常舒服，到什麼地方都有很多人來跟著伺候。這點我們可以想像到，雖然美國已經算是一個很民主的社會了，可是在幾十年前，在公司裡做到上層管理人員，權力非常大。

垂直整合　確保品質

當時的觀念，跟我們現在觀念幾乎完全相反。管理的觀念常常都是這樣，三十年河東，三十年河西。七〇年代，覺得所有的東西，都是在公司裡自己做，叫做垂直整合 (Vertically Integrate)，把所有的整合在一起。我們是一個 AT&T，負責通訊，主要是電話的公司，只要是跟電話有關，是我們業務以內的東西，我們全部都做。

工廠裡面，很多螺絲釘都是自己做，就是不相信別人，覺得我們做的比人家好。那時候大家有個笑話，就是說公司裡除了不去挖礦什麼都做，範圍非常的廣，我們工廠裡面，機器裡面鐵條也是自己做，螺絲釘也自己做，反正什麼東西都自己做。因爲那時候數量很大，並且我們要求比外面要高，常常外面的公司做的不如我們期待那麼好。

那時候，什麼都做是一個很合理的現象，因爲什麼都做的話，所有的品質控制，全部在自己手中。

當初由於我們是做的最好的公司，所以這樣就可以保證，從頭到尾的品質都是最好的，現在沒有一個公司這樣做，因爲這樣的公司絕對沒有競爭力。因爲沒有公司什麼東西都做的比人家好，公司有一兩樣東西做的比人家好就不錯了，其他的就到別人做的最好的公司去買來，這樣互相支持，做的東西會比自己要做的好很多，價錢會便宜很多，速度也快了很多。

一九七〇年代的環境跟一九八〇年之後走向橫向分工完全不一樣，做法也是完全不一樣。以前AT&T的做法是最好的一種做法，以後如果再這樣做絕對不能夠撐下去。不過，橫向分工的先決條件，是可以信賴的商業夥伴，如果國與國間誠信不再，就難免回到保護主義，區域操作，企業無法把產品進度交付他人手中，更願意自力更生。

事實上，當年朗訊還有一些其他的大公司遭遇的困難，跟歷史上的包袱有很大的關係。以前覺得這樣做最好，在改的速度上常常會比較慢，比較慢的話，市場上的競爭性就比較差。

並且常常是被動的改，而不是主動的改。因爲你做的不好，你會受到很大的壓力，你會去改。那麼做的很好，你下意識裡，總是覺得我今天做的這麼好，我沒有什麼道理要改，做的好而能夠繼續改，這是天下大概最難做的事情之一。可是一個公司如果要始終保持領先的話，就是要做到這個樣子。就是一方面很好，一方面要時時對自己不滿意，要去改。沒有什麼公司能夠做到這一點，這就是說爲什麼公司興衰，一個循環又一個循環往前走總會碰到這樣的情形，因爲你做的最好的時候，常常是走下坡的開始。

當初的公司，大概有百分之七八十的人都是在電話的業務方面，這些人主要是在每一個州的電話公司，其餘很多是長途電話的，另外很大的部門，就是西方電器公司專門管製造，大概有十幾萬人。

貝爾實驗室幫助美國領先世界

貝爾實驗室相對來講比較小，我們總共的人數差不多是兩萬人左右，可是在整個公司來講，大家都覺得貝爾實驗室是皇冠上的明珠，是最重要的一環，因爲它不但對公司的整個創新，整個營運有著極大的影響；對於美國在科技方面，由原來是一個比較落後的國家，經過二戰以後，逐漸變成全世界領先的國家，貝爾實驗室扮演了一個非常重要的角色。

實驗室的地理位置　成員

我剛加入貝爾實驗室，是在紐澤西州的霍姆德爾（Holmdel），霍姆德爾（Holmdel）是當時貝爾實驗室最大的兩個地方之一。當時的貝爾實驗室紐澤西之外沒有很大的據點，再就是在伊利諾，我們叫它印地安山（Indian Hill），後來我做了蠻久的地方，離芝加哥不遠，那時候已經成立了，可是人數還是不多。

霍姆德爾（Holmdel），茉莉山（Murray Hill），惠帕尼（Whippany）這三個地方，都是在紐澤西，當初是貝爾實驗室最大的地方，茉莉山（Murray Hill）是我們的總部，所有貝爾實驗室的總裁以下最重要的這些高級的領導都在這裡，主要是作爲一個研究的中心，做基本的研究（Basic Research）的最多。霍姆德爾（Holmdel）也有些做基本的研究，可是以做產品發展的居多。

這三個地方基本上不一樣；茉莉山（Murray Hill）是總部做基礎研究，像茉莉山（Murray Hill）作法，是故意設計得像學校的校園，所以進到茉莉山（Murray Hill），進到辦公室或者研究室，感覺上跟進到高校的感覺蠻像的。茉莉山（Murray Hill），全部是研究人員在一起，研究人都在一起，它就創造出一個很好的研究的環境。它的壞處是這些研究人員，跟其他人之間的距離就比較遠。

惠帕尼（Whippany）做一些軍事項目，惠帕尼（Whippany），由於與軍方的關係，進去以後，尤其以前沒有改裝前，進去真的感覺是好像到了一個軍事機構。

惠帕尼（Whippany）當初由於跟軍方比較有關，因爲在二次大戰結束以後就進到韓戰，韓戰結束以後，有很長的一段時間，美國跟蘇聯有所謂的冷戰，所以關於軍事方面的研究跟發展，對美國來講一直是很重要的，今天還是很重要。

當初由於在技術方面有很多跟軍方有關的事情都是跟通訊有關，當時貝爾實驗室在這方面是非常領先的。所以美國軍方，國防部跟貝爾實驗室有一些祕密性很高的特殊研究跟發展項目，這些項目很多都是在惠帕尼（Whippany），在紐澤西做。我加入的時候，我們還是做了很多軍方的項目，不過自己從來沒有參與過。

後來慢慢地，由於其他的公司的能力越來越強，貝爾實驗室也不太願意做太多的軍方方面的東西，因爲做軍方東西需要很高的機密性，並且做的東西不能拿出來商業化；這跟公司本身的宗旨，和公司本身的業務並沒有太多的重疊。AT&T貝爾實驗室當時的高級領導決定做這些項目，主要是別人沒辦法做，或者別人沒辦法做得像我們那麼好，所以去做。慢慢地希望越做越少，等到一九八一年以後，可以說是不做軍方的東西了。惠帕尼（Whippany）這個地方也就變了。本來是做軍方的項目，等到軍方的項目逐漸不做了，剛好就在這邊發展無線技術，一直到今天就變成所謂無線系統的研究發展的大本營。

當時貝爾實驗室其他研發的分部都比較小。霍姆德爾（Holmdel）可以說是比較特殊的例子。

我當初能夠到霍姆德爾（Holmdel）去做，覺得也是一件非常幸運的事情。常常有的時候人做事情當時自己不知道，無意中就跑到一個很好的環境裡，英文叫 Serendipity，就是沒有想到的一件事情，當時自己還不知道。

霍姆德爾（Holmdel）是在紐澤西的中部。離開紐約城已經算是蠻遠的了，開車差不多要一個鐘頭多一點。環境也非常好。霍姆德爾（Holmdel）由於占地很大，整個的草地跟花園，再加上樹，層林盡染很漂亮，整個建築也是特別設計的。所以貝爾實驗室就從各種客觀的條件來看，所有的地方，大概霍姆德爾（Holmdel）應該是最好的一個地方。

進到霍姆德爾（Holmdel）有一個很有趣的事情，就是開車進大門的時候，先要經過一個很大的水塔，水塔在美國是一個很普遍的現象，就是水的壓力不夠，建一個水塔，把水打上去，然後再利用地心引力，自來水的分佈上就比較好。霍姆德爾（Holmdel）一進去的時候，水塔的造型，很像當初貝爾實驗室發明的第一個晶體管。水塔是根據當時晶體管的模型來造的。所以一進去的時候，就是給進去的訪客或者任何人第一個感覺，提醒大家這是一個高科技的研究發展的地方，這晶體管是當初貝爾實驗室發明的。

霍姆德爾（Holmdel）是一個很大的辦公大樓，裡面可以容好幾千人，這個大樓跟別的地方不一樣。霍姆德爾（Holmdel）一開始設計的想法就是說要做比較近代化的一個研究發展中心，它裡面一共有四個樓，每一個樓都六層高，這四個樓之間，把它整個蓋起來了，所以中間有一個很大的室內的空間。進去以後，在裡面工作，感覺跟到普通辦公室差不多，可是你一出來，走到整個樓的中間，是很寬敞的一個室內的，等於是一個花園一樣，裡面種了很多各種不同的植物，感覺非常舒適。屋頂是一個玻璃的頂，是毛玻璃，陽光經過不透明的玻璃進來，就是中庭的室內花園，感覺上是一個很好很溫暖的環境。外面是很大的一塊地，上面種了很多樹，很多草地，所以平常很多人也到外面去散步，尤其是天氣好的時候，常常看到很多同事，在草地上散步，還有一些小湖。整個環境非常的舒服，空氣也很好。

它的設計，使得不同部門的人，都有很多機會交流。比如像餐桌或者是會議室，都是在同一個地方，所以在裡面，大家都做不同的項目；有人做基本的研究，有的人做跟電話有關的一些系統的開發，有的人做系統工程，有的是做一些其他的東西；差不多什麼樣的人都有，很多學的不同，做的東西又不一樣。它的多元化，是一個非常好的設計；同事之間有機會學習不同的東西，知道別人在做些什麼，是極爲良好的環境。有時候開一些研討會，讓不同的人來演講，大家又可以去聽，看看別人在做什麼，有的時候你在餐桌邊或者在會議室，或者在裡面花園，或者外面走，都會碰到不同的人，可以談不同的一些事情。這樣互相激勵，是一個非常好的想法跟做法。我做這麼久，在不同的地方，覺得霍姆德爾（Holmdel）這種方式，作爲純研究和發展來講，大概是一個最好的設計。

任何的辦公室設計，當然有它的好處跟壞處。這種環境對科學家來講，對他創新跟創造能力來講，有非常正面的作用。這個的壞處在什麼地方？壞處當時沒有太大壞處，壞處主要是做研發的人員，隨著時間推移，市場的壓力越來越大，跟業務、銷售人員還有跟客戶之間的距離就比較遠。因爲這麼大的環境裡面，這幾千個人大部分都是技術人員，學技術的人做研究發展，比較有興趣跟做研究發展的人在一起，跟他的興趣比較接近，談起來也比較有意思，內部的凝聚力很大。可是跟外面的環境，距離就會稍微遠一點，尤其是跟銷售人員或者市場人員，跟客戶之間的距離就變得更遠。所以像這樣的一種結構，對於今天的環境，可能就不見得很適合。

霍姆德爾（Holmdel）的好處是研究人員跟不同的系統發展的科學家、工程師，很多不同的人都在一起。

現在趨勢，作爲研究和發展的中心，地方不要太大，因爲地方太大，大家向內看的吸引力太大；往外看，跟外界接觸就相對來講就比較少，這樣對整個團隊的能力就會有一些不好的影響。

實驗室單位

我當初進到貝爾實驗室，它稱作 Bell Laboratories，就是以一個實驗室作爲單位。公司總共有一兩百個實驗室，但是每個實驗室有一位主管，就是實驗室總監（Lab Director）。

每個實驗室有大有小，要看它要做的東西。一般來講，做基本研究的實驗室都比較小，因爲普通做基本研究，都是自己一兩個人做，團隊都很小，人也比較少。做系統發展的實驗室通常比較大，因爲需要多一些人做硬體、軟體跟整個系統的研發，所以團隊也比較大。

實驗室這個字，有時候會給人家一種誤會，以爲實驗室就是幾個人穿白的長袍在那邊，倒些瓶瓶罐罐。我們很早當然也有這樣的人，做一些基本的物理化學方面的研究，可是這些人並不是很多。我們得諾貝爾獎的人，很多都是做一些很基本的研究。

可是更大多數人呢？在實驗室裡，是以一個產品，作爲一個實驗室的主要的主題。所以一個實驗室，小的實驗室可能只有幾十個人。大的實驗室有幾百個人。一百多個實驗室合起來，就是我們這個所謂的貝爾實驗室。每個實驗室都是有一個實驗室的總監（Lab Director），總監的上面，還有兩三級的領導，就到了貝爾實驗室的總裁的位置。然後下面，也是差不多有兩三級的領導，就到了科學家工程師的位置。總共大概是五、六層的這樣結構。然後每個實驗室，基本上是一個單位。這個單位目標很明確，所以你看實驗室的名字，就知道它大概是做什麼的。如果是做研究的；比如說是數學研究，數學裡面有不同的數學。或者物理，不同的物理，他就把這個物理寫出來，譬如，這個是做高能物理研究。我們就知道這個實驗室是做些什麼了。我們另外一個實驗室可能做產品，那時候我們做四號交換機，我們知道它做長途交換的。五號交換機（No.5 Electronic Switching System），它主要是做交換。像我在七〇年代，跟八〇年代，主要做的，都是在「交換」（Switching）這個系統。

交換是電話系統裡面的靈魂，是最重要的，也是最複雜的一部分。所以在電話系統爲主的時候，交換也就是說最重要的一部分。我們這個交換系統，基本上是以一個交換系統裡面的，比如說一個機器、或者是一個系統，作爲單位。這個實驗室，主要是所有的人做技術方面的工作、或者是做一些研究方面的工作，可大部分，是做一些設計發展的工作。就是把一些實驗室已經做了一些很基本的一些研究理論，怎麼樣用最好的技術、最好的方法，最快的時間把它變成一個最新的功能、最新的產品，在市場上面有競爭力。那時七〇年代競爭的觀念不是很濃厚，就是怎麼樣把這東西做出來以後，會代替原來的一個產品，然後在品質上面會做得更好，在價錢上面會做的更便宜，就是成功了。

電話系統構成

我剛開始加入的第一個實驗室，主要是做跟交換系統比較有關的。這個交換系統在電話發明的歷史看，電話系統主要的目的，是要讓有兩個擁有電話的人，可以經過通話的系統來通話。

我們用最簡單的想法來看電話系統，大概有三樣最重要的東西。第一個當然是電話機，就是講話的兩邊，各自要有一個電話機才能夠通話；第二個，是要有一個傳輸系統，也就是說，兩個電話之間，要由電話線把它連起來，就像我們家裡電話都有一條線。當然這些都是在無線電話發明之前的事情，即使無線電話，你可以把它當做是一條無形的線，經過基站接到交換機上。做交換、傳輸的這條線有的時候很細，而交換系統之間這條線有時候又很粗，有很多不同的電話可以同時進行。今天當然用光纖的話，傳輸的能力強了很多。所以第一個重要是要有一個電話機，第二個是要有一個傳輸系統，第三個就是交換系統。所謂交換系統就是說把兩個不同的電話，電話甲跟電話乙，他們如果要通話，電話甲打了電話乙的電話，電話系統需要知道，根據這個號碼，然後把信號收到，送到乙的電話上面去，讓這個電話開始有鈴聲，然後乙開始可以拿起電話，兩個人可以講話。所以，有這三樣東西，電話機、傳輸系統跟交換機，一個簡單的電話系統就可以投入應用了。

這裡面，電話機當然是最簡單的了，電話機做到一個程度以後，看一看都可以做了。像今天的手機比較複雜，因為它把網路做進去了，所以除了數位通話，還可以加許多各式各樣的應用。當初只為通話的電話機很簡單，沒有太多的有智慧的東西，重要的是要把它做得非常的牢靠。

第二個是傳輸系統。傳輸系統的複雜性要比電話機高很多，它基本上是把一個信號從一個地方送到另外一個地方，可靠地把它送過去，這也是傳輸系統基本的精神。

眞正的比較複雜的東西就是在交換機上面，所以眞正的智慧，以及後來加入了很多的軟體，都是在交換上面，這裡面需要做的，主要是交換，後來又加了一些功能。

交換系統起源

電話剛剛發明的時候，電話機當然很簡單，傳輸機就是一個電話線，交換機是當初用技術傳遞到這層，沒有辦法設計一個自動的交換機。開始的時候都是用人工來做，如果你打電話給某人，你就把電話拿起來，搖一個號碼，打到接線生那兒，告訴他你要接哪一個號碼、哪位先生、哪位女士？比如說你想跟第五十個人打電話，接線生有一個很大的鍵盤，看一下，就把一根線插在你電話上，另外一根線插到五〇號用戶上面，兩個人就可以講話了。他就在鍵盤上把這兩個電話連起來了，那個鍵盤跟那位接線生和通訊的過程，就是最早的交換系統。鍵盤是交換的連接，接線生是負責一些跟智慧有關的功能，交換原來都是人來做的。

接線生業務 速度慢

最早的電話都是用這個方法來做的。到後來，發現用電話的越來越多，數量越來越大，接線生的要求越來越高。沒有多久就有人做了一個數學上的研究，以電話的成長量來講，到最後把所有的美國的人都拿來作接線生也不夠了。一個人接線，速度很慢，到最後人那麼多，也不知道誰給誰，變成一個很複雜的東西。如果由人來做，基本上不可能。

我進去的時候，打長途電話還是有很多不同的打法，很多的長途電話，還是需要經過接線生，因為長途電話當初還是一個很貴的東西。如果拿起電話來直接撥，能夠完全都是由機器來處理，所以價錢也就最便宜。

打長途電話的時候，因為計費方面的一些問題，比如對方付費電話（Collect Call），有的時候還不能直接打，打到家裡或者打給親戚，向被打的人收費，所以打之前，你問他說，你願不願意來付這個錢？被打電話的人，接受電話的人，假如是莫名其妙的人打電話來說，要讓他出錢，當然就說不。但這個假設說「不」的話，它電話就不能接通，就沒有人付錢。

或者，我在外面用公用電話打，打過去，我也不好意思讓對方付錢，可是我自己也不能口袋帶那麼多錢幣，所以有時候就跟這個接線生說，我要打電話給某某人，請你把這個帳算到我家裡的電話，這樣也可以。當然這個接線生就要先打電話到你家裡去問，你願不願意接受付費。

電話打的方法雖然有些不同，基本的也就這麼幾種，並且問的話也都差不多一樣；就問你願意接受嗎？你叫什麼名字？等等。其他沒有太多的學問，可是全部由接線生人工來做，就很麻煩。

對方付帳，其實最大的原因就是做生意。做生意的時候，因爲美國長途電話分幾個不同的層次。長途也可以說長的很遠，從西海岸打到東海岸，這當然是長途；有的長途電話只是在你的區之外，比如說住在一個城裡面，在城裡打是算是當地的電話，打到城的外面，由一個城打到另外一個城，雖然距離沒有多遠，就算長途電話。這種長途電話的費用，比起眞正的長途電話便宜很多；比在城裡面直接打電話，要貴一些；所以就是有不同等級的長途電話（Toll Call）。

眞正的數量最多的是做生意的，也就是今天我們在美國有很多是 800，888 電話，譬如說你打到一個地方去，你先撥 1，再撥 800，然後再撥一個號碼，這很多都是長途電話，自動由接電話的人來付錢。爲什麼要這麼做？就是因爲這做生意的，他鼓勵人家都來問他，有沒有什麼商品，或者是來郵購一些東西。如果打電話要由打的人來付錢的話，很多人爲了省這點錢就不願意打了。對賣東西公司來說，他鼓勵多做生意，會跟電話公司有一些協議，它的數量很大，所以每一個電話的價錢並不是很高。這是我在貝爾實驗室同事發明的一個東西，我們當年還沒有這項發明。這是一個蠻重要的發明，對整個商業電話做生意，有很大的好處。

接線生業務　價錢高

由於電話越來越普遍，雖然打長途電話已經越來越便宜，可是這價錢還是蠻高。接通電話這些事情，基本上都是要有接線生來做，我們還是用了很多接線生。所以在長途電話裡面，接線生數目非常的多。每年就在這一方面的業務，接線生的人數也是越雇越多。雖然長途電話非常賺錢，可是在這一方面，每年的開支也非常大。

不但開支開銷非常大，另外還有一個很大的問題，找接線生的問題。這樣下去，我們雇不到這麼多接線生。

電話剛發明沒有多久的時候，在美國基本的觀念，很多女的，不管結婚還是沒有結婚，做事的比較少。後來，做事的人越來越多，很多就做接線生一類的事情。可是慢慢隨著教育程度的提高，接線生市場上機會越來越多，男女平等的觀念也越來越濃厚，所以很多女性覺得做接線生這件事情，沒有什麼道理，工作很辛苦，收入又很低。她寧願去受一些教育，就可以做別的事情。可是打電話的越來越多了，特別是長途電話也是越來越多了，打的越來越多，接線生的需求，也越來越高。

於是很快的，用電話的人數逐漸多起來以後，交換用人來做就是一個很不實際的事情。速度會很慢，價錢會很貴，因爲人的工資和福利等等的開銷蠻高。

接線生業務　不可靠

第三個最大的問題是不可靠，人做這件事，其實並不是最理想的，凡是跟人有關係的東西，就容易犯錯，是人一定會犯錯。機器只要教它做會一些東西以後，它就一直下去，機器會犯錯，做對了以後要犯錯就很少。人的話，做到一個程度以後，或者是疲憊了，總是會犯一些錯。

如果速度慢、價錢高、又容易犯錯，這個問題就越來越大。再這樣下去，根本雇不到那麼多接線生，這是當時我們在六〇年代、七〇年代初，碰到的一些問題。我加入的第一個實驗室就是研究發展做出一些新的機器來，把以前很多接線生需要做的事情，都把它自動化了，就是等於用電腦來幫它做。

所以電話系統發明沒有多久，就開始做自動交換機了。就是現在打電話，不需要先打到一個人那裡去，請他幫我接。而是我就撥一個號碼，這個號碼就是我要想跟他通話的號碼，然後經過一個自動的交換機，用機器來幫我連接起來。這樣準確的程度高，速度也遠比人要來得快，價錢也會低廉。所以整個自動交換機的觀念，其實很早就有了。我們只是在不同的時候，用不同的技術，讓它來做交換。

到今天爲止，電話交換機技術已經是一個很成熟的技術了，可是不管你是用手機也罷，或者是用有線的電話也罷，用的最多的還是這個交換的作用。就是我撥一個號碼，經過不同的交換機，那邊的電話就會響。響了以後，他接了，我們倆就可以通話了，對絕大部分的人來講，最重要的應用還是這電話交換的功能。

第十三章　初到貝爾實驗室

一九七一年，我加入貝爾實驗室的時候，當時的自動交換機，我們叫做 Electrical Mechanical，差不多都是用電的，可是交換本身，還是用一些機械方面的東西做，叫作橫桿（Crossbar），橫桿（Crossbar）是機械的。不像今天的交換，可以完全是用電子來做，做的很小，用電用的很少，速度又很快。一九七一年出的交換機，還是用了不少的機械的東西，可是它的速度已經遠比人要快很多，並且價錢要低很多，犯錯也很少。所以這方面，已經隨著技術不斷地改進，往前進步。

接線生還是有些事情需要做，比如對方付費電話，要對方付費的話，基本上還是要人問對方。可是有很多東西，本來是由人做的，現在都是機器來做。這樣有什麼好處呢？這樣，接線生負責讓一個電話接通的時候，所需要的時間就會減少很多。基本觀念是我們那時候做這個機器，主要是用它來幫助接線生，使得接線生在接通每一個電話，原來可能要花很多時間，現在只要花其中的一部分時間；比如說本來要花五分鐘、十分鐘，現在也許只要花一分鐘或半分鐘。如此一來，一個接線生由於機器的幫助，可以處理原來的五倍甚至於十倍的電話的數量。儘管機器當時很貴，但用久了以後還是比人工要便宜很多。我們這個實驗室就做一些這樣最新的機器。當初這是一個很新的觀念，機器本身也是很新的。所以第一個機器做出來，在做的過程中，就發生了很多問題。

硬體方面的問題比較少，軟體方面的問題很多。因爲那時整個通訊軟體的技術，還處在一個萌芽的階段。電腦軟體也是如此。當初做軟體的，差不多都是硬體出身的人，像我們這種在學校裡開始學軟體做軟體，在公司裡還很少。當初軟體用的語言，也是一個非常低階的語言，後來用的比較高級比較容易用的，像C, C++這種語言，還沒有發明。當初都用底層跟機器比較接近的，我們叫做彙編語言（Assembly Language）。這語言用起來也不好用，學起來也不好學，所以整個技術的層次比現在要低了很多。

工作量的估計也差的很遠，大家對軟體很不瞭解，估計時常常是低估了很多。比如說做一件事情可能要一兩千行的代碼，估計的時候可能是估計五十行或者是一百行，因爲沒有做過，所以這個差距很遠，因此在設計裡發生了很多問題。

另外一個很大的問題，就是設計出來的時候發現，當初覺得這個機器可以做很多事情，比如說可以幫一百個接線生，可以幫他們省八〇%的時間，可是眞正設計出來的機器模型，卻差的很遠，機器研發花了很多錢，但最後做出來的結果，只能達到原來需求的十分之一或者五分之一。

一下子碰到很多的問題也不知道怎麼解決，因爲這需要一方面對這個實際的機械的操作，實際的軟體的操作要有很清楚的瞭解；另一方面，對整個數學上的模型，怎樣做出一個模型，然後用數學來分析它，找出問題所在，在理論上有些根據，發現眞正可以做到什麼程度，然後再看實際跟眞正的差多少。

這些當時大家都在摸索階段，所以繼續做做，做到一個程度以後，發現問題很大，當時的人沒有辦法解決。雖然貝爾實驗室有很多高手，可是這是一個新東西。高手要解決他碰到過的問題比較容易，可是碰到一些新的問題，大家就有點茫茫然了。

導師推薦　解決交換自動系統問題

準確一點說，當初貝爾實驗室的一位經理，跑去找我在加州大學洛杉磯分校（UCLA）做論文的導師柯藍洛克（Kleinrock）博士，特意要我來解決這個問題。

找我以後，請我到霍姆德爾（Holmdel）來談一下，把問題也跟我講了一下。我就開始給他們講，如果是我的話，我大概會怎麼樣來著手解決這個問題，他們覺得蠻不錯的。因爲這個東西，他們有很多實際的經驗；我則從另外一個角度來看這個問題，我們覺得這樣合作起來，可能會很快地至少瞭解這個問題，然後開始解決。所以他們很希望我能夠參加這個團隊。我當然有興趣，並且我一向對貝爾實驗室的印象也很好，雖然已經差一點就要跑去別的地方，要去教書什麼的，後來還是覺得這個機會很好，我就到貝爾實驗室去了。做的第一個工作就是這個工作，立刻就跳進去，跳到原來設計的這些團隊開始去找問題，去瞭解這個問題。

我從唸書開始，一直到做事做這麼久，基本上有一個理念，就是要解決問題，主要是有兩個步驟，講起來很簡單。

第一個就是，你一定要瞭解問題在哪裡，第二個瞭解問題以後，再想辦法去解決。聽起來很簡單，可是眞正這樣做的人很少，我碰到的大部分的人，總是在問題沒有瞭解的時候就去解決它。不管在什麼地方，在美國也好，在中國也好，大家都是碰到解決問題的時候不知道爲什麼，可能是這個人性吧，很想馬上就把事情解決掉。所以常常不太願意花時間去瞭解問題。

我並不是建議花無休止的時間，有些人一輩子就是做事情很慢，老是說我們有什麼問題，再研究研究，老是不能得出一個結論，這樣的人也不少。這樣的人跟急於跳下去解決問題，我覺得是一樣的，都是沒有瞭解問題眞正在哪裡。有些人是太急著想去解決問題，有的人是太慢，問題的癥結都是不瞭解問題。我們只要想想看，你不瞭解問題，你不可能解決問題，你解決的問題多半不是眞正的問題，所以越解決問題越大。你要瞭解問題，事實上是解決問題的第一步，是極爲重要的一步。可是眞正能夠好好地去這樣做，頭腦很清醒地去這樣做的人，其實不是很多。

我先回應另一個問題。有些人常常問我說，什麼樣的人叫做人才？我覺得人才其實很簡單。人才基本上要達到兩個條件，第一個是頭腦清醒，第二個是能夠解決問題。頭腦清醒，就是頭腦清楚，碰到什麼事情，可以把問題看得清楚，我該做什麼？主要的挑戰在什麼地方？基本的問題在哪裡？頭腦清楚的人可以看得出來這些。

第二個是看出來以後，能夠去解決問題，有人頭腦很清楚，可以看清楚問題，可是他不能解決問題，他不會處理，他只能夠做分析。可是能夠做分析，把這個問題分析得很清楚，已經不錯了。既能把問題看得很清楚，又能夠去解決問題，這樣就是眞正的人才，這樣的人很少。第一個頭腦清楚就不是很多，頭腦清楚又能夠解決問題的，這樣的人眞的並不是很多。

言歸正傳，我去了以後，發現基本的問題還是在這裡。大家都想解決問題，可是解決了半天以後，當我問他們問題在什麼地方的時候，沒有人能答得出來。每個人的答案，都是從自己看到的那一方面，像是瞎子摸象，每個人看的都是不同的部分，提的都是不同部分，看到的東西就不一樣。看到的東西不一樣，這時候應該把每個人看到的不一樣的東西，合到一起，拼成一個大的圖，這樣大家看到的東西就一樣了，然後再一起來解決問題。

可是當時跟現在也一樣，大家都不願意這樣做，每個人都說這是我看到的，我覺得這個問題是這樣；另外一個人就說這是我看到的，我覺得問題是這樣。當然另外一個就是說，做硬體的就是說硬體做的多好，都是軟體做得不行；做軟體的說我軟體做的多好，都是硬體做得不行；其他的說當初做這個設計、做系統工程做得不對；做系統的人就說當初做研究的人做得不對。反正簡單來說就是，我做的沒有問題，都是你們有問題。

一般有了這種態度，問題就很難解決，因爲基本上有這個問題，多半是每個地方都有一些問題，大家一起來看，看到眞正的癥結在什麼地方，解決起來會快很多。我當初進去以後，碰到的問題也是這樣。大家都各有一套說法，可是每個人的說法加起來都不是很合理；加上技術，技術還是比較落後的，有些東西也不知道是怎麼回事，所以這個問題到了一定程度以後，問題看起來變得很難解決。

找出問題

我去了以後，因爲我剛剛去，大家就說，來了一個新人，看看他有什麼想法。開始進來的時候，我記得大家覺得還蠻緊張的，因爲都怕我說是他們那部分做的不好，這樣面子上就會很難看。可是我的做法完全不一樣，我就先去跟大家談一談，拜訪每一個人，問說你覺得問題在哪裡？讓大家談，從他的角度來看，大概什麼地方有些什麼不對。每個人分開來談了以後，我逐漸地可以拼出來整個的圖，整個的這個系統，感覺出來以後，然後覺得大概問題是在哪裡。

其實眞正的問題，常常都不是某一個人做得不好，而是在接面（Interface）的地方，大概有一些問題。我跟每個人都談了以後，做了一些簡單的數學上面的模型，做了一些分析，然後感覺大概什麼地方可能有些什麼問題。有一些是基本上的假設，有一些不對；有一些是在執行上面有偏差，就是在接面的地方沒有銜接的很好。所以我就把我的假設都寫下來，把簡單的分析也寫下來，然後就請大家過來，一起來談一談。

我一方面對每個人的意見我都接納了，大家都覺得蠻高興，因爲他們講的時候，我都很仔細地在聽。對我來講，這是一個新的東西，我不仔細地聽的話，我根本不知道到底怎麼一回事。然後，就是根據大家的講法，我把它湊起來，我覺得大概有下面這些問題，看大家的感覺怎麼樣？

另外一點，我希望今天我們討論問題的時候，是討論問題的所在，不要來解決問題。我的感覺是，瞭解問題和解決問題最好把它分成兩個步驟；否則常常會一邊想瞭解一邊想解決，反而問題會越來越多。

現在我剛到貝爾實驗室，我又想做一個比較大膽的嘗試，就是我們大家先同意，今天這個會來決定問題在哪裡，如果我們今天這個會開完以後大家能同意，問題大概在哪裡的話，我們回去想想，下次很快地再來看怎麼來解決這個問題。如果不能夠同意問題是什麼，就想去解決，我想是不行的，不同的人解決的是不同的問題，到最後一定會有誤差。這些人資格都比我深，有的人資格比我深很多，他們覺得這個想法很有趣，因爲從來沒有人這樣眞正的把它分的這麼開過。今天我這樣的提議，大家有興趣的話可以試一試。對於個人的威脅性可以說是已經不存在了，碰到問題就等於教大家客觀地來看問題到底在什麼地方。

所以大家就開始開會，然後根據我做的一些分析討論。而我的分析，也是根據大家給我的一些意見，加上我自己看了一些關於這個系統的描述。發現有一些我講的東西是我做的假設是合理的，有些假設並不是很合理，因爲我對這個系統並不是很瞭解。根據大家跟我講的，講的時候，中間有的時候講的不是很清楚，有的時候我瞭解的也不是很清楚。所以大家就開始討論，就是對事不是對人的一個討論，所以氣氛就還蠻融洽，有些討論得還蠻尖銳的，可是基本上是對事不對人，所以大家的意見可以充分發表，不會感覺到很多人身攻擊或者威脅。

這個會開下來，開了幾個鐘頭，大家基本上也同意問題到底是哪幾樣。其中有一些是我原來的假設，另外有一些跟我原來的想法還是差的很遠。他們對系統的瞭解很深，所以更具體，我做了一些功課然後再來，等這個會開完了以後，基本上大家同意，這幾個問題就是我們眞正的問題了。這個會開完以後，感覺上都蠻好，覺得我們眞的是有了一些進展。

隔了兩天以後，我們大家又回來，回來以後，大家想了想，在問題方面，大家都同意了，雖然做了一些小小的修正，基本上已經覺得這些大概就是眞正的問題。

解決問題　瞭解機器上限

下一步就是大家分工合作，根據各自不同的經驗，做一些解決問題的提案，就是我們該怎麼樣解決問題？我也跟他們一起合作，做一些模型，做一些分析，然後看看怎麼樣？因爲問題瞭解了，然後再解決起來就比較容易，大部分問題幾個禮拜就解決了。

可是有一些問題，當初的假設是不正確的，由於大家對於這個軟體、對於這個系統，對於這個機器的能力瞭解有一些誤差；所以當初估計過分的樂觀，覺得這個機器可以做很多事情，可以取代很多以前接線生做的事情，事實上機器人的能力並沒有那麼高，它取代的也沒有那麼多。等到瞭解了這個問題以後，我們就知道這個機器能做到的上限怎什麼樣，對整個機器做出來以後的能力就往下做了調整。這樣做調整的時候，雖然大家不是很高興，覺得打了一個折扣，可是基本上機器還是一個非常好的機器，對公司來講這還是很好的商業案例。只是原來過分樂觀，原來的樂觀是建立在對機器不瞭解，不是眞正的瞭解。

我們做這個事情，是一個美好的結局。對機器整個的運作比以前好了很多，有了更深的瞭解。我們當然也知道了這個機器到最後能做的，在此基礎上再往上加東西，就比較容易做了。這就是我進貝爾實驗室的第一個任務。

對我來講，可以說學了很多東西。

第一個是，對於團隊的瞭解。以前我做的事情也是有一些團隊，但是那時所謂團隊和現在的不太一樣。就是即使我在NCR做事，我們大家設計一個電腦，大家做的事情非常類似，只是在類似裡邊把它分工一下。這次這個系統比我們以前做的要複雜，並且軟體、硬體，很多東西都是以前我們沒有學過、沒有見過的東西。所以等於說一方面要解決問題，另外一方面眞正要有不同的人，有不同的專長，大家一定要合在一起，這個問題才能夠瞭解，才能夠解決。如果中間缺一兩環的話，這個事情就很難辦了。

所以說對這個比較大的系統，這是第一次接觸，然後就發現眞的是要有一個分工合作，分工合作是有它的必要性。分工合作最困難的地方就是說分了工以後怎樣合作，使得每一個人不管他做哪一方面，覺得他做的東西都非常重要，他的想法都非常被重視。一個人覺得自己的想法被重視以後，他也開始會重視別人的想法，如果老是覺得自己的想法不被人家重視，他就會可能用盡他的能力去表達他不被重視的想法。所以團隊互相尊重，互相合作，是一件非常重要的事情。事實上，當初這些人對這個系統各方面的瞭解也都在那裡，可是由於種種原因不能夠做一個團隊。大家反而有很多的誤解，並且有很多互相的人身的攻擊。事情如果要是對人不對事，就很難解決，幾乎不可能解決。如果要是對事不對人的話，這個事情就容易解決多了。這是第一個，第一個得到的一個經驗，是非常寶貴的一個經驗。

第二個，電腦和通訊系統之異同，這是我第一次接觸到的一個通訊的系統。這個通訊的東西，對我跟我以前在學校裡面唸電腦有些東西相近，有些地方很不一樣。通訊系統基本上也是硬體、軟體合併成一個系統，跟電腦在這方面也非常接近。可是通訊跟電腦本身在性質上有一個很大的差異，我讀書的時候隱隱約約地感覺到，可是並沒有實際上的有這種經驗，所以感受並不是那麼深。

電腦系統 數據完整性

電腦系統一般來講，至少我學的時候，跟我進貝爾實驗室的時候，基本上可靠性還是很差的，軟體不是很成熟，硬體也常常有問題。電腦的主要的技術就是讓它速度越來越快，可以做更多的事情，同樣的事情可以在更短的時間裡做出來，這是它的長處。它的短處就是因爲電腦是單一的處理器，這個處理器有一點問題或者裡面有一些其他的問題的話，因爲每個電腦都是只有一個處理器，一出問題這個系統就會很快當掉。所以電腦，尤其是大的電腦，那時候個人電腦還沒有出來，每個禮拜常常當機，每個禮拜當幾個小時是很平常的事。所以對電腦來講，當機本身並不是一件什麼了不起的事情，大家都覺得當了就當了，就去喝杯咖啡，等它修好了再說。電腦重要的是裡面的數據絕不能出問題，因爲電腦處理的東西都是很重要的一些數據，常常是很複雜，很重要；比如說一個銀行的存款，或者是什麼其他公司裡面行銷的數據，這些東西不能說一當機的時候，這邊多了一個零，那邊少了一個零，這個問題就會很大了。

所以電腦上的基本的觀念，就是說這個系統不是很可靠的，隨時都可以當掉，並且它眞的會當機，但是它當機的時候對我來講最重要的是什麼呢？不是說讓它不當，這是不可能的。當的時候就是把數據保持它的完整性（Data Integrity）最重要，因爲這個數據發生了問題的話，我的問題就很大，我就沒有辦法回到原來位置。我要我回到原來正確的數據，要由人來做，這個問題就非常大了。當機是可以，可是至少要維持數據的完整性。所以在做電腦很多處理的時候，做一下就把數據收集了放到磁碟上面，做一下放到磁碟上面。電腦一當我回到原來的磁碟上面，幾分鐘以前的這個數據還是正確的，我損失的就是幾分鐘的東西，問題不是很大。

通訊系統 可靠性

通訊系統，我原來對它不是很瞭解，進到貝爾實驗室以後，承擔了我的第一個任務，才開始與它有一些接觸。通訊系統的最多要求，不是速度或者容量，而是它的可靠性。通訊的機器一般都比較簡單，至少當初我們做的時候是這樣，現在電腦跟通訊這兩個領域逐漸變成一個領域，就是我們剛才說的融合。通訊系統，開始所謂的電腦化就是用電腦的一些硬體，後來逐漸用的軟體比較多。那時軟體還是非常落後，在電腦方面的軟體，還有很多問題。通訊就更不用說了，它對軟體瞭解的非常少，等於處在啟蒙階段。

通訊要求做的其實很簡單，就像我們做了交換系統，在通訊當初來講，已是最大最複雜的系統。那基本上做什麼呢？就是做兩樣事情，一個就是我們之前談到的交換系統。第二個是計費，他們兩個一開始通話就要算錢，這是長途電話或者是本地的電話，就開始算每一分鐘多少錢，算完了以後把帳寫下來，每個月寄一張帳單給打電話的人，說要付多少錢。基本就是這兩件事情。後面慢慢開始加一些新的功能，比如說插播（Call Waiting），打電話的時候另外一個人打進來，你可以接另外一個電話等等，這些都是後來逐漸加上去的，讓打電話可以更豐富一些。

基本上電話都是比較簡單的一些功能，複雜的功能，雖然做了一些，可是用的人也很少。你看每個用電話的人，很少家裡用很多功能，大部分就是最簡單的能撥通電話，打了以後收錢就是。另外也許加兩三個，比如呼叫轉移（Call Forwarding）到朋友家去。個人到朋友家，因爲等重要電話，所以就把他電話轉到朋友家裡去。可以先設定時間，也可以回家後取消這個功能，第二天轉移自動消失，電話接聽功能還是留在家裡。這些功能都是比較簡單，稍微複雜一點的話用的也很少了。

可是電話最重要的就是要可靠，爲什麼電話要可靠？這跟電話當初演進，從發明以後開始，大家對電話的依賴性有很大的關係。基本上我碰到任何重要的事情，或者是緊急的事情，第一件事情都是打電話。電話打得通打不通是件非常重要的事情，這個電話打不通影響會很大。失火的時候電話打不通，耽誤一段時間，受到的災害程度就可能差很遠；一個人如果身體上遇到一些緊急狀況，電話能不能打通，能不能很快得到一些幫助，生死攸關。電話打通、打不通極爲重要，電話的可靠性是最重要的一件事情。

電話的要求是可靠性。電話系統的可靠性是四十年裡面故障停機時間不能超過兩個小時，也就是說每一年停機時間不能超過三分鐘。這個數字當初怎麼來的？我進去時這個數值已經在那裡了，大家就把它當做一個寶典，沒有人去懷疑。可是到底這個東西怎麼來的也不知道。直到後來有一次我跟一位年紀比我大蠻多的一位實驗室主管（Lab Director）談起來，他說是他們幾個人發明的。我說你當初爲什麼定這樣一個數值？是不是經過了很多的研究，他說也沒有，只是說，當初上面的這位領導跟他們講，說我們需要有一個目標，我們的電話系統一直說可靠、可靠，這非常好，事實上電話系統也是非常可靠，可是到底有多可靠呢？我們需要把它數據化一點，這樣人們才知道到底有多可靠。就問他們幾個人，他們應該是這方面最好的專家，這幾個人被問了以後，回家去想了一下，大家就開始討論，討論不出來，只是說可靠，到底有多可靠，你不可能電話完全不當機也不可能。所以到最後，他們就這樣談談談，有個人就說，我們這個每年三分鐘，四十年兩個鐘頭怎麼樣？這個數值就這樣定了。定了以後就眞的變成一個這個電話系統的非常重要的一個數值。

電話系統當不當機主要是取決於交換跟傳輸，尤其是交換系統。傳輸系統有的時候也會出現問題，比如說下大雪、地震這種天災，有的時候沒有辦法預防的。交換系統比較複雜，所以交換系統停機時間就影響到整個電話的停機時間，以這個作爲單位的話，跟前面我講的電腦每個禮拜就當幾個小時相比，在可靠性來講，大概是一兩千倍差別。也就是說，通訊系統比電腦系統的可靠性是用以千倍來作爲一個單位的，可見它們兩個之間的分別。

可是電腦處理數據的能力要比通訊系統強得多。這兩個領域基本精神不一樣，一個是速度、處理能力爲主；另外是一個可靠性。

電腦是我怎麼用最新的電子的東西，做出一個最快的電腦來，在速度上面跟人家競爭。這個觀念一直到今天還存在，現在我們的處理器，有幾家公司比如說英特爾（Intel），AMD，這幾個公司，有蘋果電腦（Apple Computer），他們比什麼呢？就是比速度。今天我做這個處理器它有多快，明天他又做更快，誰做的最快誰就最神氣。

在通訊系統裡雖然速度越來越重要，可是基本的精神還是可靠性。我如果要把一個東西傳輸出去，不管是語音或者數據或是什麼東西，基本上我一定要傳得過去，速度慢一點沒有什麼關係，可是電話一定要打的通，數據一定要傳的過去。這個還是最重要的，這是我當初在學校裡面覺得隱隱約約有這個概念，可是這種東西，自己不去做的話，實在不能瞭解到眞正的精髓在什麼地方。等到進到貝爾實驗室，很快地發現想法完全不一樣，跟我當初在 NCR 的電腦產業完全不一樣。通訊產品跟電腦產品基本的精神還是很不一樣的。

第三樣東西我在貝爾實驗室學到的，是分享的精神。

還記得我先到紐澤西的霍姆德爾（Holmdel, New Jersey）。霍姆德爾（Holmdel）是在一個很大的樓裡面就有幾千人，什麼樣的人都有。有人做非常基礎的研究，有人做非常實用的產品，有人做系統的分析，只要跟通訊、電話有關的人，從任何一個角度來看，你都可以找到做這方面的人，並且可以找到很多世界級的專家。我記得剛去的時候，其實非常幸運能夠進入到這樣一個環境裡，如果去的時候在一個很窄的領域裡，我有可能在這一個領域裡成爲一個專家，知道很多，可是知道的層面就會很窄。可是我在霍姆德爾（Holmdel），是公司裡最寬的一個地方，公司在這裡做什麼的人都有。你要想跟什麼人談什麼，你都可以找到這樣的人。

開始的時候，我還是覺得有點猶豫的，有的時候譬如我有的地方我不太懂，我就想知道，那麼就問我的同事。同事說我們這裡有某某人，他在這方面是世界級的專家，或者是那一方面什麼樣的專家，你就打電話跟他說，我有些事情要跟你討論。有些人我在做學生的時候，就聽過他們的名字，眞的是世界前幾名的專家，看過他們的論文，覺得這些人眞的是非常了不起的人，現在突然叫我打電話去跟他說，我要跟你坐下來談，覺得眞的好像對他們有點冒犯。

尤其是從東方文化的角度來說，好像不是很舒適的一個做法，可是每個同事都講我們公司就是這樣。最後他講這句話眞是打動我的心，讓我改變的我的想法；就是說你如果去的話，這個人不但不會覺得不高興，還會覺得很高興，你去問他，表示說你覺得在這方面他是一個專家，他會很高興地告訴你。我想了一下，就說那就試試看好了，打電話去，那時候還沒有什麼電子郵件。其實電子郵件可能更客氣一些，若人家不理你或不回就算了，這樣不會很丟臉。那時候唯一的方式就是你上門去找他或者是打電話。我想一下，還是打電話還比較安全。我就打電話去：「我是某某人，剛剛到公司沒有多久，我現在對這方面有興趣，你是這方面的專家，可不可以跟你談一談。」沒有一次我這樣打電話去的時候，對方不是很高興地說，好極了，我非常高興你打電話過來，我很願意跟你談。這些人一般來講都是很謙虛的，而且越有學問的人常常越謙虛，常常說我也不是什麼世界級專家，只是在這方面懂一些，如果你來問我的話，我知道的就會告訴你，如果我不知道，我就跟你講不知道。如果我不知道的話，我也許可以給你介紹另一個專家，請他再跟你談。我就去談了，談了發現眞的就是這樣的，就是完全他所知道的就會告訴你。

令我最佩服的一點，就是這些人是很有學問的，是世界上很知名的人，你問到他，態度都非常的客氣，絕對不會說是我是大師，你是無名小卒，我來教育教育你，而是大家都是以對等的態度來談這個事情，然後談到他覺得，某個東西我雖然知道一些，可是我知道的可能不夠，我們公司有另外一個某某人，他在這個方面才是眞正的專家，你何不找他去談這個問題。這種精神，這種做法，我覺得是讓貝爾實驗室變得非常成功的一個很大的原因。大家都願意，我們都在同一個公司，我們都是同一個團隊，我們所要做的事情，都是爲了整個團隊的好處，所以你要問我什麼的話，我是知無不言，言無不盡，基本上我都告訴你。當然在這個短短的時間，人家告訴我再多的話，比起他的知識來講還是差得很遠，可是對我來講，做事情的話，遠比到圖書館裡一個一個找資料，然後再去看論文，省了很多的時間，所以這個精神我覺得是一個非常好的精神。

這種分享的氛圍對公司持續發展頂尖科技，影響非常大。一個人的氣度，源於他的競爭力，不會吝於助人。若干年後，我積累了一些經驗和能力，不管認識與不認識的同事遇事相詢，我也很樂意分享自己的想法。對於個人而言，不患人之不己知，患不知人也。

第十四章　參與創建台灣電腦工業

一九七三年開始，我在台灣工作了一年，在學校裡教書，並且帶了電腦計畫。

那時清華大學的校長是徐賢修博士，他是當初在中國的清華大學畢業，後來到美國唸的學位，他數學方面非常有造詣。後來去美國的普渡大學教書，教了很多年。他回台灣，開始是在台灣的清華大學做校長，後來台灣政府就借重他的長才，請他主持國科會，應該是國家科學發展委員會，這是一個蠻重要的機構，主要是在科學，包括了技術，擔任部長級單位的主委。他擔任國科委主任委員的時候，開始做籌畫的工作。

那時候也就是他找我回去，做了一年的時間，我在清華一面教書，一面做電腦的計畫。創建了台灣迷你電腦，清華壹號，創建細節收錄於行政院國科會專利（《TH-1 MiniComputer Document, Precision Instrument Development Center, National Science Council, The Executive Yuan, National Tsing Hua University, HsinChu Taiwan Republic of China, June 1975》）這1年，除了最後測試，我們把所有的設計和硬體都做好了。同學們勤奮努力，工作熱忱很高。

我在國科會也兼了一個訪問專家，這也是一個地位很高的位置。雖然薪水只有一份，名義倒有兩個；一個是在清華大學做正教授，訪問教授，另外一個是在國科會擔任訪問專家。我跟徐賢修處得也非常好，但是非常不幸，徐賢修二〇〇一年去世了。他的公子，徐遐生博士二〇〇二年剛好又到台灣的清華大學做校長，這是一段佳話。父親跟兒子的學術方面成就都非常高，都擔任清華大學的校長，非常重要的一個職位。

一九七四年，我一年的任期結束，此前我跟貝爾實驗室約定，也是請一年的假，那時候請假其實也是一個很大的冒險。請假，公司說情形好的話，可以讓我回去，情形不好的話，也不能保證我一定可以回得去，所以當初也是冒了一個很大的險。

到了台灣，自己是在台灣長大的，因爲國際上的關係，中國大陸還沒有開放，到美國去唸書的中國人可以說沒有人回到中國大陸的；這個情況到等到尼克森訪問，然後等到改革開放以後，才能出現，這段時間還很漫長，距離那個時候還蠻早。那時候從台灣去美國的留學人，如果要回國的話，就是回到台灣去做事情。

我去了一年，覺得做得蠻好的，他們也覺得我做的不錯，很希望我能留下來。我就面臨一個選擇。台灣的政府很希望我能夠留下來，因爲當初這種科技方面的人才很少。一九七〇年代的中期，一九七三年到一九七五年那段時間，台灣的高新科技，儘管高新這兩個字還沒有用，但已開始往前走，新竹園區正在籌劃的階段。我回去的時候，也曾經參加了一些籌劃的工作。那時大家都覺得應該往比較高新的技術走，可是怎麼走，大家又都沒有走過，甚至做新竹園區這件事情，對大家來講，感覺上應該是很好的一件事，可是沒有做過，也非常擔心，並且投資非常大，又怕沒有回報等等。所以這中間很多的焦慮與不安的感覺。

因爲在台灣，發展的空間也很大。所以當初也是一個很矛盾的心情，到底是要留下來呢？還是回到美國去？

因爲我在貝爾實驗室事實上工作才只有兩年，兩年裡雖然學到了蠻不少的東西，可是兩年到底時間有限，經驗方面還很不足，尤其還沒有做到管理的階層。所以對一些大的項目，只是作爲一個工程師，作爲一個科學家來參與，而沒有領導的經驗。這種經驗的話，如果留在台灣，就沒有辦法學得到。當然，如果留在台灣，這種經驗自己要摸索出來。所以對我而言，在我的生涯的計畫裡面，這是一個很大的決定。

我面臨的這個問題，對我來講當然可以說是一個問題，可是，這個問題也不能算是一個不好的問題。因爲回到貝爾實驗室來做事情，是一條很好的路。留在台灣繼續擔任很重要的一些工作，事實上，當初徐賢修先生希望我在國科會擔任一些很重要的位置，以我當時的年齡來講，能夠擔任這樣的位置，如果對做官或者是在學校裡發展有興趣，也是一個非常好的一個著力點。

這兩條路看起來都是非常吸引人，所以我當初也是考慮了很久，到底是回到美國來繼續到貝爾實驗室做事？還是說留到台灣？我最後還是決定回到美國，事後來看，是一個很好的決定，因爲我在貝爾實驗室裡繼續學了很多東西。然後一步一步升上來，最後成爲貝爾實驗室有史以來做到位置最高、責任最大的美籍華人。另外，我之後也會提到，對整個的貝爾實驗室，AT&T，甚至於美國的整個華人爭取民權這方面，也做了一些事情。事後回想，我對這個決定覺得非常滿意，一點都不後悔。我如果當初留在台灣，相信也會有蠻好的發展。所以，有時候面臨這樣的問題，一方面也是問題，另外一方面等於說往左往右，往前往後大概總是沒錯就是了。

最後我做這個決定，還是回到貝爾實驗室，一方面我非作這個決定不可，另外的話，跟家裡面情形也有一些關係，當初家裡面發生了一些事情，就是太太得了病，所以要回到美國來就醫，這個決定，可以說是在這種情形之下做的。

第十五章　重返貝爾實驗室

我當初加入貝爾實驗室是在紐澤西州的霍姆德爾（Holmdel），回去以後，還是回到原來的單位，還是回到霍姆德爾（Holmdel）。回到那裡，也是一個很有趣的經驗。

美國通貨膨脹

一九七三年、一九七四年、一九七五年，對美國來講，是通貨膨脹非常嚴重的幾年。當時的一個大的背景，美國的經濟情況不是很好，通貨膨脹又很嚴重，失業率也偏高。這是我那個時候離開貝爾實驗室，爲什麼大家覺得我做的這件事可能是一件很傻的事情。因爲找事情並不容易，貝爾實驗室那時候雇人雇的很少，我雖然是請假，並不是辭職，可是冒險很大。

等到我一年回去以後，發現我當初因爲要到台灣去，沒有買房，由於通貨膨脹很高，房子價錢漲的更厲害，一漲就漲到百分之十幾，一五%到二〇%。

所以整個的問題，就是說一回去，就發現面臨一些問題，既然回去，我當然就要開始買一個房子。可是那時候所能夠買的房子跟一年以前所能買的房子，就要小二〇%，或者貴二〇%，我的薪水基本上還是沒有變，可是物價漲了，漲了很多。整個美國的經濟情況，當時是處在一個不是很穩定的情況。

除了連帶房子這些東西，對我來講，當然不是一個很好的消息。

眼界開闊

除此之外，我能回到貝爾實驗室，就是我原來做兩年做得還蠻好的，當初領導也很希望我回去。那時候貝爾實驗室的工作，是一個非常穩定的工作。所以對我來講，除了在經濟上、金錢上受了一些損失，當然那時候兩個小孩都還小，一家大小搬家，一年之內搬了兩次家，也是一件蠻辛苦的事情。這件事情，當時都是一些比較需要面對的困難，可是事後來看，還是非常值得的。

從正面來看，尤其經過這一年的經驗，讓我對於很多的事情的看法宏觀多了，以前就在學校裡唸書，雖然做了一些事情，做的都是比較技術性很高的事情。在政策面，在整個經濟面，可以說沒有太多的接觸。到台灣去，接觸的都是政府裡的很高層級的官員，所面臨的事情，都是政府裡很重要的一些決策，我那時候才三十歲出頭的樣子，能夠有這樣的機會接觸這麼多在台灣政府裡很有決策力的領導，對於後來台灣有非常大的貢獻的人，能夠跟他們很近距離的接觸，在他們的領導下工作，這種經驗是彌足珍貴的。

第四部・貝爾實驗室（美國）

1974—1999

第十六章　美國進入高速發展期

一九七四年到一九九九年這二十幾年，我都在美國的貝爾實驗室。對我自己來講，這是各方面發展非常重要的一段時間。當然，美國在這段時間也發生了很多變化。所以我想先來談一下美國整個社會在這二十幾年裡的一些大的變化，然後再談我自己的情形。

美國經濟七〇—九〇年代

美國的經濟，基本上是市場經濟的一個形態，可是任何一個所謂市場經濟，不可能是百分之百的由市場來決定。政府總或多或少有一些不同的作用在裡面，所以對美國來講，從七〇年代到九〇年代，這個三十年裡，整個的經濟情況以及政府的情況也發生了相當大的變化。當然經濟跟政治永遠是互動的，有互相影響的。

我把七〇年代、八〇年代、九〇年代，基本上以十年作爲一個單位來看，這三個十年都有很不一樣的情形。基本上把它分爲三個大的階段。七〇年代，八〇年代，九〇年代一直到九〇年代的後期，大概做一個區分。

二次戰後　美國經濟日趨成熟

美國從四〇年代二次世界大戰打完以後，由於它是全世界中，唯一一個大的國家沒有受到任何戰爭災害的國家，事實上，這個戰爭，沒有在美國的本土發生。戰爭在夏威夷打過，可是夏威夷那時候離美國的距離不但很遠，夏威夷成為美國的一州是在後來才發生的，當時只是美國的一個屬地而已，儘管珍珠港事變對美國的軍事上帶來很大的影響，可是整個二次大戰來講，美國比起歐洲、俄國、中國、日本來講幸運多了。其他的國家，戰爭都留下了很大的創傷，所以在復原的時候，速度都慢了很多。

由於二次大戰，完全沒有在美國打仗，而很多的行業，尤其和軍事發展有關的，打完仗以後，就開始轉為民間的用途。所以美國整個的經濟，二次大戰以後，四〇年代後期、五〇年代、六〇年代，都是急速發展。

其他國家就需要一段時間休養生息，戰爭把很多城市大部分都毀掉，所以重建家園，把一些原來的工業重新建立起來，然後才能夠慢慢再進步。所以很多人才，尤其是歐洲的很多人才，由於戰爭的關係，都跑到美國了。大家都把美國當作是一個人間樂土。美國的移民政策，尤其是對歐洲，一直非常開放，吸收了很多的人才。這些當然對美國的後來的經濟發展也有很多正面的影響，所以把這種種的因素都算進去，在五〇年代、六〇年代，美國的經濟發展，比其他地方都要快。在這個時候，就逐漸建立起世界盟主的地位。歐洲跟美國一向就很接近，由於馬歇爾計畫等等，歐洲在美國的幫助之下，也逐漸恢復起來。

蘇聯基本上就是變成跟美國對立的一個很大的集團。二次大戰以後，從四〇年代的後期，一直到六〇年代的後期，形成世界上一個大的趨勢。

美國的經濟，一面盡量往市場經濟這邊走，另外一方面呢？也在實驗，政府有時候看情形不對，政府也會來干預。有時候干預的方法很好，有時候就不是很好。這中間對整個經濟的體系制度的形成，也是一個在嘗試、實驗的階段，逐漸走向成熟。這是一個大環境，也就是說，一直到一九六〇年代末期，美國的經濟，總是有時候好，有時候不好；好的時候也許隔幾年，不好的時候，可能有一兩年的經濟萎縮。可是都沒有大的問題。不像一九二九年，一九三〇年，美國經濟出現很大的崩潰，失業的人數很多。自從二次大戰一直到今天為止，都再沒有發生這樣的情形。這就是說這個經濟的體系、制度越來越趨向較完善，比較成熟。小的問題總是陸續會有，可是很大的問題，很幸運，到現在為止，這幾十年來都沒有發生過。

七〇年代　慢慢國際化

七〇年代對美國來講，可以說是比較低沉的時期。那時候美國是尼克森（Richard Nixon）作總統。這位先生在美國的歷史上也是頗具爭議的一位總統。他一九六〇年，和甘迺迪競選，競爭得非常激烈，最後甘迺迪險勝，尼克森以很少的票數差距敗了。當初很多美國人有這樣一個看法，覺得當初一九六〇年的選舉，應該是尼克森贏的，最後取決勝負的一個州是伊利諾州，伊利諾州票倉主要是在芝加哥市，芝加哥是很大的一個城市，當時是美國第二大的城市，現在變成第三了，洛杉磯變成第二。所以說芝加哥當初是一個非常舉足輕重的一個城。美國投票是這樣，不是說哪一個總統候選人的總共票數多就贏了；每一州作為一個單位，大的州選舉人票比較多，小的州選舉人票比較少，哪一個總統候選人選舉人票多才算贏。

伊利諾州，是一個大州，選舉人票蠻多的，尼克森在伊利諾贏的話，他就可以贏得當年的總統。美國人很多的想法，是說那個時候，芝加哥的市長理查・J・戴利（Richard J. Daley，1955-1976），是後來理查・M・戴利（Richard M. Daley，1989-2011）市長的父親。芝加哥的民主黨是很有名的，控制票源、造假，假票之類的，在美國是非常有名的。芝加哥有一個笑話，就是到了投票那一天，就說早來投票，常來投票（Vote Early, Vote Often）。早點去投票（Vote Early），是很合理的。常來投票（Vote Often），就是笑話了，因爲美國規定一個人投票只能投一次。Vote Often 就表示你一個人可以投好幾次，甚至於死人有的時候都來投票。那一年很多人懷疑，是由於這位戴利（Richard J. Daley）市長在芝加哥做了手腳，做了很多的票給甘迺迪，甘迺迪才贏了。這個事情也是歷史上的事情，事隔幾十年的話，只能拿它當做小說來看的。

尼克森厲害就是在美國的政壇上來講，下來以後再要上去非常困難，尤其是總統候選人。總統候選人輸了以後，一般來講，他這個黨，不管是民主黨還是共和黨，贏的話，應該變成英雄，因爲做了總統權力非常大，大家都要做他的朋友，一下子就是變成全世界可以說是最呼風喚雨，最有權力的一個人。當然有了權力，朋友也就多了，支持也就多了。可輸的這個人，根據美國的傳統一般來講，輸的這個黨，由於一下子變作在野黨，就喪失了很多的權力與特權。所以大家把這個氣都出在這個候選人身上。所以做了候選人，一般輸了，再上來不太容易，上來的話可能都是說第一次輸了，也許四年以後再來，如果連輸兩次，就再也上不來了；或者是說第一次輸了以後，如果四年以後輸不到，那以後就沒什麼前景了。

所以就像尼克森這樣，有一點點像鄧小平，當然兩個國家的情況完全不一樣，他能夠在一九六〇年輸了以後，到一九六八年當選總統，一九七二年再當選。這是件非常不容易的事情。最後當然他由於在水門事件做了很多違法的事情，最後黯然辭職，在美國歷史上絕無僅有的一個例子。所以這位尼克森總統，當初他非常反共，反對中國、反對蘇聯。可是當了總統以後，來訪問中國，由於他，中國跟美國建立起正常的關係，有這樣一八〇度的轉變，也是一件很不容易的事情。這個功過是非，不管怎麼樣看，這個人在歷史上是一個非常有特色的人物。

一般來說對尼克森的評價，當時的看法跟現在的看法，都是覺得他在外交方面是一個蠻有能力的人，他在外交方面也比較有興趣；內政方面他就做的也就比較差。美國總統一般來講，外交、內政都很重要，因爲美國是全世界第一強國，很多事情該管不該管，他都管。這是屬於外交方面的事情。很多國際上的事情美國人都喜歡出頭。在外交方面，這是一件很重要的事情，可對大部分的美國人民來講，更有興趣的還是內政的方面，是柴米油鹽的生活怎麼樣？到了選舉的時候，多半是內政做的好不好，決定這個總統可不可以當選或者連任。

尼克森做總統的時候，他內政方面做得不好，所以一九七〇年代前幾年，通貨膨脹非常高，二〇〇〇年本世紀初，對我們來講，世界上經濟面臨的，雖然沒有到通貨緊縮的地步，可是通貨膨脹的效力、速度很低。每年大部分國家擔心的問題是通貨緊縮，像日本，甚至於美國都有點這個問題。可是一九七〇年代，前幾年，通貨膨脹是最大的問題，甚至於存款存到銀行裡面，定期的存款，利息都超過一〇%，可以看得出來當初通貨膨脹的問題有多大。通貨膨脹高，對經濟就有很大的負面影響。

七〇年代，總體對美國來講，是比較獨霸的一個形式。跟今天美國的獨霸的情形又不太一樣。那時候獨霸的情形，是因爲其他的國家在戰爭之後，需要一段比較長的時間，才能夠恢復到工業國家的位置，很多重建工作等等。所以那時候美國雖然是獨霸了，並不是它做的東西一定比人家好，生產力，或者是科技，不一定比人家領先很多。可是他自己覺得生活很舒適，所以人也就比較懶散。那個時候社會上的風氣，也不是一個很勤勉的狀況。在這種情況下，七〇年代對美國來講，感覺上並不是很樂觀。

在二次大戰以前，很多東西還是蠻落伍的。技術還差的很遠，也沒有什麼全球化的概念。對一個國家來講，它跟外面做的貿易量，對整個國家來講影響力還是很小。舶來品或是外國的東西，是稀罕的東西，在整個經濟體系，占的比例還很低。

七〇年代的初期開始，世界其他地區的經濟，尤其是日本、歐洲這兩個地區，它的經濟，經過二、三十年來不斷的努力，產業的發展，工業的發展，尤其是在汽車工業、消費電子產品、家電這一類的東西，已經到了可以跟美國競爭的地步了。美國開始受到這些國家的威脅，就是國外的汽車，像德國的大眾汽車（Volkswagen）、日本的豐田，幾乎只要我們想得到跟製造業有關係的東西，其他的國家在不斷進步，美國由於已經占據世界領先地位，所以開始有點比較放鬆了，尤其是工人的收入越來越高，汽車工人的收入，每小時二、三十美元，比起世界其他各地，收入也偏高。所以在這種情況下，在國外的產品開始進到美國的時候，美國才開始感到一些威脅。

到了七〇年代初期，這時在美國也發生一些比較有趣的現象，美國基本的精神，還是希望能夠自由競爭，由市場來決定。這最大的好處，就是市場導向，對於價格而言，消費者可以說是受惠的人。可是從銷售商、供應商來講，它的競爭就很大。因爲在市場上，你的東西沒有做得比人家好，你們也沒有比較便宜，你的競爭力就弱。所以這個時候美國就開始產生了一些現象，在國內也引起了一些爭論。

過去從來沒有的觀念也發生了，所以大家就爭辯很多，到底保護主義對經濟好還是不好？這些實際的事情，對美國的一些產業，也就開始發生基本的影響。

最明顯的例子，就是汽車。原來汽車產業在美國來講，是一個相當於獨佔的產業。除了一些很高檔的歐洲車，像賓士（Mercedes-Benz）和寶馬（BMW）這一類，或者是更貴的勞斯萊斯（Rolls Royce），這種車買的很少，只是很少的有錢人爲了彰顯他的財富才買。其他都是美國製造，自己消費的市場。這種機制，已經建立在這個基礎上。

現在一下子日本、歐洲的車子一年比一年多，也很受一般大眾的歡迎。比如說日本的汽車，這個時候日本的汽車已經逐漸增加來美國銷售，由於它起初是以價錢便宜來競爭，逐漸地在品質方面也開始提高，所以每年買外國汽車的人就越來越多。同樣做這個行業的人，比如說汽車工業或者家電工業等等的，受到的威脅就越來越大。這時候，就掀起了保護主義的聲浪。他們說，我們應該讓進口稅多增加一點，或者不要讓其他國家賣那麼多的東西。否則的話，我們這個行業受到很大的衝擊。失業率就會增加，對美國的經濟會造成一些負面的影響。

這樣美國的汽車工業，就必須開始要讓工人下崗。這些工人，平常待遇很高，原來沒有受到過任何直接的競爭，然後一下子連自己的工作都沒有，所以引起一些工人罷工，需要跟汽車公司領導之間常常討論這個問題。大家對整個的情況不是很明瞭，所以討論或者爭執的時候，不免發生一些情緒很激烈的情形。到底怎麼樣？美國的很多工人覺得我在一個工廠做事情，我這一輩子都有「我應該有職業」的權利，並且給我的薪水要高。爲什麼呢？因爲以前都是這樣，以後應該也這樣。

這跟我們今天，像是過去幾年前中國國內有一些，比如說幫單位做事情，那時候單位原來養很多人，可能做銷售那方面的東西，或者是在工廠裡面做事，由於整個的經濟現狀改變，這個部門沒有競爭力，單位沒有能力再來養這些人，最後就說我不讓你做事，我每個月給你一點錢，這個錢的數目很少，可是對單位來講，因爲他沒有競爭力，他也不能再給更多的錢。對個人來講，就覺得我幫你做了那麼久的事情，你應該照顧我，你竟然對我這樣的待遇。

可另外一方面，不在這個行業裡的人，他買了這些東西，比如說在公司設計電腦的、或者銀行做事的人，他覺得買部日本汽車蠻好的，比美國汽車小、開起來容易，又省油。他覺得這是很好的事情，他自己的行業那時候還沒有受到日本或者歐洲的影響，覺得我沒什麼好保護它，覺得市場經濟就是市場經濟，是全球化的一個市場經濟。誰做得好、做得便宜，本來就應該得勝。

這中間於是產生矛盾，而且越來越大。這矛盾是，如果我買外國東西，對我利益大，我就贊成這些人的話。如果這個外國東西進來，對我本身造成威脅，尤其是可能使我失業的話，我就極力反對。因爲牽涉到自身的問題，所以這種爭辯就越來越多。這種爭辯，當時對美國來講，是一個新的現象，以前沒有發生過。

這中間產生一些不平衡，產生一些問題。這些問題，在不同的時候，在不同的地方表現的方式可能不一樣，這基本的原因跟結果都是一樣的，是中間的平衡被破壞了。

當時的美國，七〇年代開始，這個平衡就逐漸被破壞。整體來說，七〇年代開始，逐漸國際化，是國際化一個整體，使得整個的經濟、制度、體制，開始發生基本的變化。七〇年代，美國處於挨打的局面，別人一直過來做，有點不知道怎麼辦。歐洲跟日本開始是用美國的技術，借用美國的一些東西，然後再開發自己的工業，逐漸改進的速度很快，比美國要快，所以他們的東西越做越好越便宜。美國的競爭力就逐漸減少，甚至逐漸消失。美國整個國家給我的感覺，是有點不太知道怎麼辦，遇到情形，就想辦法被動反應，是一個挨打的局面。

此外，美國政治上，剛好不幸就發生了尼克森的水門事件，拖了好幾年，尼克森總統黯然辭職。尼克森總統，在外交上面，做了很多的事情。可是在內政方面，一般來講，對他的評價不是很高。當初他樹敵不少，尤其在新聞界樹敵不少。水門事件被深挖，他處理的也不是很恰當。到最後，這政治事件，使得美國的整個國家，形成一個政治性的問題，一個最高的政治性的問題。就是把國家分裂開來，有人覺得總統做這種事情當然絕對不應該的，尤其是民主黨的一些人。共和黨的一些人，不願意接受這個事實，或者覺得這也沒什麼了不起。在這種嚴重的情形下，國家在這方面，花了很多的時間和精力，經濟本來已經有一些問題，於是經濟的問題，沒能得到它應該得到的重視。

尼克森下台以後，由福特副總統接任，福特也做得不是很好。然後是卡特。卡特是民主黨，這是選民對共和黨不滿，所以選卡特做。卡特是個正直的人，當選跟他的個人的操守等等有很大的關係。可是他不是很能幹的人，他以前在喬治亞州做了一任州長，喬治亞州並不算是很大的州，卡特喜歡管瑣碎的事情。在美國有個笑話：「華盛頓總統說：『我不能說謊（I cannot tell a lie）。』尼克森總統說：『我不能說實話（I cannot tell the truth）。』卡特總統說：『我無法分辨（I cannot tell the difference）。』」說他大事管不了，他也不去管國家大事。管什麼事呢，管誰可以在白宮的網球場打網球？不管這個笑話是真的還是假的，在七〇年代的後期這幾年，卡特總統不是很能幹的人，他對經濟上有這麼大的一個轉變，也不能夠帶領美國，讓國家有一個基本的政策來應付這個問題。

國家的總統也發生了這些事情，經濟情況也不好。那時候通貨膨脹，也就是第一次石油危機通貨膨脹，石油從兩塊多錢一桶，一下變成十幾二十塊錢一桶。等於漲了五、六倍到十倍，美國整個國家可以說是在完全沒有防備下，被衝擊得非常厲害。

通貨膨脹非常高，最高的時候到一〇%或以上，政府採取的應對措施也不是很合理，因爲不知道怎麼辦。當時採取了一些限價措施，既然是一個市場經濟的社會和國家，一限價，弊端就都出來了。所以那時候，整個的經濟體系受到很大的威脅，並且運轉有很大的問題。

此外，通貨膨脹很厲害，那時候買房子借錢，分期付款的利息是一〇幾%。這種情況，很少有人有這樣的能力，並且即使有這個能力，也沒有這個意願。整個經濟可以說是處在一個不是很好，也不是很穩定的情形。這是整個美國當初的情形。

在軍事上面，也是由於不斷受到這種衝擊，士氣也都不是很好，當然越戰也有極大的影響。因爲越戰在美國來講，大部分人認爲越戰本身就不是很對。年輕人用比較明顯、比較激烈的方式來表達他們的不滿；很多人不願意當兵，不願意到越南去打仗。其他人由於政府做這個事情，雖然支持，可是覺得政府對他們並沒有說實話，慢慢發現政府有很多地方，對他們講的都不是眞實的。越戰對美國來講，直到今天，覺得是一個很大的錯誤。當初不知道爲何而戰？打的時候也不知道該怎麼打，到最後就打得一塌糊塗。

後來，美國到了九〇年代以後，打了幾場比較漂亮的戰，對伊拉克，到沙漠風暴，後來對阿富汗，現在很多將軍成了最高的領導人，這些人在一九七〇年代，都是中級或者下級的軍官，在越戰得到一個很痛苦的經驗，如果不知道爲什麼要打，打的時候戰略戰術又不明顯的話，這種仗一定會輸。所以他們最後知道對方向和戰術跟戰略都要非常的明確，打起來就很不一樣。這是另外一個角度來看這件事情。

就七〇年代整體來看，美國是往下坡走的趨勢，不管在政治上，在軍事上，有一種不要說不知所措，有一種亂的感覺，然後呢？領導人要麼像尼克森雖然很能幹，可是美國人對他不太能夠信任的感覺，水門事件就證明他不能被信任；要麼像卡特總統，雖然是一個正直的人，可是實在沒有什麼能力，所以整個國家感覺上就好像比較悲觀。

這是七〇年代一個大的背景，在這大背景之下，我想談一下我們科技界，然後再談談我在貝爾實驗室做事的情形。

七〇年代高科技

七〇年代在科技上，有一些重大的事情發生。美國整個科技界，到了一九七〇年開始，也逐漸感覺受到來自歐洲和日本的競爭。可是，比起其他的傳統產業，像是汽車業，威脅感還是沒有那麼大。

我們講到高科技產業，大概在二〇世紀最後的這五十年裡，尤其最後這三十年，就是從七〇年代開始，最大的動力是在微電子方面，就是摩爾定律（Moore's Law）逐漸開始形成的時候，雖然大家那時候還沒有這種觀念。

七〇年初，科技方面，電腦跟通訊這兩個產業，還是分得相當開的，但是我們今天的高新科技在資訊通訊、電腦方面差不多是一個產業，將近變成一個產業。在七〇年代，這兩個產業還可以說是完全分開來的。

電子

電子方面的進步，開始就是摩爾定律，它對整個高新產業的影響，從那個時候開始。我記得在七〇年代的初期，英特爾（Intel）宣佈它可以把一個電腦放在一個晶片上面或者一個處理器放在一個晶片上。在那之前，設計一個處理器或者設計一個電腦非常麻煩，有很多人從頭設計，然後做出一個很大的系統，花很多的錢來做。英特爾（Intel）宣佈的時候，大家都還是採取很懷疑的態度。

隔了一陣子，到了七〇年代的中期，蘋果以及後來 IBM 宣佈，說是他們開始可以做個人電腦，大家對這個說法，也是採取比較懷疑的態度。一個是在技術方面，這個人電腦能不能夠做出來？另外一個呢，就是做出來又怎麼樣？家裡面我可以瞭解，我需要一個電視，我可以需要一個收音機。這些用途我可以瞭解。可是我家裡，即使你能夠做得很好，做出一台個人電腦，那時候電腦，大家的想法是一個又大又笨，又不是很好用的東西。不是很便宜，我拿來做什麼呢？

當時新的觀念開始逐漸形成，整個的電子工業開始逐漸進到起飛的階段。電子已經可以很有系統的每兩年或是一年半，就把它縮小，能力增強，然後價錢還是不變。對生產力來講，影響力已經開始受重視，是科技方面比較重要的一些根源，種子在那個時候開始種下來了。

可是整體的影響力還是很小，只是一個種子的階段，即使是萌芽的階段，還是很小芽的一個階段。眞正到最後開花結果，是到了八〇年代、九〇年代，這些當初種下的東西，到那時都開花和結果。

電腦

電腦這個行業呢？電腦還是一個不是很好用的東西，雖然那時候已經速度越來越快，可是比起今天的電腦，還是差很遠。電腦還是一個很貴的東西，需要很多人來伺候它，買一個大的電腦，雖然它不見得能做很多事情，動不動就要幾百萬美元。那時候幾百萬美元，是一個非常大的數字。電腦本身，由於當初微電子，和其他的科學技術離成熟還有一段相當的距離，所以它的可靠性並不是很好。電腦動不動就會當機，每個禮拜就是不當機，都有一段時間要把它停下來保養維修，避免發生大問題。

IBM，那時候大的電腦，基本上是IBM一枝獨秀。大型電腦（Mainframe）常常都是IBM做出來的。IBM電腦，用的電子都是最快的電子，電腦速度是最重要的。所以它速度要快，速度要快的話，要讓它冷卻。速度快用了很多電、能源。能源用的多，可是體積越來越小，產生的熱量就越來越多。熱量多，如果你不用一個很有效的方法，把熱量排出去、冷卻掉，這個機器很快就會燒掉，就會發生故障。所以要讓機器冷卻，在當時的情形來講，很高速度的電腦，怎麼樣讓它很有效的冷卻，是一個很重要的挑戰。前面提到大的電腦（Mainframe）都是IBM做的。IBM要冷卻，是用水冷，用液體來冷，而不是氣冷。普通我們看到的都是氣冷，就是用風扇把它冷卻掉，氣冷做起來很方便，可是他的壞處就是冷卻的能力比較差。IBM堅持說用液體的方法來冷卻比較好，效率是比較好的，可是複雜性就高了很多。

那個時候，我們可以想像，高新科技這個字，大家都很少提到，因爲那時候只是開始。當初情形（State of Art）就是這樣的情形。電腦業基本上是IBM一枝獨秀，其他還有一些別的公司，像NCR、巴勒斯（Burroughs）、霍尼維爾（Honeywell）這些公司，當時的說法就是白雪公主跟七個矮人，白雪公主是IBM，七個矮人就是其他的七個公司。以電腦業而言，IBM可以說是領先業界的公司。

不過，那時候的電腦業，服務的觀念還很薄弱。當時，IBM有個員工叫做羅斯．佩羅（Ross Perot），他主張IBM應該進到服務界，這是非常好的觀念。到後來，今天的IBM主要是靠服務賺錢。可是那時候，製造、做產品是大家思想的主流，他這個想法沒有被接受。

因爲沒有被接受，他一氣之下就自己出去開公司了。開的公司叫EDS，結果這個公司做得非常成功。當然，後來IBM遇到了危機，到了九〇年代，自己轉型變成一個以服務爲主的公司，今天轉變得很成功，這都是以後發生的事情。這是當時大的情形。

通訊

通訊方面，當然就是AT&T，我們貝爾實驗室的母公司。七〇年代，通訊還沒有什麼競爭，是一個由政府來監管的企業，是一個私人的行業。那時候美國不管長途電話或者地區的電話，只要打電話，基本上都是經由貝爾系統，也就是由AT&T來控制。貝爾系統所有的技術跟產品，當然都是由貝爾實驗室來作研究發展，然後由AT&T另外一個叫做西方電器公司（Western Electric）來做製造。那個時候，電腦、通訊可以說是我們今天覺得最高科技的兩個領域，電腦是IBM占了很大的一部分，占了主導的地位；通訊的話，可以說完全是由AT&T獨佔。

美國那時候沒有什麼全球化，世界化的觀念還很微弱。電子業還是附屬於大公司裡面。像今天的英特爾（Intel）那時已經開始成立了，已經宣佈做處理器（Processor）或是晶片的電腦（Computer on the Chip），可是英特爾（Intel）的影響力還是很小。當時每個公司，像 IBM，像 AT&T，或者其他做通訊產業的比較少，其他像電腦公司，每個公司都有自己的微電子部門，所以基本上什麼都做。那時候公司的形態，我們叫做一個垂直整合的公司。就是在公司裡，公司很大，像 AT&T，有一百萬員工。IBM 也有幾十萬員工。它要做什麼，不到外面去買，因爲它不相信別人可以做到那麼好，要做什麼就自己做。所以 IBM 的微電子部做得非常好，AT&T 的微電子部也做得非常好。其他的公司，要打進來不太容易。英特爾（Intel）剛剛成立，它的影響力還是很小，所以那時候，我們整個的行業，電子、電腦、尤其通訊行業，基本上是這樣的局面。

主要的產業是以 IBM 爲首的電腦的產業，然後以 AT&T 爲主的通訊產業和服務，那時候，通訊的產業跟服務，都在一家公司，都在 AT&T。在一家公司裡，也就覺得什麼都做就是了。

貝爾實驗室通訊的獨佔地位

所以，七〇年代整個的環境，還是一個獨佔的環境。我回到貝爾實驗室的時候，基本在七〇年代，從一九七四年我回去，一直到一九七九年、一九八〇年，都可以說是被保護的環境。也可以說當初是一個貝爾實驗室很好的時代。可是被保護有它的好處，也會有它不好的地方。當初大家的觀念，都覺得沒什麼道理要開放通訊，因爲那時通訊就是一個電話。電話的話，想不出什麼原因，我家裡要有兩個不同電話公司來競爭。電話做得很好，我隨時要打電話就可以打電話，電話費用也很合理，長途電話的費用每年逐漸的降低。所以在這種情形下，大家覺得我們在美國所享用的電話服務，由於 AT&T

貝爾系統以及貝爾實驗室的創新，使我們能夠享用到這全世界最好的電話的服務。一般來講，大家對這個電話都非常的滿意，對貝爾實驗室的創新也非常滿意，因爲我們那時候的創新的能力，是遠超過其他的國家。可以說新的、有用的電話產品系統，都是從貝爾實驗室裡出來的。製造了以後，就在美國用。

在這種情況下，這個環境是一個很平靜的環境。由於AT&T公司非常大，它等於說是每年要賺，規定它可以賺不少的錢，然後也不能賺更多的錢。所以在這種情形下，在公司工作，是一個非常理想、非常平靜的一個心情。公司的機制一直建立的非常好，雖然等於說是由政府來支持的一個獨佔的產業。站在經營企業來講，天下沒有比這個更好的了。政府等於是保證這些東西都是讓你來做，又沒有人來跟你競爭，於是，做生意並且保證賺錢。如果你不小心，可能就會陷到一個陷阱，這個陷阱就是，反正情形這麼好，我也不必好好做。反正不好好做，我也可以過得非常舒服。這是一個如果不小心，會造成危險的情形。

我現在回想起來，我覺得當初這公司的架構、整個的機制，和公司的領導我覺得做得都非常好。雖然對外界來講，可以說對我們沒有什麼眞正的大的壓力。可是我們自己對自己有蠻大的壓力，就是說，既然大家都覺得我們是世界上最好的，那我們就要維持這個榮譽，我們一定要時時不斷的努力，使得我們做出來的東西，永遠在技術跟市場的最上面，是人家覺得我們是最好。基本上有這樣一個很優良的傳統，我們雇用人員，也就是到最好的學校裡去，找最好的學生來幫我們工作。

然後，即使在這種情形之下，我們每一年還是要很嚴謹的一個考核制度，然後每年做得不好的這些人，最後這百分之幾的這些人，我們就請他到別的地方去工作。這類的機制我覺得非常好。當然有些機制，隨著時代的不同，需要改變。

人才延攬

每個公司招聘的方法可以說是大同小異。貝爾實驗室的做法，可能跟很多公司都不一樣。大部分的公司，招聘的工作，都是由人力資源來主導，他們到學校去跟學生談。需要的時候，再請學生到公司再跟技術人員談。

貝爾實驗室的這套招聘方式，已經流傳下來很久了。我談一下我們當初這方面的機制，我們當時的方法，就是由學校畢業的校友來做招聘人員。我們雇人，是經由和學校的關係。我們跟高校的關係都非常好，尤其是美國不管東南西北最好的高校。因爲我們貝爾實驗室，只要是最好的學校有相關的領域，電機系、電腦系或者物理系，或者是數學系等等，我們大概都有這學校的校友。

我因爲是加州大學洛杉磯分校（UCLA）畢業的，所以我就回到加州大學洛杉磯分校（UCLA）去做招聘人員。一九七六年開始，一九七六年我升成技術經理。當時還不這麼稱呼，我們現在稱爲技術經理。不過當時的名稱不重要，就是做到第一級的管理人員，手下帶了十幾個人開始做事。同時，因爲我在公司已經來了幾年，做的也不錯，他們就讓我回到我的母校，加州大學洛杉磯分校（UCLA），去做招聘人員，我這一做，就做了二十二年。

我這招聘人員，不像人力資源部的人到時候去學校，站在面談的立場，跟學員談一談。我更重要的一件事情，就是要跟學校的老師，跟學校裡面一些其他的人保持一直的聯絡。

每一年雇人，我們都是請那個學校的校友回去，因爲他對學校的情形很熟悉，對教授的情形也很熟悉。

每年我至少到學校去好幾次，去拜訪一下老師，和他們談一談。跟教授關係也不錯，跟學校裡面其他的機構也不錯，也就知道哪些是最好的學生。學生所謂是最好，不光是在成績方面很好，在領導方面的潛力才能，或者是其他方面的，我們也都一起計算，是一個循環的模式。

如果是博士的學生，博士生通常都唸好幾年，所以就跟博士生的指導老師先談一談，然後和博士生也談一談。每次回校，再跟他見見面。有時候請他出來吃吃飯聊聊天，一方面瞭解他做的研究工作的大概情形；另外一方面，等於說對他做一個考察；再一方面，就是培養他對貝爾實驗室的興趣。告訴他貝爾實驗在他這方面，我們做些什麼？這學生很好，他對貝爾實驗室也有興趣的話，我們在他畢業的前一、兩年，等於說已經決定了。甚至有時候暑假，請他到貝爾實驗室來做一個暑假。碩士的話，我們的做法呢？因爲碩士的時間比較短，常常是唸一年半、到兩年唸完，所以我們就不像對博士生這樣的追蹤，可能也是始終保持一些關係。我跟他們談起來，一說起來我是哪一年在學校裡面畢業的？老師是誰？選過什麼課？立刻大家就有很強的親切感。這時候，講話就容易多了。

所以史丹福（Stanford U.）畢業的回到史丹福（Stanford U.）去招聘，麻省理工學院（MIT）回到麻省理工學院（MIT），很多等等，所以我們有幾百個招聘人員，到很多不同的學校。每個學校大概都有好幾個人，因爲一個人沒辦法跟這麼多老師、跟這麼多學生談。我去雇人，當然不是我一個人，是我們好幾個人組成一個團隊，隔了一段時間以後，由這團隊裡面的成員變成團隊的領導，帶著大家回去。

找了好的人來，好的人再回去找人的時候，他也是想找最好的人。我們大家都是同樣的想法，就是我們都從這個學校出來的，我們自己在公司裡面做的不錯，所以我們要雇的人呢？我們也希望能夠儘量吸引最好的學生過去。如果不是找最好的人來，我自己很丟臉。如果找好的人，他做的好，我也很有光彩。這樣對公司也好，對這些人也好。這個制度，當初是非常成功的一個制度。做起來非常有意思。

我做這個招聘人員也做了很多年，每年有好幾次回到學校去。對我來講，是一個非常好的經驗。因爲在公司工作做久了，不管做再新的東西或怎麼樣，總是會進到一個比較常規的狀況。到學校看到一些學生，就覺得很朝氣蓬勃。回到自己的母校，感覺非常好，對自己來講是非常好的一件事情。每年去學校兩三次跟教授談談，跟學生談談，跟學生接觸一下。讓日常的工作，等於說是有一個變化。

現在講一個故事，這是眞實的故事。我是一九七一年拿到博士，然後去貝爾實驗室開始做事。到一九七五年、一九七六年以後，我就開始做招聘人員。一做做了二十幾年。加州大學洛杉磯分校（UCLA）的校園非常漂亮，它離洛杉磯最貴的區，叫比華利山，很近，是一個非常好的區。學校裡面也是有丘陵有山坡，校園很漂亮。所以每次回到學校去，很喜歡做的事，就是在校園裡面走，看看學生，然後再想想自己以前唸書的情形。

這段時間裡面，每年回到學校去好幾次，做了差不多十年以後。有一天，在校園裡走的時候，突然覺得有一個重大的發現。我就去跟就業中心（Placement Center）的主管講。我還記得，她是一位美國的女士，年紀比較大，人非常和藹可親。久了以後，我跟她也很熟。她的名字叫凱洛琳．摩爾（Carolyn Moore），我就跟她說：「凱洛琳，我突然有一個重要的發現，我想跟妳講講看。」她說：「你的發現是什麼？」我說：「學校裡的學生，一年比一年年輕啊，我覺得是一件很奇怪的事情。」她聽了大笑，說公司招聘人員，尤其是每年都回來的，到學校裡，隔了幾年都有這個發現，她甚至把這個發現取了一個名字，叫做反彼得潘原理（Reverse Peter Pan Principle）。彼得潘是故事裡的一個人物，他永遠不老。因爲我們招募生員的人，當初在學校唸書，大家都很年輕。開始做事以後，年紀逐漸增加，年復一年，每年都回到學校好幾次。時間不會覺查它的分別，自己也不會覺得自己慢慢年紀大了。學校的學生呢？當然，本科生永遠是在十八歲到二十二歲這範圍，我們就覺得和他們的距離逐漸拉遠，可是自己不願意承認自己年紀越來越大，就覺得學生們年紀越來越輕了。差不多這些招募人員，幾年以後都會發現這個偉大的定理。所以她就把這個叫作反彼得潘原理（Reverse Peter Pan Principle）。就是人其實一直在變，是心理上面不願意面對這件事情就是了。

貝爾實驗室機制

還是回到貝爾實驗室，我先講一下我們大概的一些做事的方法，然後再講一下我們做一些什麼事情。貝爾實驗室一直是以兩樣東西爲我們的主軸。這兩樣東西呢？第一個是創新（Innovation）。大家都知道，貝爾實驗室是一個創新做得最成功的地方。另外一個，稱爲技術卓越（Technical Excellence），這兩個是互補，相輔相成的。我之後談到公司發展和我個人在公司的情形，都會從這兩方面討論。

如果要把創新做好，其中有很多不同的環節，比如說要對市場有瞭解，要對這個技術瞭解，對銷售方面應該怎麼樣？可是，由於我們當初通訊的大環境特殊的情形，由於當初貝爾實驗室在技術上一枝獨秀的情形，所謂銷售，同一個公司做的東西賣給自己，就不需要做太多銷售和市場調查等等。因爲整個市場進行的很慢，市場上的產品就是一樣東西，電話。這一類東西，那時候並不是最重要的。最重要的反而是一個以技術爲導向，在技術上面，怎麼樣把實驗室裡面做出來的、研究出來的一些新的觀念的、最新的東西，經過創新的過程，把它變成電話整個系統的一部分，使得打電話的人享受更好的服務，比如聲音更清晰，價錢更低廉等等。目的很明確也很簡單。這個時候，這種情況下，市場導向就比較弱。

但不能說市場不重要，而是市場需求是非常的明確，所以你不需要一天到晚做市場分析、業務需求。那時候的想法，三年以後，它還是有著同樣的電話，只是希望就是這個電話機可能更方便了一點，聲音更清楚了一點、打長途電話更便宜點，基本上就是往這個方向走。做這件事情，是以技術導向為主，創新建築在我們卓越的技術上面。做任何東西，公司對人才、對於這項技術、對於產品的導向，都是以創新和卓越的技術作爲主軸。

因此，我們貝爾實驗室雇人的時候，也就是說到技術方面找一些最好的。這些人才到哪些地方去找呢？前面已經談到，當然就是到最好的高校裡去找最好的學生，將來的話到貝爾實驗室來，跟著一些有經驗的人，很多都是世界上知名的科學家工程師，世界上知名的技術上面的、或者是研究方面的一些專家來做，把這個人很快的，有點像學徒制，但是一個有系統的學徒制，讓這些人很快地可以自己單獨的做事，然後隔一陣他就可以帶著別人再來做，帶出下一批人。所以人事上面，是這樣的一個制度。

往後每年考核，年終的時候做考績的時候，要求也非常嚴格。有的員工做的並不是很理想的，在別的公司也許也可以做得很好。我們要求人離開，不是讓大家都知道。基本上跟這個人說，你在這邊也許做兩三年了，我們再做下去，可能將來也不會有很好的成績，我們希望給你幾個月的時間，現在開始去找事，找到事情的時候，我們就宣佈你離職。差不多是用這種方式，大家也知道這個制度。可是呢，讓做得稍微不好的人，儘量減少他不安的感覺，我們是用這個方法做。這是人的方面。

交換系統日趨複雜

一九七四年我回到公司，一直到一九八〇年，剛好就是七〇年代這段時間，我都是在同一個實驗室裡工作。這個實驗室，叫做 TSPS（Traffic Service Position System）。它顧名不容易思義，其實是很簡單的一個東西，可是這東西影響力很大。

在我進入貝爾實驗室，七〇年代的時候，我們已經非常普遍地使用交換機。那時候，由於電子技術還沒有那麼成熟，很多都是用電，也還用蠻多機械，機械的交換尺寸越做越小，也有很多是電跟機兩個合在一起。不像今天，交換機都是電子交換機了。全是用電來做，速度也很快，並且不會像機械一樣的劈哩啪啦吵，也不會因爲機械運作比較大，所以問題會比較多。那時候，正是從一個比較成熟的機械式的交換，進到純電子的過程。

交換機本身觀念跟做法，之前已經有蠻詳細的討論。但在技術上，那時都是類比式的，數位正在開始，也就是七〇年代，我們差不多是由機械交換的方法進到電子交換。這是由於電腦產業的關係，電腦從頭開始就是一跟〇數位化的產物，逐漸影響到通訊的產業。不過七〇年代這個影響力還是比較小，即使我們談到一些數位方面的東西，還只是占一小部分，我們那時候的電話產品，都是類比式的。

所以我進去的第一個實驗室，我們接線生還是用類比式的電話交換。我們把大部分接線生要做的工作，有很多問題，改用機器來做，會比人做好很多，又便宜很多。我們這個實驗室，就是要做到這一件事，就是我們怎麼樣把接線生做的事情的大部分，七〇%、八〇%、九〇%的工作都由機器來做。這樣，接線生在處理每一個電話，所需要花的人的時間，就一直在減少，這樣我們就不需要雇很多的接線生，整個成本就會降低很多。整個成本降低很多，我們收費的時候，也可以收的很少。所以對打這一類電話的人來講，服務的品質增加了，收費降低了，對他們來講是件非常好的事。

通訊自製處理器　可靠性保證

這個實驗室裡，大概三百個人，基本上就做這樣一個機器。這樣一個蠻複雜的系統。我們用當時能得到最好的電子的技術，然後我們自己還要做一個處理器，沒有辦法買到這樣的處理器。

爲什麼沒有辦法買到這樣的處理器呢？因爲電話系統、通訊系統，不是電腦系統。那時候所謂通訊就是電話系統，跟電腦系統有極大不同的地方：

電腦系統的最主要是速度要快，要更快。要用最新的技術，並且做的時候，由於速度要快，每樣東西就是一個，盡量讓它快。可是最新的技術，壞的機會也比較大，所以常常會當機。電腦當機不是問題，可是這電腦裡面的數據，在它當機的時候不變，這是最大的問題。

電話系統，從開始，尤其交換系統，可靠性最重要，電話系統要求非常高，就打電話，就是交換機的系統，我們的要求是四十年裡，當機的時間不能夠超過兩個小時；就是每年當機的時間，不能超過三分鐘。電腦每一天的當機可能都不止三分鐘了。所以這中間的差別很大。

電話是絕對不能當機，盡量讓可以通話。話費收不到沒有關係，因爲電話費如果收不到，短期內收不到，當然對公司的營運有很大的影響，可是電話打不通，後果非常厲害。通訊系統是我們也讓它速度快，要它效率高，可是這不是最重要的，最重要的，就是電話一定要打得通。打通以後呢，就不要讓它斷掉。至於因爲當機或者其他原因，所以電話的交換系統，基本上是有兩個處理器同時在運轉。萬一有一個壞了，另外也可以接著做。系統的複雜性，主要是在可靠性上面。

所以我們進去做這個系統，最大的挑戰，是怎麼樣把這系統做得盡量的可靠。另外，在服務的品質增加、精進，在價格方面降低。就是這樣。當初通訊跟電腦，基本的需求方面有很大的不同。所以那時候做處理器，是很重要的事情，因爲在市場上買不到，市場上買到的是電腦，本身的可靠性都很低，所以我們只有自己去做。

那時候，AT&T 貝爾實驗室裡面，每年就花幾億美元專門做這個處理器。在我們實驗室裡，就是有些人做處理器。有些人在這個處理器上面，再做一些軟體，再做一些硬體，然後把整個系統做一些接線生原來要做的事。使得整個的電話的系統，服務的品質可以增加，價錢可以降低。

軟體進入高科技

研發通訊，有幾件東西可以提，第一，當時做這件事，很多人都是做硬體出身，總是覺得應該用硬體來做，可是眞正要做到服務，是軟體。而軟體對我們在實驗室裡面的很多工作人員、工程師跟科學家都是一個新的觀念，大家對軟體不太瞭解。我剛好是學軟體的，所以我們這些人在當時的公司，反而是少數的人，我們觀念跟許多人也不一樣，做的東西也不一樣。當然，今天完全反過來，九〇%的人在做軟體了，做硬體很少。

那個時候，是從硬體爲主的系統，轉到軟體爲主的系統的開始。所以軟體的技術還是非常的不成熟，用的語言、系統都是跟機器比較接近的，使用起來也非常困難，寫程式的時候也非常困難，設置起來也非常困難，這就是所謂進到新的技術、新的領域，一定會遭到一些困擾。當初做軟體可以說是先驅者。公司內部，大家也覺得好奇，也有很多阻力，爲什要用軟體做？用硬體做，速度很快等等，於是要跟大家講，逐漸地接受這個理念。是，到最後，硬體永遠是比軟體快，可是要寫很多東西，並且需要隨時修改。我們不可能用硬體做，硬體改起來速度非常慢，並且價錢非常貴；軟體寫起來速度快很多，所以如果加新的東西，新的服務的東西的話，軟體是遠比硬體要快，要方便。可是我們需要一個硬體的平台；有了這個平台，在平台上面，我們可以做這些東西。如果沒有平台，這些東西就都不能做了。

軟體開始進入高科技領域，是一個很重要的關鍵。大概是在七〇年代初開始，然後速度就越來越增加。到了八〇年代以後，使用軟體就超過了硬體。

統一標準平台影響深遠

另外一個關鍵，就是處理器，我們那時候花很多錢做處理器，這個處理器，要花很多的人，花兩、三年，三、四年才做的出來。同一個公司裡，做很多不同的處理器，其他的公司也在做不同的處理器，做了這些處理器以後，由於這個處理器是你自己設計的，對處理器的維修，這個處理器將來的發展也是自己做，但這些東西都是公司私有，只有公司這個部門用。到最後，零件也有問題、維護也有問題、修理也有問題，問題越來越大。可是那時候沒有什麼其他的方法，所以每年這方面的支出都很多。

我前面也提到英特爾（Intel）在一九七〇年初宣佈，可以把處理器放到一個晶片上面，當時沒有什麼人理它，覺得是吹牛。即使做起來也沒什麼了不起。事實上，這個觀念對於我們高新產業，通訊產業、電腦產業有極大、極深遠的影響。我們現在來看，像貝爾實驗室屬於朗訊公司已經很多年，不做處理器了。很多其他公司也都不做處理器，全世界很多其他公司，也都沒有什麼公司在做處理器的。爲什麼呢？大家都用英特爾（Intel）做的處理器，因爲處理器沒有比英特爾（Intel）做的更好，也許一兩個公司跟它在競爭的時候做得像它這樣。基本上就是英特爾（Intel）跟幾個公司在做處理器。像我們的話，我現在一毛錢都不需要投資，處理器英特爾（Intel）會幫我做，做好以後我只要去買。根據摩爾定律，每隔十八個月到二十四個月，它就會做一個新的東西出來，價格跟原來一樣，可是能力比原來增加一倍。買現成的，可能剛剛出來，也不過才幾百塊錢而已。我們自己做，可能要花幾億，做出來的東西還沒有它好。

還有另外一好處，應該說大家都用它，基本上就是用一個開放的標準。我將來也不必擔心維修，將來不擔心技術支持。英特爾（Intel）都有了，如果發生問題就找英特爾（Intel）；如果將來新的東西出來，我也不擔心怎麼樣從一個老的平台移到一個新的平台。因爲英特爾（Intel）都幫我想好了，所以這個觀念非常的重要。

當初，什麼東西都是自己做。像我們做硬體，花很多的時間。平台做好，再做硬體，從頭到尾可能花好幾年。快的話要兩、三年，慢的話要四、五年，甚至更久。這裡面，全部都是支出。收入什麼才開始呢？要應用全部做完，賣掉，人家開始用才開始收費。

現在我前面那些都不做了，平台的發展都交給專業的公司。交給英特爾（Intel）我們的需求，做好以後，我只要需要花很少數的價錢，便宜的幾十塊，貴的幾百塊錢。便宜的時候可能更低的價錢，就去買，買完了以後，我再加我的應用。我們在很快的時間裡，做一些軟體的應用，再賣出去。我投資的數目遠比以前要少，回收的速度也遠比以前要快。這種分工合作來代替原來什麼事都做的模式，是我們今天高新科技那麼蓬勃，那麼成功的一個非常大的原因。

以前就是每個公司什麼都做；什麼都做，就是不容易做好。別人做的沒那麼好，自己如果不做，買也買不到。

現在變成是一個水平式的結構。我做我最好的一樣東西，其他東西，有的公司比我做得好，價錢比我賣的還便宜，所以我就是把很多公司的長處合在一起，這樣就增加了我的競爭力。對整個市場來講，生產力增加很多，對大家都有很大的好處。

這在一九七〇年代的時候，只是把種子種下去。七〇年代，我們沒有看到任何成果，因爲那時候只是種種子，然後萌芽的階段。大家對用其他公司的處理器，還抱著相當懷疑的態度。那時候英特爾（Intel）還是一個很小的公司，大家對它的信譽有很大的疑慮。所以什麼事都自己做，速度很慢，價錢很貴。可在當時來講，這就是當時民間的技術，所謂高新科技的做法就是那種的做法。跟我們十幾二十年以後的做法，完全不一樣。

貝爾實驗室往西拓展

我一九七四年回去做工程師，做了兩年以後，我工作的情形很不錯，一九七六年的時候，公司就升我爲第一級的主管，開始帶著十幾位科學家工程師跟我一起做，還是在同樣一個實驗室裡面。

一九七五、一九七六連續兩年，我贏得擁有百萬員工的貝爾系統的橋牌冠軍。AT&T的黃金歲月。這時候，公司發生了一個比較重要的事情。我們原來貝爾實驗室跟整個貝爾系統：貝爾系統負責全美國的電話，當然是全美國什麼地方都有；可是貝爾實驗室在美國東部樹大根深。美國的發展從東往西，就從新英格蘭、紐約州、紐澤西這些開始，然後再往西邊發展。

AT&T是一個很老的公司，所以當初這貝爾實驗室的前身，是在紐約城裡面。直到一九二五年正式成立貝爾實驗室以後，才逐漸搬到紐澤西。紐澤西，像我們這些茉莉山（Murray Hill），霍姆德爾（Holmdel），惠帕尼（Whippany）幾個大地方，都在紐澤西，離紐約城都不遠。整個公司業務越來越發展，越來越大，需要科技上的人才越來越多的時候，就考慮到不能所有的事情，都在紐澤西一個地方做。應該往西邊發展，所以在一九六〇年代的末期，一九七〇年代就開始在美國的中西部擴展，決定把所有的交換的研究發展都放在伊利諾州芝加哥附近去做。這個地方，我們叫做瑞柏城（Naperville），離芝加哥開車不到一個鐘頭。貝爾實驗室基本上都是在大城的附近，交通比較方便，吸引人才也比較容易。

我是一九七四年回去，到一九七六年的時候，我們那個部門，就從紐澤西搬到伊利諾州了。在紐澤西住了幾年，從一九七六年升為第一線的技術經理的時候，我們的部門同事，一九七六年的暑假就搬過去，搬到伊利諾州了。對我來講環境也是變得很大。後來，在那邊住了十幾年。我的橋牌技術也自此藏諸名山，只有在看「紐約時報」棋牌欄時紙上練兵一番，聊表敬意。

美國幅員遼闊，雖然說是很多地方都很像，可是有些民情風俗還是因地制宜。東部的發展比較快，像紐約的情形，像上海一樣發展得很快。大城有很多方便的地方，所以有很多人很喜歡。

中西部的發展稍微慢一點。中西部的人、民風比較樸實，人情味比較濃厚。大環境還是變了。不過從公司的立場來講，它這樣做，就是希望不要把太多東西太集中，並且一個地方如果太大的話，也不見得是一件很好的事情。所以我們就搬到那裡去，搬去的時候，人數很少，總共瑞柏城裡面只有幾百人，可是十幾年以後，到了八〇年代很迅速的發展，變成貝爾實驗室最大的一塊地方，最多的時候，大概有七八千人。在我們電話系統來講是最大的地方。這個也是當初沒有想到的。

貝爾實驗室領航美國高科技

就貝爾實驗室來講，七〇年代，對美國整個的經濟和技術發展，有極大的影響。講到通訊，不僅是貝爾實驗室站在領導的地位，而且是占了絕對領導地位。

貝爾實驗室以外雖然也有一些實驗室做一些很不錯的東西，可是他們要麼就是做的東西很小，要麼就是做出來的技術，沒有找到市場上發展的空間。我們當初最好的一個地方，就是研究發展跟市場，整個都在一個公司的控制之下，所以創新的這條路，做起來就非常通暢，這一點在別的公司沒法比。因為通訊來講，其他公司的研究發展的資源，人跟技術的資源跟貝爾實驗室差得非常遠。不過電腦方面，像 IBM 和 AT&T 就蠻接近的。

AT&T 壟斷美國通訊發展

美國通訊產業的發展，基本上是由 AT&T 壟斷，所以無論在技術、產品、市場等等來看，都是一枝獨秀。美國在這方面，一直在世界具有領先地位。通訊方面，美國從打完第二次世界大戰一直到今天，都是居於領先地位，也是一直到今天，美國絕不願意放棄領先的地位。在其他方面，比方說電子業，日本曾經領先過，或者消費者電子產品日本領先等等，在電腦方面，日本曾經給美國很大的威脅。可是通訊，美國一直是處於領先的地位。七〇年代，由於公司大，影響力深、資源豐富、人才充沛，的確一枝獨秀。講到通訊，大家都不會作第二個想法，一定就是貝爾實驗室。這是七〇年代的情形。

七〇年代後期，由於技術逐漸發展，大家開始覺得有些事情做法，應該不一樣了。其實那時候所擔心的是 AT&T 跟 IBM，因爲這兩個公司的影響力太大了。一個是在通訊業，一個是在電腦業，當初擔心的不是這兩個公司的競爭力會有問題，而是說這兩個公司的獨佔性太高了。將來整個美國，甚至整個世界的這方面的產業，會被這兩個公司獨佔掉。所以出現一些反對的聲浪，指這些公司太大了，太有影響力了，應該一起把它拆開來。今天來看，沒有人再講這種話了。一個公司再厲害，要全面獨霸，也是很難的事。

當初，大家的擔心這樣的大公司太多了，政府在一九七〇年代末期，就開始告這兩個公司，要求把它拆開來。因爲這兩個公司太大，對市場的影響力和技術影響力太大，賺的利潤太高，影響整個美國經濟的市場導向。

當然到一九八四年，IBM 基本上拒絕，跟政府不了了之。所以 IBM 基本沒有發生什麼狀況。AT&T 跟政府簽了一個同意書。在一九八四年，就把 AT&T 拆分了。這在通訊上來講，是一件非常大的事。等講到八〇年代的時候再談這件事情。

八〇年代 漸入市場競爭

到了一九八〇年代，先講一下美國整個大的背景。美國一九八〇年代，有八年是雷根（Ronald Reagan）總統主政。雷根是共和黨人。他是一個比較保守的人。他當初在做了加州州長以後，一開始競選總統失敗了，一九八〇年成功當選，連續做了八年的美國總統。所以八〇年代，是共和黨執政，而雷根總統個人的一些理念，對於美國有蠻大的影響。當然提到總統的成就的話，這是非功過，常常大家比較感情化，尤其是因爲美國兩黨政治，要心平氣和來討論一個總統的成就，始終是件不容易的事情。所以這本書裡，我也不是談政治上的事情，也就不必談。至於這個總統怎麼樣，政府的政策，對這個國家的經濟，絕對有很大的影響。

共和黨的做法，理論上來講，比較希望看到經濟由市場來主導，希望政府少管一點。雷根作總統，也是這樣的。他一開始就說要減稅，讓政府少收一些稅，讓人民自己多有一些錢在口袋裡，這樣可消費的錢多，由消費來刺激生產。讓整個的經濟會變得更好。這種做法的好處，是如果做成功，經濟會發展的更快。事實上，在八〇年代，美國的經濟是發展比較七〇年代要好不少。壞處呢，一般來講，共和黨都是站在有錢人這邊，民主黨站在比較沒有錢的這邊。人家對他的政策批評，常常都是說你都是爲了有錢人，所以減稅對窮人來講，他本來就繳不了多少稅，他拿回來的錢也沒有多少。所以減稅對他們來講，生活可以說是完全沒有分別。有錢人的話，即是一個百分點，兩個百分點，對他來講數目都很大。然後拿到這個錢，也不一定拿來消費，因爲有錢人錢多，不一定拿來消費，也可能拿來做別的事情。所以兩黨爲稅收爭論不休。我想我們也不要去參與這種爭論。

八〇年代，比起七〇年代，大體來講，美國要好不少。可另外一方面，外國對它的威脅，在經濟上的威脅，比以前嚴重了很多。

八〇年代日本影響

如果說七〇年代對美國來說，是比較低潮的時代。九〇年代，對美國來講，是進到一個獨霸全球的時候。八〇年代，可以說是過渡階段。一方面，是大家的感覺越來越好，對這個國家，對於經濟，對世界整個展望，像是比以前更加正面。另外，對於世界的局勢，尤其是美國跟當初還是蘇聯，還有中國之間，雖然還是緊張，可是逐漸的也覺得好像眞的要打仗可能性也越來越小。所以整個的經濟狀況，對自己國家的信心，對自己的能力，以及對整個世界局勢的展望，逐漸看好。經濟的情形在八〇年代，也就進展不錯，當然也是有高有低的，可是比起七〇年代，是要好得多。

可另外一方面，由於歐洲國家跟日本持續不斷的進步，尤其是日本。日本在八〇年代，可以說是到了登峰造極的地步。八〇年代，是一個轉型的時候，我們講了很久的高科技，到了八〇年代逐漸成形，即將要起飛。可是這個時候，還是並沒有進到眞正的高科技，不像到了九〇年代，互聯網、手機這麼普遍的應用。八〇年代還是處於實驗的階段，是開始用的階段，對整個的經濟，還沒有太大的影響。這時候，還是比較傳統一點的製造業，比如汽車、鋼鐵這一類的東西，對經濟還是有很大的影響的時候，剛好是日本的創新的體制裡的最強項。我在《感悟創新》一書裡提到過，日本最強的是，有個東西已經出來以後，他繼續不斷、日以繼夜的創新，使它變得更好。這種精神跟他的這個成果，全世界大概很少人能夠做到跟日本一樣。

這剛好是在八〇年代的經濟情況逐漸好轉，人們的消費的能力增加的時候。像日本的汽車，在美國到處都是日本的汽車。美國的感覺，好像是完全沒有辦法跟日本競爭。日本在很多方面做得很好，只要這個公司賺很多錢，它就到美國去買了很多美國很有名的大的建築。在美國，對經濟的看法，好像是覺得比較好，這是一方面。可是另外一方面，對日本這種強勢，感到非常大的擔心。八〇年代，對品質這個字，大家聽得都煩了。一天到晚都聽到品質這個字，一聽到這個字，就會想到日本在這方面做得多好。日本的品質持續不斷的改進，眞的是全世界做得最好的。美國覺得受了很大的威脅，很多的公司，在很多領域裡面跟日本交手，都是節節的落敗。

我在七〇年代談到的一些現象，到了八〇年代就變得非常的尖銳化了。七〇年代買日本東西，雖然像日本東西已經逐漸多起來了，大家還是有些覺得，這個行業對我有沒有威脅等等。到了八〇年代，幾乎日本的很多東西對美國都有很大的威脅，對美國的產業都有很大的威脅。美國很多公司跟日本競爭，好像總是覺得居於劣勢。

高科技方面也不例外。像微電子、像一些光學的東西，很多都是覺得是日本人做得最好。

當時一九七四年，日本決定全力以赴，以趕超美國積體電路技術爲目標。由半導體研究的開山鼻祖垂井康夫呼籲整合產學研人才，使企業協作攻關，先集中力量，提升日本半導體晶片的技術水準，等到有了研究成果，企業再各自研發產品。政府也配合貸款和各項稅費優惠措施。

到了一九八〇年代，日本半導體儲存晶片質量和市佔率已經全面超越美國。

負責和日本交涉的美國在亞洲地區的首席貿易代表克萊德．普雷斯托維茨（Clyde Prestowitz），一面指責日本的半導體晶片產業政策不合理，一面又對它讚嘆不已。

美國開始懷疑自己是不是有這個能力，能夠再把這方面的主導權，跟領先的地位，從日本那邊奪過來。

所以在一九八〇年代，尤其是八〇年代的後期，美國人也是一個蠻矛盾的想法。一方面覺得，國家在很多方面，都是持續不斷的進步，覺得這個前景會不錯。另外一方面，覺得在很多方面，日本比美國的進步的速度還要快，所以一天到晚說，我們是不是該學日本？然後請了很多日本的專家來指導，應該這樣做、應該那樣做，我覺得很有意思。記得有一次去開一個會，講到日本在製造業、研究發展的品質有多好等等，那位日本人來了有點狂妄，花了一個鐘頭時間，跟我們講怎麼樣做一個旗幟，怎麼樣才能在上面寫一個大的Q，表示品質（Quality）的重要。到了最後，有點本末倒置的感覺。

另外一個很有名的故事，就是在八〇年代，美國開始覺得這個品質很重要。品質當然很重要，可是有時候會有點走火入魔了。雷根總統成立了一個叫做波多里奇（Baldrige）的組織。馬爾科姆．波多里奇（Malcolm Baldrige）原來是雷根的一位商業部長，不幸在一次空難中逝世了。剛好那個時候美國對品質很重視，就成立這樣一個獎項。每年找幾個在品質方面做得最好的公司，給它一個國家級的獎，表示國家對品質多重視。有一個公司叫 Wallace，是個有點名不見經傳的公司。在品質方面，它就得了這個獎。得了獎，就一夜成名了。很多的公司覺得要成名，就是要把品質搞好，要學那些日本人做法。現在我們這些美國的公司，就派了很多人去學習，很多公司都去學，這個公司也很得意。一天到晚要指導大家說如何如何，可以把品質弄好。結果這公司花了太多時間，做這方面的事情，把自己的業務耽擱了下來。隔了一兩年以後，最多不超過兩三年，公司就垮掉了。這在美國來講，也是變成一個笑談。

至於半導體產業，直到一九八六年美國以國家安全名義，從市場和關稅全面打壓日本，並且促成了韓國半導體從低階進入高階的機遇，韓國三星在國際半導體產業有了舉足輕重的地位。這時候，美國聯手韓國，重建了全球半導體產業供應鏈，日本的在全球不可或缺的半導體地位完全消失無蹤。這是美國第一次以國家安全爲由，政治操作與對手國家的經濟科技的競爭。我們其實很清楚地看到，國家經濟和技術決勝的關鍵在於自身是不是具備重組全球供應鏈的實力。

獨佔解決方案

一九八〇年代整個從經濟角度大體來看，由於技術的進步，大家對於電信及電腦，由兩個公司主導的這種情形，覺得越來越不安了。另外，電信方面，有一家公司，就是後來的MCI，之前的Worldcom，已經併購過好幾次了。它開始時說，它可以做一些長途的業務，比AT&T便宜。在開始的時候，這是件小事情。當時AT&T是儘量不讓它進來，它就到法院去告，到最後，法院判這家公司贏了。這種業務，從一個原來的想法，在獨佔的情形下，變成很自然的應該開始開放了。

所以到了八〇年代，大家對這科技、市場，還有整個的情況，想法已經逐漸有些改變了。政府一起來告IBM和AT&T，說這兩家公司都這樣，對美國的經濟，長期來講不是一件好事情。這種事情在一般的國家不太發生。在美國，常常有各種原因，有的是政治原因，有的是經濟原因，來做這樣的事情。這個由官告官司，打了很多年，最後是和解了。

IBM

IBM跟政府的和解，基本上IBM還是照原來的情形去做。因爲發現IBM對經濟上的威脅，遠比很多人講的要小了很多。IBM非常依賴它自己的大型電腦（Mainframe）。它覺得這個市場，將來都是大型電腦的天下。像迪吉多公司（DEC, Digital Equipment Corporation），一般資料公司（Data General）把電腦市場占掉蠻大的一部分，所以當小型電腦（Mini Computer）出來的時候，它覺得對它不會有威脅。

到最後微處理器（Microprocessor）出來，然後個人電腦大量出來的時候，IBM開始的想法，認爲這對我大電腦，不會有很大的威脅。結果發現市場有極大的威脅，很多的事情都由大的電腦變成小的電腦，最後都是變成個人電腦來做，或者是由小的處理器來做。他們的做法，是用網路的方法連起小電腦，遠比用一個大電腦比較便宜、有效率。這是當初IBM始料非及的。

IBM跟政府這一關逃過了，結果反而自己在營運方面，在八〇年代發生了很多問題。也可以說，政府當初告它，告得不是很有道理。IBM沒有跟政府妥協，也可以說它站在這個理念上來講，它是對的。可是結果發現它自己在市場上面，並沒有得利於這個理念——就是跟政府說，我已經有足夠的競爭了，所以你不必把我分開來，這個市場會把這個問題解決。結果，這個市場是把這問題解決了，在八〇年代，尤其是八〇年代的後期，營運方面發生很多的問題。這個公司有一段時間，甚至有點岌岌可危。

不過很幸運的，到九〇年代的初期，由於公司的情形一直不好，他們到外面去找了一位執行長，就是路易斯·郭士納（Louis Gerstner），這人原來跟高科技沒有關係，電腦也沒有做過。他對市場方面，是一個非常有遠見的人。他到了IBM之後，他把IBM的導向，從大電腦的方向，事實上大家都知道，大電腦將來的市場會越來越小，把它變成服務的導向。因爲美國整個國家，世界整個經濟，都是從製造往服務方向走。尤其是美國，絕大多數的產業，是以服務爲導向的。IBM這方面做得成功，所以到九〇年代，一直到今天爲止，IBM又恢復到一個大公司的地位，當然由於群雄並起，沒有人會說IBM在這方面會獨佔，大家就不提了。這是IBM的事情。

AT&T

AT&T對我們的影響很大。通訊問題，大家爭執的是一個理念的問題。AT&T是根據傳統性的想法。傳統性的想法，就是認爲我是一個大公司，等於是政府的一部分一樣。電信傳統的想法，跟自來水、電一樣，是一個很自然的獨佔的東西。像自來水公司或者電力公司，一般來講，就這麼一家，而且都是很大，有的是國家來做，或者是大公司來做。這種情形下，電話也是這樣，就是只要我在政府完善的監督之下，我如果做的比人家都好，你沒有權利把我們分開來，並且我們也不需要競爭。競爭處理得不好，會導致很大的浪費。這個觀點，其實也不是沒有道理。

所以我先講講另外一件事情，跟這個有關，也就是說來支持這個觀點。當然這個觀點到後來，就事實上證明是一個不對的觀點。可是當初的話呢？很多人也贊成這個觀點，包括很多的用戶在裡面，也支持這個觀點。

另外一個類似的觀點，就是美國的航空業。搭乘客運飛機跑來跑去，客運對經濟的發展有很大的影響。如果所有的飛機都停下來，都不飛的話，經濟馬上就會產生很大的萎縮、蕭條的現象。可是航空業，自從飛機發明，一直到一九二幾年，航空公司開始逐漸成立，到現在爲止，整個航空業在美國來講，可以說都沒有賺錢，大部分時間賠錢。有的時候賺些錢，搞不好的時侯又賠錢，總共加起來，幾十年來，可以說這個行業沒有賺什麼錢。沒有賺錢，其中有一個很大的原因，就是競爭很厲害。競爭很厲害，有的時候就導致一些浪費。航空業開放，幾乎什麼人只要有錢，買兩架飛機，只要符合安全的標準，就開一個航空公司。這樣在業界，在美國來講，是供過於求，航空公司無可避免大大的虧損。

虧損，表示政策方面可能有一些問題。一方面說需要有競爭，可是如果競爭的時候，遊戲規則、法律規則訂得不是很好，就會導致很大的浪費。浪費多對整個社會大眾也並不是很好的事情。航空業在美國到底要怎麼做，還是爭論很厲害的一個點。

AT&T當初的想法，是我們做得好好的，做的很好，非常好，並且電話應該是統一來做。這樣，我把在大城市裡賺的錢，以及長途電話，利潤高的賺到的錢，可以拿來補助偏遠地區。因爲那時候還沒有無線，還沒有用手機的觀念，技術還沒到這程度。偏遠地區布長線，這樣的話我才可以提供一致性的服務。美國不管在什麼地方，只要你想要裝電話，我都幫你裝。可是如果家裡住在鄉下，接條線過去，接個幾十英里，費用非常高，沒有人願意自己出錢來做這件事情。電話公司做的話，它一定賠錢。AT&T 的想法是，全國的電話都是由我來做，我可以把賺的錢拿來補貼這邊。如此一來，全國人民都可以享受基本上差不多的待遇。這就是 AT&T 的一些論點。

AT&T 原來的模式，是我這最大的公司，有很大的客戶數量，有一個很好的實驗室做。這個方法在創新的速度比較慢的時候，是一個極好的方法。

一九八四年 AT&T 分出地方電話公司　競爭開始

可是美國司法部告到一個程度以後，AT&T 這方面發現由於技術的衝擊，創新的速度越來越快，一些新的東西出現，當其他的公司創新的能力逐漸增加，它可以找出一塊地方來，不要全盤的去做，全盤的去做的話，速度一定不會很快。可以找出某一塊地方跟你競爭，競爭的時候，它可以用更快的速度更新的技術，再更低的成本來做。這個時候，由於技術的進步，網不一定要是一樣的網，整個電話網有一部分可以比另外一部分更成熟。因爲技術的成熟，有很大的影響，原來的觀念也隨著在改。AT&T 到一九八三年、一九八四年的時候，發現它原來的想法，已經不太使人信服。

現在談談我們自己 AT&T 跟貝爾實驗室的關係，一九八四年對 AT&T 這個公司來講，是變化很大的十年。對貝爾實驗室來講，影響也很大。這也就是說我們做的東西，在市場上面持續有很大的影響力。

我先講一下AT&T。AT&T在八〇年代，由於整個的市場環境在改變，所以逐漸的，大家對原來的電話是很自然的獨佔業務的想法，開始有一些懷疑；此外，和MCI官司敗訴。基本上就是說，假設你覺得做得好，應該不怕競爭，如果你做得不好的話，人家競爭本來是應該的。也就是這樣的理由，法院判AT&T敗訴，這是當初一件很大的事情。政府也覺得AT&T的勢力太大了。

第二點，技術還是在不斷進步，不是到了八〇年技術就不進步，再過幾年，技術進步的程度更快。然後這整個的電話業的服務，不但電話本身，其他的一些新的東西，像傳眞，如今數位化多媒體，服務的項目會越來越多。將來新的發明，新的創新的速度會越來越快。

所以，雖然有貝爾實驗室，雖然AT&T的業務做得非常的好，可是越來越多人覺得如果把電信市場開放——當初還是主要是電話的業務，可是逐漸的，有些新的產品已經出現了。如果把這些都開放，將來的電信，大家也看到有很多可以發展的東西。在這種情況之下，如果AT&T不同意和政府達成一個協議，將來環境對AT&T可能會更不利。AT&T覺得如果跟政府一直打官司下去，可能會輸掉。所以一九八三年的時候，就同意了，AT&T在一九八四年跟政府簽訂了一個協定，也不是說誰輸了，誰贏了。這叫做協議裁決（Consent Decree），就是兩邊都不認錯，也沒有誰贏誰輸，我們庭外達成了一個協定。

這個協議就是說AT&T同意把AT&T分開來。就是把長途電話跟製造，還有研究發展繼續留在AT&T，然後把所有地方的電話公司全部分出去。AT&T自願把公司分成八部分，這時候一百萬人裡面，大概有將近三十萬人繼續留在AT&T的總公司裡，包括長途電話、包括貝爾實驗室以及我們的製造部門西方電器公司（Western Electric）。其他的七十萬人，都是跟著各州的電話的業務有關係的，就全部分出去。出去以後，成立七個地方的公司，主要負責地方的電話的業務。每個公司，在美國都是幾個州業務，由它來管。

這個分拆，對公司來講是一個很大的衝擊。對我們來講，我們一向覺得這個貝爾系統，就是我們的家了。在公司，這麼大一個公司，基本上好像已經習慣了一個全世界最大的公司。然後做得很好，我們做了很驕傲，我們很願意來。一下子分了以後，很多人有點不知所措，貝爾實驗室也受到相當的衝擊，貝爾實驗室的一部分人也要分出去。

因爲分出去的電話公司，說他們也需要有一些技術的能力。所以他們組織了一個公司叫做貝爾通訊研究中心（Bellcore），CoRe 代表是通訊研究（Communication Researh）。所以貝爾實驗室也分出了相當一部分的人，跟他們去做。一直到八〇年代的美國的通訊，還是遠遠的領先其他的國家。

所以在美國的通訊，世界通訊來講的話，這是一件很大的事情。就是政府原來極力支援的一個模式，現在政府決定把這個模式改了。從一個獨佔模式變成一個競爭的模式。這當初對我們來講，就是在 AT&T 跟這個實驗室裡面來講，覺得這是一個很壞的消息。事實上，當然不是一個好的消息。

可是站在整個通訊產業來講，是件好的事情。競爭越多，發展的速度越快，機會也就越大。一直到今天爲止，很多跟我們競爭的對手，貝爾實驗室跟朗訊公司競爭對手，很多當初出去的，都會說是從貝爾實驗室出去的，或者技術，或是人跟技術一起出去的。到了外面的話，發展的機會就越來越大，市場商機也就越來越多，這是一件極大的事情。

AT&T 控制了長途電話。然後把技術這一部分控制住了，所以貝爾實驗室在這邊。西方電器（Western Electric）的這部分還是屬於 AT&T。當然這分的時候，是由 AT&T 來分，在當時來看，大家都覺得，他當然是偏袒他自己，把最好這一部分分給自己了。貝爾實驗室不但是 AT&T 最好的一部分，在美國來講，就等於說是國家實驗室，當然留下來。貝爾實驗室留在AT&T，西方電器（Western Electric）當然也要留了。研究發展跟製造，當時的概念是要連在一起。製造開始外包的觀念的成熟跟大量的發生，主要是到了九〇年代的時候開始做。

長途電話當初是AT&T賺錢賺的最多的單位。長途電話收費收的比較高，然後這長途電話，做起來比較容易做，不需要牽涉到很多的邊遠地區。偏遠地區要打長途電話，必須要先經過地方局，地方局再跟那個長途局連在一起。當初打的如意算盤，是把這些最好的留下來，這樣的話，日子還蠻好過的。

AT&T與終端使用者距離變遠

這個想法倒是不錯。可是到最後，這想法發生了很多的問題，也就導致多年之後AT&T很大的困擾。十多年後的AT&T遇到很多困難，AT&T可能已經分了兩三次，還要再分。困擾在哪裡？就是它跟終端的使用者，在運營上面一下子距離很遠。一九八〇年代分的時候，因爲AT&T的業務主要是長途電話，地方這七個區域電話公司（Regional Phone Company），主要是負責這個地區的電話業務，甚至有點河水不犯井水，也可能互補。可是，長途電話的公司，做長途電話的服務，一定要經過一個地方的電話，所以直接跟客戶打交道，是地方的電話公司。AT&T發現了它老是要經過一個公司，才能聯絡它的客戶，對它業務很不方便，尤其當很多其他的長途電話公司成立，在價錢方面的競爭力非常強的時候，AT&T就開始覺得問題就出來了。

另外一個問題是，由於整個電信的開放，因爲長途電話利潤很高，別人也來成立長途電話公司。成立一個長途電話公司，比成立一個地方電話公司要容易，賺錢要賺得多。所以別人就容易進來。一下子所有人爭先恐後，長途電話受到很大的影響，價錢就急速的下滑，下滑速度非常快。另外，地方的公司發現它沒什麼道理只能接收邊緣物資，專門只能做地方的電話業務，開支蠻高，收入也並不是很高。所以它也開始要進入到長途電話。原來彼此權責分明，隔了幾年以後就開始打破了。等到八〇年代的後半期和九〇年代的這段時間，我們發現和地方公司變成競爭者。所以原來是一家人，現在就逐漸變成兩個不同的公司、不同業務，然後大家又都要開始去到對方的地方，去爭新的市場變成競爭者。這對AT&T的營運，就受到很大的影響，一直到後來，它還是處在一個不是很理想的狀態，AT&T因此改變了幾次它的戰略。

一九八四年的分家，對AT&T有很大的影響。對貝爾實驗室，短時間之內沒有太大影響，可是慢慢的就有一個很大的問題出來了。出來地方在哪裡呢？以前的貝爾實驗室，我們做事情，基本上是以技術爲主導，因爲我們不需要做太多的市場跟銷售，尤其銷售方面，就是我們原來賣東西非常方便，大家都是同事。同一個公司裡面做的東西，他不可能去買我們的競爭者，這樣對他自己很不利。可以說沒有銷售競爭觀念，也不需要派很多人做銷售，也就是這方面的能力比較弱。

可是一九八四年，這些地方的公司分出去以後，他們基本上就跟我們完全沒有關係了。一下子，由我們的同事變成我們的客戶了，關係一下就變了。以前貝爾實驗室由於技術導向的關係，一方面做得好，可以說是做的不錯，另外一方面，也開始有一些比較對自己可能有點過分自滿。現在一下子跑到以前的同事，要去證明我們的東西做得比別人好；市場上面，競爭者一下都出來了，因爲他們知道，從此以後這些電話公司買東西，就不一定要買AT&T的了。這對我們整個業務的方式，有了很大的影響。其實這是一件很好的事情，因爲這樣，才使我們對市場遠比以前要注意多了。

所以，以前的時候，雖然我們說是做得很好，但是對市場的敏感度，可能是稍微差了一點。現在對技術跟市場之間的平衡，就達到比較好的境界。分開的前一段時間，也沒有什麼太大的問題。因爲彼此大家都一直是涇渭分明的情緒，並且電話的系統互聯性很大，他們還是繼續買我們很多東西。

可是這種情形，又產生另外一個問題。這個問題，到了一九九〇年代顯現的更厲害了。

一九八九年　貝爾實驗室研發重組

一九八九年，已經縮水的AT&T，又做了一個重大的改變。這對貝爾實驗室有極大的改變，它基本上的做法，就是把貝爾實驗室研究跟發展分開來了。以前貝爾實驗室的研究發展人員，只要是做跟技術有關的，都是由實驗室的總裁來管。然後，要做什麼東西，他再跟其他的部門協商決定。這所有的資源和人，都是在他的手底下的。這個好處，當然就是研發人員都在一起，技術的能力就一直保持很高。就是貝爾實驗室爲什麼那麼多年，在技術卓越（Technical Excellence）方面，一直是領先別的地方。可是在另外創新（Innovation）的過程裡面，由於技術人員在一起，跟別的做業務、做銷售、做市場等等的人，始終距離比較大，所以當科技進步的越來越快，速度的要求越來越快，對市場的反應越來越快的時候，就發生了一些問題。

所以AT&T這個決定，從市場面來講，是一個正確的決定。可是對於貝爾實驗室，就等於說成立以後第一次就分開來了。一些做研究跟技術的，還是只屬於貝爾實驗室的總裁，大部分其他的人，就跟業務的機構掛鉤了。這個想法是非常正確。

問題是做的時候，並不是說你的老闆是誰，或者你現在機構是誰？而是總共要做好的話，做產品跟開發的人，要跟做研究跟做技術的人，始終保持很近的距離，跟做市場銷售，要保持很近的距離。可是由於這個組織結構的改變，這個距離，就失去了一個很好的平衡。所以有些好處，可是有些後遺症到了九〇年代也就會逐漸的出來，客戶不願意購買我們專爲 AT&T 研發的最好的產品。等到我們講到九〇年代的時候，我們再談這件事情。

大部分的電話系統都是在地方，我們想想看，地方上每個用戶都要直接過來，我們每年賣給這些電話公司的產品的數量非常大。長途是經過集中以後，兩個長途台之間，所以這時候數目就少了。如果以美國做一個例子，AT&T 的網路，它長途交換機是一百三十五個。地方的交換機，可能就是一、二萬個。這數目差的很多。

到八〇年後期，發現賣東西給競爭者，發生很多的問題。這就導致我們到了一九九五、一九九六年 AT&T 把朗訊公司分出來。這是一個很大的變化。到一九九〇年的時候我們再談，很多後來發生的事情，「因」都是在這個時候就種下來了。

總的來講，通訊的技術進到八〇年代的時候，還是以類比方式爲主，電腦的技術，就是數位，一開始就是〇跟一。通訊的技術跟電腦的技術，這十年在技術的整合上面，在通訊跟電腦的技術的整合上面，有非常大的進展。等通訊技術出來八〇年代這十年，到九〇年代的時候，都是數位的技術。

技術數位化

八〇年代還有一個很突出的現象，就是電腦跟通訊，由於技術上很多地方都是相類似的，尤其是當通訊的技術開始晉升到數位化。電腦開始就是數位化，通訊領域逐漸從類比式進入到數位化以後，還有很多的技術都是互通的。技術互通以後，你就發現很多的應用也是互通的。原來可以說是完全不同的領域，現在發現許多相同的地方。

爲什麼到了一九九〇年代，一下子有了應用以後，整個的高科技的產業就突飛猛進了？這是在八

○年代，做了很多紮根的工作、平台的工作，到了九○年的時候開始開花結果。

回到貝爾實驗室，貝爾實驗室在一九八○年的時候，還是處於非常領先的地位。進到八○年代開始的時候，我們有一些地方領先，另外一些地方受到很大的威脅，其中有一個地方，是很重要的，就是在八○年代的初期，主要的技術，還是語音，電話通訊基本上還是以語音爲主。語音最大的轉變，是從類比開始進到數位。這個轉變是一個很大的轉變。當一個技術做了基本改變的時候，它的衝擊是很大的。

AT&T在八○年的時候，大家還一直在討論或爭執，是什麼時候需要進到數位？因爲類比式（Analog）的交換機做的非常好，在市場上非常成功，那時還沒有數位交換系統。可是就在八○年代初期，數位交換機出現了。貝爾實驗室的數位產品還沒有出來，AT&T當初決定不願意投資在這個地方，因爲它原來東西做的很好，現在發現別人新產品出來，就要開始追趕。這時候追趕，趕得很辛苦，可是趕得也非常成功。趕得非常成功，到最後的結果，還是有非常好的一個結果。就是說，還是繼續保持通訊市場的領導地位。所以在八○年代，貝爾實驗室的很多的技術方面、研究方面、產品方面，還是始終保持領導的地位。

所以八○年代，對AT&T和貝爾實驗室來講，當然有很大的衝擊，因爲整個公司都發生了很大的變化。但公司的營運，還是蠻成功的。整個公司在市場上的競爭力，貝爾實驗室在科技方面，尤其是通訊科技方面的龍頭領導的地位，在八○年代，還是得以保持。在基礎研究上繼續做一些很新的東西，而在產品開發的市場上面的競爭，也相當成功。

大家這段時間裡，比較擔心的就是日本，覺得日本創新的能力，競爭的能力，以及科技的能力似乎越來越強。就美國來講，這大概是最擔心的地方。歐洲雖然也有的國家做的不錯，有的國家做的不是很好，可是總體來說，比起日本跟美國來，在八〇年代，還是居於稍微落後的地位。

所以就八〇年代總體來看，就美國來講，是一個蠻好的十年。對整個 AT&T 跟貝爾實驗室來說，也是一個非常好的十年。

這個情形，到了九〇年到以後，由於技術的衝擊更快，那麼產品的速度更快；後來由於互聯網的影響更大，改變逐漸更會加大。這方面我們講到九〇年代的時候再來談。

電腦中心

我自己在八〇年代，在實驗室裡面工作的情形是什麼呢？

八〇年代，我在公司裡，先後做了三個不同的事。我想就這三件事，也就是對我事業的進展，和對我學習的進展的一個過程，來分別談一下。我先從一九八〇年的這件事情開始講，我管理電腦中心。

剛好也就是一九八〇年那一年，我得到了我第二次的升遷。這次跟第一次不太一樣，第一次我是升在同一個工作的實驗室裡，升遷以後，做的事情也跟原來沒有太大的分別。這次他們給我的機會非常不一樣，不是繼續做研究發展的工作，我們這個地方叫作印地安山（Indian Hill），就是瑞柏城（Naperville），而是讓我去管所有的電腦中心。因爲我們做研發工作，以前當然是在紙上做，可是人一多，在紙上不可能。我們設計、研發，每個人都在電腦上做，電腦就要整合很多事情。我們對電腦的依賴，也就越來越大。電腦中心的重要性，也就越來越高。

一九八〇年我去管理這個電腦中心，是一件蠻新奇的事情。去的時候，對怎麼樣去運行一個電腦中心，沒有什麼好的概念。但那時候，由於我的經費很多，每年要買很多的機器，所以所有的公司對我都很有興趣。大家都希望來跟我見面，然後每個人希望邀我到他們公司去看一看，順便在路上可以吃喝一陣子。我那時候對這些，倒沒什麼太大興趣。我就只是想知道做一個電腦中心，到底重點在什麼地方？它的挑戰在哪裡？將來需要注意的地方是什麼？

一九八〇年，當我去接電腦中心位子的時候，電腦中心已經很大了，一百多個人，每年的預算已經超過一億美元。就是我們買東西跟租東西總共的經費，對我來講，這是一個天文數字。四十多年前，這個數字在哪裡來講都是一個很大的數字。現在突然面對做這一件事情，跟以前做的可以說是完全不一樣。

我接這個工作的時候，有些同事跟朋友覺得，我不應該去做這個事。當初他們的想法是這樣的，我們貝爾實驗室，覺得我們站在技術的尖端，我以前做的事情，也都是在技術的尖端，用最新的技術來做最新的產品，爲 AT&T、爲打電話的人服務。進到電腦中心，主要是一個服務的機構，他們覺得你就跟通訊的尖端的科技隔開了。這樣蠻可惜的。每個公司都有它的企業文化。貝爾實驗室裡面，就是誰做最尖端的技術，誰就是在公司裡面最神氣，就是這樣的企業文化。

可是我自己當初的想法呢？當然想的時候，那時候不見得是想的很清楚，就覺得好像能把自己的知識變的廣一點，知道的東西多一點，可能對我自己會更好。電腦中心對我來說是一個非常新奇的東西，雖然我在唸博士的時候學的是電腦，後來又到台灣去做過電腦。這跟「用」最新電腦，「用」這個最新的東西，跟自己當初帶著學生做這些東西，還是有相當大的差距。

並且我覺得電腦這行業，那時候 IBM 聲勢日正中天，我就想這個東西，跟通訊之間，將來一定會有一些互動，做做也好。

另外，我想做一些服務的東西，可能我也可以學到一些新的東西。所以，這是我當初的一個觀點。事實上，也很幸運，在服務這領域，對我來說是學到了很多的東西，對我以後的職業生涯，有很大的幫助。

可是來跟我談的人，他們的興趣都不在這裡，他們基本上就是說，我公司的產品有多好，你何不買這個？你何不買那個？然後這個有多快的速度。聽起來都不錯，可是對我來講，我的困惑是說我不知道我買了這個東西，對我的業務、我的內部使用的客戶，就是我的同事，到底有什麼好處？這是我比較困擾的事情。

這時候發生一件事情，使我對 IBM 公司的銷售的能力，有了極深刻的印象。電腦中心裡面，用的最多的是 IBM 的東西，因為那時候 IBM 的大型電腦，是聲勢鼎盛的時候。所有的大的電腦都是 IBM 製造，它把其他的公司都打倒了。雖然有些公司也做類似的產品，可是以銷售量來講，跟它完全不能相比。IBM 由於每年賣給我們電腦中心很多東西，所以它大概有三位銷售人員，根本就長期駐在我們公司裡，他們有自己的辦公室，就在我們辦公室的附近。

這個帶頭的人非常有經驗，他開始的時候，也不來找我。他知道所有人都來找我，等到這些人都找過我，講得我頭昏眼花的時候，他就來了。然後他也不講希望我買 IBM 的東西，反而做了一些工作，他告訴我，電腦中心大概是怎麼回事，然後把圖也畫出來了，你有多少個顧客？客戶？他們用多少電腦的資源？你的基本的問題在哪裡？等等。他這樣一講，使我對我這個新的工作，遠比我老闆告訴我的，要清楚得多。然後，他再告訴我說，你的問題大概在哪裡？為什麼你用 IBM 的東西，就可以幫你解決問題。

這種銷售的方式，使我印象非常深刻。他來了，我知道他是來賣東西，他也知道我知道他是來賣東西，可是他用的方法，是幫我把我的事情做得更好，幫我來解決問題。讓我立刻覺得這個人是來幫我，所以他再來賣東西的時候，就好賣多了。這對我來講，學了很重要的一課。就是你如果要讓對方做什麼事情的時候，如果能讓對方的最好的利益跟你的利益能夠一致的話，這個事情就容易做到。否則，人家知道你是爲了自己的利益，而不是爲了他的利益，這個事情就比較難做到。

電腦中心我做了一段時間以後，就碰到一個很大的挑戰。這個大概是我在這裡最大的一個挑戰。

我們八〇年代，是從類比式（Analog）到數位的（Digital）很大的轉變的十年。八〇年代才開始，在這個之前，AT&T就是常常辯論，我們是不是要把我們的交換機，就是對我們來講最重要的業務，從類比開始跳到數位的領域？跳進來的話，在技術上有些問題，成本上，做出來的價錢一定比較高。剛剛開始的時候，數位應用很少，大家擔心我們的客戶電話公司爲什麼要買這個？又貴又沒有什麼用，所以就遲遲不能作決定。

遲遲不能作決定，我們的競爭者，就跳進這個領域，有一天，他們就宣佈，他們已經作出來一個數位的交換機了。我們的這個數位交換機，還是在畫圖的階段。雖然做了一些有實驗性的東西，稱作研究性的東西，離眞正可用的產品還有一段很大的距離。競爭者交換機一出來以後，對AT&T最麻煩的，是很多的電話公司都表示有很大的興趣，都願意買數位交換機，並且認爲較高的價錢，完全不是問題。

就這樣一下，AT&T原來在市場領先的情況，馬上就受到了很大的威脅。公司立刻作了一個決定，需要馬上研發出來一個新的數位交換機。這也是我們以後很有名的五號交換機（No.5 Electronic Switching System）。五號交換機（No.5 Electronic Switching System）到最後成爲非常成功的一件事情，我自己後來做的事情，也與五號交換機（No.5 Electronic Switching System）有蠻多的關聯。可當初作這個決定的時候，其實在一個非常艱難的情形，因爲我們的競爭者已經有產品可以賣到市場了。可是我們離成品，還有一、兩年的時間。如果這段時間不能夠很快地把東西做出來，市場的份額都會被競爭者拿去，將來再要贏回來，就會非常困難。所以這也是當時大的環境如此，決定作了以後，就找了很多不同的部門的人，大家一起開始，全力來做。

其中有個很重大的決定，因爲我們不可能再用手設計，大家都是用電腦，把設計放在很多的電腦上來做。我們原來做以前的類比式的交換機時，用的電腦，是用老的 IBM 電腦，上面的軟體也是比較老的軟體，當 AT&T 領導決定，我們今天要做數位的交換機的時候，我們連研發的環境，所用的電腦，所用的作業系統也就改了，我們決定用自己的 UNIX 系統。

UNIX 是一個效率很好，用起來更方便的一個作業系統，研發的語言呢？我們就是用 C 語言，也比以前的語言，寫起程式來有效率要方便很多。這聽起來都是非常好的事，可是問題是我們要開始做，還沒有這個環境的時候，要創造出這樣一個環境，並不是一個很容易的事情。那時的 UNIX，只能在小型的電腦（Mini Computer）上做。UNIX 開始發明的時候，基本的原則，就是小就是美（Small is Beautiful）。所以，根本就是在小的電腦上面做。它跟大的電腦之間，有很多地方是不能相容，有矛盾的。

所以決定做數位交換機以後，由於五號機（No.5 Electronic Switching System）是一個很大很複雜的機器，很多人就立刻上去開始做，做的時候，需要的電腦資源要求就非常高。這種要求，小的電腦完全不能應付。這 PDP，加上我們當初用的小型電腦，馬上就是超載。一旦超載，寫程式的工程師就會面臨非常大的問題，因爲他在這電腦上面，放一些指令，隔了半個鐘頭以後，電腦才反應回來，甚至有的時候就是喝杯咖啡回來，還沒有反應。這種情形，對我們整個項目的進行，速度就會減慢很多。當時當然是不能容忍的事情，因爲我們在市場上已經落後了，如果再這樣下去，後果就會變得非常的可慮。所以這時候項目負責單位就來了，對我們電腦中心提了一個要求，要把這 UNIX 作業系統放到

IBM 系統上面去。這樣有 IBM 大的能力，IBM 能力大了很多，所以 UNIX 可以放上去做的話，對程式設計速度就會增加很多。這個想法是非常好，可是從來沒人做過。這個要求，就立刻到了我的頭上，因爲我負責電腦中心。

時間緊迫，我們就開始找人來做。我的做法，是要找一些很有能力的工程師，所以除了我們自己這邊找了一些有能力的工程師，我特別到了我們研究中心，找了一些做研究工作的工程師，到我們的茉莉山（Murray Hill）的總部請了一些這方面專家，跟我們一起做，甚至有些地方，我就請他領頭來做。主要是時間，一定要用很快的速度來做。所幸我們幾個月之後，把這些軟體放上去，上去以後，我們放到 IBM 系統裡面，修正了一些技術性的問題，大家群策群力的合作，也找到一些解決的方法。所以隔了幾個月以後，我們做的新的五號機（No.5 Electronic Switching System）的設計工作，逐漸就可以搬到 IBM 大電腦上面 UNIX 的作業系統。

唯一的麻煩就是這個系統非常不穩定，因爲它有些基本的問題。運轉了一段時間以後，它的問題就出來。出來以後，整個機器就會當掉，一當掉，大家就去搶救，所以有點陰晴不定，好的時候，做起來非常好。因爲它的處理器的能力非常高。一當下來，就天下大亂，大家喧騰奔走。我的主要責任，是要安定民心，讓慌的人安靜下來。就是在這個時候，要簞食壺漿，讓眞正的專家一起來，給他足夠的空間來解決問題，不能大家慌亂失措。

我有一種人格特質，危機當前，我越能從容應對，不是我不感受到壓力，我想「便下襄陽向洛陽」，一步到位，但是多年養成的習慣，我必須沉著鎭定，才能化險爲夷。

這個系統隔了幾個月就開始用了，可是眞正到了一個比較穩定的程度，又隔了幾個月，總算到了一個穩定的程度。也就是大部分的時間都可以正常運轉，然後再把這些軟體放在第二個，然後再放在第三個系統上面，這樣逐漸地就把很大的問題解決，幫助五號機（No.5 Electronic Switching System）當初的開發，使它能夠如期做出來。

五號機（No.5 Electronic Switching System）做出來以後，開始的時候，這段時間當然競爭也非常辛苦，可是很值得安慰的，就是五號機在市場上的競爭力，越來越強。雖然我們不是第一個在市場出現的，可是我們做了以後，我們在改進的速度上面，比我們的競爭者要做的好，到最後，占到了市場的領先地位。

五號機（No.5 Electronic Switching System）是所有的交換機有史以來最成功的。一個機器它的用戶量已經超過了一億條線，這個數目非常可觀。當初開始做的時候，是險象環生的事情，如果我們這大型的UNIX System 系統（Maxi UNIX），當初不能夠在短時間內，把它變成有用，五號機（No.5 Electronic Switching System）整個的研發就會受到非常大的影響，沒有辦法做下去。有幾百個程式設計工程師都在寫程式，但是程式要合成在一起，不可能由人來做，必須由機器來做。一個大機器，也許幾個鐘頭就做出來了，小的機器，要幾天才做的出來，可是它沒辦法做，爲什麼呢？大的機器老是當，一當就把你原來的東西弄掉了。所以碰到這種情形，等於碰到一股瓶頸，做到一個程度，就沒有辦法再下去了。也就是這研發支持環境（Development Support Environment）非常重要。這也是我在這個工作，學到的很重要的認識。研究發展，不但主流研究發展非常重要，基本的環境面有很多問題一定要解決。否則最後，這最不明顯的一環決定了整個工作的能力和速度。

一號數據交換系統 1PSS（No.1 Packet Switching System）

我在八〇年代，在公司裡做的第二個重要的工作，就是一九八四年的時候，因爲公司有一個很重要的數位方面的交換項目 1PSS。這個項目對公司的業務非常重要，可是做了以後發生了一些問題，他們讓我去解決這個問題。那時候數位通訊，還是一個很新的觀念，可是 AT&T 已經在外面開始要提供數位通訊的業務。這個業務主要做些什麼呢？就是有些公司，到了八〇年代的時候，用電腦的公司越來越多，尤其是金融界、銀行界，這一類的數位越來越多。這一類的數位常常需要把數據從一個地方，送到另外一個地方。就是數位的通訊，尤其是長途的，短途當然自己解決了。長途的數位通訊，要求越來越高。

AT&T 也想進到這個數位通訊的服務，因爲 AT&T 主要是做服務，類比的長途服務做的很好，現在做數位的服務，它也想加入。它已經跟人家講好了這個機器，說是在一九八六年要做好，一九八七年跟這個客戶的業務就要開始了。可是到了一九八四年，發現在技術上、在進展上遭遇到了蠻多的困難，做得不太成功。所以一九八六年是不是能如期把新的系統交出去，交出去給三藩市的的一個客戶用，如果不能的話，對 AT&T 的信譽，以及將來的一些業務的發展，會有很多的不好的影響。所以公司的領導就來找我，希望我趕快去接這件事情。他知道我以前在通訊方面做了蠻多的工作，在交換方面做了蠻多的工作，這幾年又剛好在電腦中心，對於電子計算機數位方面的技術跟一般的情形也比較瞭解。這項目剛好是在通訊跟數位結合點，那時候我們稱它是數位的交換。事實上也就是我們後來所謂的「路由器」的前身。很快的，我就被臨危受命，去做這個項目。

工作計畫項目不成功，原因都是差不了太多。常常一個是，方向不是很明確，要做什麼搞不太清楚；另一個就是領導有問題，用人的時候用不對；還有一個，團隊的精神有問題。大概都是這一類的問題。

這個項目基本上也是這樣一個問題。第一，原來負責人不太喜歡自己動手，不太喜歡去管，什麼事都交給別人。人家都說沒問題就沒問題，等到有問題的時候，問題已經很大了，來不及去解決。所以這對我來講倒不是問題，我覺得我負責事情，一定要自己對很多事情要有瞭解。第二個，就是要用人，我們用人，一定要用好的人。並且要一直跟他一起合作，不是說找到好人，不去管他，到後來他遇到問題，不能解決也不行。所以我就找了一些好的人。

第三，就涉及到團隊的問題，我們有人做硬體，有人做軟體，由於產品需要在工廠製造，我們和俄亥俄州的哥倫布（Columbus, Ohio）的工廠關係也是非常的重要。原來的計畫主持人，這方面做法是有些問題。因爲他覺得自己是貝爾實驗室的一位中級的經理，不太願意到工廠裡面，跟工廠裡面的人，或者跟工廠的工程師們打交道。可是這些人不知道我們設計的是什麼，他們沒辦法製造。有時候設計的人，設計東西的時候，他不見得會想到製造的人；有時候設計非常好，可是製造的時候沒有辦法做出來，又要重新再設計。

基本上都是這一類的問題，需要每天進入情況，每天碰到問題，去幫助大家解決。然後問題就慢慢越來越少，事情越來越好做。做得好的項目都是開始難做，後來好做。做得不好的項目，開始容易做，越來越難做。因爲問題堆到後面，問題越來越大。

所以我一九八四年開始接這個項目，就是把它從霍姆德爾（Holmdel）搬到瑞柏城（Naperville），所以在瑞柏城（Naperville）是從開創項目，要做到一個成功的AT&T網路的關鍵網路元素。我負責這個項目，自然是自己走在最前面，不猶豫不決，不拖泥帶水。一九八五年很辛苦，有很多的問題。等到一九八六年的時候呢，事情就差不多了。後來我們如期交付 AT&T 答應客戶要做的一些服務，在一九八六年全部都弄好，一到一九八七年都沒有問題了。這件事大家都覺得蠻高興的。

這段期間，我們新雇用了許多好的工程師。年終考核之後需要敘薪，我的經理們各自抱著一個電腦到會議室，我沒有用電腦，但是給出和他們電腦裡根據考核結果算出來的員工薪資數字，並無二致。不是一分不差，但是基本數字是對的。公平待人處事，對我來說不是特別困難，即使不在職場，我一般也是如此。這時候，我的直屬領導鮑伯．斯塔勒（Bob Stahler, Lab Director）總當著同事說我都是戰略思考，是超級談判專家，「十二個人堅持十二個的意見，Carl把他們帶到一間屋子，半個鐘頭以後，大家笑著出來，只有一個意見。」當時我並沒有特別留意「傾聽才能夠領導」，因爲想要盡快解決問題，所以就會有耐心。我讓同事們在不失尊重下各抒己見，掌握他們的出發點，除非有必要澄清的事項，我一般在會議結束前，盡力清晰完整地提出大家可以接受的做法，使同事意見被修改不覺得難過。我的想法是，事情簡單化，也就容易了。

當時的許多工程師，日後各有所成。堤娜辛曲（Tina Hinch），現在是公司一個實驗室的領導（Director），談到她當年作爲工程師時的 1PSS 項目說：「Carl 巧妙地管理項目人員的急劇增長，爲開發過程和運營注入了紀律和品質。重要的是他培養出一種有能力、高能量、高效率的文化。許多老員工對『當年 1PSS 的日子』有著特別美好的回憶。」栽培人才是領導最重要的工作。

十多年後，我的通訊軟體的一位副總裁在外開會時遇到了快斯特通訊（Qwest Communications）的副總裁，戴維．艾門夫（Dave Elmendorf），當年 1PSS 項目的一位經理，戴維（Dave Elmendorf）對他說，「Carl 是我在貝爾實驗室最好的老闆之一。我非常感謝 Carl 的管理技巧和對員工的關心。」

作爲領導，不管提供多麼活躍的環境，事情還是需要一步一步做到，這些是挑戰也是機會。大家每天在機會裡鑽進鑽出，因爲旁邊都是高素質的同事，並不以爲苦。我們在年輕的時候相遇，到了各自有相當的經歷，也各有一片天地，更懷念當初大家相聚時的「機會」。

1PSS 項目做得成功，是高能量團隊的集體努力。

硬體實驗室領導（Hardware Lab Director）

到了一九八七年的年初，他們又給了我一個升遷的機會，我就成爲一個實驗室領導（Lab Director），管理幾百人的一個實驗室。也就是我們現在所謂的行政層（Executive Level）。這次是一個比較重要的升遷，是進到比較領導的地位，中國人來講，很少數人做到這個位置。

這次升遷，我開始有一個蠻重大的責任，負責所有五號機（No.5 Electronic Switching System）的硬體，和其中一部分的軟體。

五號機（No.5 Electronic Switching System）從一九八〇年初我們把它做出來以後，在市場上慢慢地競爭越來越多。這時候已經到了跟幾個公司火拼的階段。大家都想做市場上的領導，這跟機器的品質、機器的價格等等都有很大的關係。當技術漸漸趨向於成熟的階段，到最後的重點基本上都是價錢。

最大的挑戰就是怎麼樣把它的價錢盡量往下壓，因爲大家都感覺到，將來交換機的市場越來越成熟的時候，到最後的重點基本上都是價錢。如果好幾家公司做的產品都差不了太多，當然每個公司都說我做的比人家好，可是眞的做到一個程度，眞的比人家做的好也不是件容易的事情。所以這個時候，你的品質比人家好，價錢比人家便宜，競爭性就大很多。我在管五號機（No.5 Electronic Switching System）的硬體的時候，基本上也是從這個角度來著手。

五號交換機（No.5 Electronic Switching System）每年在那個時候，大概總共有三十億美元的收入。五號交換機（No.5 Electronic Switching System）是我們公司最大，最複雜，也是最重要的一個產品。做軟體的人非常多了，我的實驗室有一部分人做軟體，所有的硬體都在我的實驗室做的，因此我們跟工廠之間的互動就變得非常重要。這一點就是在我之前的前任做得還不錯，可是中間常常會發生一些問題；還是回到企業文化的差異，因爲貝爾實驗室在公司裡面，在整個美國和整個世界的地位是非常高的，所以有的時候貝爾實驗室的領導不太願意跟工廠裡面的人，好像是太過分地往來。可是做硬體，設計當然是一件非常重要的事情，有很多的技術，怎麼用新的技術做？尤其我們剛剛進到數位這個領域，我們需要最好的科學家跟工程師來做。可是設計再好，在工廠裡不能大量地、很有效率的方法來生產，市場競爭力就一定會小。我一直的理念就是，一件事情做得好，就是從頭到尾做好。

做研究發展的人都在我的實驗室裡面，做製造的呢？都是在奧克拉荷馬（Oklahoma）。那裡有一個工廠，我們叫奧克拉荷馬城市工廠（Oklahoma City Works），是很大的一個工廠，所以我們跟那個工廠之間的關係，就非常重要。從那個時候，我在這個工作，一共做了三年。每個月，我就把我的領導團隊，帶到奧克拉荷馬（Oklahoma）去，跟工廠的領導，大家一起，把所有的事情放到桌面上來看。如果有問題，就看用怎麼樣的方法來解決。這種做法在公司裡面以前很少，基本上大家是你做你的，我做我的，有問題，再派人去想辦法解決。這樣的話，解決問題的速度自然慢了很多。

我的感覺是，有問題它不會自己消失。這個問題如果不解決，問題就會越變越大。所以我們要解決問題，就是要在問題剛剛出現的時候，就去解決。這時候解決最容易，並且這時候如果大家同心協力來解決，大家都會覺得很高興。如果問題開始的時候不解決，問題變大的時候，沒有人承認這個問題是他的。到最後，一定是互相推諉，說問題是對方的。問題越大的時候，解決方式就越難，等到問題完全不可能解決的時候，就不可能有團隊的精神。因爲雙方都爲了保護自己的腦袋，就都是別人的錯了。所以要解決問題最好的方法，就是說在它還是很小的時候，大家合在一起來解決，問題不會變大。問題不會變大，事情就越來越容易做了。

所以我做事一直的原則都是這樣，盡量把跟項目有關的人盡早地合在一起來合作。然後大家第一件事情就是來確認目標是什麼，把目標確認好了以後，我們大家一起來合作，一起來合作遇到問題，不要說是你的問題，還是我的問題，是大家的問題，誰最有能力來解決，誰來解決。荀子說：「和則一，一則多力，多力則強，強則勝物。」一般來說，遇到問題，都是需要團隊來解決。把這個精神、這個文化建立起來以後，大家都有一個概念，就是如果我們合起來大家把問題解決，我們將來大家日子都好過，何樂不爲？如果現在大家都不解決的話，到後來問題回來，總有的是我的，總有的是別人的，到最後沒有一個人逃得過，事情做不好的話，大家都會有問題。所以這基本的理念如果建立起來以後，合作也容易了，並且大家對解決問題，意願也很高。我現在解決可能只要花一分的力氣，再過兩個月，可能要花十分的力氣，再過三個月的話，我可能要花百分的力氣，再過五個月，我的問題可能都解決不了。這就是我的理念。

我一直強調團隊觀念，其實團隊的精神在另一方面幫助了個人氣量的養成。在團隊裡做貢獻的時候，也造就了自己。一個人想要走得遠，是不是有氣量極爲重要。做事不能只顧一己之私，事情做得越大，需要合作的對象越多，越需要考慮合作對象的利益，然後得道多助，也是團隊精神潛移默化而來。

解決問題，就是到這個問題可能發生的地方，也是爲什麼我每次只要做到跟硬體有關係的，我就花很多的時間到工廠去。這對工廠的人是一個很大的激勵，因爲他們總是覺得好像貝爾實驗室的人總是高高在上，不太願意跟工廠的人打交道。可是我認為，做什麼事情，每一行都有能人。講到研發，當然是貝爾實驗室的人在公司裡面居於領導的地位。可是說到製造，貝爾實驗室的人，不可能對製造會有像工廠裡的工程師或者工人瞭解得那麼多，因為他每天都在做。所以就是用每個人的不同的長處，把它合在一起變成一個團隊。團隊的力量就大了很多。用這個方法，三年下來，五號機（No.5 Electronic Switching System）的價錢，降下來很多，競爭力也增加了很多。也就是說，當一個大的項目變得這麼成功，像五號機（No.5 Electronic Switching System）是由幾千人，大家合力做成的，這段時間我們做了很多，讓它的價錢降低，讓它的品質提升。

九〇年代　美國超越日本

九〇年代對於美國來講和八〇年代很不一樣。

一般來講，除了最後這二〇〇〇、二〇〇一兩年可以說是過分的，不合理地發展外，九〇年代對美國來講，在經濟上面是一個非常興旺的時候。從政治方面來講，美國的九〇年代，大部分時間都是柯林頓（Bill Clinton）做了八年的總統。對於總統的好壞，不是我們要談的，從整個經濟的發展來講，柯林頓做總統這段時間，美國的經濟可以說是發展得非常成功。政府從一九九七年開始持續賺錢，是算數意義上的盈餘，不是印鈔票。上次發生這個情況還是一九五七年，四十年前的事。柯林頓不好戰，專注經濟發展，削減國防預算和聯邦政府開支，支持科技研發的投資，促進了數位科技浪潮。

等到九〇年的末期，美國人的感覺就是他們又回到了原來蘇聯解體，俄國變成一個單獨的國家，他因為有內部很多的經濟和政治的問題需要解決，至少在一段時間內沒有辦法跟美國競爭。

八〇年代美國在很多地方發展和進步，感覺上好像日本的進步比美國更大，所以美國在八〇年代始終有這麼一個擔憂，會被日本趕上，或者已經被日本趕上，日本和美國的距離越來越近，所以一直有這種很不安的感覺。

這種不安的感覺到了九〇年代以後就慢慢地消除了。現在在美國，看到日本很長時間不景氣的話，反而變成美國擔心的事情，日本再這樣下去，他能把世界的經濟，包括美國在內，可能都會拉下去了。這段時間，從八〇年代到九〇年代，這是一個非常巨大的變化，是一件很令人吃驚的事情。

八〇年代，美國人提到日本有一個很悲觀的感覺，覺得很多事情沒有辦法跟日本競爭，爲什麼會有那麼大的消長呢？其中我想有幾個重大的影響，一個是從日本來看，日本八〇年代成功的模式，也就是九〇年代開始不成功的原因。日本成功，就是日本在製造的方面，或者說在整個的創新方面採取比較有制度和漸進的方式，所以日本有這個東西以後，你要他一直改進，日本一直改進的能力是全世界最強的；可是當創新的速度變快，創新的要求變得需要重新來創新的時候，日本這一方面的能力顯著地比美國要差。

中國在九〇年代，可以說發展是突飛猛進，可是中國由於開始的時候跟美國的距離差的很遠，雖然這個距離逐漸地縮小，可是因爲原來的距離差的很遠，基礎上還是差了一些，至少在短時間內也不能說是跟美國去爭科技上的領導地位。

也就是說九〇年代這十年在經濟方面、技術上面，美國居於從來沒有過的一個一枝獨秀，領先全球的地位。

美國高科技

就美國的能力來說，做新的東西和創新的速度是美國的優勢。一般來講美國比較弱的地方，就是一個東西做好了還繼續改進，他的興趣就不太大，他喜歡做新的東西，不喜歡做舊的東西的改進。九〇年代的發展是由於在當初七〇年代，尤其是八〇年代很多種了一些種子，現在不但芽發出來了並且開始開花結果，很多科技方面的東西到現在一下子好像蹦出來了，主要是有很多的應用出現了。其中最重要的兩樣東西，我想一個是互聯網，一個是無線通訊。互聯網的影響當然是最大的。

無線

無線在各個地方都發展的很快，手機的使用率越來越高，這對美國、歐洲的經濟都有相當程度正面的影響，因爲凡是一個新的東西出來，它幫助人通訊效益就越提高；另外一方面，在市場上刺激一些生產性的東西，這對經濟絕對是有正面的影響。

互聯網

在美國來講，眞正最大的影響還是網路的發展，互聯網本身不是一個很新的東西，觀念的話幾十年前就有了，現在互聯網的第一個網路電話（Internet Call）是一九六九年十月份在我們學校加州大學洛杉磯分校（UCLA）實驗室裡正式通過了，那是我還在學校做博士生的時候。可是由於技術不到位，應用不到位，所以一直等到路由器的發明，也就是在八〇年代的時候才發明，在那之前也沒有這樣的技術，即使想要做互聯網也不可能，終端機沒有這個能力，網路的技術也不到位。是要每個東西都要到位，最後好像看起來是突然發生，其實不是的，是每個東西都到位的時候，加在一起，這個事情於是可以做成。互聯網的成功也就是東西都到位的時候一個很好的例子。

互聯網要做好的話，有幾個主要的因素，一是在數位通訊的技術方面達到一個層次，第二個就是終端機要達到一個層次，第三個就是在應用方面有這個需求，也有方法滿足它的需求。這三樣東西到了九〇年代就把它們合在一起。需求是永遠在那裡的，就是找一個比用電話更好的方法，搜索資訊，把資訊應用到別的地方去。是一個跟電話比起來，又快、又方便、又便宜的方法。

這個需求是一直有的，可是另外兩樣東西始終沒達到。第一個是數位通訊，以前數位通訊的方式跟技術都不是很成熟的；到了八〇年代以後，由於電腦與電腦之間的通訊越來越多了，所以開始的時候兩台電腦之間的通訊，有幾台電腦之間的通訊，然後路由器的想法就出來了。路由器用得越來越多了，主要是用在手機之間的通訊，做得越來越好了，價格越來越往下壓。

另外一個是個人電腦，個人電腦也買的越來越多了，這個買回去了以後有的是玩遊戲，有的是拿來做一些公司的事情，有的是拿來沒有什麼事情幹的。很多家裡面有了個人電腦，可是不知道做什麼，就是說，個人電腦基本上就是一個單獨的，跟別人沒有什麼關係的電腦。其實它有很大的能力，可以處理很多的事情，可以計算很多東西，可是一般人沒有這個需求，因爲家裡閒來無事，不會殷殷計算。所以大部分的個人電腦，在互聯網眞正起飛之前，它沒有什麼用。

因爲基本上，還是回到以前講過，計算不是人類一個基本的需求，可是通訊溝通的話，是。所以等到互聯網開始興起的時候，上網可以更快得到很多的消息和資訊。像以前要到什麼地方去旅遊，你要查旅館的資訊、要查飛機的資訊、交通的資訊、火車的資訊都是非常困難的，尤其是國外資訊，可是打電話你又不知道打到哪去，又貴，講的話對方又不知道你在講什麼。可是有了互聯網，它有它的網站，可以在網路上得到很多的資訊，價格也比較便宜，速度也很快，你想要查什麼就查什麼；連很多看到電腦就怕的人也能容易使用，比如有的人上網交換食譜，就是非常有用的資訊，這些都是在沒有互聯網以前，大家都想做卻無法做到的。

現在有了互聯網以後，個人電腦就變成了一個非常好的上網工具。以前個人電腦買了不知道做什麼用，好像買了放家裡面，可以說我家有個個人電腦。現在就不一樣了，現在有個人電腦，我隨時跟我朋友之間用個人電腦來聯絡就是很好的使用方法，然後我要去找任何的數據，查詢的話也是很快。互聯網起飛以後，帶動了很多的業務。智能手機循此而生的一番故事，我們之後再討論。

所以美國在九〇年代整個的經濟這麼快速地發展，絕對是跟網路的技術、網路的應用，有很大的關係的。九〇年代，美國通訊的技術超過其他的國家，尤其是超過日本的差距越來越遠了。

當然我們也可以看得出來它的問題，由於互聯網上的聯絡發展得太快，最後發展到一個不合理的程度，有人只要說我是「.com」，不要說賺錢，連收入都沒有，也可以到國外賣的很高，這就違背了經濟學上面最基本的原則。所以等到二〇〇〇年，二〇〇一年，由於原來不合理，現在要糾正這種不合理的現象，所以等於說是全世界的經濟又開始衰退了一些，到了二〇〇二年稍微好轉。

美國政府通訊企業開放政策

從高新科技方面來講，在電信方面，美國在九〇年代嘗試著開放通訊法（Communication ACT），通過了一些法律，基本上是盡量地開放，完全是配合美國做事的方向，公平競爭，誰做得好，由市場來決定，做的好就是做的好，做的不好的話，就自尋生路，政府也不太管你。

開始的這段時間，可以說政策是非常成功的，很多的公司都新成立，尤其是以前的有競爭力的本地交換運營商（CLEC, Competitive Local Exchange Carrier）。意思就是說它是新的電話公司，它想用新的方法提供這個電話服務，以前老的話都是從語音的服務開始的，然後再加上數位。新的是說從數位開始，語音就是用互聯網協議語音（VoIP, Voice over IP），用數位方法來服務語音。美國一下子成立了很多這樣的公司，有一陣子非常的紅，買了很多的東西，這些東西，有段時間看起來好像非常熱鬧，前途好像也是非常光明。可是等到是二〇〇一年經濟一不景氣，這些公司差不多快垮光掉了，現在所剩的很少。對於很多國家來說，美國的這一段經驗可以是一個很好的教育研究的一個課題。

通訊這個領域，市場經濟是由市場來決定。這個前提應該沒有太大的問題，可是通訊回到我前面講到的，一九七〇年代、八〇年代 AT&T 最熱門的，就是通訊領域，有的時候有點像自來水或者是電力，應該由一個公司來做，如果好幾家自來水廠，每個都來問你要不要裝自來水，肯定是會有一些浪費的。可是另外一方面，通訊領域跟自來水、電力又不一樣，因爲它有很多不同的應用，像自來水就是把水燒開，家裡不用分辨是不是蒸餾水，電力也不分高級電低級電，電就是電。所以有些地方是相同的，比如說基本的服務可能是相同的，可是加值服務通訊和水力電力又不太一樣了，所以在這個中間的話，一方面是需要公平的競爭，讓市場盡量的開放；可是另一方面過度地開放的話，可能會造成太多的競爭，和市場上的浪費。

今天我們有很多底下鋪的光纖光纜都沒有用，鋪這些花了很多的錢，也許一個地方需要一條就夠了，可是兩三家公司都來鋪，到最後肯定是會有些浪費。可是一方面希望鼓勵競爭，另一方面又希望浪費的程度不要太多。完全不浪費是不可能。

你要競爭，完全不浪費是不可能，即使不競爭，完全不浪費也不可能。所以如何取得一個平衡點，非常重要。一個合理的平衡點，就是讓新的東西可以有發展的空間，把浪費控制在盡量少的程度。這件事情是很不容易做的，至少根據美國的經驗，如果說完全由市場決定的話，時間可能太久，浪費的金錢可能會太高。所以這個平衡點、制高點在什麼地方，我想很多國家現在都在研究。

從美國來看，九〇年代的通訊可以說是蓬勃發展的黃金時代，當然最後的結果是有些掃興，但是整個來講，是一件蠻不錯的事情。通訊界整個不景氣，並不是說通訊不重要，並不是說互聯網不重要，並不是說無線通訊不重要，而是說供求在短時間裡失去了協調，這個問題一兩年之內就會消失掉。

貝爾實驗室面對通訊產業蓬勃發展

貝爾實驗室在九〇年代的定位又是不一樣的。我前面提的一九八九年的時候貝爾實驗室，就是說AT&T裡面做了一次非常關鍵性的重組，貝爾實驗室裡大部分人做產品、和做產品相關的人放到業務機構裡面去；再把基礎研究跟先進技術（Advanced Technologies）的部門，這個部門後來是我在貝爾實驗室首創的，還是放在總部裡面。好處是做產品的技術人員、科學家和業務人員距離拉近了很多。壞處就是，研究、技術，和發展之間的距離拉大了很多。開始的時候，這個問題還不太顯著，因爲市場上的反應快，基本上一件好的事情。

可是由於研究和發展的距離逐漸拉遠，所以這個原來在技術上運行的比較好的一個安排，現在開始逐漸產生了一些問題，流程不像以前那樣通暢，研究部門就越來越孤立了。所以很多老的研究的成果，也就很不幸，發展跟產品化的時間也就會逐漸加長。

這個問題事實上不是一個很容易解決的問題，因爲什麼樣的組織都有它的好處，也有它的壞處。就是說組織本身只能製造問題，不會解決問題。壞的組織可能讓問題變得更加糟糕，好的組織讓你有一個把問題解決的平台，可是組織本身並不會解決問題。那這個問題要怎樣解決呢？

我個人看法是這樣，我們看成功的公司跟成功的創意，基本上整個創新的過程裡做的比人家好，比人家快，比人家便宜，比人家品質要好。爲什麼能達到這個境界呢？實際上就是一個團隊的問題。我在《感悟創新》一書也提到了，創新有四樣東西最重要的，從下面往上說就是說技術，人才，團隊跟領導。因爲創新的速度越來越快了，所以這個技術和市場之間的關係就越來越密切，可是我們不可能要求任何一個人又懂研究，又懂產品的開發，又懂市場，又懂銷售。可以說沒有這樣的人，有這麼樣一個人的話他也忙死了。所以我們就是需要有些人做研究；有的人專長是技術；有些人的專長是產品的開發；有的人專長是做市場的研究；有的人專長是做銷售。要公司的成功，要創新的過程成功，我們要用好的人，就是創新的第二個因素，要有很好的技術，很好的人才。這是必要的而不是充分的條件，因爲我們還必須要這些人一定合作成爲一個很好的團隊。

團隊就是我要做我能做的。我能做得好、我會做的事情我要把它做好；然後別人做的比我做的好的事情，我要跟他合作。不是說我什麼都行，你們什麼都聽我的，這個問題就大了。團隊的組成不是很容易的事情，我們每個人不是生下來都願意做一個團隊的好隊員，大家都是希望自己能夠儘量的發揮，中間有一個重要的平衡的關係，這就牽涉到我覺得是創新裡面最重要的，也是最不容易做到的，就是一個好的領導。好的領導組建一個團隊的時候，你要有敏銳的認知能力，知道團隊裡面的需要，找好的人才，在不同地方領域裡面，要找到這個領域裡面特別好的人，相信跟著你做可以成功，然後讓他們能創造一個好的機制，讓大家能夠好好的合作，這是一件非常不容易的事情。可是我覺得這一點大概是好的公司，好的組織，好的創新的整個的過程最重要的因素。如果領導不好的話，這個團隊很難做好；團隊不好的話，再好的人才，再好的技術，這個事情都不好做了。

我堅持組建好的團隊，不只爲了做好創新和技術卓越，也是提升個人身負重任的能力。因爲好的團隊精神幫助培養一個人的氣量和見識，所以他可以走的遠，站的高。當這個人的能力提高了，有寬廣的心胸，我希望不斷提醒他的能力是用來幫助他想要幫助的人，而不是征服其他人。

所以回到一九八九年公司改組的問題，改組本身是一個必要的改組。因爲就是需要管業務的人員、管銷售的人員、跟產品的開發人員應該是一定要合作得很好。光憑改組本身是解決不了基本的問題，因爲改組最重要的還是要讓整個團隊保持團隊的精神，讓這個團隊有共同的目標，用最快的速度、最低的價錢做出好品質的東西，這個戰略應該是一直不變的。

我們到了九〇年代以後，整個通訊產業的發展非常快，成立了很多公司，不管是在技術方面，或者是在服務方面，有很多新的東西出來。競爭很多，市場也很多，發展的空間也很大。相對來講，貝爾實驗室對整個通訊產業，這個時候影響力也就逐漸地減少了。就是說比起八〇年代要小一些，八〇年代比七〇年代要小一些。這其實是一個非常可喜的現象。任何一個組織，像我們貝爾實驗室，我在裡面做了三十年，也是二〇世紀最好的三十年，可以說是一個通訊的黃金的時代。作爲貝爾實驗室的成員，我覺得是非常幸運的一件事情。

貝爾實驗室對世界的、美國的通訊當然有不可磨滅的一些影響，這並不是一個能夠永遠持久下去的現象。在AT&T一個公司獨領風騷的時候，貝爾實驗室佔據的地位是絕對性的。可是當通訊的技術不斷地發展，機會越來越多，產品越來越多的時候，這時候沒有任何公司有阻擋所有的東西的能力，只能變成更開放，讓整個市場的導向越來越強，所以就整個通訊的產業、以及整個通訊的市場來講有它的必然性。雖然我們貝爾實驗室工作的人總是覺得，看到這麼好的一個機構的影響力雖然還是很大，但是沒有以前那麼大，這種情況對我們來講，好像是有點失落的感覺。

可是我覺得站在整個社會、整個的通訊產業來講，這是一個必然的事情，並且是一件好的事情。

現在在通訊界裡，那些跟貝爾實驗室競爭的公司和人，很多以前就是在我們公司裡面做的人，或者他的技術也是從公司裡面分出來的。所以從這個角度來說，我們的影響力也可以說是當初種下的種子，現在到了開花結果，所以整個來講，也是非常值得欣慰的一件事情。

1B 故事

對我自己來說，進到九〇年代，我在公司裡責任越來越大了，我前面提到了八〇年代最後幾年我是負責五號機（No.5 Electronic Switching System）一部分的軟體，然後全部的硬體的工作，責任非常大。

進到九〇年代，我做的第一件工作就是我這輩子所做的事情裡對公司的影響是最大的，對我自己從項目角度來說，也是最有意義的一件事情。這件事情就是把我們的四號機（No.4 Electronic Switching System）的處理器整個重新用一個新的處理器設計好，然後取代它。爲什麼要做？它的艱難性如何？對AT&T來說，長途電話這部分的業務對它一直是最重要的，所以它在分家的時候，也是把地方的業務分出去了，長途電話留下，每年有幾百億的業務，利潤非常高。所以AT&T利潤大部分，一直到數位電話起來之前，都是從它的長途電話來的。像我們以前朗訊和AT&T沒有分家之前，朗訊那時候是叫做網路系統，占全公司裡面的業務二〇％，可是利潤可能只有五％，公司大部分利潤都是從長途電話來的。

這個長途電話是用美國的長途電話網，不管是以前AT&T一家獨佔，或者是後來有了競爭者，這個網在美國都是最大的一個長途網。它有一百三十五個四號交換機（No.4 Electronic Switching System），這四號交換機（No.4 Electronic Switching System）是專門拿來做交換長途的語音服務的。這個交換機是一九七〇年代的產物，是一九七八年的時候開始進到市場裡面，開始使用的。開始設計的時候是在一九六〇年代末期到一九七〇年代初期。所以我們可以想像到技術的層次，以目前來看是一個低的技術。可是它的整個系統，對處理長途電話來說，是極爲有效率的。因爲長途電話基本上並不需要很複雜的東西，主要是兩個長途電話可以接通，可以把費用收到，機器本身是極爲可靠的。所以它的可靠性很大，做長途電話，可以收錢，這件事對AT&T極爲重要，因爲它每年的幾百億收入，就是從這個地方來的。

由於這是一九七〇年代末期出來，在八〇年代一直在增加用戶，一直在增加新的功能。每增加一個新的功能，就要把處理器的記憶體能力用掉一些，每增加一些功能的話，這個機器處理電話的數量就會少一點了。所以等到一九八〇年代末期的時候，AT&T做了一個研究，等到一九九〇年左右，差不多一九九五年左右，一百三十五個機器裡面有些機器的處理電話的能力就到頭了。比如那個時候是每個小時每個機器可以處理六十萬通長途電話。如果超過六十萬通怎麼辦？新的使用者或新的功能超過了這個容量的話，如果沒有一個解決的辦法，打電話的人就打不通了，公司的問題就很大了。打不通的話客戶會非常不高興，會去用別的長途電話服務了，公司就少了很多的收入。

所以在一九八〇年的末期他們做了一個方案，我們公司非要把這個問題解決，而且非在一九九四年，一九九五年之前解決不可，否則到時候已經到了頭的話，再去解決就來不及了。那時做了兩個研究，解決的方法有兩個，簡單一點的方法也是一個貴的方法，怎麼做呢？就是現在一百三十五個機器的能力已經到頭的話，就再加一個機器，變成了一百三十六個了。這樣把一部分的長途電話由這個新的機器分擔，這樣就可以了。預計按這個方法來做，可能需要把一百三十五個機器加差不多五十個這樣的機器，撐十幾年或大概十年沒有問題。因爲長途電話非常重要，打的時候一定要打得通。這一百三十五個機器都是互相連起來的，加第一百三十六個，就要把第一百三十六個跟前面的一百三十五個全部用電纜連起來，全部加起來的費用是非常可觀的，估計每加這樣一個機器，平均起來大概就要一億美元，也就是說再加五十個機器，大概需要五十億美元。這是一個很龐大的數字，對AT&T這樣的公司花五十億美元做這樣一件事情，它在能力上也有很大的問題。

另外一個方法對技術跟實踐來說有很大的挑戰。就是換下它的處理器，因爲這個問題出在中心處理器上，如果把處理器重新設計一下；讓它的運轉跟原來的處理器的運轉方法是一樣的，運轉能力卻提高，每個機器能夠通話的數量就可以增加了。這樣來做若能做成，總共的費用大概不到原來的十分之一，也就是說最多四、五億美元就可以把這個問題全部解決了。

當然在公司看來，第二個方法把中心處理器能夠重新設計重新放進去，是一個對公司最節省的方法。但是從技術和實踐的角度來說困難度很高。因爲做這個處理器的時候，要做的處理的方法完全不變。做一個新的處理器，這並不是那麼難做，可是要跟二十年以前設計的運轉的方法完全一樣，但比它快很多。

這中央處理器是雙工處理器（Duplex），兩個處理器互相支援。萬一硬體發生問題的時候，有一個處理器運轉如果有問題，另外一個處理器可以及時地運轉，這樣的話當機時間會減到最低。所以你要換的時候要把這兩個處理器一起換，可是換的時候，這個機器不能說我把它放下來慢慢換，不然所有用這個機器的客戶，就不能打長途電話了。設計的要求是換這個處理器的時候，總共的當機時間不能超過一分鐘。這個要求是極端嚴苛，只能在一分鐘裡讓處理器當掉。如果找一個時間，都是清晨和禮拜五半夜打電話的人最少的時候來做這個事情，這樣受到不方便影響的人，數目就很少。時間一長，問題就出來了。長途電話打不通，是一個非常嚴重的事，一個很大的問題。

這件事情在八〇年代的末期就開始做了，沒有做得很成功，他們就找了另外一個人做，做了以後又不成功，等到九〇年代他們就開始急了。因爲若再做一次不成功，就沒有時間了，因爲要做這個東西要花很多的功夫。先要設計，設計完了以後要測試，測試還要很久，等到千錘百煉確定沒有問題，先做很多的準備工作，然後再把這個處理器在半夜十二點的時候，把新的機器換上去，把舊的機器去掉（Retrofit）。這個東西就像心臟開刀一樣，有人就說像波音 747 有四個引擎，先飛，然後一面飛一面換引擎，讓它飛的時候不受影響，而引擎換了新的，差不多是同樣困難的操作。

所以開始的時候，先後找了兩位領導人做了，第一位做失敗了，離開了公司，第二位做了一段時間，又失敗了，這時候公司開始著急了，第三次非成功不可，因爲不成功的話，再轉回去買四、五十個機器，對公司整個的財政、整個的運營就會有很大負面的影響了，所以也沒有什麼選擇。這時公司領導就來找我，要讓我來做這個事情。領導說你要什麼東西公司都支持你，你要錢我給你錢，你要人給你人，可是這個事情非做成不可，如果做不成的話，大家在公司裡就都待不下去了。他們沒有給我任何選擇，說無論你願不願意做這件事，它都是你的了。

我在公司裡做了三十年，對於我來講這是壓力最大的一件事情，因爲不但要做成，而且它的條件要求極高。很奇怪的，我在公司做了那麼久，從來沒有一件事是你要多少錢給你多少錢，你要多少人給你多少人，從來沒有碰到過這樣的情形，所以這對我來講也是一個非常有意思的一個經驗。

這些，我在《感悟創新》一書講的比較詳細了，在此不贅述。借用我的項目主管道格．道頓（Doug Dowden）和硬體領導唐．麥克勞夫林（Don McLaughlin）在項目完成後的兩篇文字，可以看到我當初求才若渴的過程，和他們客觀記錄當時推進項目的情形。（Carl Hsu 爲我的英文名字）

道格．道頓（Doug Dowden）項目主管

一九九〇初，Carl Hsu，許濬，讓我接手1B處理器開發項目的主管。這項目對提高長途網路的容量和保持最高的可靠性至關重要。這個項目已經是第三次重新規劃，我是第三個部門主管帶領這個研發。Carl剛剛被任命為貝爾實驗室行政層項目經理，他已經非常迅速地引進了一兩位非常有經驗的技術經理，支援項目的硬體開發和項目管理。Carl很快決定，他要為這個第三次計畫建立最強大的團隊，所以Carl要求我領導這個工作。

我以前多多少少認識Carl，我們兩個都在一九七〇中旬的交通服務定位系統（Traffic Service Position System）項目上工作過。我們也在五號機（No.5 Electronic Switching System）項目的不同領域工作，但這次是我第一次與Carl密切合作一段時間。我對Carl的果斷和強烈支持組建最佳開發團隊十分印象深刻。在接下來的幾個月裡，我們調動了其他幾個關鍵的管理人員和員工來支援團隊。當我們做出這個新的項目計畫，重點是確保我們有明確的品質門（Quality Gate），準確地衡量我們的進展，他也表現出極大的耐心。Carl堅決支持我們使用最好的開發方法，以確保我們有一個堅實的計畫，在合理的時間表內，提供最高品質的產品。當我們向「交換機事業群」（Switching Business Unit）總裁提交新的項目計畫時，總裁丹．卡洛（Dan Carroll）告訴我們，他的工作能不能保住，全看1B是不是成功。這個項目在AT&T的重要性可想而知。

當我們建立起並致力於一個堅實的開發計畫，Carl於是花更多的時間與我們的其他網路系統夥伴溝通合作，如製造、產品實現、文檔、培訓和安裝，以確保1B的所有階段項目將成

功達成我們的總體目標——也就是在 AT&T 的長途切換式網路無縫更換所有四號機（4ESS 1A）處理器。Carl 不得不說服許多網路系統其他部門的領導者，確保這項工作不能當作往常一般項目一樣處理。Carl 有一個本事，讓員工有空間在自己的職責範圍內做自己的工作，同時仍能夠自我警覺整個項目的進展。當他覺得 1B 項目沒有得到足夠的優先關注時，他毫不猶豫地在網路系統中挑戰他的合作夥伴。在必要的時候，他也會毫不猶豫地把問題升級到高層級管理層。

Carl 極力支持的最佳作法之一，是利用外部審查小組定期進行審計，幫助找出項目中的弱點和改進機會。因此，我們可能比以往任何項目有更多的審計，因為這是一個很好的機會，嘗試盡一切可能，以確保項目的成功。

Carl 親自參與了我們每週的開發項目會議和與製造業和其他網路系統夥伴的各種月會。他對那些不太順利的事情很有洞察力。我認為所有的經理都感謝他的直接問題，反饋和溫和的壓力，以確保項目成功。Carl 總是以非常尊重和專業的態度對待團隊，我認為人們對他的領導風格反響都相當好。當 Carl 對某件事感到不滿意時，他可以確保我們都覺得不滿意。但我們也都知道，如果我們需要 Carl 的支持，我們可以依賴他的支持。

我通常開車接 Carl 前往機場，與我們的製造夥伴在哥倫布（Columbus, OH）的每月會議。所以，我能更瞭解 Carl 的私人生活，瞭解他對籃球的熱愛，以及他和他的孩子和朋友們一年一度的春季滑雪旅行。在 1B 項目上與 Carl 共事約四年是一件樂事。我很感激 Carl 給我的機會和對我的信心。我也非常感謝 Carl 多年來對我的職業生涯的建議和支持。我很高興 Carl 在 1B 項目後晉升，但很遺憾看到他搬到紐澤西去了。

唐・麥克勞夫林（Don McLaughlin）硬體領導

在一九八〇年後期，我在瑞柏城的「硬體實驗室」裡做第五號交換機（5ESS, No.5 Electronic Switching System）的工作。我們的辦公室都在印地安山南樓（IX, Indian South）的樓裡。實驗室領導是約翰・堅尼克（John Janik），他有許多部門經理為他工作。其中每一位部門經理都有許多技術經理為他們工作。我是交換機模組處理器組（SMP）的技術經理。南樓的生活很不錯。

一九八〇年的後期，約翰・堅尼克（John Janik）退休了，我們有了一個新的硬體實驗室領導 Carl Hsu。實驗室領導總是花大部分時間來解決最大的問題。幸運的是，SMP 的狀態很好，所以我和新實驗室領導的互動僅限於大型公開會議。但是這種情況很快改變。

五號機（5ESS, No.5 Electronic Switching System）是一個使用最新的技術，剛剛發佈於一九八二年的新的電話系統。舊系統是四號機（4ESS, No.4 Electronic Switching System），運行在 AT&T 長途或「收費網路」的系統，它有一個比較老的處理器稱為「1A 處理器」。1A 是非常可靠的，但記憶體快用完了，所以在印地安山主樓（IH, Indian Hill Main）的樓裡正在開發一個新的處理器，它被稱為 1B 處理器。把這個新的處理器放進四號機（4ESS, No.4 Electronic Switching System），是非常重要的。所以處理器開發部門因為需要遵循完成這個計畫的最後期限，承受著很大的壓力。然而，這個計畫時間落後了，壓力持續，情況繼續惡化。

我在一九八九年意識到了這一點，因為 Carl 參與了這個計畫，他開始和我談話。之後次數慢慢增加，最終我被要求到他的辦公室，並告訴我要召集一個處理器專家組，我需要調查

1B的狀態。當時1B部門負責人，希望有一個外部的看法，以確認他無法遵照這個項目時間表的看法。我把一組人召集在一起，調查了項目的狀況。

聖誕節前的一天總是只有半天上班，因為我為了這個假期保留了很多休假，我會一直休假到新年。我打算在部門聖誕聚會結束前把報告交給Carl。

報告證實了這一不幸的消息，原型不穩定，需要進行重大的重新設計。Carl當然對他的管理層報告了這個情況，並且準備一份報告將在新年的第一個星期一向AT&T領導報告。當Carl的老闆準備向他的領導報告時，會議因為AT&T長途網路有重大的可靠性問題而延誤，他老闆遭到了嚴厲批評。這個系統大約以一半的速度運行，就是說只有一半的電話可以完成。現在，AT&T的領導們確信系統可靠性的重要，當1B的重大延誤報告被提出時，他們要採取行動加強努力。

Carl被任命為1B計畫經理並且搬到了印地安山主樓（IH, Indian Hill）大樓。我也被搬去了並且成為了1B核心處理器小組的技術經理。一週後，我遇到了我的新部門負責人道格．道頓（Doug Dowden）。在接下來的六個月裡，Carl組建了他的新團隊，我們創建了一個新的計畫。這個新計畫的壓力在Carl身上，缺乏資源不是一個藉口，他可以得到他需要的任何東西。一旦計畫建立，我們就開始重新設計1B，一個必須運行在現有的1A軟體上的系統。因為計畫是當四號機（4ESS, No.4 Electronic Switching System）仍然在打電話「熱切割」1B的服務，並關閉1A處理器。當所有的關注都在項目時，我與實驗室領導的正常疏遠關係發生了變化。隨著項目在未來幾年中的進展，我們的關係變得更加密切。

新做成的硬體的處理器，已經變得非常可靠。當我們要轉到成熟的硬體，存在一個問題，新硬體有高故障率，也是如我們所知的「嬰兒死亡率」。我們必須創造一種方法，當我們把新硬體投入服務時，使它用起來已經大約一歲。解決辦法是使它在工廠老化，並通過加熱和濕度來加速硬體的衰老。

這對工廠來說是個大問題，因為他們不得不在只使用一次的額外的材料上花大量的錢。五號機（5ESS, No.5 Electronic Switching System）工廠是在奧克拉荷馬市，而四號機（4ESS, No.4 Electronic Switching System）是在俄亥俄州哥倫布。Carl 現在要出差到俄亥俄州，而不是奧克拉荷馬州，必須對工廠管理團隊推銷和監管 1B 壓力測試計畫。當我們開始在那裡建好原型，我開始每月去那裡。Carl 主持了月會議（肯定是在一九九三年和一九九四年期間）。我經常去那兒，以至於他給我找了間辦公室，這樣我的團隊就可以有地方存放我們的圖紙和工具了。

這個項目在經過四年的努力後終於走上正軌。到一九九四年秋天，我被調到了一個「新的商業機會」部門，所以我和 Carl 和 1B 的互動於一九九四年的九月結束了。我在一九九六年回到朗訊貝爾實驗室，回到五號機（5ESS, No.5 Electronic Switching System）。我不知道 Carl 去了哪裡，但總覺得他信任我。他是我唯一認得和經常交談的實驗室領導。他很容易相處，並能夠在這個龐大的團隊裡讓大家一起合作。

1B 項目是一個巨大的成功，我們在別人都不知道的情況下，把 1A 變成了 1B。我知道 Carl 為他的項目管理感到驕傲。

以上是我 1B 項目兩位主力負責主管對於項目和我們工作時候的記述。

基本上這個項目經過了三、四年的功夫，好幾千人參與，我們做成功了。我們當初很多人覺得這個事情不可能做得成功，因爲它的要求太嚴苛了。然而，我們不但達到了它的要求，在很多的地方我們還超過了它的要求。這個是AT&T有史以來，有人說是在整個通訊有史以來的創舉；因爲我們沒有這個數據所以不能說，至少是在AT&T貝爾實驗室做了這麼多東西以來最成功的一個案例。我們以前做所有的機器，包括以前講的五號機（No.5 Electronic Switching System）等等，剛剛開始做的時候，它的可靠性絕對比原來的機器要差；可是我們的四號機（No.4 Electronic Switching System），當我們換了處理器的時候，從第一天開始它的可靠性，它的處理的能力都比我們原來承諾的還要更好。

AT&T技術期刊（A Journal of The AT&T Companies, May/June 1995, Volume 74/ Number 3）收錄了這個項目的研發挑戰和成果。這個項目也得到美國的項目管理學會（Institute of Project Management）頒給全球年度大獎，他們認爲這是做的最好的項目。通訊高科技裡第一次得到這樣的獎，以後有沒有人得到我們也不知道，一九九〇年我們得這個獎的時候是全世界第一次。貝爾實驗室把這個獎項放在了公司進門處，公司得到國內外最高獎項的展示廳中。現在是貝爾實驗室新生訓練的教授案例。有的同事離開公司到學校教書，也教授這個案例。

這是我職業生涯壓力特別大的的一段時間，在交換系統總裁等高層審核會議中，領導們問我會不會擔心項目的進度，我回說：「我不是那麼擔心……我每天睡的像個小嬰兒，……每隔兩個鐘頭醒來哭一場。」每天都是解決不完還有突如其來的問題，有次一邊開會，跟我匯報的人說著他的問題，我從窗子外面看過去，一邊想著離開這裡，乾脆到別的地方去做別的事算了。覺得好像眞的是有這種無力感。可是成功和失敗的差別就在這裡，就像跑馬拉松，跑到最後，你撐下去就撐下去了，你一停下來，就停下來了。你一停下來，你手下的人就停下來。

一出了門，負責其他實驗室的同事見到我，卻問：「你負責這麼一個危急存亡的項目，怎麼總是一派氣定神閒？是正在高維思考？還真是舉重若輕？」不知道從何說起。大概是解決了該解決的問題才會出門，看著輕鬆吧。

在一個許多媒體人聚集，討論領導力的會議上，我的答記者問：

問：在眾多人面前，您有沒有公開承認什麼做失敗的事？

答：……倒不會是失敗，就是承認錯誤，然後即時改正。作決定的時候可以往這邊，可以往那邊。有的決定很容易作，就做了。有的決定，這樣做也可以，可是不能兩個都做。所以就說，好，我們大家都往這邊走，一個月之後，發現走不通。因為作決定的時候，一定是沒有足夠的資訊，有足夠的資訊，你就很容易做。有的決定，看起來不錯，做下去之後，發現走不通，要有足夠的勇氣，說你當初這樣做，是不對的，應該那樣做。要往左轉，要大家一起往左轉。怕的是說，今天這個人往左轉，那個人往右轉，這樣就不行了。作為一個領導者要能夠承認面對自己的錯誤，你這樣做了之後，會贏得很多人對你的尊敬。

還是回到當初有個理念，我們這麼多人在做，領導團隊也有好幾十人，大家每個禮拜都見面。我想最重要，大家有個理念，我們一定要把它做好。做好的話，大家一起成功，做不好的話，大家一起失敗。這個時候，承認自己做了一件不對的事情，不是那麼重要，因爲目標不是說證明我是完美的，而是要把項目做好。

問：在同事眼中您眼光超前深遠，行事卻明快細緻，是滿特別的組合。您自認比您手下那些很有創新意識的人更高的地方在哪裡？

答：我可以用比我能幹的人。我非常喜歡用能幹的人。我覺得能力越好的人，我跟他共處，我越高興。這點我倒是從來不覺得有威脅的感覺。

一九九三年，項目走上軌道，同年七月，公司在不同領域，一共選出十幾位做到行政層級的主管，安排我們參加公司培養未來領導人工作會（Workshop），由公司最高層親自培訓。董事長 Bob Allen 也過來了，其中一個互動環節，他問大家：「你們有沒有發現，當你們問 Carl 問題的時候，他連你下一個問題都回答了，他的腦子比別人轉得快一圈。」當時，AT&T 可以說是全世界最大的高科技公司，可喜的是有一定的制度規範。工作會是一個開始，並不是所有參加的人都能繼續往前走，我當時也只是行政層的初級，還要經過資深行政層，才有機會升成領導層 Officer，是公司最高級別，不是職稱。到了這個級別可以說是一個躍升（Jump），權責和待遇自成體系。從一九九一年開始，公司陸續安排我到最好的大學有系統地上課，我是到了西北大學和哈佛大學，慢慢地在芝加哥和到了紐澤西之後完成了國際市場和高級行政層課程（Advanced Executive Program）。上課的同學是來自世界各地的公司領導人。

這個事情做完了以後，大約在一九九四年左右，他們就賦予我更多責任，就是讓我管好幾個不同的實驗室的副總（VP, Head of Division），也就是資深行政層級。

當我升任到新職位的時候，1B 同事為我送行，按照 AT&T 的傳統，做了我的卡通人身描述，用大衛・萊特曼（David Letterman）的美國脫口秀主持人風格，消遣我，也是大家對當年一起同甘共苦的記錄，我特別感念，收錄於下。

道格・道頓（Doug Dowden）：

在Carl的午餐會上，我們為Carl的晉升準備了一個大衛・萊特曼風格排名前十的工作延遲藉口名單。我們相信這很好地反映了Carl的幽默感以及他積極的領導風格。Carl通常參加我們和所有的開發經理的每週項目研發會議，所以這是工作人員與Carl互動主要的會議。

我們有一個嚴格的項目管理計畫，跟蹤各種不同的硬體，軟體和測試基準（Baseline）。我們將圖表中的所有日期都表示為「S」曲線，顯示了這些基準在一段時間內完成的百分比。它被稱為「S」曲線，因為這是典型的啟動緩慢，在中間迅速上升，然後慢慢地結束的形狀。

在每週的狀態會議上，我們總是檢驗各種「S」曲線，以監視項目進度，並決定項目是否如期完成，或者是否需要採取糾正措施使我們回到正軌。每當項目沒有走上正軌時，Carl和我就與經理們進行了激烈的討論，以確定需要什麼。所以，排行榜前十的目的是要幽默地提醒人們一些不尋常的藉口，以解釋為什麼「S」曲線顯示我們沒有符合進度。

許曲線是一個程式化的、通用的圖表，標示從項目開始時——開始是「總裁的大問題」，直到它成功地完成，並獲得了「總裁的品質獎」。有一首流行的歌曲，鮑比麥克菲林演唱的《不要擔心，要快樂》（Don't Worry, Be Happy），我們用來顯示圖表中的哪個區域代表的是在軌道上或在計畫的前面，或者是在計畫的後面。當然，在我們的時間表落後的時候，Carl確實很擔心，而且也不高興。

至於十個藉口，大多數是相當自我說明的。第五項所謂熔化／下雨的測試，應該是指我們在製造1B的俄亥俄州哥倫布（Columbus, OH）有大型的試驗環境。我們在這些房間裡進行了1B的壓力測試，在那裡，1B是在極端炎熱和寒冷的情況下測試的。

許曲線

1B Processor HSu-Curve

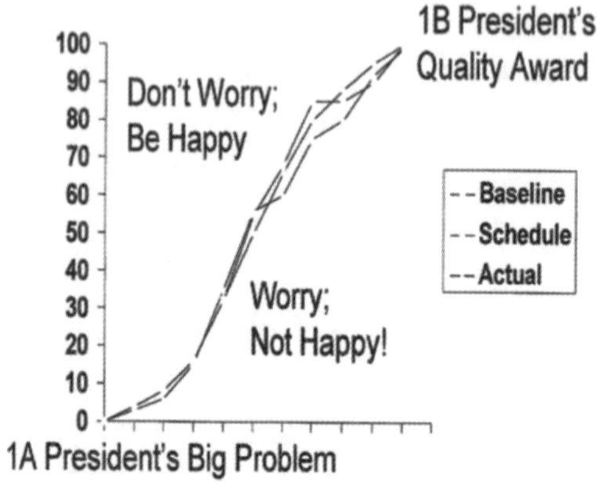

許曲線的十個藉口

1B Top Ten S-Curve Excuses

1 - Dates Not Important; Don't Worry - Be Happy!
2 - This Was REALLY HARD; Big Tech Talk Follows
3 - We Are Ahead Of Schedule in Finding Defects
4 - It's the Hardware/Software/Tools/Suns, ...
5 - Didn't Have the Parts; Melted/Rained in Test
6 - Packs are Built, Even With Old Artmaster PWB
7 - Their Plane is in Kansas City - (CB Mfg Only)
8 - Manager Not Here - Don't Know Reason
9 - Clerk on Vacation - Data Not Entered
10 - Bug in Reporting Program/Process

對我來講，IB項目的經驗事後來看是一個極好的經驗，因爲基本上一直到今天，很多我們當初團隊的隊員都已經退休，離開公司了。可是大家見面都是講當初我們在做這件事情的時候是怎麼做的，就是這種交情，這種感覺一輩子都不會改變的。所以這種經驗也是一輩子就這麼一次，我也很高興能夠爲公司做了前所未有的這麼一件事情。

中西部休閒運動

整個瑞柏城的十幾年時間，是兩個孩子洛芸（Carolyn）、洛鳴（Wesley）成長最快的時間。到了週末，也是帶著他們一起活動。我毫無疑問是籃球迷，既是球員也是觀眾。我們家的規矩是吃飯的時候大家好好吃飯，不可以做別的事。小朋友們發現，爲什麼每次有美國國家籃球協會（NBA, National Basketball Association）籃球賽的時候吃飯，家裡的電視螢幕就換了方向，直對著爸爸？女兒進了耶魯大學的第一件事，就是在食堂吃飯的時候，學著事先把要看的書攤開在面前。

我是加州大學洛杉磯分校（UCLA）的畢業生，因爲有湖人隊（Lakers），加州大學洛杉磯分校（UCLA）對我好像更有意義。

卡林．阿杜．賈巴（Kareem Abdul Jabbar），幾十年來一直是我喜愛的球隊湖人隊裡的喜愛的球員。我們是同年一九六六年進入加州大學洛杉磯分校就讀。卡林（Kareem）七尺二寸身高，雖然我在孩子們面前堅稱我比較高！他有一條三十寸的長腿，在球場上是如此佔優勢，以至於在他大二的時候 全國大學體育協會（NCAA, National Collegiate Athletic Association）禁止他扣籃。即使這樣，沒能阻止他連續三年贏得全國大學體育協會（NCAA, National Collegiate Athletic Association）冠軍，或者成爲美國國家籃球協會（NBA, National Basketball Association）最高得分手。卡林（Kareem）曾說過：「即使你是一個眞正的巨人，飛過籃筐，超越競爭，有時候生命就是不允許你扣籃。你必須找出另一種方式，另一種能贏的方式，另一種有用的方式，另一種能被記住的方式。」這是一個人的勇氣和使命感，所以成功。

丹．史德揚（Dan Stanzione，貝爾實驗室總裁，Presidents of Bell Labs, 1995-1999），後來提起說，和我大概是在瑞柏城（Naperville）初次見面，我們只交談了幾分鐘，我告訴他我原是代表加州大學洛杉磯分校打籃球的，他說至少有一分鐘之後，才意識到是我的玩笑，說我做的很好，並說這不是他最後一次被「帶入」，雖然他學會了更快地恢復，我不無遺憾。我一直覺得，公司裡很大的樂趣就是和同事之間的互動。無論什麼樣的題材，博學多聞的人很多，許多深層的交流，回應特別有趣。

我看重波士頓賽爾特（Boston Celtic），雖然他們應該算是對手隊。我常和兒子提到，對比爾盧梭（Bill Russell）、比爾．沃爾頓（Bill Walton），和當然賈巴（Jabbar）如數家珍。

當賈巴（Jabbar）在一九八九年退休時，我對家人宣佈我們不再是湖人隊的球迷，我們住在芝加哥，開始支持公牛隊（Bulls）。但是兒子還是不以爲然，我對他說我認爲喬丹挺不錯。然後，帶他看了一次美國國家籃球協會（NBA, National Basketball Association）現場比賽，讓他親眼見證二十四歲飛躍的喬丹，在最後一秒戰況緊急不明的情況下贏得了比賽，他開始相信我所說的喬丹的與眾不同。

在二〇世紀七〇年代，我算是一個公羊隊（Rams）球迷，之後和兒子一起看超級盃（Superbowl 16），看著他們輸給鋼人隊（Steelers）。後來兒子稍微大一點，大概他十一歲開始，雖然我沒有特別追捧棒球，我還是會在晚上，或是比較沒什麼事的夏天的週末午後，和他看世界最大新聞網（WGN）的小熊隊（Cubs）比賽，看那些客場比賽，因爲瑞格列（Wrigley）球場的小熊隊（Cubs）主場沒有燈光。到一九八四年夏天，當小熊隊（Cubs）因爲投手瑞克．薩克利先（Rick Sutcliffe）和後來進入名人堂的二壘手萊恩．桑德柏格（Ryne Sandberg）的加持贏得區賽，我們可以叫得出每個球員的名字。他們贏得前兩場區賽然後，就是小熊隊（Cubs），連輸三場。我們幾近崩潰，但還是很喜歡小熊隊（Cubs），當時他們也的確很厲害，連續五年（大概差不多這樣）進入總決賽。我和兒子在哥倫比亞廣播公司的主場觀看了季後賽比賽。小熊隊（Cubs）終於在二〇一六年贏得了世界冠軍杯。

我每個週末都會和一些差不多同齡的球友一起打籃球，這是我從不缺席的活動。幾乎整個的七〇年代後期到八〇年代，我都會在瑞柏城的萊客特俱樂部（Racquet Club）打網球。兒子也常跟著走動，但他對這個沒什麼興趣。

我帶兒子去白襪（White Sox）棒球賽事的時候，他在免費的糖果吧吃到食物中毒。我們會去參加一些中國夏令營裡的一些區內壘球賽，這時候我們隊是兩代人的混合體，兒子是打擊手，我通常在外場。

當兒子成長到青少年的時候，我們偶爾在弗生斯（Foursomes）打高爾夫球，這其實是比較娛樂性的運動。我們兩個從來都不太熱衷高爾夫，也都沒有特別擅長。我們共同的運動經歷大多是在電視上。二〇一〇年兒子送了我一本書《籃球》（The Book of Basketball），因爲作者比爾西蒙（Bill Simmons）對籃球和運動的看法和我大體一致：失敗就是給我們得到一些教訓，可以更成功。

第十七章　回到東部

升任公司 Officer 貝爾實驗室執行副總裁

負責四號機（No.4 Electronic Switching System）幾個實驗室之後，再隔了一年公司就把我升成公司最高級別 Officer 了，搬回紐澤西州。這是一九九五年的事情了。剛好那個時候 AT&T 也要把朗訊（Lucent）分出來，分出來的原因我前面也提到了。再說一下，就是因爲到了九〇年代以後，AT&T 原來分出去的，到現在都開始進到一些業務，跟 AT&T 競爭越來越多了，AT&T 也想進到他們的業務，比如說做一些本地電話服務，然後用電纜（Cable）來跟他們競爭，所以當初大家都是戰友，現在都是敵人，都是商場上的勁敵。在這樣的情況下，貝爾實驗室設計的機器，原來我們稱爲西方電信（Western Electric），後來稱爲網路系統（Network System），製造的產品越來越在市場上難以銷售；因爲無論東西做得再好，客戶的感覺就是你是我競爭者的一部分，你一定把最好東西給 AT&T。在這種情況下，AT&T 沒有什麼第二條路了，它只有把這一部分分出去。在一九九六年，AT&T 就把這一部分，就是原來做研究發展製造這一部分分出來了，我們成爲了新的朗訊公司。我們當時的標語就是，「我們創造使通訊發揮作用的事物（We make the things that make communications work.）」。至於說另外一個 NCR，本來就是買來的，現在再把它分出去，基本上做電腦這件事情，對 AT&T 來講從頭到尾就是沒有成功過。現在再把它放出去，也就再度承認這件事情是失敗的。

我自己一九九五年晉升成了貝爾實驗室有史以來第一位的華裔 Officer，僅次於貝爾實驗室總裁，是一人之下的位置。

因爲AT&T要分家，所以把很多做技術方面的人合起來再分開來；把他們全部合在一起由我管理，然後我再用比較公平的方法，有一些人該到 AT&T 就分到 AT&T 去；有一些人該跟朗訊走，就留在我這個機構；另外有一些人做一些不同的業務，把他分到不同的地方去。所以那時候大概將近有一萬人，最後分的是三千多個人是 AT&T 體系，我自己留了超過三千人，所以後來我們就成立了一個先進技術院（AT, Advanced Technologies）。在貝爾實驗室是第一次有先進技術院，基本上就是我們做基礎研究的人跟做產品發展的人，在技術上面的連結轉換。

基礎研究做出來的東西不見得能夠很快的轉化成產品，做產品的也常常沒有時間去瞭解技術，所以我們就把它整合起來，我們做的事情，後來很多人覺得是還在做孵化器。其實我覺得這個還是回到，不管叫什麼名字，基本上是在創新過程裡面碰到一些問題，來解決這個問題。基礎研究跟做產品的發展機構，由於在組織上面的結構，距離越來越遠的時候，產生了一些隔閡跟距離，我們先進技術院把這個距離拉近，可以使創新發展的更好一點，基本的目的是這樣。

就任之前，有個小插曲。有一天從東部貝爾實驗室總裁辦公室來電，說是阿諾．潘阿斯（Arno Penzias）要跟我談談。阿諾（Arno Penzias）當時是貝爾實驗室總裁以下最具影響力的執行副總，他因爲退休年限將至，準備交棒。他是一九七八年諾貝爾物理獎的得獎人，被稱爲「大爆炸」後殘留的微弱背景輻射的發現人。總裁辦公室人好意提醒我好好應對，「阿諾（Arno Penzias）和總裁幾乎沒有彼此同意過一件事（美式故意用語），不過這次面談，並不會影響你升任貝爾實驗室執行副總裁的職位，因爲總裁已經作了這個決定，也已經給了你這個新職。」

我從芝加哥飛到紐澤西和阿諾（Arno Penzias）會面，會議結束之後，聽說他直衝進總裁辦公室說，「你找的這個人太好了！」我後來的辦公室就是阿諾（Arno Penzias）的辦公室，應該是貝爾實驗室總部，茉莉山（Murray Hill），最好景觀的辦公室，他留了幾把舊桌椅給我。

先進技術在成立之時，建構了五個中心，包括先進通訊技術中心、設計自動化中心、工程與環境技術中心、網路計畫和處理工程中心、軟件技術中心，集中了貝爾實驗室包括從硬體、晶片、軟體知識的中央資源。

鮑伯·馬丁（Bob Martin，貝爾實驗室首席科學家）在《貝爾實驗室新聞》（Bell Labs News）上說，「『先進技術』的價值，是集中一個涵蓋廣泛軟體、硬體和網路，包括從數位信號處理、可靠性和安全性不等的關鍵領域，專門知識的資源……先進技術（Advanced Technologies）專家成爲朗訊的許多新產品團隊的成員，幫助啟動這些戰略項目。」

「在我們的調製解調器（Modem）業務中，」他說，「先進技術（Advanced Technologies）在數位信號處理方面——無論是在最基本的層面上，還是在實現算法（Algorithms）所需的軟體技術方面，提供了很強的競爭力。第一種方法是通過支援具體的產品開發努力；第二種是通過傳遞知識、能力，以及在許多情況下人員的支援。正如，如果你給某人一個釣竿，你養活他一輩子。」

貝爾實驗室主題

貝爾實驗室有兩大主題：創新（Innovation）和卓越技術（Technical Excellence）。這兩者相互激勵，構成的貝爾實驗室的創新系統，推動這個聚集世界一流科學家研發單位的核心競爭力。我在《感悟創新》討論了創新。

卓越技術

卓越的技術主旨是什麼呢？我們貝爾實驗室技術卓越願景很簡單，就是朗訊科技在市場上的成功，是世界上最優秀的技術人員在這裡工作，其他人想要在這裡工作。

首先，我們的目標是，明確界定我們是擁有最好的研發和技術。而推動這些最好的領域和技術是因爲業務需求，以及在行業中領先的技術能量。使更多的個人不僅要求使用最新的技術，如網路技術，同時盡量跨越公司的組織和範圍，發揮和催化各個領域實際使用這項新技術。這個催化的力量，不只是技術的精良，還有市場的動力。

每季的貝爾實驗室的決委會，大家都會討論技術卓越內容包括研發組織的定義評估、自我評估、同行評估，和交叉比對。公司最高領導董事長亨利·夏特（Henry Schacht, Chairman）、執行長瑞奇·麥金（Rich McGinn, CEO）都參加會議。這個測量和審查做得很好很周全。

在品質管理方面，由比爾·羅賓遜（Bill Robinson）領導引進波多里奇（Baldrige）方法，目的是通過量化，檢驗貝爾實驗室的長處和需要改善的地方，確保貝爾實驗室的水準。尤其公司蓬勃發展，時有收購和兼併，我們需要全面審查所有研發單位，測量審查除了技術的要求以外，還包括項目和人事、專利等狀態，並且使公司通過收購和兼併的增長和變化，可以持續、積累和分享。

這項貝爾實驗室推動的卓越技術檢測方法，執行長瑞奇（Rich McGinn, CEO）還特別要求把關於研發生產力和結果指標，用於整個朗訊企業。公司要在市場有競爭力，要能夠領導市場，貝爾實驗室對於公司除了研究創新，也同步發展技術品質的管理。

我很懷念貝爾實驗室開決策委員會的日子，公司景氣很好，這麼多優秀的人才各盡所能，都是爲了同一個提升公司的目標而努力。

創新

卓越技術是貝爾實驗室的兩大主題之一，另一個當然就是創新，我們的強項。我們在討論卓越技術時，同時檢驗我們的創新能力。有了卓越技術能力，才能引領創新動力。當時最新技術是多媒體交換、流媒體（Streaming），和多媒體內容共用分享的多媒體交流平台的技術，我於是要求我們用自己創新的平台，讓大家做報告並和與會人員互動。

朗訊是老公司新成立，市場的期待很高，公司同仁意氣風發，天天有新的想法，新的作爲，特別激動人心。

貝爾實驗室創新的成功，是每天有無數頂尖的科學家不斷的貢獻。這些人的心裡，不止對自己研發有所追求，還有對社會進步的責任信仰。處在這樣有實力、有影響力的工作環境，確實是鼓舞。但是要把這些千奇百怪的技術匯總，爲單位爲社會提供幫助，還是要有相應的領導和機制。

說到多媒體技術，當時我們先進技術單位推出的視頻幀 MPEG-2 技術、數位視訊系統和多媒體平台，「電子媒體」（Elemedia），就是貝爾實驗室其中代表性的發明。

「電子媒體」（Elemedia）是即時與存儲的音頻／視頻編解碼器，和交換、流媒體，和多媒體內容共用分享的多媒體交流平台。

上世紀晚期的聖誕節之前，唐・亨利（老鷹合唱團主唱，Don Henley, the Eagles）要求我們幫忙協作他們七位演出者艾爾頓強（Elton John）、斯汀（Sting）、布魯斯・何思比（Bruce Hornsby）、藍迪・紐曼（Randy Newman）、比利・喬（Billy Joel）和詹姆士・泰勒（James Taylor）從世界，包括英格蘭（England）、蒙大拿州（Montana）、德克薩斯州（Texas）等各地，隨時以音、視頻、即時、存儲不同的方式，提供一份動態的交響樂，提供技術諮詢。有時他們會需要即時協作；其他時候，他們可能會獨立工作或發送別人自己的進展。他們可能需要視訊會議；可能需要發送數位化的音訊；也可能需要發送電子樂譜或自動將音樂翻譯成樂譜。這在九〇年代，還是一個比較新的作法，我請我單位副總維克特・勞倫斯（Victor Lawrence）的先進通訊技術中心回應這個要求。維克特是國家院士，是充滿創造力和十足熱情樂觀的科學家，廣受公司員工的尊敬和喜愛。不過作爲他的老闆，有時候要適時把他的腦袋從雲遊四海中拉回現實。消息傳出後，實驗室專家爭先恐後踴躍發文，氛圍熱烈。實驗室同仁最大的樂趣就在於相互討論和提供最先進的技術和知識。但是由於時間緊迫，我們不可能在現場做隨團技術指導，只能就現有的技術和產品「電子媒體」（Elemedia）滿足演出者的訴求。

MPEG-2 數位視訊系統也是貝爾實驗室的發明之一。一九九七年，我們先進技術與業務團隊合作，把這項技術推入市場，並且準備由此帶出更多的貝爾實驗室數位類產品。「朗訊數碼視頻」（Lucent Digital Video）是這個產品從貝爾實驗室中抽離出來的名字，而 MPEG-2 DVS 就是它的旗艦產品。我們出售這個產品給北美超過三分之一，一六〇三個廣播電視台。「郎訊數碼視頻」（LDV）最終被哈理斯公司（Harris Corporation）收購，這項技術，市場一直沿用至今。

豫則立

貝爾實驗室創新很多，從技術變成產品，還是需要和公司客戶團隊、商業管理團隊一起發掘市場潛力，共同推出產品。一九九七年三月，我們積極和負責客戶的業務單位聯繫，並與公司商業管理單位簽署了一項協議，提供 MPEG-2 的業務管理。公司商業管理部門團隊不僅高度看好 MPEG-2 市場潛力，對將來可能的後續數位產品更感興趣。他們認爲先進技術是一個很好的單位，能夠迅速地對某些市場需求做出回應，希望與我們建立長期的關係。

貝爾實驗室上班時間一般比較有彈性，研發主要是用智慧腦力，長時間待在辦公室，不一定有最好的效果。公司並沒有規定，反而員工休閒的時間常常惦記著工作。能進來的人，多半有榮譽感，除了不願意拖累別人和項目，也是想要自己有所表現，對團隊有貢獻。公司一般人早九至晚五之間多半在辦公室，因爲容易找到同事交流。朗訊公司堅持創新，也鼓勵團隊精神。重要的大型研發項目和商業功能，如果沒有團隊精神，是做不出來的。

進來貝爾實驗室的同事都是一時之選，無論你原來多麼優秀，獨善其身的意義在於時時精進自己，用實際行動來證明自己又去到更高的層次，提升團隊的基調，樹立榜樣，也讓同事們會思考應該如何變得更好。一個人的氣度，正是因爲他的競爭力，然後能夠不吝於分享。如同打球一樣，除了個人技術超群，球隊訓練讓大家隨時記得團隊、紀律、榮譽，在關鍵的時刻，全力衝刺，爭取進球，才會贏得勝利，得到隊友的尊敬和信賴。勒布郎．詹姆斯（Lebron James）曾經表示，「如果你是球員，如果你喜歡比賽，如果你上場比賽，那麼你沒有辦法每天不想到科比布萊恩（Kobe Bryant）」。在球場上，科比是如此有競爭力的帶領球隊贏得比賽。

作爲一個大公司的領導，如何把最好的人，結合一起，爲同一個目標，發揮他最大的能量，帶出有競爭力的團隊，共同爲公司效力，就十分關鍵了。

領導力也是一種誠信和勇氣，創造新機會，有什麼事我負責，萬一失誤我承擔。我有所不爲，但對同事客氣有禮。領導起帶頭的作用，思慮清晰，才可能有先見之明。我時時要求自己，作決定要周全也要快，要言不煩是本性，言出必行是自律。如果碰到問題，確實思考之後，就盡快把問題解決了，一往無前。不然，面對的就會是另一個更難解的問題。善戰者無赫赫之功。

工作多年，都一直是處在一個光明磊落、各憑本領的環境。我不介意分享自己的想法、作法，也算是對自己的信心，就像我單位裡提出 MPEG-2 同事保羅・威爾福（Paul Wilford）所說，他不介意別人簽約他的技術，因爲在別人用他的技術去拓展市場的時候，他又有了新的發現。許多同事諮詢我許多問題，我總是很眞實地說出自己的想法，這些人多半對自己的職業生涯是比較認眞的。但畢竟是閱人多矣，在交流的過程中，我也常有力不從心的感覺，清楚看到鐘鼎山林，各有天性，再好的學歷，再勤奮的努力，當事人其實做不到我的建議。領導力不完全是天生，但是清楚的頭腦是必要條件。我也只能遵循梓匠輪輿，可與人規矩，不能與人巧了。

每月參加丹・史德揚（Dan Stanzione）主管例會，包括丹・史德揚（Dan Stanzione，貝爾實驗室總裁，President of Bell Labs）、阿諾・潘一亞斯（Arno Penzias，諾貝爾獎得主，執行副總裁，Nobel Laureate, EVP of Bell Labs）、阿榮・奈持維利（Arun Netraveli，負責研究的執行副總裁，Research, EVP of Bell Labs）、鮑伯・馬丁（Bob Martin，首席技術官，CTO Chief Scientist），自是一時之俊彥，和我（負責先進技術的執行副總裁，Advanced Technologies, EVP of Bell Labs），開會的時候，大家古往今來，唇槍舌劍，又妙語如珠。有時候說高興了，回家還會跟太太談談自己的得意傑作。同事們總是說特別喜歡我的冷幽默，其實我覺得我們這幾個人都有，只是我也許比較多產就是了。貝爾實驗室優秀的人才很多，氣氛一直都是滿活躍的。這是我職業生涯特別懷念的時光。時隔多年，這些同事相互之間來來往往，還是彼此尊敬，我想人和人之間的尊敬，是贏得的尊敬，這樣的尊敬，有時候是建立在相互理解欣賞的平台，這樣的尊敬，是君子之交，才能久遠。

海外合作拓展版圖

身處美國，和亞洲的合作機會覺得是件大事。

日本

日本人看重知識，對貝爾實驗室特別尊崇，常有一輛輛的遊覽車開到公司總部茉莉山（Murray Hill）外參觀。一九九七年三月開始，東芝（Toshiba）和其他一些日本公司都提出多個項目尋求與貝爾實驗室的合作。這些項目多是改進網路基礎的項目，也算是爲日後穩定的掌上網路以及數位平台和應用奠定了好的發展基礎。

一九九六年十一月開始，我們連續第三次在日本東京開貝爾實驗室研討會，這也是朗訊科技獨立後，第一次在日本開貝爾實驗室技術研討會。我們把這個研討會定位爲美國與日本科技合作的中心，除了貝爾實驗室和日本電信公司 NTT（Nippon Telegraph and Telephone Corporation），主要由日本新聞出版公司，一九九五年日經指數和一九九六年鑽石出版社主辦。一九九六年的會由日方網路系統總裁開場，我給了主題演講，討論會也都是圍繞著互聯網和多媒體的論述。所有參加的人都是激動而熱情，因爲我們電信網路世界又有了新的期待和方向。

這次會議，有超過三百名現有和潛在客戶出席了研討會，出席者更是橫掃包括產經學界，通訊公司的管理人員、工程師、決策者、學術界和媒體。觀眾、研究人員的反應，最保守的說，也是極爲熱烈，除了對會議房間不夠大有些意見，一致要求我們務必再次前往。

日本人做事精確仔細。我多次到日本分別接受朝日新聞、日本經濟新聞、日經產業新聞一連串訪問。到一九九六年三月截止，日本NTT是一個擁有十八萬五千名員工，六千二百萬的客戶，六一〇億美元營業額的科技大公司。因爲政府關係和市場競爭多種因素，NTT也正面臨拆分的考量。這是當時一個比較敏感的話題，記者們對於之前AT&T一分爲三的前因後果非常感興趣，對於日後NTT可能走向的相關題材的探尋，也準備了許多資料，認真訪問探討，令人印象深刻。因爲日本距離美國比較遠，親到受訪的機會不是那麼多，這些報導反而被保留了下來。「一九九六年十二月二〇日，日經產業新聞社採訪了貝爾實驗室執行副總裁許濬（Carl Hsu）」。這篇文字報導有日文、英文兩個版本。我且節錄幾個相關的問題如下。

首先，記者闡述了一下問題背景，探討研發在提高企業的研發能力方面是否有好壞之分？這成爲討論如何管理NTT的焦點之一。由於沒有客觀的判斷標準，很難找到一個明確的答案。貝爾實驗室曾經歷過兩次重大的重組，這給了大家在數位通訊領域很多啟示。

問：有人指出，在一九八四年AT&T的分家，弱化了貝爾實驗室的研發系統？

答：隨著一九八四年公司分家，AT&T的通訊服務部門被拆分成長途和七個地方公司。同時，貝爾實驗室也屬於AT&T長途公司，七個區域公司成立了研發組織貝爾通訊研究中心

（Bellcore）。雖然我們經歷了重組，前貝爾實驗室的核心研究員留在了貝爾實驗室，直屬於AT&T。所以，我不認為我們的研發系統被削弱了是恰當的。

問：在一九九六年的分家，導致貝爾實驗室直屬於朗訊科技（前AT&T通訊網路製造單位）。你如何分析變化的影響？

答：AT&T在一九八九年建構了事業群(Business Unit)，這幾個事業群相當於總公司下的分公司，各有自己的財會系統。一些人員從貝爾實驗室轉到了業務部門，因此，研發組織和業務部門之間的關係得到了改善。另一方面，原來每一個業務部門都是在追求利潤，以至於研究人員的獨特想法並不一定能接近市場。現在，我們提供一個環境，研究人員的想法可以很容易地實現為商業產品。朗訊在公司業務收入中的一一%投資於貝爾實驗室的研發，我們貝爾實驗室完全沒有因為分家而受到任何負面影響。

問：你有什麼具體的成果嗎？

答：貝爾實驗室過去平均每天獲得一項專利，但自一九九六年三月以來，平均數字已增加到三項。根據貝爾實驗室開發的技術，公司內部的創新企業正積極開展商業化工作。例如我們正在積極的推動Inferno，一個可以用在個人電腦，掌上電腦和互聯網家電的網路作業系統。

問：在討論NTT分拆的過程中，你認為應如何維護NTT的研發系統？

答：我不適合對 NTT 分拆的問題發表評論。

問：那麼，一般而言，你認為研發單位多大小是合適呢？

答：在一九八四拆分之前，AT&T 有個說法是越大越好。我們一直認為，我們應該有各式不同的技術，並投入了大量的資金和大量的人在研發領域。這種方法在一定程度上仍然適用。但是現在存在兩個問題。一是技術的變動速度比以前快的多。大型組織因為決策遲緩就會被拋在後面。例如，貝爾實驗室開發了電晶體，但是不同的公司從這項技術中獲益良多。另一個是，每一個技術都很複雜，我們不可能每個技術都第一。

問：目前我們看到電腦和電信技術領域集成一起，您認為這種情形下研發系統模型應該是什麼樣貌？

答：與其他公司結盟將是重要的。然而，一個公司推動先進的專有技術，只有在很少的情況下，這個獨特的技術可以單獨進入市場。如果我們必須花時間研發配合我們獨特技術的相關技術，我們很難有足夠的時間一一研發這些相關技術。我們需要將我們的技術與我們的合作夥伴所擁有的技術結合起來，並迅速將它們投放市場。從這個角度看，一個單獨的、大規模研發所有技術的時代已經結束了。

我認爲沒有一種所謂「永續經營」的公司。公司內在、外在環境都一直在變。能夠一直有好的領導，隨時眼光獨到領先群倫，然後踏踏實實做事，不是一件容易的事。策略很多，但是再好的策略，沒有執行的能力，也是一事無成。同時，許多問題都有時效性，如果不能立刻作出決定，挑戰策略，調整手段，機會過去也不再來，屆時即使作決定，也是另一個決定了。不成功的公司負責人，有時以爲只要有了計畫，按部就班就可以了。但是眞實的世界沒有一件事是完全按圖索驥。AT&T 的董事長 Bob Allen 曾說過：「這輩子還沒有看過一個不好的戰略。」可見執行力的重要。任何事業的躍升，行進的路上都會遭逢不同的挑戰，也許是突發事故，也許是創新的機會，這些不會全在計畫裡，我們需要展現的是前瞻的勇氣擔當和堅毅的應變能力，這才是到達終點最關鍵的決定。但是我們很不容易期待這種領導力一直存在，使公司一直處於巔峰的時候，一直不斷發生。

這時候的日本大公司和美國一樣，已經進入了數位和多媒體的發展，但是都還是以網路發展爲基礎的研發和我們通訊軟體合作。

中國

中國因爲通訊科技發展比較晚，更關心的是無線的進展。和中國交流，因爲用戶只看到手機，摩托羅拉把手機做得好，以爲摩托羅拉代表無線通訊。事實上，朗訊是美國做無線通訊最大公司，美國國內一半以上的無線通訊計畫是由朗訊承擔的。貝爾實驗室不僅最初發明了蜂窩移動通訊，而且推出了數位蜂窩行動電話、移動式電腦的發展的最新系統。總的來說，九〇年代末期，無線通訊也是朝著數位方向推進，無線通訊比有線通訊的空間寬廣得多。

當時一些微電子專家預測，手機可以做得像手錶那樣大小。我一九九七年接受中國訪問，曾經提到，將來大部分通訊都進入互聯網，使用數位通訊。而進入數位通訊，手機不宜做得太小。即便如此，AT&T 在八〇年代，就已經賣掉了 CPE（Customer Premises Equipment）終端設備的單位，把所有的智慧都留在網路裡。如今勢與時遷，手機的網路應用連上互聯網成爲通訊發展的主流，也是市場機制成功的範例。

中國因爲進入通訊領域較美、日晚，也更自然關注手機上應用的發展，領先移動互聯網發展的潮流。

回來東部

回到東部，房子很不好找。同事鮑伯．馬丁（Bob Martin）對我說，一定要住勝米（Summit），這裡是兩條公路 78 和 24，和兩條鐵路莫瑞斯和依薩斯（Morris and Essex）的交會點，去紐約城裡只要四十分鐘火車，離公司又近。我於是專注在勝米（Summit）找房子，但是剛剛回到東部，太太還在瑞柏城（Naperville）的貝爾實驗室上班，每週五新的房子出來，我拿了上市報告回到瑞柏城（Naperville），週一早上回來，房子就賣掉了。勝米（Summit）離紐約城太方便，城裡許多人也在這裡落戶。一九九六年二月太太過來之後，我們還是住著博納茲維爾（Bernardsville）的小公寓。找到我們的新家眞是緣分，賣主賣房子的牌子還沒有插上，我們看過之後就買了，仲介很開心。其實我們買的每棟房子，我幾乎都是當場作出決定。後來我們發現越來越喜歡這棟房子和小城。感謝鮑伯（Bob）的力薦。

到了紐澤西之後，也許因爲比較安定，雖然出差頻繁，回到家裡，看書的時間倒是更多了。家裡隨處都是全球各地的報導、雜誌和書籍。很多閱讀也是工作需要，相關業界的興衰，實質影響我們工作上的決策。記得當年我們剛回到東岸貝爾實驗室總部，有次我們和丹．史德揚（Dan Stanzione，貝爾實驗室總裁）和他太太聚會，那時候戴爾筆電（Dell Technologies）剛才嶄露頭角，雖然戴爾（Dell Technologies）和我們不同專業但是也算相關，談話中，太太問丹（Dan Stanzione）知不知道戴爾筆電（Dell Technologies）每年的營業額，他說他不清楚，猜想大概是多少，結果那個數字和戴爾（Dell Technologies）當時在網上公佈的年營業額，幾乎是一模一樣。那時候覺得丹（Dan Stanzione）真是紮實，對貝爾實驗室領導應有的功力特別感動。我想著自己的工作崗位，提供許多的資源和機會，如果能夠把握寬度，持續努力，成爲一種習慣，才能成就自己的高度。這些其實是一種積累的過程。看書是我最大的嗜好，能夠有這種機會儘量涉獵，充實自己，覺得特別幸運。

我的職業生涯，閱人不謂不多。人的智慧許多固然是天生，但是後天的努力和持續學習很重要。古人說登高望遠，站在高處，眼光和別人不完全一樣。當你足夠強大，就有大心，你的誠信和大度，是可以堅持的。大處著眼，小處著手，不汲汲於瑣細。每個人看事情雖然一開始是自成高度，當你見過世界的寬廣，不會拘泥於眼前的榮辱。很難說是達到老子所謂「夫唯不爭，故天下未能與之爭」的境界，但我始終認爲一個人的努力，經歷過程中的用心，有助於器識的養成，決定解決問題的方法。

我也喜歡文史，也知道歷史經過不斷改寫，對於中國歷史、年代、人物和故事細節，基本上可以做到準確無誤，我自認是一個理工邏輯處事的人。回到貝爾實驗室的總部，人物技術即時啟發碰撞的激動，好像回到了以前年輕時候志願高遠的時光，更多了一分談笑有鴻儒，以高新科技爲己任的信念。

週末只要不在國外出差，回到家裡和太太小吃小喝、聽聽古典音樂歌劇、做些家裡的小活兒，到巴諾書店（Barnes & Noble）坐坐，或是看看古董店，是最滿足的休閒了。我們喜歡看古董的習慣也是這個時候養成的。勝米（Summit）是比較古典的小城，城裡有些小古董店，聽聽店主講些二百年的歷史文物，很是有趣。後來發現這些古董知識也是朋友之間社交時候很好的談資。每一家都有一些娓娓道來的大小老物。不管年代是不是久遠，這些連結著歲月的器物，還是充滿著文化的悠遠，引人入勝。

這段期間，我最大的遺憾，就是在芝加哥堅持十幾年的週末籃球友誼賽，至此不得不告一段落。雖然自己還是有事沒事帶著球，找機會玩玩兒，但是年一過往，物換星移，不復舊時情。

通訊軟體事業總裁

一九九七年，我的直屬領導丹．史德揚博士（Dan Stanzione），他那個時候是公司的首席執行官、貝爾實驗室的總裁、網路系統的負責人，朗訊大部分的業務都是由他管的。在丹（Dan Stanzione）領導下，網路系統不但業務最大，也是最成功，公司賺錢和盈利大部分是從這些機構來的。丹（Dan Stanzione）是我非常佩服的一個人，不但是在技術方面有很深的造詣和瞭解，他對於做業務方面也是很難找到像他這麼有能力的人。

他來找我，他說：「我們有一個業務，一直做得不好，原來的負責人已經離開了，我希望你來接。」

這個業務就是通訊軟體事業群，或稱作事業集團，就是公司最上層的事業組織。公司和通訊軟體相關的業務都集中在這個單位負責。事業群的操作方式像是總公司下的分公司，有自己的財會系統。通訊軟體事業是一個每年十幾億美元的業務，一直很多年都在賠錢。賠錢的原因很簡單，因爲當初做這個通訊軟體，做的人不是把它當做一個業務來做，而是當作在AT&T的時候做這些東西是必須的。AT&T的公司買了很多硬體過去，這些硬體能合在一起發揮一些作用的話，需要加一些軟體，這些軟體很多都是賠錢的軟體；網路的管理，網路的運行等等。這些東西都是非常重要的，可是由於它是軟體，它的價錢賣得不是很高，經營的時候裡面也有一些問題，所以每年都虧損，每年的虧損的數額還是蠻高的。丹（Dan Stanzione）就說希望我去，因爲他知道我在管理方面、在軟體方面做很多東西，他希望我能夠把這個事情好好地整頓一下。

對於這個事業單位，就是說問題很多了。可是我覺得問題多的話，也就是機會很多。丹（Dan Stanzione）每次找我做什麼事情，我知道第一，一定是疑難雜症否則他不會來找我，第二，他也知道我的答案一定是「好，我一定會去做」。他告訴我這個事情，也就是我們要到中國去，慶祝貝爾實驗室在中國成立的時候，他跟我說我的職務變了，先進技術這個部分我以後就不管了。他要我做一個更艱難的工作，把我們通訊軟體這部分由虧變成賺錢，因爲很多年的虧損，大家的士氣都很低落，對自己信心也不高。所以這中間有很多的問題，他希望我去徹底地整頓一下。

對於我來講也是一個很大的挑戰，因爲這個部分已經幾十年都在賠錢的。所以我去的時候，同事說這事情很難做的，積弊已深，你要去做，很難，而且人家都是賠錢，你不要說賺錢，能夠不賠都很難了。

我知道自己需要把檸檬（英語：令人不滿意或失望的事物）變成檸檬水。這是一個很好的挑戰，當然做起來也是非常辛苦，做事情沒有什麼，就是挑戰性很大。由於我在八〇年代做了一些東西，在公司裡面很多人都知道，所以碰到一些疑難雜症常常都來找我。就我個人來說，把這個事情交給我，我一定會盡力去做。並且根據我以往的經驗，我從來沒有失敗的、做不好的情形。所以雖然是一個蠻艱巨的挑戰，不過也表示他對我有很大的信心。

另外他知道有一點事情對我非常重要，就是貝爾實驗室。他特別說做這件事情，你還是在貝爾實驗室裡面。貝爾實驗室在總裁下面最高的一個決策機構——貝爾實驗室決策委員會（Bell Labs Council），是由貝爾實驗室的總裁跟幾位執行副總裁，都是公司的 Officer 組成的，領導貝爾實驗室朗訊公司的技術和研發方向。

他說我知道你不願意離開貝爾實驗室，我也不願意你離開貝爾實驗室，雖然你去做通訊軟體的總裁這個事情，可是我希望你繼續留在貝爾實驗室裡面，繼續做小組的成員。這點對於我來講是非常重要的。我也非常感謝丹（Dan Stanzione）一方面給我一個很艱巨的工作，另外一個他也非常地細心，他知道這件事情對我很重要。在公司裡面，在貝爾實驗室裡面做研發的人，有的時候去做別的事情，他也基本上離開了貝爾實驗室。

我很幸運，這三十年在貝爾實驗室，沒有一天是離開貝爾實驗室的，雖然我去做通訊軟體的總裁，我的工作基本上是去領導一個很大的業務，我還是貝爾實驗室決委會的常委，還是貝爾實驗室的領導小組的一個成員，還是貝爾實驗室的成員。貝爾實驗室中國（Bell Labs China），這段時間一直都由我來領導。如此一來，我很高興地作了這個決定。

多年以後，同事比爾·羅賓遜（Bill Robinson）回到學校，教授研究生科技領導的課程。他對人說：「我所用的故事和案例，都是以 Carl Hsu 爲範例，因他是我曾經有機會學習的最好的科技領導人（The best technical leader I ever had the opportunity to learn from.）。……如果 Carl 當時不參加領導會議，我就不想去了，這麼多的會議裡，他是理性、鎮定和智慧的主導（The main voice of reason, calmness and wisdom）。他總是保持冷靜，儘管說話時候聲音不是很大，但只要說話，每個人都停止說話、爭執，專心傾聽。」同事的支持，令我不勝惶恐。

貝爾實驗室在中國的發展，是在一九九七年貝爾實驗室中國成立以後。

我們訪問中國回來後，我就接任我的新職了。因爲是朗訊主要的幾個事業單位，包括交換、光通訊傳輸、軟體、數位、無線及相關事業群之一，這個新職任命的新聞發佈特別配合超級通訊大會

（SuperComm）的開幕，朗訊的光通訊事業集團總裁傑瑞・巴特斯（Gerry Butters）先在大會演講鋪墊，之後宣佈並開放媒體、分析專家的提問。傑瑞（Gerry Butters）是公司最瞭解市場的大師，又曾經做過我的直屬主管，公司通訊軟體事業總裁任命由他來向業界華爾街發佈朗訊的這個人事安排別具意義。傑瑞（Gerry Butters）具有非常敏銳的市場敏感度，他的學資歷背景和我們一般傳統式貝爾實驗室同仁很不一樣，是非常全面、市場嗅覺靈敏、引領市場的頂尖商業人才。

傑瑞（Gerry Butters）之前負責交換系統的時候，是我的直接主管，有次年終考績對我說：「從來沒有見過像你這麼有自信的人，所有的成果，全是你團隊人的功勞。」也因爲這段從屬共事的經驗，我和傑瑞（Gerry Butters）之間的信任度很高。當我開始負責軟體集團的時候，他負責光通訊集團，有時軟體和光通訊之間的研發、商業之間的時間、程序問題，彼此團隊或有意見爭論的時候，他只要聽說Carl說沒有問題，他就回說他沒有問題了，我也是一樣。

前面幾個月就是麻煩很多、人很多、很多地方都是問題，我一天到晚都在解決問題。我看著這個水波不興、千瘡百孔的單位，雖然爲公司感到不高興，倒沒有任何憂懼之心，總覺得找出問題，踏踏實實做，一定可以扭轉過來，然後進一步發展。丹（Dan Stanzione，貝爾實驗室總裁）說我應該是一個從年輕時候起，就充滿智慧的沉靜和強勢（Serenity and Intensity）的奇特組合。智慧不敢當，我一直努力的目標，是老子《道德經》的「上善若水」，雖不能至，心嚮往之。丹（Dan Stanzione）的觀察對我是很大的鼓勵。上任之後，我做了一些很大的整頓，把人事調整，把方向也調整，做了不少的事情。這些我在另外一本書《感悟創新》裡面也提到了，在下面的章節，我會談談比較關鍵的領導議題，其他不贅述。

善戰者無赫赫之功

通訊軟體集團連續十幾年的虧損，自然是舉步維艱、問題重重，其實問題比較突出的首先是領導。貝爾實驗室的新、好技術和人才俯拾可得，但是徒法不足以自行。我必須要找出方向帶領團隊，我們看到有些在管理位子上的人瞻前顧後，以時間等待答案。有些同事的報告，厚厚一疊，可以看到努力的痕跡，但是報告的重點，有時候連當事人都沒有搞清楚。

我曾經對我的副總說：「正如我們所討論的，雖然這是一份好的、有用的報告，只是報告太厚。我們需要一些關鍵的建議讓負責的單位執行，儘快完成這一工作，……」我們要能夠把討論聚焦在特定行動。

對症下藥，不是人人都可以做到，其實很多人做不到。在不影響工作進度的情況下，我希望盡量帶領同事，走正確的路，做正確的事，正確地做。不然，我直接交付任務，他們也自然有了方向。我選擇正道處事，即使有的時候比較辛苦，但是心安理得，不留隱患。

曾經有美國記者訪問我，如下：

問：在公司同事眼中，你給人最明顯的特質是：犀利敏捷、遇事一針見血，直指問題核心，並劍及履及（Sharp and Quick on Your Feet），請問你又為什麼總是可以心平氣和的交代事情？

答：能夠很快地看到問題的核心，是職責所在，不然這個老闆也沒什麼好當的。但是如果只能看到問題，不能解決問題，自己也並沒有貢獻。我需要帶著大家，以整體的力量，一步一步把事情貫徹實現，才算完成，才能體現我們的競爭力。

無論如何操作，我都希望盡量做到提升團隊的信心，只有在大家開誠佈公的討論問題，同事同意你的判斷，面對問題壓力沒有恐懼，覺得跟著做一定會做成的時候，才能發揮能力幫助團隊迸出火花。

有位同事戴夫・吳萊克（Dave Vlack）對我說，他跟過無數的老闆，從來沒有一位可以像我對時機（Timing）把握的這麼好。我想，對於時機的掌握，總是事後才能衡量，我自己沒有特別注意，但是我的決斷能力和應變的速度應該是超前的。

每季運營簡報會議時，派特・盧梭（Pat Russo，Alcatel-Lucent CEO，2002-2008，時爲人事資源大總管），問說：「爲什麼其他單位的報告都沒有通訊軟體集團的這麼清楚？」其實就是目標一定要明確，爲什麼做？做什麼？清楚告訴每一個人，報告鋪陳自然容易深入淺出、條理清晰，使參與者很快進入狀況。「爭魚者濡，逐獸者趨，非樂之也」。我們帶領團隊，要目標明確，知所先後，做出對策，帶出鼓舞人心的競爭力（Inspiring Competition）。

有位執行長朋友說，每次問我問題，我的答案都和別人不一樣，要到三、五年之後，就明白了，所以每隔一陣子就想找我談談。我想這些年在公司管理必有遠慮的習慣，和一直以來勤能補拙的涉獵對我幫助很大。我深信努力不一定會成功，但是不努力絕對不會成功。

我從不懼怕做出決定，認爲自己善於在短時間內做出果敢而正確的決斷。二〇〇二年參加和「東方通信」董事長施繼興、中科院、和浙大一起舉辦的座談會，台下很多記者，問了我以下的問題。

問：有些下屬思路，理念和您不太一樣，或完全相反，但又證明這個人確實是對的。你有遇到過這種情況嗎？

答：這種情況倒不……，也許是我做事的方式喜歡這樣，我作決定之前，尤其是重要的決定之前，我要先聽別人的。我比較喜歡聽別人的意見，不同的人發表不同的意見。我認為所謂的智慧就在這個地方，到最後，意見總會有不同的意見。我最主要應該做的事情，就是把大家的意見考慮進來，並不是取多數人的意見，作一個判斷，然後告訴大家，我們應該怎麼做。在這個過程裡面，剛才你說人和人的關係，怎麼樣做非常重要。如果有人覺得我是要往這邊走，最後的決定往另外一邊走，如果做不好的話，他會覺得很難過；如果做得好的話，他也會覺得我雖然提出這樣的意見，可是有人意見比我更好，我們大家往這邊走。

問：你用什麼方法說服他呢？

答：我覺得大家都是打開心胸願意好好聽人家。因為你講話，總是需要人家聽，那人家講話你也應該聽，不然你不聽人家，人家為什麼要聽你的。如果每個人都是仔細聽，每個人大部分都是站在這個角度來看，大部分的人都是站在這個角度看，最後作決定的時候不是那麼大的問題。有時候也會碰到如果兩邊各執一詞的話，那時我就不會作決定，因為我覺得如果那時候作決定的話會影響到團隊精神。我就說我今天不作決定，大家回去請喝杯酒，回家休息一下，明天或下禮拜我們再重新來看。這個情況很少，普通都是大家開會之後，覺得我的意見被尊重，雖然沒有被完全接納。最後這個結果真的是好的決定，大家都願意接受。

學然後知不足。貝爾實驗室人才濟濟，眞正優秀的人懂得尊重別人的意見，自己能夠成長。與人相交，尊重別人，使自己有迴旋的餘地，甚至開創一個新的局面。

我和團隊開會的時候，通常是最後一個發言。一般說來，聽完大家發言，再問問題，這些問題直接反映我對整個局面的想法。當然在需要作決定的時候，局面通常還是渾沌不清的，不然這個決定沒有什麼好作。最後是我的決定，不會表決，然後讓與會者能夠明白決定的意義。對我來說，這通常不是一件困難的事。當然，如果單位負責人實在不明白，跟著走也就是了。我們解決突發的事故，也必須明快敞亮，當機立斷，不然事情耽擱，又容易衍生出其他的問題。

領導如果舉棋不定，卻要屬下上窮碧落下黃泉的研究探討，貝爾實驗室的員工，絕對有世界水準的研討能力。不是眞要瞭解什麼問題。拖著不作決定，其實就是一個決定。

有位同事對太太說我平日待人溫文爾雅（Classy Debonair），遇事冷靜果斷，幾十年來從來沒有看過我發脾氣，問太太我在家是不是如此？我倒是不敢確定自己公事上完全不發脾氣，但是發脾氣的機會的確不多。畢竟遇事鎭定，才能穩定軍心，如果把工作交付給不適任的員工，是自己識人不明，就更沒有什麼道理發脾氣的了。不過不發脾氣並不表示大家可以隨遇而安。我重視結果，任何事情的解決方案，必須盡量預想到這件事的日後影響。工作時間既久，我越是覺得，一個人的眼界，決定他解決問題的方法。一九九七年八月，在我上任後三個月，通訊軟體事業一些性能不穩定的產品，根據AT&T的測試，可達到一〇〇%的性能，這是贏得客戶信心好的開始。我很欣慰，很感謝團隊共同的努力。

有次座談會上，一位記者訪問我：

問：曾經聽一位老闆說，小的成功靠的是運氣，中的成功靠的是遠見，大的成功靠的是個人魅力？您認為靠的是什麼？

答：我不太喜歡用魅力這兩個字，一個做領導的人，我認為非常重要的事情，是要得到人家的尊敬。做領導不是說你們這些人如果不做，你們就會被開除。做領導是讓人家覺得，我願意跟著你走，因為我覺得跟著你這樣做，大家都可以成功，假如這個是領導的魅力的話。因為我覺得彼此之間要得到相當高的信任和尊敬。如果領導人不被尊敬，那麼這個人絕對不能做領導。

貝爾實驗室的兩大訴求，創新和技術卓越。貝爾實驗室首席技術官鮑伯．馬丁（Bob Martin, CTO）帶領的技術卓越（Technical Excellence）檢討團隊，給我們軟體事業集團做了體檢，品質管控檢討團隊認爲，通訊軟體報告非常好而且精簡，但是要改進的地方還是不少，我對我們軟體集團的領導說：「因爲要改進的地方很多，是壞消息也是好消息。」我們指定一位經理負責整理全通訊軟體事業單位的狀況，在我的月會裡報告。我的會議，所有人都知道，是要有進度和結果的。

技術創新重要，技術帶出來的品質也同樣不會被忘記。生活上，女兒曾說，給爸爸和弟弟選禮物完全不同，爸爸要品質，弟弟要流行。她說得很好。

比較欣慰的是，品檢單位總結我們通訊軟體集團報告的時候說，通訊軟體的報告從團隊的角度出發，是客戶和銷售一起工作的過程的報告，是第一個讓他們明顯感覺到了大團體中的團隊精神。

美國國家籃球協會（NBA）籃球明星球員喬丹、詹姆斯所向無敵。當人們爭論他們兩人誰是天下第一人時，詹姆斯會說若與喬丹同隊，自己會是最佳助攻王，「我的打法是團隊優先，喬丹就像刺客，比賽中能盡情得分，我的優勢就是傳球、審時度勢，相信我跟他會是絕配。」詹姆斯不止球技頂尖，見識更是高人一等。這麼兩位極品球員，都需要全力合作才能贏得比賽。

籃球不是一對一的運動，科技也不是一對一的呈現。項目要成功，就是要眾人一心。當然這眾人一心的精神，不是垂拱而得。

作爲領導，我們對於專業和大環境的理解，前進、防守、教練調度、化學效應的重視，都需要有實時的策略和作爲。

我一直強調團隊的重要，但是只有A的人，才能用A的人，B的人只會用C，C就只能用D。對下屬單位，如果用他，就要支持他，對各個單位的要求公平處理。這個公平是本質的公平，是立足點的公平，因爲每個單位的需求不會一樣。這一點我還是蠻有自信的，也算是我的本能和堅持。這麼做，當時使事情變得簡單，日後也減少了糾紛。每個單位的問題都不一樣，有的我已經知道，我再次聽他們陳述的時候，也幫助他們整理問題，找出問題的根源，規劃他們的需要。而在這個過程之中，我一定以支持單位爲出發點。

我對數字的運用可能比一般人要快。記得二〇〇五年我第一次參加某個公司的董事會，在座的其他董事也都是執行長級別的資深經理人，財報剛發下來，我就發現數字有問題，對於上市的美國全球公司來說，呈交董事會的財報有誤難以想像，卻是不能掉以輕心。但是我一方面依賴數字，另一方面不願意依賴數字。最能精確掌握數字的是財務單位，我曾經特別嘉許公司財務部門提出的商業自律清晰的流程和計畫，並鼓勵我們的財務人員，在準確把握數字的同時，也培養戰略思考，避免因爲數字模糊了事情背後的眞正意義。

資源總是有限，如果資源上做不到，就不要輕易許諾，必須想其他方法解決，不然也不是一個商業機會。我堅持誠信和責任感的建立，對員工如此，對外的商業機會也是如此。這個原則美不勝收，但是當實際商業計畫不斷地挑戰我，我回應這些明火執杖的機會時，就需要溝通的技巧和自律，讓自己保持眞誠和清醒。阿榮．奈持維利（Arun Netravali，貝爾實驗室總裁，1999-2001）說：「Carl的話常能撫慰人心，然而，無論多麼困難，他的話總能傳達令單位成功的重要訊息。」巧妙的思維永遠比巧妙的言語更爲珍貴，它要能夠切中事實的核心，指出正確的方向。你可以充滿幽默，但是必須重點清晰。才能是誠信的憑藉，誠信是才能的統帥。「才者，德之資也。德者，才之帥也。」輕諾必寡信。誠信使事情變得簡單，大道能行。

在我的職業生涯中，無論肩負多大的責任，我始終堅持不妄語，孔子說：「其身正，不令而行。其身不正，雖令不從。」有同事說：「Carl在會議上說幾個笑話，問題就解決了。」主持會議，如果認識到問題關鍵，說笑話有它的效果，特別是在艱難的時候，也可以輕鬆氣氛。但是人品必須端正，人品不好，會影響判斷力。我說一定做到的事，做到我曾經說過的話。有時候並不是特別容易，但還是一定堅持做到。長期來看，這些暫時的不方便，都是值得的。成功確實需要有一些運氣，越努力越幸運。人品得道其實是天道酬勤。

我有嘉賓　鼓瑟吹笙

我們通訊軟體人才很多，但是當初單位方向不明，沒能做到適才適任，耽誤了人員和工作。

一九九八年一月，我任命了銷售副總凱芸·佩薩瑞（Karin Pazary），發展專屬的銷售資源。這對通訊軟體事業集團是非常重要的一步，做了好東西，總是要想辦法推銷出去。我從各個管道找尋合適的人選。之前我不認識這位女士，有同事推薦，我和她談了之後，也覺得不錯，她熟悉軟體事業的產品。

開始時，面對客戶單位之間的溝通和資源承諾，我會和她確認我們的銷售策略、承諾事項和執行方案，一直問到彼此都無異議。也會要求她對銷售、市場成長、擴展、奠定藍圖等，提供實際度量數據。慢慢地看到凱芸（Karin）越來越成熟，和客戶交易進退有序，收放有據的能力、氣勢，我放心了。通訊軟體事業群的銷售這關鍵的一塊補齊了，新約不斷，業績更是蒸蒸日上。

在我決定到中國的時候，凱芸（Karin）特別寫了一封很眞誠感謝和祝願的文字，謝謝我在許多非常時期對她的支持和幫助。作爲老闆，收到這樣的祝願，可以說是相當安慰的。也深深覺得，是團隊的力量締造了單位的成功。

公司裡職務更迭，我到任何單位沒有主動帶人，希望能夠就地取才，帶領出一個最好的團隊。多年來，我帶領不同項目、團隊，得到四次貝爾實驗室總裁金獎，也是對自己最好的鼓勵。我希望不斷地培植新人才、造就新人才，雖然每次我去新單位，總不斷有同事要跟著一起過來。我不是一個親和力強的領導，但在我的職場生涯中，杖履相從的要求，幾乎沒有停過。然而，同事說我和下屬之間是有距離的，和人之間是有距離的。

在職場待久了，認識人和事的能力應該不是太差。也因爲擔負的責任越大，說話也就更小心，不願意因爲自己一言之不愼，而影響別人的前途。

公司裡有許多優秀的同事。有一次，有位副總對我說，他努力找，但還沒有找到合適的某位下一級主管，我提了些建議。第二次他來見我的時候，帶了本像書一樣厚厚的報告，詳細說明爲什麼我當初提出的人選，不如他現在規劃的人選，希望得到批准。我雖然覺得他言重了，我對直屬老闆的選擇自然是支持的，但還是對他的認眞負責的態度留下深刻的印象。這就是當年的貝爾實驗室，在追求技術卓越的同時，也爭取正面的工作環境。多年來，我習慣這種標準美式的價值體系和公平磊落的處事方式。事上敬謹、待下寬仁，放諸四海而皆準。

人才是公司重要的資產，我特別直接參與到學校延攬人才。一九九七年公司情況很好，大家接不完的工作，我還是加入「學校雇用人才」的委員會，常常要督促整個網路系統單位盡快根據公司收集到的履歷，選用他們需要的人才。

一九九八年時，朗訊生意蓬勃，每個領域都需要雇用大量的好的技術人員，於是當年一起在AT&T工作的好同事，就成了最好的資源。一直到AT&T的領導非常明確告知當時我們朗訊的執行長瑞奇．麥金（Rich McGinn, CEO），AT&T不希望主要的供應商招募他們的人才，麥金（Rich McGinn）要求最上層的主管制止全體員工邀請以前的同事加入公司，務必與我們大客戶維繫強力、健康的關係，避免被認定掠取我們主要客戶的資源。至此，大家明白，我們和AT&T是兩個不同的公司了。

關鍵技術的孵化

通訊軟體集團策略是要建立生意蓬勃的事業群，貝爾實驗室技術的本身不是問題，我一面改造企業，一面擴展產品線、推出新產品和併購，致力於增加營收和市場佔有率。

貝爾實驗室的員工很幸運，創新是我們的工作常態，當別人還在討論怎麼走出舒適圈的時候，創新就是我們最自然舒適的環境。而且無論什麼樣的創意，總是有跟你一樣聰明或是比你更聰明的相關領域的同事對你提出善意的批評指教，幫助你成長。

創新動力

創新主要是對外，是一個市場經濟爲主的行爲，主要的考慮是對外的經濟效益「做什麼」？我們關心的焦點是產品與顧客，我們研發的產品對人們的影響是不是有先見之明？我們研發的東西是不是最好的？是不是讓人的生活更豐富？是不是增加了社會價值？這種創新能力是貝爾實驗室創建全世界最領先的通訊系統的動力，它增進國家的生產力及競爭力。

在一次眾多媒體聚集的訪問中，記者提問：

問：您是我最欽佩的一位領導。您曾接受文匯報的採訪，說公司發展最重要是技術的創新，技術發展到如日中天的時候，公司業務也發展到如日中天。但是您今天下午又說技術的創新和市場兩個因素是相當重要的。

答：一個公司要成功，要有高科技，技術的比例很高，是一定的。但是技術不是最重要的決定因素。成功的公司，是它在它的領域裡面，把它的技術和市場結合的很好。結合的越好，產品也越有競爭力。產品所賺到的錢，再拿來做技術，技術再領先。如果要成功，我們需要有技術，怎麼樣把這個技術創新做到滿足市場的需求，成為取得市場的優勢最重要。我們需要有很好的市場訊息，我們需要有銷售、有很好的管理。誰能把這些環節做得最好，誰就最成功。創新的能力和速度取決於最弱的一環，而不是最強的一環。所以你有一環特別弱的話，創新的能力，就會受到很大的影響。所以什麼最重要，還是領導和管理，把每個環節做得比人家好，比你的競爭者好一點。

互聯網的發展，當時貝爾實驗室的說法就是「兩個月即一個互聯網年」。全球電信的需求多元化以及技術的數位化促動了互聯網的發展。包括電信、有線電視、電腦、和資訊行業的兼併和融合，使這些行業的界限越來越模糊，發展成爲新的資訊產業。人們發現資訊數位化爲人們的生活帶來了巨大的方便，和新的生活機會。

我在一九九七年秋接受媒體訪問時曾經提到，從技術的角度來看，互聯網的發展是大勢所趨。因爲成就資訊產業的基礎設施，包括集成電路系統、數字壓縮技術、光通訊技術的不斷進步，因特網可作爲骨幹網路，爲互聯網應用提供充足的頻寬。

無線系統的容量，雖然持續發展，但是九〇年代中晚期客戶群都還不是非常普及，電信和互聯網的資訊服務，主要還是以有線爲主。我還記得，當時公司給我配備了兩個手機，不同的號碼，一個日常用，一個車上用。我自己特意測試了一下，一週的時間，完全不用手機，一點也沒有耽誤工作，現在恐怕是完全做不到了。

當時大家看好短距離的移動服務，比起一般移動，費用低而重要。曾經在日本盛行一時的 PCS（Personal Communication Services），現在被數位爲主、高速短距離移動的 WiFi 取而代之。

互聯網是手段、是工具，而不是目的。企業應該充分利用這一工具來爲自己增值。

這段時間，我們在公司裡討論許多遙測業務，同時支援家庭資訊，和其他相關資訊，利用互聯網組成家庭網路。

九〇年代的後期，在通訊軟體的範疇裡，已經有越來越多的電腦供應商加入競爭，例如，IBM、HP，和微軟（Microsoft）、谷歌（Google）等公司，從競爭到合作，這個領域變得越發支離破碎和複雜。這些競合、興衰，除了技術，最重要的還是領導，團隊和人才。蘋果的成功是一個融合通訊、資訊技術（IT）爲一的很好的例子。

蘋果創辦人賈伯斯（Steve Jobs）的眼光和領導力創造了一個時代。雖然他當初創新蘋果手機的重點，是爲介紹大螢幕、無按鍵、上下滑動式的操作方式，但是這支手機因爲使用了電腦級別的作業系統，可以手機連接互聯網直接上網，感動了廣大的客戶群，創建了一個新的通訊網路時代。

Nokia 二〇〇二年宣佈在杭州成立全球研發中心，同一時間另一個演講大會上，有觀眾問我：

問：諾基亞跟朗訊不是一個檔次的公司，為什麼這兩年取得了這麼大的一個成功？是不是它的創新能力強於朗訊？

答：這樣看，倒也不錯，事實上沒有一個公司是一直成功。諾基亞的成功，我覺得它是非常令人佩服。諾基亞，許多大公司跟它比要差一些，它有兩樣做得很好。第一，諾基亞在芬蘭，是非常小的國家，從第一天開始，它就有很強烈的國際觀。很多公司是在國內有一個很大的市場，然後再到國外，這時候它就有很大的一個歷史包袱，國內的影響就很大，諾基亞沒有什麼國內的觀念，基本上就要做到國外去。第二，創新的速度做得非常好。所以成功失敗，不是往前比。現在誰能做得快，做得好，誰能贏。無論如何，他們也是我們的競爭者，諾基亞能到中國來做，表示對中國創新能力的肯定，對中國創新能力的增長有很大的幫助，是一個雙贏的局面。

如今當年的朗訊變成了現在諾基亞的一部分，這番問答也是滄海桑田無可奈何的註記。日本可說是一個比較保守、相反的例子，雖然他們的增值創新做得不錯，流媒體服務行之有年。

移動互聯網普及之後，企業利用互聯網提供多類型的應用，使用數位的服務業務，除了語音文字，尤其視頻，這些年成爆發性的成長。數位應用不只存在於實體店，而是整個生態圈，這種更進一步的廣泛使用互聯網，掀動整個經濟體系的改變。

所謂軟體定義硬體的時代，透過應用程式介面（API）在各平台間自由穿梭，指揮硬體做事；同時，利用軟體應用程式介面（API）連結生態夥伴的數據庫。例如，以軟體驅動數位做行銷，成爲全通路。

這些新供需生態的實時發展，可以造成線上經濟的衝擊，對我們的經濟生活勢將產生巨大的影響。當企業對數位轉型、移動物聯網、雲端服務、自動化與智慧化的需求變得更加緊迫，企業必須從線上角度找出第二條成長曲線。

線上交流打破地域的限制，促動了構想和創新的跨國溝通，生產力因此提升，資本存量的報酬率也隨著增加。

人類經驗的積累也是創新非常大的一個資源。上世紀二次大戰之後，美國避開戰火，高科技發展迅速領袖群倫，各國精英齊集美國。種族的不同，思想的不同，如果從壞的方面來講，是件很糟糕的事情。可是美國，事實上它最成功的地方，就是把它反過來。美國原來種族問題很大，後來這幾十年來，它把種族的多元化，反而變成一個做創新很好的東西。大家把不同的想法能夠好好整合起來，反而比像日本這種單純的一元化的社會，更有競爭力。

卓越技術

卓越的科技能力主要是對內，是爲了加強自身的競爭力。卓越的科技能力是一個單位（企業）爲主的行爲，主要是著重對內的科技效益，「怎麼做」？因爲我們再有宏圖遠略，事情還是得一件一件踏踏實實的做。貝爾實驗室就是要求最好的人才，領導組建最好的研發團隊，追求卓越科技能力。與來自不同領域最聰明的人一起合作，會使這個團隊更好。

我接手通訊軟體事業後，決定和負責網路硬體集團的同事商定新的利潤分享策略，增強軟體發展的資源。當我們瞭解不同領域的觀點，也開啟不同功能、不同領域之間合作的契機，也就爲卓越的科技能力挹注活力。事業集團之間的分合帳的操作模式，早有歷史原因。我首開先例的開啟新的分帳方式，商務上的利基從來都在，談判固然也有技巧，重要的還是同事對你的判斷能力，和行事爲人的信任。爲人謀不可不忠。

通訊軟體數位發展戰略

通訊軟體的幾個領域，包括網路管理、智慧網路和互聯網軟體、網路知識解決方案、專業諮詢一體化操作服務，並且培養獨立於硬體，遵循開放性標準，提供給不同客戶的軟體技術。

當時業界支持的開放性技術標準，多半也是朗訊的技術標準。我們在標準會議的影響力不容置疑，一方面固然是公司的招牌，實際上我們的研發的確是領先其他公司，相關技術問題都已經考慮過、解決了，開會的時候提出的方案既有所本，自然容易得到多數的支持。

軟體背景

通訊新技術的發展，主要是在網路環境裡更快的處理速度、更高的頻寬、以及更加智慧化的軟體，可以實現智慧型網路管理，包括網路連接建立、智慧業務用戶跟蹤和定位、安全管理、計費等等，使新業務更具吸引力。

九〇年代，通訊軟體的規劃，還是剛剛進入數位時代的想法，把智慧放在大網路裡。軟體充分結合大容量伺服器，分佈式操作系統，利用高速處理器，和高速光帶寬的傳輸，使智慧在網路中分佈更廣，爲終端用戶提供功能強大的服務，也使網路管理業務，和網路操作更加容易。

終端可以簡便地將多媒體的資訊綜合在一條線上傳送，通過因特網進入本地和遠端數據庫，享用多種多樣的資訊業務。八〇時代，我們 AT&T 也設有終端設備的大事業單位，做的也很不錯。但是到後來終端提供的許多基本電話的連接和功能，常常和網路單位的流程重複。既然我們的決定是發展網路數位功能，終端的單位最後就分出去賣給貝爾通訊研究中心（Bellcore）了。九〇年代的時候，終端的功能、電能技術都不夠強大，我們基於網路的數位電話可以提供多達三百多個功能，但是連大部分的我們自己都搞不太清楚細節功能，一般的安裝工人不會安裝，需要特定領域的工程師的協助。這樣的數位電話，自然無法推廣。蘋果手機之後智慧手機當道，網路公司不再是智慧擔當。如今手機功能又趨近飽和，銷售下降，雲計算力量強大，手機智能又會漸漸回到邊緣網路。

朗訊公司九〇年代末大約有一〇%的工程人員（大約一萬二千人）從事軟體發展，公司三分之二的預算直接支援軟體。軟體的市場前景，越來越明顯。許多關鍵的軟體技術已經達到相當高的技術水平。對於軟體產品品質的提升和程式設計人員的生產能力，就成爲我們最關注的重點。

如今，軟體技術越來越好，網路也走向軟體化、虛擬化和雲端基礎。我們簡化機房裡的設備，改用軟體取代，所謂軟體定義網路（Software-Defined Networking）的概念，發展更加聰明的高智商網路，使得通訊設備可以直接找到最佳通訊連接路徑、提供爲日常生活化繁爲簡的工具，最終使我們的生活更加人性化。

推動數位技術

發展數位業務對朗訊公司而言已是既定政策。一九九七年下半年，比爾·可然（Bill Coughran）從研究部門加入了我們通訊軟體計畫，領導互聯網事業。這樣的安排，是當時公司利用貝爾實驗室開發的最新技術，在公司內部投資建立新的小型企業的作法。公司爲長遠計畫把新技術帶入市場，先成立一個內部孵化器，以貝爾實驗室最新的技術，培養新的小型的企業，因爲大家知道不培養新技術，目前的技術遲早會過時，公司就會變得沒有競爭力。

新技術進入市場的時機非常重要，技術本身好當然是基礎，許多時候技術推入市場的時機，也是有一個鋪墊的過程。是不是成功，外在的因素，我們控制不了，但是應該從創新過程的領導、團隊、人才、技術方向增強自身的競爭能力。我們從事商業，自然希望有好的收益，但是如何提高售價，其實只有一條路，就是提高價值。

當時數位網和互聯網的推動，已經排入了我們軟體事業群的日程。一九九八年初，陸續有研究部門同仁，拉維．賽西（Ravi Sethi）及杜安．埃姆奇斯特（Duane Elmqist）加入我們通訊軟體企業孵化的計畫。一九九八年中，貝爾實驗室啟動第一個完全數位通訊項目，薩拉斯（SARAS），創建類比電話和數位網路無縫接軌。這項目需要很快推向市場，是當時市場最具前瞻性的項目。我把政通人和的特助拉梅什（Ramesh Lakshmi-Ratan），就此項目直接向負責的副總匯報，和研究部門直接打交道。這數位項目投資很新很大，公司的最高層都被邀請出席報告會。事後，項目負責人對他的同事說，會上高層，就是 Carl Hsu 提出了最有意義的問題。我是當年加州大學洛杉磯分校（UCLA）創始第一個因特網電話的組員，貝爾實驗室同仁對於技術是相當敏感的。這也是當年貝爾實驗室成功的主要因素之一，公司上層全力支援新的技術，務求貝爾實驗室是第一個帶動最重要科技的企業。

通訊軟體互聯網的戰略選擇

一九九八年時候，通訊軟體慢慢轉型數位操作，在互聯網領域，我們做了一個戰略選擇，專注於電子商務和安全解決方案，並希望成爲全球互聯網服務的提供者。我們與網景公司（Netscape）訂定了相關領域的多年合作。

對通訊軟體而言，利用互聯網做業務不會困難，記憶體的利用、雲端、數據分析原是技術常態。需要進一步從影音發展線上音頻流，從客服帶出網購和相關的快遞產業的繁榮，從計費推出線上支付，建立整個電子商務的平台；不只是帶動軟體市場的業務，還有公平信用體系，使所有人參與其中，建立起誠信消費的觀念和習慣，並因爲推動線上支付方式，促進公益事業；也有簡易的社交溝通軟件，增加人們的工作機會。

之後的數位移動通訊的廣泛使用，帶來大量數據的積累。電腦學習「經驗」的能力，比人類快得多，人工智能應運而生，是全新的思維方式，帶動生態的變革，意義深遠。時機是給準備好了的人。

此外，我們繼續發展貝爾實驗室引以爲傲的演算法，網路安全的方向，有助於我們走入互聯網。貝爾實驗室的先進技術院對於安全和加密演算法、以及信源編碼（壓縮）演算法有相當多的經驗。一九九七年開發的朗訊管理防火牆，是業界保護數位網路最安全、最可擴展和容易使用的平台。外面的企業單位時有要求貝爾實驗室提供關於網路安全和應用的指導，我們軟體事業群也做出相應協助與支援。

演算法是貝爾實驗室的強項，因爲這裡聚合了世界頂級的數學家、電腦通訊專家。這套理論與實際的結合，也是當今保護大數據、智慧網路平台最珍貴的技術基礎。

我們的戰略是堅持在創新及技術卓越同時著力。堅實的技術激發活躍的思想。追求卓越在於不斷轉型。一個公司成長壯大主要是依託了新技術，這個技術到了如日中天時，公司的發展也到了如日中天。我認爲沒有一種所謂永續性的公司，很少有超過二百年的大公司，爲什麼呢？中國人講，「天下熙熙，一盈一虛，一治一亂」，天下不會久而不變，公司也是這樣。沒有一種技術可以永不衰退，所以轉型對一家公司是一種不可回避的嚴肅挑戰。

在執行的過程中，必須能夠快速應變。「速度」永遠是商場爭勝的最大關鍵，「天下武功，唯快不破」，制敵機先在高科技表現更爲明顯。科技發展，如《大學》上所言，「苟日新，日日新，又日新」，生生不息，如影隨形。我們必須確保企業的競爭力。

不然，市場加速的變換，過去籍籍無名的公司，十年後可能一躍爲市場龍頭，像是今天的蘋果、網飛（Netflix）；而原來最大的企業因爲不能及早因應市場變化，或是改變得不夠快，掙扎求存，或從市場消失。這種例子很多，一九七〇年代、一九八〇年代家喻戶曉的柯達（Eastern Kodak）、奇異公司（GE）；前者二〇一二年申請破產，賣盡專利；後者被堅守逾百年的道瓊指數除名，都必須重組再出發。

高新科技的特點是越變越快，這對公司的衝擊也越來越快，一著不慎，很可能就是全盤皆輸。今後這種需要轉型的時間會越來越短，但行則將至，我們時時警醒，引領技術更新不斷轉型，超前部署，在新技術衝擊前就要未雨綢繆，能夠做到這一點的公司就能生存下去。

要想走得遠，必須要看得比別人遠。做的時候，如果我知道很難做得比別人更好，我一定要把技術加強，這是一個解決的方法。另外，我就承認，譬如，一共五、六個環節，其中兩個環節比你弱一點，我就把另外三個環節做得比你強一點，總共加起來就比你再好一點，我還是贏。所以常常爲什麼技術最好不見得是最成功的公司，因爲它有些其他地方比人家弱，又不能用強的地方補足，問題就出來了。

企業能夠存在，是要能夠幫助別人，爲他人創造價值。我們的目標是爲消費者創造價值，也爲與我們互動者創造價值。利可共而不可獨。我們要把一個企業做好，除了前瞻，還要篤行，機會永遠是給準備好了的人，因爲這個變化是一定會發生的。

推動公司全球化

二戰後時代，美國力倡以全球貿易防杜未來的衝突，並推銷貨物自由交流可建立更穩定世界秩序的想法。我們積極和世界各地做生意。

一九九七年起，我接手通訊軟體事業，因爲推動業務，我們幾乎馬不停蹄。我記得有次和義大利電信公司負責人約見面，或者他來美國，或者我去義大利，連續一年碰不到面。頭三次到羅馬開會，我都是下了飛機直接開會，開了會馬上飛到另一個城市。公司的每一個事業單位負責人都是如此，雖然公司有幾架飛機，我們一共才幾個人，當我們安排國內國外趕場的時候，祕書還是要及早預訂公司專用飛機，避免向隅。如果搭乘一般商用飛機，就做不到這種緊湊的開會議程。這大概是朗訊業務最蓬勃鼎盛的一段時間，也可見大家眾志成城不懈的努力。

我一直主張技術營銷（Technical Marketing），因爲顧客並不見得知道他們需要什麼。我們知道自己有什麼，開銷是什麼，和客戶交流的過程，看看客戶喜歡什麼？想像他們的喜好，我們需要引導客戶，然後才能瞭解終究他們喜歡什麼。這些引導的過程，是有技術含量的。

朗訊是全球生意，歐美的來往是常態，通訊軟體主要是集中在紐澤西、俄亥俄州、伊利諾、和北卡，國外主要是英國、法國、德國、比利時、中國、印尼、義大利、西班牙，再加上散佈世界其他各地員工。

我們在意遠東的國家，也許是因爲距離比較遠，比較稀罕。

亞洲日本對我們很有興趣，一九九七年第三季，NTT 通訊企業（NTT Communicationware Corporation）的總裁 K. Ishii 特別祝賀公司從硬體轉爲重視軟體的方向，並來到美國，和我們單位深入討論專用線（Private Line）相關的操作系統和電腦服務及相關議題。兩個禮拜後，再派工程人員，繼續討論爲 NTT 推動多媒體和網路高度先進功能網路管理的技術。希望我們通訊軟體集團世界首屆一指的互聯網的安全技術，能夠幫助 NTT 網路提供最好的網管，並在 NTT 網路上提供像在互聯網上的多媒體技術。NTT 也特別邀請我一定要在近期內參觀訪問 NTT 的各項產品功能，主張進一步的合作。

二〇一〇年中國上海世界博覽會美國館，有「百人牆」展覽，展示定居美國，對美國及世界發展作出重要貢獻的一百位華裔美國人，朋友說去美國館的時候，看到關於我的介紹。但是我們自己沒有去上海世界博覽會，也就沒有看到美國館的展覽了。同年五月二十二日，美國國務卿希拉蕊．柯林頓（Hillary Clinton）訪問美國館時曾特別提到：「美國館中最令人感動的展覽就是『百人牆』，它向為美國文化、經濟的發展做出巨大貢獻的數百萬美國華裔致敬。」這時候的中美關係還是一個互為利益、行禮如儀的風度。

互通有無是商業本能。各個國家之間無論如何競築高牆，阻礙實體全球化，線上經濟和數位自動化的領航，對人類經濟來往，不應該是提供了一個可行的封閉個體操作模式，更應是利用軟體，成就全球化發展的新定義，一個新型產業機會。

一九九八年初，我們通訊軟體事業群的智慧網路平台，在這個領域漸漸世界知名。義大利、西班牙等歐洲多國都提出了相關產品要求。

在我進入通訊軟體事業單位，隔了半年以後，事情慢慢開始逐漸步入正軌了，事實上隔了一年以後，我就把這個一直虧損的機構轉虧為盈了。從每年賠好幾千萬到賠上億美元，到賺幾千萬美元到賺上億美元，一來一往差很遠，一年多的時間轉正過來了。

一九九八年二月，我們績效已經明顯上揚，一九九七整年的會計年度結束，通訊軟體做到了前所未有的收益。我的財務報告記著：「緊跟著我們有史以來最好的一九九七財政年度，是我們一九九八財政年度開始歷史上最好的一個季度。」從我接手這個事業群以來，所有的改動都是緊鑼密鼓的進行。我們看到當有些公司表現不好的時候，常有百日維新的宣傳。我不贊成百日維新的說法，因為工作是一步步達成，一步步推展，百日期限對我來說沒有什麼意義。

曾經我的一個單位績效不是特別理想，我請這位負責的副總到我辦公室來，說：「我並不太訝異這個情況，因爲我們當時正是面對的許多問題需要解決，但是如何處理這些問題也正是決定了我們將是成功還是失敗。」企業做決策的時候，最後一定需要一個人拍板定案，我對集體領導不以爲然。領導人或許有獨裁者的個性，有作決定的勇氣，由一個人作決定，作了決定就要爲成敗負責。但是無論多麼有決斷的能力，必須容納雅言，對人對事謙遜不急躁，不然也會影響自己的判斷力。我幫助屬下解決問題，在解決問題的過程中，他多少也會有所成長。有需要的我會說明解決。不然，我直接交付下去，讓屬下發揮他的才能，發揮整體的力量。

一九九八年下半年，我們的營業額呈兩位數成長，業績反轉進步非常強勁。我祝賀我的通訊軟體領導團隊，「很感謝各位的領導力，許多重要的環節還是希望你們能夠更進一步的親力參與。」多年來高科技公司在股市上很受投資者追捧，華爾街亦步亦趨地檢驗我們的進展，我公司、家裡隨時都準備著公司提供的模擬問題和接聽華爾街的電話。

爲了擴大通訊軟體事業集團的商業戰略，一九九九年一月，我們宣佈花了十三億美元併購奇能（Kenan）計費公司加入我們單位，這家公司在波士頓，在英國也有一些人，做得很成功。創始人也是所有人，奇能．薩辛（Kenan Sahin），是麻省理工學院（MIT）商學院的教授。成交之後，奇能（Kenan）對人說，Carl Hsu 對他談判交易的每一個步驟，都是教科書式的作法。企業併購，有專任團隊提供對方體質和價值的分析。與人交易，決定進退時機當然是關鍵，我不能確定掌握時機的能力是先天還是可以後天？但都是爲人留餘地，也只有這樣，才能夠有好的交易。計利當計天下利。

大公司的影響力

通訊軟體事業單位和外界聯繫的機會很多，從全球企業到高校，都有合作的機會。無論哪個單位，我們都秉持長期合作、互惠互利的原則。即便如此，因為趨之者眾，也必須精挑細選，尤其瞭解他們與華爾街的背景，才有時間應對。

和業界的關係，我們以合作居多，但有的時候對方提供的服務達不到我們的要求，在替換供應商之前，還是要堅定的責成對方提供相應的服務。我很不贊成疾言厲色。不疾言厲色，但是讓對方明白事情的重要，解決問題。和大學合作，受邀加入學校指導委員會，就比較單純了。

我的職場生涯在美國，西方文化的應對進退是日常生活。二〇〇八年歐巴馬（Barack Obama）當選美國總統，一位同為羅杰斯公司（Rogers Corporation）董事的同事，也是另一個公司的執行長特地過來對我說：「我終於想起來你說話像誰了？歐巴馬總統（President Obama）。」歐巴馬總統以詞彙豐富、條理清晰，說話婉轉自信、優雅從容著名。他的語言能力，在政壇數一數二，當初希拉蕊·柯林頓（Hillary Clinton）和他競爭民主黨總統候選人提名的時候，曾經暗示，歐巴馬是「說話」無人能及。對我而言，還是極大的讚譽，也許也是我們共同認識的名人就這麼多。去國多年，對中國大陸、台灣文化環境不再那麼熟悉，就是以誠信處事，無論是政府、企業、還是高校，還是得到相當正面的回應。

事後想想，覺得這使通訊軟體事業群重生是一件值得驕傲的事情，因為這件事情是非常不容易做的事情，虧損之間的數目加減也是億元美元為單位的，這對於公司來講也可以說是有相當大的貢獻。不只是盈虧的問題，另外當然也是很重要的是，重振部門裡面同事的工作信心，去了以後當然發現有一些人是不行，其實行的人也還不少。可是由於這個部門積弊已深，有一些負責重要部門的領導人也不好，大家顯得很洩氣。等到我們把整個的事情整頓了，換了一些人，換的人不是很多，大家一下子覺得有了方向、有了希望，知道怎麼做。很多原來業績不是很好的部門一下變得很好了。整個集團大概有兩三千人，大家一下就活動起來，整個的士氣也就高昂起來了，這對於工作、對於自己有一種滿意、滿足的感覺，是除了金錢以外，也是極為重要的事情。

第十八章　貝爾實驗室的華人

美國的少數族裔

在談華人之前，我想先談一下整個美國少數族裔在美國的基本狀況，然後再把重點放到華人身上。其實不光是美國的，世界上任何一個國家，任何一個地區，對所謂的少數族裔歧視，我覺得這是普遍的現象。當然歧視不是一個很好的事情，歧視，我認爲主要是一個族群，出於保護自己的本能，想都不想的直覺的做法，這種做法甚至做了也可能不會覺察到。

中國有句古話「非我族類，其心必異」。跟我不一樣的人，看起來不同的樣子，他的心也會跟我不一樣，在這時你要跟他有親和力，對他一視同仁，事實上不是件容易的事情。族群之間，尤其是如果長得不一樣，語言不一樣，感覺上舒適的程度就會減少很多，這時自然而然的戒備的心也提高了。由於距離拉遠，戒備心提高，這時的一些言行舉動，常常變成歧視。歧視在每個地方都不一樣，表達的方式跟解決的方式也不太一樣。有的國家，像日本，一般來講對外來的人都還客氣，對他們保持一個相當大的距離，日本人覺得日本的大和民族的純粹性對他們很重要，所以和日本人通婚打入日本的社會，不是件容易的事情。這是他們的歧視，或者對少數族裔的一個方式。別的國家當然有不同的方式，最糟糕的就是爲了你跟我不一樣，就互相打起來，一下就殺很多人，這是最不好的一種形式。

少數族裔在美國來講，當然是從黑人開始。南北戰爭之前，南方從非洲買了很多奴隸去做一些奴工的工作，這些人到最後，牽扯到人權的問題，也就導致美國的南北的內戰打了很久。雖然北方打贏了，黑人在美國的權利的問題，基本上是解決了。可是在很多實際上的問題，一直到今天還沒有完全解決。這類問題它都不是法律，或者是一場戰爭就可以決定的，而是人的文化層面、社會層面，逐步來解決。今天在美國還是有很多族群的問題，也有少數族裔被歧視的問題。

在多數人看來，美國是一個多元化的國家，種族之間互相尊重，互相包容，從不同的種族的文化裡，取得它的一些長處，使美國會成爲一個更好的社會，更好的國家。這主流的想法，差不多被大多數人接受，雖然在做的時候還是有些問題，可是比幾十年前已經好很多了。

美國所謂少數的族裔，大概有四個大的族群。從歷史觀點來看，人數最多的，影響力最大的還是黑人，從人數的觀點來看，少數族裔的問題在美國一直是以黑白的問題爲主軸。直到今天，仍是如此。這種情形，可以一直追溯到南北戰爭，持續近百年；彼此之間的爭鬥，彼此之間想把這個事情做的更好，黑白的問題始終是處於少數族群問題的最尖端。

黑人在美國可以說是很特殊的情形，因爲他們一直就是碰到種族的問題，對他們始終是一個非常大的困擾。這個困擾對他們影響的程度，在實質上來講，遠比我們華人的影響要大。我舉一個例子，早期幾乎所有黑人靈性歌曲（Spirituals）都是寫在鋼琴的黑色音符上，因爲奴隸不允許使用白色琴鍵。著名的《奇異恩典》（Amazing Grace, written by John Newton）就是用黑鍵譜出來的。另外，如果沒有財政部的特許證，自由州和奴隸州之間就不能進行貿易。在美國有黑人區的觀念，所以美國也有中國城（Chinatown），中國城一般來講都蠻小的，中國城跟其他社區，也不是像所謂黑人區那樣的分明。一般人講到黑人區，大家都裹足不前，沒人敢去。不要說天黑，就是白天的時候也不太願意去。黑人區的形成還有其他黑人設的東西，跟美國整個的制度有很大的關係。

美國教育制度

我講一下美國的教育制度。美國的教育制度跟其他的國家有的地方很相似，有的地方很不一樣。其中有一樣東西，美國非常有特色的，就是說，從幼稚園一直到高中，這一段時間，所有的學校學區，都是由當地的政府來管理。當地政府，可能是一個很小的政府，也可能人數很少，大不到哪裡去，所以當地的地區是一個窮的區或者是一個有錢的區，對小孩子的教育，有極深遠的影響。進了大學就不一樣，大學有的由政府來辦，有的由私人來辦。

我以洛杉磯來做一個例子，洛杉磯，我在加州大學洛杉磯分校（UCLA）唸的書，每個地方都是一樣的。加州大學洛杉磯分校（UCLA）所在的區是一個很好的區。再過去，沒有多遠，也是一個非常好的區，這個區大概是洛杉磯最好的區，它叫做比華利山（Beverly Hills），是很多有錢人，比如說電影明星、好萊塢這些人住的地方。我們唸書的時候，有時候開車上去看看，那裡的都是很大的豪宅。一個豪宅可能裡面就非常大，建築非常可觀，有的時候甚至你從外面都看不到建築，當然價錢非常的高。

比華利區住了很多有錢的人。有錢人有一個現象，一般來講，就是小孩生得不是很多。在這種區房子的價錢非常高，有錢的人很多，所以這個城市，抽稅只要抽一點點，比例上很少一點，錢的數目就非常可觀。政府用這個錢可以做很多的事情。他們不但可以有世界一流的設施，也可以用很高的價錢聘請最好的老師，甚至有些學習項目還可以免費的。其實這裡免費對這些人來講也沒什麼太大的分別，免費有很多的項目讓學生來挑選，所以學生下了課以後可以去學樂器。在學校就可以學，參加運動也可以，參加體育也可以，做什麼事情都可以。基本上他們享受了極好的待遇。等到從這個學校唸出來以後，由於他的學習環境非常好，家長的關係又非常好，所以到時候要去申請大學，是件輕而易舉的事情。

從加州大學洛杉磯分校（UCLA）往另外一個方向走十幾英里，就是洛杉磯最不好的區，叫做瓦茲（Watts）。瓦茲（Watts），這是一個在美國非常有名的黑人區，它很大。洛杉磯那時候是美國第三大城市，現在是美國第二大城市，裡面有很多黑人。黑人區一般是很窮的地方，所以這瓦茲（Watts）也是個非常窮的地方，那裡面又窮又髒。窮人反而常常生小孩生的很多，那裡有很多的單親，甚至小孩沒有父親也沒有母親，從小就是自己想辦法過日子，吃也吃不飽，穿也穿不暖。這種學區裡的學校，根本沒有錢，因為每一個住在那裡的都是窮人，即使有錢的話都是販毒或者賣槍的，即使有錢也不會捐給學校。所以在這種情形下，每一個學生每年的教育經費少的非常可憐，學校都請不起好的老師，設備是最差的。

由於黑人很可憐，當初在非洲被賣到美國去的時候，他們常常連從哪個國家被賣出來的都不知道。不像我們亞洲人，常常講很深遠的歷史文化背景，這個背景其實對我們有很大的影響，我們再窮，父親母親再窮，拼了命也要讓小孩好好去唸書。可是黑人他們沒有一個這樣的背景，所以小孩生下來，學校也沒辦法好好教育他，家裡也不能給他一個很好的方向，即使非常有能力、非常聰明，就是生下來聰明的人，在這樣環境下去，十幾年下來，即使很聰明，也學不了什麼東西，學壞習慣的機會就大了很多。所以說在美國，種族問題，很多是在這種地方的問題。

如果說到了公司以後，跟大家一律平等，講起來好像是平等。可是進來的時候就很不平等了。如果說一個人從小在一個極好的環境裡面長大，另外一個人，從小就是為了活下去都要掙扎，這時候兩個人的成就，說是一樣的平等就很難了。這是美國的一個很大的根本性問題。

第二大的少數族群，是西班牙人的後裔，在美國統稱西班牙裔（Hispanics）。這個族群跟所謂主流社會，美國的白人之間的界限跟矛盾，就沒有黑人那麼尖銳、那麼明顯。因爲黑白是很明顯，西班牙裔（Hispanics）的定義不是用一個人的膚色來決定，而是用一個人的名字來決定。如果你的姓，是一個西班牙的姓，你就屬於這個族群。屬於西班牙姓的話，有很多人的祖先，因爲是從西班牙移到美國來，也早融入到美國的主流社會，看起來跟著主流社會的白人也沒有什麼兩樣，所以這些人，我們把它當做少數族群，就沒有什實質的意義。我們今天所講的西班牙裔（Hispanics），所謂的少數族裔，其實主要是講，最近從波多黎各或者是從墨西哥這些比較貧窮落後的國家的第一代的移民，他們基本上還帶了相當大自己的一些文化。就像到洛杉磯、到佛羅里達的邁阿密，有些是本幫人的，他們講西班牙話，音樂和生活習俗等，讓我們走到那裡去就好像到外國去的感覺。這是美國第二大的少數族群，人數也相當多，甚至有人估計，不久的將來，這些人數超過黑人族群，變成美國最大的少數族群。

第三個大的族群，就是所謂的亞裔（Asian Americans）包括一些太平洋的群島上面的人，一些夏威夷人，不是白人的夏威夷人。這類群體的人數也不少，因爲在過去十幾年中由於科技進步，很多的華人、很多的印度人、很多其他亞洲國家的人都到美國去，因爲美國那時候的環境，對於個人創業、對於個人經濟都能得到一個很好的發展，政治又安定。

那時候華人在美國大概是分兩大類。第一類就是當初美國造鐵路的時候，中國找了很多奴工到美國，這些人後來很多就留下來，他們當時做的事情就是一個職位很低，教育水準很低的事情，所以他們自己沒有受過什麼教育，而做的事情也都是比較勞工型的。等他們修完鐵路了留下來在美國，這些人大都很窮，也沒什麼太多技能，所以大家就住在一起，住在美國大城市裡不好的地方。後來就叫唐人街（Chinatown），Chinatown 這個字本身其實就對中國是一個污蔑的一個字。應該叫做 Chinesetown

而不是Chinatown。當初從這個字的選用，都可以看的出來美國人那個時候對中國人歧視的程度。這些人就從那時候幾代下來已經在中國城住慣了，他們的做法，是停在中國城範圍裡，如果父親開了一個餐館，也許兒子女兒將來接下來，開一個雜貨鋪、開一個洗衣店等等。有的是逐漸進到美國的主流社會裡，可是大部分還是待在這個環境裡。在這個環境裡，有人也很有意思，在美國住了一輩子也不太講英文，還是講普通話，講的更多的就是廣東台山話。雖然是在國外，雖然是美國公民的身份，因爲只要在美國出生，就是美國的公民，好像還是處在中國的廣東或者是中國其他的地方，然後跟白人除了做生意以外不相往來，這是一些很典型的華人。

另外一類就是大學畢業以後，到美國去求學的這些人，這些人一般都是高級知識份子，在中國不管從什麼地方，只要是華人，有從香港或者其他地方去的，知識程度都比較高，到了美國唸書，唸碩士、博士學位比較多，有的在學校裡教書，有的在公司裡做事。

這兩種族群幾乎是兩極化的感覺，兩者都是在美國的華人，但是兩個截然不同的族群，並且彼此之間也沒有什麼往來。

在過去幾十年來講，沒有一個國家可以跟美國相比，美國像一個巨大的吸鐵石一樣，很多人被它吸過去，把很多國家的人才吸過去了。其中很大一部分人，是從亞洲的國家去的，歐洲國家去的人數也不少，可是歐洲，西歐去的人很快地融入美國的主流社會，因爲他們的面貌或者語言並不是有那麼明顯的分別，就不容易看出來。可是亞裔，一眼就能看得出來。

最後第四部分，就是從其他地方去，中歐過去的，其他的國家去的。這些人因爲沒有一個大的族群，就把它全部加起來，變成一個族群。這些人在美國少數族群裡，不是很明顯的族群，人數很少，所以不太顯著，逐漸的就被美國的社會所同化。

前面三個，包括黑人、西班牙後裔、亞裔，始終還是居於一個很明顯的差別地位。看起來不一樣，講話有時候也不一樣，文化背景等等常常都不一樣。

另外一個，也可以說是少數族群，少數族群其實是多數，它不是個民族，可是它在美國有一個特殊的地位和問題，就是美國的白人女性。事實上美國女性比男性還多，她們是多數人，可是在公司裡，在社會上面做事，雖然女性從事工作的人越來越多，可是美國還是一個男性的社會。大的公司跟政府或任何一個機構，領導有決定權，是由白人來決定，由男人來決定的，所以在這個爭取民權的過程中，女性對於爭取她們的平權，也做了很大的努力。這個問題，今天仍存在，就是同工不見得同酬。同樣大家都很有能力、大家工作都很好，在高級主管裡面，女性比例還是偏低。

就這類的問題，在美國雖然有很多的進步，但還是一個爭論很大的議題。可是這類問題的根本跟其他少數族裔不太一樣，因爲其他少數族裔看起來就是不一樣的，黑人就是黑人，黃種人就是黃種人，就是不一樣，講話也不一樣，語言也不一樣，所以很容易產生一種隔閡。

可是白人的女性，基本上還是白人社會的主流的一部分，每一個白人的家裡，就如一個普通的標準家庭，一個父親跟母親一個小孩，有男的有女的，基本上是融合性的。到了工作的場合，有時候又會發現一些歧視的現象。所以我們講到族群，白人女性也是一個族群，講到爭取平權，她們也是其中的一部分，這中間有些地方是類似的，有些不一樣。

貝爾實驗室的族群問題

華人在貝爾實驗室的情形。我一九七一年進到貝爾實驗室，到一九七三年，我做了不到兩年的時候，台灣的國家科學發展委員會，請我去做客座專家，我就回到了台灣。我還在台灣的清華大學，擔任客座教授，然後帶領設計和創建電腦的一個計畫。所以在一九七一年到一九七三年，我在貝爾實驗室的短短兩年中，對這類種族的問題、族群的問題，還有平權的問題，並沒有很重視。

等到一九七四年我從台灣回到貝爾實驗室，我的想法就是，我從此把貝爾實驗室，就當成是我的家了。我在這邊留下來，我將來的工作（當然那時候，沒有想到會做三十年），就想以後在這裡做下去，將來我的事業在這個地方發展，所以對這個環境的觀察，對環境、對工作環境的興趣增加了很多。由於這個原因，所以對於少數族裔，尤其華人在貝爾實驗室裡地位的問題，這中間的一些問題，對我來講，感受就越來越明顯了。

一九七六年，我們整個實驗室，從紐澤西搬到伊利諾州的瑞柏城。同年，我被提升成了第一層的技術經理。所以種族問題對我來講，就是一方面開始不得不關注；另外一方面又覺得這個問題跟我的關係越來越密切，並且我覺得更應該做一些事情。

我當時的看法，覺得這事情不是說一眼就看得很清楚，是逐漸逐漸的觀察。我發現剛進來的感覺就是說，大家都好好做，公司一定有很好的機制，做得好的話，薪水就加的比較多，做得好的，升遷應該就比較快。就這樣在做了幾年以後，我自己升到了經理位置，當時來講，速度也是蠻快的。

可是逐漸我發現，同事們談起來總覺得好像一般做這些升遷事情的時候，上面作的決定跟我的看法好像不是很一樣。另外的話，好像有一些跟這個種族有關的因素在裡面，雖然我們不見得能夠完全掌握。而跟這個種族有關的時候，好像對亞裔，因爲對美國人來講，華裔或者是印度裔或者泰國去的，日本去的，對他們來講看起來都是一樣的，所以就把我們放在一個族群裡面。這在美國政府，就是放在亞裔美國人（Asian Americans），我覺得好像對我們都不是很有利的。

貝爾實驗室少數族裔維權

黑人

尤其讓我們感覺很深的，就是黑人，由於種種原因，歷史上的原因，當時這個黑白的問題，貧富不均的問題等等，他們對這個問題的敏感性遠比我們要大。他們有一些組織，我們可以觀察到，跟我一起進去的黑人同事，他們常常花很多的時間去做組織上有關的問題，或者是跟我們高級的領導，溝通這一類的事情，至於他們做什麼，我們也不是很清楚，隱隱約約覺得跟爭取他們在公司的地位有關係。他們自己也非常團結，這一點是非常令我佩服的，儘管他們中間有時候意見不合，遇到這一類的事情，大家都是團結一致，把所有的力量都結合在一起，然後去跟領導爭取一個在他們覺得是更合理、更平權的一個情形。就是因爲他們能夠很合作，很持續去跟領導溝通，爭取這件事情，感覺上遇到有機會的時候，他們就能得到比較好的待遇。

女性團體

這時候，我們的女同事們也開始討論這類平權的事情，當然討論的時候，主要是美國的一些女同事，都是白人，她們也在組織一些這樣的組織，跟公司裡面的領導談這些問題，因爲她們也覺得被歧視。同樣大家都唸大學，都是唸研究院，出來以後，爲什麼總是覺得，男的升上去比較快，升的位置比較高，女的升的比較低。所以她們常常找機會去溝通。黑人的組織是很早就有了，我沒有加入公司的時候他們就有了。女同事組織也是在那個時候組成的，她們也常去跟領導談論一些問題。她們談的時候，氣氛就好了很多，基本上就是白人，白人女同事跟白人領導談。領導差不多都是男的，白人男的，所以她們談起來，就如我剛才談到，文化也沒有問題等等。由於她們常常去溝通，等到有升遷機會的時候，在我們華人亞裔看來，覺得好像有些人不見得是做最好的，可是她們也升上去了。所以這個問題，我來看的話，就越來越明朗化了。中間有些什麼地方不對？每次碰到什麼事情，好像我們總是排在最後面。

亞裔不維權

我們這個族群，第一代移民。當初主要是想到美國唸書。唸完書，那時候還有很多的想法，說我從什麼地方來，我將來還是希望回到那個地方去，我在這邊稍微做兩年的事情。可是很多人由於大環境的關係，由於美國的機會多，美國的經濟跟政治的穩定性，很多人就留下來，變成第一代的移民。在貝爾實驗室的美籍華人，差不多都是這樣的情況。

那時當然是由於每個地方環境不同，從台灣去的人特別多，香港也有一些，馬來西亞也有一些，從中國大陸去的人數還少，當然是跟沒有開放有些關係，現在留學生跟工作的人員，從大陸去的比別的地方要更多。這種情形維持了一段時間。

中國人，因爲我接觸到的大部分都是華裔，對這類問題，大家都差不多都是多多少少看到一些，可是沒有人去採取什麼行動。

當我再回到貝爾實驗室的時候，再看到這個問題比較嚴重化的時候，亞裔同事不滿的情緒越來越高。不滿的情緒高了，因爲覺得好像其他族群，他們的問題，領導好像已經覺察到；他們的問題，領導好像已經在幫他們解決，可是我們這邊，好像沒有人理。當然事後來看，人家不理我們很大的原因，就是我們自己沒有做什麼事情。

敢為天下先

我自己是這樣想，有時候跟我們一些華裔的同事也討論一些問題；華人在當時美國的感覺，包括在貝爾實驗室的感覺，對這個事情，談是談，可是多半就是坐而言，而不是起而行。一般的感覺，就是認爲這個國家這個公司，絕對對我們有相當大的歧視，可是很多人的反應，第一個就是覺得有這個問題；第二個就是怎麼辦？

對於怎麼辦的，大部分反應可能是兩種，一個是非常的不高興，非常的憤怒，非常的感性，怎麼可以這樣做，對我們太不公平了，就是抱怨，抱怨這個公司，可是抱怨完以後也就是把氣發洩了一下，有的是連話都懶得講，知道有這個問題，問題在那裡我沒辦法解決，那我就也沒有做些什麼。並沒有採取一些行動。

另外一些人就是說反正這個社會是白人的社會，黑人起來鬧的話，就稀哩嘩啦打死了不少。雖然跟人家吵，可是吵不出名堂來。我們在這裡做事情就算了，也不好再去多講，就接受這個事實，然後再想辦法。在旁邊要不然就是不做什麼事，要不然就是到外面投資，買點房子，或者是做點其他的，開個中國餐館跟人家合夥之類的，另謀一條出路，把自己的經濟狀況稍微搞的好一點。

差不多都是這兩種反應，但是都沒有從此不求聞達。

而我自己總是覺得，好像這並不是一個合理的解決方法，這樣下去，我們永遠就是站在不利的地位，我覺得我們應該採取一些行動。可是做什麼事情，並不是那麼容易看得出來，所以我就是自己想一想，有的時候工作忙就不去多想。有時候就有個天眞的想法，既然平權的運動一直都有，且歧視少數族裔的這種情形，領導都已經知道了，由於有了黑人同事、女性同事在爭取，也許他們也會想到我們亞裔的也被歧視，等到他們作決定的時候也許會想到我們。

這個想法尤其在美國社會裡面，是非常的天眞，非常的不合實際。後來瞭解、學習到了，就是你如果想要爭，別人不會幫你去爭，並且別人沒什麼道理幫你去爭。爭要花很多的功夫，並且要冒很大的險，爭到有了什麼好處，人家自然沒有什麼道理要分給你，因爲你自己沒有花時間。當初我覺得我們很多中國同事大家都是有點這種想法，就是也許我不爭的話也能分到一些，爭的話冒這個險，何必呢？這段時間想法大概是這樣。在貝爾實驗室外面的大環境，也都是這樣的一個想法。

天生的領導

一九七六年的時候，我獲晉升技術經理。那段時間，我們有一些同事，大家彼此之間就開始討論這個問題，其中在公司裡有一位日裔美國人，歐薩吉馬（Osajima），翻譯成中文我不知道是什麼，他不是第一代了，日本人到美國去移民的比較早，他是一個在美國生長的日本人，他的職位，那時候在公司裡也比較高，是第二層的經理。

我們那幾個人差不多是這樣的一些背景，有的是華裔、有的是日裔，大概就是這樣，其他沒有別的。印度裔好像還很少，印度裔的地位要比較特別一點，我們幾個人很自然地對這個問題比較有興趣，就組成了一個小組，大家討論這個事情。討論一段時間以後，我們就是說如果再討論下去的話，結果跟其他的人不討論也沒有什麼分別，跟其他人討論完了之後不做也沒有分別，所以我們需要作個決定，到底要不要做一些事情。假如不做的話也就不必要再討論，做的話我們需要決定去做什麼事情。這差不多是在一九七六年左右，我回到貝爾實驗室兩年之後。

那時候，我和這位日裔美國人，歐薩吉馬（Osajima），在小組裡差不多是起一個帶頭的作用。歐薩吉馬（Osajima）先生年紀比我大一些，他是生長在美國的日本人，他家在美國已經住了兩三代，他的職位也比我高一級。他的想法很接近於美國人的想法。他是站在一個可以說很美國的想法來看這問題。因爲我當初還是剛到美國沒有多久，我的想法還是從外國人到美國來做事的這樣一個想法。可是我們兩個不約而同地，都覺得我們這個問題，是對我們整個的族群是一個不利的情況，我們需要去做一些事情。尤其是當亞裔科學家工程師在貝爾實驗室越來越多的時候，我們就更需要採取一些行動。另外，我們有個覺悟，就是靠人家幫我們解決問題是不可能的，人家辛辛苦苦解決人家的問題，沒有道理幫我們解決問題。如果我們自己不去努力的話，這個問題多半不會獲得解決。

他的看法是從日裔美人角度，我們那時候代表的看法，我雖然變成了美國籍，或者正要變成美國籍，我還是跟我原來的國家有相當深的感情，所以有的時候我不知道我將來會不會在這邊待下去。這是兩個相當不同想法的兩個族群。我們兩個對這爭取平權的想法積極性比較高，所以就逐漸變成小組的領導者。我們討論以後，大家覺得該做一些事情，那時候我也從紐澤西搬到伊利諾州的中西部。這樣基本就是說由他在東部來籌劃組織，我在中西部其他地方來組織。

即知即行

做什麼事情呢？第一，我們做一些研究，看看數字上，在貝爾實驗室裡面一共有多少亞裔科學家跟工程師，有多少做到不同的經理或者領導的位置，我們再跟一些白人，或者是其他族裔的人來比，其他沒有什麼太多好比的，其他人也很少，所以基本上是跟白人來比，這中間在數字上有沒有一些問題？

當初這個提議我記得是我提的，因爲覺得如果跟領導或經理去講，事實上我們去講過，跟領導或者是跟經理談，他們就是說你們日子過得好好的，我們大家彼此見面很客氣，這個歧視問題完全不存在。如果講黑人被歧視可以瞭解，晚上我看電視的時候可以看到在底特律、在紐約、在洛杉磯的黑人區放火、開槍，很多亂七八糟的情形，絕對可以看得出來黑白有很大的問題。你們這些人大家都好好地工作，我們對你們也不錯，問題在哪裡？根本沒有問題。

我們後來就想，有沒有問題，是說我們自己先要決定有沒有問題，如果說有問題的話呢，一定要把這個問題很明確地提出來，否則如果連問題都講不清楚，那要人家解決什麼呢？這是不可能的事情。

記得當初我就提議，也許我們從數字上，至少在貝爾實驗室做事的人，對科學的方法有相當大的尊重。如果用科學的方法來提出，大家就覺得這可靠性比較高。所以我們就去做，還記得第一次做這事是我去做的，因爲我剛升成第一線的經理，去做這事覺得興趣也蠻高的，就去找人事部門談，人事部門也很合作，就把數字給我們，我看了下，發現問題非常明顯。

那時候差不多是一九七六、一九七七年，我們在公司裡，就是我把所有的白人當做一個族群，然後把所有的亞裔當成一個族群。一共有多少人，然後做到經理以上的有多少。當然亞裔即使做到經理也都是最低的位置，白人從最低到最高的都有。這個我們先不去管它，否則問題就變得有點不清楚了。

最後發現在那個時候，就是平均起來，白人做到經理以上比亞裔多五倍。如果大家都是同樣的，學歷都差不多，做事能力差不多，升遷的機會都差不多，這個數字應該是差不多。可是白人做到經理以上位子的比例，比華人、亞裔要多五倍，這個數字明確說明中間有一些問題。我們就利用這個數據開始要求跟領導談這個事情。

現在想起來這個做法是非常對，最後結果也是非常好，可是當初做的時候心理非常忐忑，蠻緊張的，因爲做這個事如果處理得不好，很容易就會被誤解成帶著大家來鬧事或是怎麼樣，並且公司如果眞要對我們採取一些報復行動，是輕而易舉。

因爲那時民權運動之類的很多事情，今天我們覺得是理所當然，當初根本就沒有。如果公司要把我們開除，馬上就開除，開除完了以後我們的問題就變得很大，所以我們的很多同事聽到要做這件事情，都裹足不前，大家覺得做這事，搞不好就會被當做一個造反的頭。

我想這也是一個很大的原因，爲什麼呢，那麼多年，事實上在公司比我資格深的人很多，包括很多華人資格都比我深，可是一直就是沒有人出來領頭這個事。我想有很大的原因，大家想到要冒這個險，冒這個險後來可能發生的後果，到最後一步可能都走不出去。

我們這步能走出去，我想除了我自己當初年紀很輕，膽子也比較大，實在不行我就到別的地方去做事。另外想起來，我也非常感謝我這位日裔的同事，歐薩吉馬（Osajima），他在這方面的看法，因爲他是從小就在美國出生，在美國受教育，他的想法就完全是美國式的想法。他的感覺是我們只要理性地去做這事，很理性地去跟領導交流，他覺得應該不會有太大的問題。即使發現我們做的有些不對，如果他們告訴我們做的不對我們就不做了。可是如果我們眞的覺得對的話，我們應該有個機會，可以讓他們看到這個問題的核心。看到這個問題在什麼地方，這樣我們才有希望開始解決這個問題。所以在這方面，他有一個相當程度的堅持，並且他的位置比我高，他在公司做事的時間比我長好幾年。他也是抱著這種態度，如果不行的話，公司如果要我走，我就到別的地方去做事。他比較有恃無恐，他在美國長大，對美國非常熟悉，他覺得這麼做沒有什麼問題。

我是覺得，反正好像只要自己有本事，不怕會找不到事。基本上的理念是，我對貝爾實驗室，從進去一直到離開，這三十年的時光，雖然不見得每件事情都很順利，其實碰到不講理的也很多，碰到不好的經理領導也不少，可是覺得這是個好的公司、好的人，都是講理的人，尤其是剛剛進去沒有多久，我也比較理想化一點。所以我們就是用這個方法開始來做。

從一九七六、一九七七年開始，跟領導談這件事情。很值得欣慰的是，我們談的時候，因爲我們本身就是華人，尤其是受過高等教育的人，我們談的方法，絕對不可能說是大聲吆喝或者是威脅，總是站在比較理性，比較有辯證法的方法來解說這個問題。這個方式也比較容易被美國的白人領導接受。開始談的過程，可以想像得到，開始的第一步，領導都不願意面對這個問題。都說其實沒有問題，說這個數字可能有錯。我說我這數字是從公司的人力資源部拿來的，是公司正式的資料。可是如果覺得我們這個數字有問題，不如你去找人力資源部比我們去找更方便，可以去核對下這些數字是不是正確？這很容易就發現，數字就是數字，都是從同一個來源來的，所以比例、問題很容易就發現了。下一步就是大家看看數字上有一些不同的，看起來可能有的一些問題。

此外，我們做到領導的年紀都很大了，在公司做了十幾二十年，二、三十年，那時候有人做到四、五十年也有，最多做了四十餘年。我還碰到一個同事他做了將近五十年，因爲他那時候是在高中就跑到公司裡來做暑期工作，做兼職（Part-time）工作，像送信這類的工作，這種年資都算進去，現在當然鳳毛麟角。至於升遷，雖然我們不是按照年資決定升遷，可能做事要做到一個程度，人家才會升你。這個講法，我們也同意，他說你們來的資歷都比較淺，所以你們升的比較少比較合理。我們其實也有些人做得蠻久的。一般來說，在那個時候七〇年代，整個的人數還是不太多，所以升上去的人數不太多，眞正貝爾實驗室亞裔增加是從七〇年代、八〇年代急劇的增加。所以我們也同意這個講法，我們來的時間可能還不夠久。

可是你也得同意，如果大家學歷差不多、做事能力差不多，到了一個程度以後，到了幾年以後，這個偏差應該是逐漸減少。這個領導也同意，這個想法是一個合理的想法，所以就在這種情況下，開始每一季每三個月左右，跟他們坐下來做一個溝通，然後做一個計畫，我們根據我們在公司工作目前的情形、跟我們工作的經驗，然後公司想要雇什麼樣的人，這樣逐年我們有一個目標；就是說今年我們設一個目標，明年我們應該因爲大家的資格比較淺，所以在第一線的經理應該有多少的人，或者百分之多少升的人裡是應該由亞裔來升，亞裔當然主要是一大半都是華裔。

至於升什麼人，應該是領導來決定，最民主的做法是大家來投票，當然不能這樣做。可是如果我們希望明年升遷者有五%是亞裔，如果升到了五%，大家都無話可說，至於是升哪些人是要由每一個實驗室的領導來決定。所以我們做到了這樣的協議。這協議不是說一天做成。是好幾年功夫逐漸地做，做到一個程度，能夠爲我們之後的亞裔員工提供機會。

借鑑黑人、白人女性　問題不同

這樣的訴求並不是我們的發明。這種做法前面也說過，黑人的同事，白人女性的同事也做了一些這類事情，做的方法大同小異。

黑人做法跟我們不太一樣，因爲黑人的問題跟我們不太一樣，問題不一樣在什麼地方呢？前面也提過，因爲黑人從小生活環境就很不好。華人的文化傳統是家裡再困難，父親母親會想盡各種方法讓子女受最好的教育。在黑人的社會裡，他們由於當初到美國來的時候都是被抓來做奴隸的，沒有一個深厚的文化背景；家庭方面又有很多的困擾，在貧民區裡生活比較困難，所以他們沒有這樣的文化背景和社會背景框架，對他們來說唸書有比較大的困難。所以黑人唸書，並不是他的才智不怎麼好，而是即使一個很聰明的人，從小被放到一個很不好的環境，學習能力也會受到很大的負面影響。所以對他們來講，他們的做法跟我們就不一樣。

因爲我們進去的，大部分人都是有碩士學位，學士學位可以說是都沒有問題的，很多都是碩士甚至於博士學位，所以我們進去時是在比較高級的工程師的位置。我們的問題是怎麼樣從一個高的位置的開始變成管理的階級；他們有的人進去的時候是一個非常低的位階，他們的很大的問題，就是怎麼把低層次的人可以比較快一點的速度，讓他學的更快、做的更好，然後變得比較高級的工程師科學家。

我現在講一個故事，就是我自己親身經歷過的一個故事。講一講當初大家對於社會的共識，或是公司對於華人的看法。

在六〇年代，很多地方由於暴動很多，很大部分的衝突，矛盾很大，衝突很大，然後殺人放火，對大家都是一件很不好的事情。在七〇年代，黑人的問題，我在前面也提到過的，已經逐漸被重視了，主要是因爲黑白之間的衝突，在美國社會造成了很大的不安，所以到七〇年代，這個問題就趨向於開始以理性的方法來解決，這是非常好的現象。

在公司裡面，也就開始做一些培訓的項目，這些項目很多都是跟技術有關的，跟工作直接有關係的。

那時公司也開始注重環境面的培訓，也開始增加一些關於環境方面，尤其對種族之間，尤其是黑白之間的問題的一些培訓。其中有一個培訓的科目，規定每一個做到第一階層，也就是技術經理這一階層的，一升上去馬上就要接受這個培訓。主要內容就是談黑白之間的關係，主要的目的是說明升到經理的白人，對黑人的問題，要有更大的瞭解和敏感性，然後一起探討怎麼樣來處理黑白問題，增加管理能力。

我升成技術經理，也就是一九七六年以後，他們把我送到外面去培訓。培訓也很有意思，不是在教室上課，因爲這是一個環境的問題，所以它就把你帶到黑人區，跟黑人交往。它叫作城市少數族裔工作坊（Urban Minority Workshop）。少數族裔（Minority）這個字應該包括所有的少數族裔，可是那時候所謂少數族裔（Minority），主要就是指黑人。

我們教這門課的人也是一位黑人老師，我還記得，他的名字叫作提姆・哈維（Tim Harvey）。他在民權方面的領導跟黑人的整個社會裡，算是知名度蠻高的，大家對他也很尊敬。我到現在對這個人都記得很清楚，他眞的是一個很努力、很願意去把事情做好的人。

這個項目維持好幾天，強度很大。不像很多培訓，坐在那邊聽，聽完了回家，就完了。他一面講，一面眞的讓你感覺到這裡有很大的壓力。他讓你身歷其境，就是用各種辦法讓你感受到黑人所受到歧視的問題。既然這樣，讓你所謂「內化」，讓你心裡面眞的覺得這是個問題，不是站在這邊侃侃而談，而是深切感受到這些人眞的每天在面對這些問題，所以我一定要做一些事情，改善整個環境。改善的話，不但把黑人的環境改善，間接對我自己的白人的環境、白人的情形也會改善。

整個的培訓基本的結構是這樣的一個框架，裡面他就常常一個一個來。培訓的人並不是很多，最後他一個一個問，問得你很難過。把你放在一個很不舒服的位置，這樣讓你的感受會很深。

我去參加培訓的時候，除了我以外，其他全是白的、男的，也是剛剛才升上去的一些技術經理。開始就一直講講。第二天，節目就開始進入到比較重點，他基本上是問一些很類似的問題，可到問的時候，有時候很疾言厲色，他主要問你說你交的朋友是些什麼人？你平常來往是些什麼人？你平常做的事情是什麼？

最後呢，到了最後的三、四天，他最後問大家，你的朋友裡面，沒有一個是黑人，你交往的裡面沒有黑人，你根本對黑人完全不重視，最後他就是故意的過甚其辭地說，你恨黑人。當然被問的人，這白人很難過的，他被問這些問題，因爲它答案都是負面的，平常他跟黑人也沒有往來。其實他並不是眞的恨黑人，只是他從小長大的環境就是這樣，他跟白人來往，他覺得是理所當然，很舒適。我還記得，他在那邊每天就說這樣那樣，每個人答案都是一樣的，他就說你恨黑人。這個人就垂頭喪氣地走了；下面一個人來，他又說你恨黑人，這個人也就垂頭喪氣地走了。

我還記得我是最後一個，開始的時候他就很爲難，有點爲難的原因是，因爲他所有的地方都是說黑白的，看到我的時候，他不知道把我放到黑人裡面，還是白人那邊，他就了換一個角度來看，就是說你不是黑人，就把你放到白人那邊，所以我從頭到尾我的角色都是白人的角色，有的時候我可以扮演這個角色，有的時候我覺得是完全不合理的。就是我自己就是站在一個被歧視的位置，然後你還要再讓我扮演一個白人的角色，我覺得這完全不合理。可是叫我扮演黑人更不合理了，因爲黑人從小長大的環境，家裡面，也許沒有父母，也許只有一個單親，很多是只有一個母親，父親走掉，甚至父親是誰都不知道，然後環境非常惡劣。對唸書學習，完全沒有這樣的支撐環境。這個跟我們完全不一樣，所以更不可能去扮演那個角色了。所以就一直盡我最大的能力，來扮演白人的角色。

前面講到他問的問題，就說你有沒有和黑人交朋友？當然我那個時候，學校裡面唸書回來，出來，然後又到台灣來了一趟，不要說黑人的朋友很少，白人的朋友也沒有什麼時間交，並且連中國朋友都沒有什麼時間交。所以他問我的每個問題我都據實回答，是，我沒有跟這些黑人來往，鄰居也沒有黑人，我住的這個區，基本上都是，整個瑞柏城這個城就是沒有什麼黑人的地方。跟著他就說，其實你也知道他要問，因爲他就是這麼問別人，問到最後他就疾言厲色跟我講，他說你基本上你是非常恨黑人的。我看了他一眼，說我不恨黑人，他就說你怎麼知道你不恨黑人。我說我知道，因爲我知道我恨日本人。我這樣一講，老師完全愣住，整個教室裡的人所有全部愣住了。因爲從來沒有想到會有人說這樣一個答案，我說我對日本人有情緒，原因很簡單，是因爲我是二次大戰的時候生的，我的父親，我的家裡人，所有認得人的都是在二次大戰裡受到很大的災難。有的親友甚至因此而死亡，然後大家一天到晚逃難。黑人對我來講，雖然我黑人朋友不多，可是我有些黑人朋友。雖然我沒有黑人的鄰居，可是我覺得對於我來講，我沒有任何的仇恨。

我這樣講了以後，這位黑人老師提姆．哈維（Tim Harvey）聽呆了，聽了以後，他就不知道怎麼辦了，因爲他說他教了這麼多的學生，這麼多不同的公司，從來沒有碰到一個像我這樣的學員。並且我講的並不是故意跟他搗蛋，是我眞正心裡的感覺。所以他就說，那就下課，大家休息一下。

當然這個培訓的目的就是戲劇化的讓大家覺得很難過，讓你難過以後，回去想一下，對行爲有所改變，當然這些都是故意的，回去以後，有的人眞的對自己的行爲改變很多。

整個來講，這是一個很有效的培訓的項目。

後來在這整個的培訓階段裡，我跟這位老師多談了一些，我就發現其實表面上我們華人和黑人有很多的不一樣，長相不一樣，社會背景不一樣，學歷不一樣，經歷不一樣，很多地方可以說是完全不一樣。可是我跟他談得越多，發現其實有很多東西，根本都是很類似的，碰到的問題，大家想要的事情，基本上讓自己的生活更好，讓自己家庭的生活更好等等。我覺得很多都是很類似的。

所以黑人的問題，跟一些美國白人女性的問題都是全面性的，也就是他們的範圍比較廣，有人進去的時候是送信或做最低的位置，當然有的進去跟我們一樣做高級工程師。華裔差不多進去的時候位置是科學家工程師，已經是蠻高的，可是我們進來出來在同一個位置，這是我們的問題。所以不同族群解決問題的時候，方式跟要求結果也不一樣，所以他們繼續做這樣的事情，我們就繼續作我們的要求。

以提升亞裔為己任

4A 成立

所以我們開始做這個事，是在一九七六年，到一九七八年，我們就正式成立一個組織，對黑人、對白人女性來講都早已經成立，我們一九七八年成立，叫作 4A（Four A）。當初爲什麼叫 Four A 呢？主要是爲亞裔的美國人來爭取平權，所以就叫做亞裔平權行動（Asian Americans for Affirmative Action），這四個剛好都是 A 開頭。4A 的組織（Four A Organization），開始的時候是從本地開始，在紐澤西有些比較大的地方，像茉莉山（Murray Hill）、霍姆德爾（Holmdel）、惠帕尼（Whippany），都是大的地方。我在一九七六年搬到中西部，在瑞柏城，印地安山（Indian Hill, Naperville）也是大的地方。

這四個是當初貝爾實驗室最大的地方，討論這個問題的時候不是一個全國性的問題，因爲要能夠解決這個問題的領導也是管特定地方的人，我們要找有能力做一些事情的，而不是去跟某個人談了半天談好了，他沒有這個能力，也是白談。如果紐澤西的問題到伊利諾談，沒有用。伊利諾的問題，到紐澤西去談也沒有用。從開始做的重點就是放在當地，紐澤西比較分散，每個地方的人不一樣，有的做的比較好一點，有的做的比較差一點。有的地方華裔蠻多的，可是大家不肯團結不肯一起努力，都是想讓別人去做，做完之後自己坐享其成，所以一般來講，在紐澤西這件事情做的反而不是很理想，雖然我們在紐澤西的那段時間華人很多。

我們在中西部從成立，就是我出來一直在領導這個組織，然後我們有一個小組，找了一些同事，每年我們重新選一下，我做這個事情做了蠻多年。

這時候的活動，基本分爲三方面，第一，每年五月舉行亞裔平權行動週（Asian American Affirmative Action Week）；第二，設立訓練亞裔的項目；第三，尋找資金。

東方人能進到貝爾實驗室，技術上固然是相當優秀，但常被公司同事、主管詬病英文表達不行。一九八一年時，我是第二級主管（Department Head），就帶著大家向高層爭取學習英語項目的設置，成立英文班，培養亞裔工程師。當時公司有一年在校（OYOC, One Year on Campus）項目，鼓勵擁有學士的優秀工程師再深造碩士學位，培養一個一年在校（OYOC）學生，從學士唸到碩士，公司負擔的學費加上上班工資的開銷很大。

我們的說法是，花錢支援技術好的工程師學習英文表達，比花錢增進員工的技術能力其實對公司更爲划算，剛開始，許多工程師不敢參加，害怕年底考核被認定英文表達能力有問題，影響考績。第一期約有十四到十五個人參加。由公司出錢，請外面老師一對一的教導，一個人三個月的學習二千美元。參加的都是亞裔（多半是中國人）工程師，之後，這十五個人中大概十二個人都升上了管理層。後來升上來的同事對我說，這個英文項目對中國人很實際有用。

幾年以後，我就說不能老是我一個人在那邊領導，後來這個組織華裔的人，升上來的人也越來越多了。所以我們就換了一批新的領導團隊，也就是一開始是我們這些人，以後就一直換，讓不同的人來負責，這個組織就可以傳承下來。

這個組織最有效的一段時間其實是在前一段時間，就是說一九七八年成立以後的八〇年代差不多十年的時間裡。這段時間剛好碰到幾個機會，一個是由於整個公司的擴充，八〇年代擴充的非常快，所以雇了很多人，雇了很多人裡，工程師跟科學家方面，開始逐漸出現一些短缺的現象，雇的人也就越來越多，所以那個時候少數族裔的機會也就越來越多。我們在印地安山（Indian Hill），過去不到一千人，後來最高的的時候到了七、八千人。亞裔的人數也是從少數幾十個人到最高的時候超過一千個人。所以一九七八年，我們做 4A 組織，在伊利諾瑞柏城（Naperville）亞裔總共的人數還是幾十位，等到一九八〇年代末，人數已經差不多到了一千多位了。

這個比例非常高，力量也就越來越大。由於我們跟公司的領導之間合作，關係就一直往前面走。尤其當我們人數越來越多，我們進到經理的階層，進到領導階層也越來越多。進來越來越多，力量就越來越大。

亞裔經理

等到一九八四年左右，大概就是八〇年代的中期的時候，亞裔的人數已經到幾百個人了。而我們做到經理以上的，人數也有好幾十位，我想大概有三、四十位。那時候我們發現有另外一個問題出現了，因爲我們剛開始去做這件事情的時候，我們的想法，是怎麼樣讓我們的以高學位進來，然後擔任蠻高職位的科學家跟工程師能夠以合理的時間升到到第一線經理。

等到一九八〇年的中期，這個問題基本上已經解決了一大部分，我們升到第一線經理的人數也不少了，可是呢，同樣的問題又出來了，這些升到第一線經理的人升第二線又升不上來了。所以又要來解決這個問題。

這時候 4A 這個機構大部分的成員都是沒有升到經理的人，所以爲了避免模糊焦點，我又組織了第二個組織，我這時候已經升到了第二層經理，這個組織就不用再去跟別人談，我自己就組織這樣一個組織。不是我一個人來組織，是由我來領導組織。就在瑞柏城，我們就組織了一個我們叫做亞裔管理人論壇（Asian Americans Management Forum），把所有的經理都找來，因爲經理碰到的問題，跟科學家工程師碰到問題不太一樣。我碰到的經理最大的問題，就是自己做成經理以後下面當然帶了一些人，這些人有一些當然是美國本土的人，男的女的都有，也有一些是亞裔的人包括中國人，也有一些是黑人，也有一些是西班牙裔後裔。從一個不帶人的科學家工程師地位變成一個帶人的經理，這個轉折不是很容易的。有的人做的不太成功，有的人就做的比較好，這中間牽涉到一些種族的問題就出來了。像是一個華裔的經理底下又帶了一個黑人或者一個西班牙人，他們之間可能又有新的矛盾出來，然後這個華裔的第一線的經理跟他第二線的經理，大概是和美國白人之間，又發生我剛才講的同樣的問題。所以這是一個一種持續性的問題，不管你到什麼地方，類似的問題都出現，可它的層次就不一樣了。

亞裔女性

另外一個問題就是我們在做這件事情之後，發現亞裔尤其華裔女性，她們遇到的問題又不一樣，她們碰到的問題是比華裔的男性問題更大。原來講過，女性在做事的時候已經受到一些歧視，而亞裔又受到一種歧視，所以亞裔的女性遇到的問題更多，這些問題跟男性碰到的問題又不太一樣。所以我就跟一些在那時候已經升到經理級的亞裔女性經理，跟她們合作，幫她們成立了一個亞裔女性論壇（Asian American Women's Forum），就是亞裔女性的一個組織，這樣她們談起這個問題焦點就比較分明。

所以在八〇年代的中期，我做了兩件事情，就是組織「亞裔管理人論壇」（Asian American Management Forum），是我出來領導，和幫助亞裔女性經理組織「亞裔女性論壇」（Asian American Women's Forum），就是在主要是華裔的這些經理們和女性裡，討論一下我們面臨一些什麼問題，我們怎麼樣去跟高級的領導來討論這些問題。然後怎麼樣讓我們繼續有機會更上層樓，得到更大的責任，得到一些升遷的機會。

成立了這兩個組織，主體當然還是 4A 組織，4A 在不同的地方由於亞裔的人數越來越多，也辦的比較好，後來成立了一個全國性的組織，凡是有貝爾實驗室的地方都有一個代表。然後每年都會開一個全國的大會，請公司最高的領導，我們的董事長階層的領導來跟大家交談交流。

早期職業諮詢項目

我下面講的這件事跟前面不太一樣，因爲前面的重點是，不同的少數族裔他們各自奮鬥、努力，大家是分開來做，黑人或者其他人常常做在我們前面，我們跟他們學了不少的東西。

下面講的是所有少數族裔跟美國的白人女性合起來的一個項目，這個項目也做得非常成功，我不知道別的公司有沒有做這件事，我知道當我們做得成功了以後，別的公司來跟我們學，後來也開始設立。

我們在貝爾實驗室做這個項目，在美國是第一個，我相信也是做得最成功的。當然我們不能確認，因爲這種項目，每個公司做，最後成功有多少，大家沒有一個客觀的統計和比較。可是據我瞭解，我跟美國其他的公司在這方面溝通還蠻不少的，大家都覺得我們在貝爾實驗室做得最成功，這個項目叫作早期職業咨詢項目（Early Career Advisory Program），把四個首英文字母挑出來就是 ECAP，對一個人剛剛進到公司早期職業生涯的時候，給他一些很好的建議，有導師指導他，這個項目也是我們一九七八年在瑞柏城（Naperville）貝爾實驗室成立的。

成立的基本歷史淵源是這樣，我之前也提到過了，不同的少數族裔，還有白人女性大家都覺得遭受了一些環境上的歧視，大家的發展，或者是職業生涯的發展，以及公司的發展都受到一些負面的影響，所以開始有了一些不同的項目，一些不同的組織。黑人有黑人的，其他人有其他人的，女性有她們的組織。我們後來也成立了 4A 組織。

我帶頭成立了 4A 組織，我也跟其他的種族，還有女性的組織的負責人討論了一些。因爲我覺得他們做這些事情都比我們早，所以我們很多東西可以跟他們學習，跟他們借鑑。他們很願意跟我們討論，因爲在我去和他們討論之前，他們總是覺得東方人，不管是中國人、印度人、韓國人或者日本人，尤其是中國人，老是好像不太願意跟其他不同種族的人來往、溝通，總是覺得中國人是站在比較孤立，自己願意孤立的立場。你如果不願意跟他們做朋友的話，人家也不太願意跟你做朋友，所以在這種情形下，大家可以說是雞犬相聞、老死不相往來的感覺。我去找他們的時候，他們也很高興，他們也願意跟我們來往，也想知道我們做了些什麼事情。大家一起談的時候，我覺得我們的受益也是蠻大的。跟不同的人來往的時候，自己有時候學到的東西反而是更多。

我們談的時候，發現有的問題是不同的種族，有不同的挑戰。我們前面也提到，黑人從生下來一直受到歧視，然後環境對他們很不利，所以他們基本上從小，不只是爲了生活去奮鬥，甚至爲了生命也要去奮鬥的。在這種環境之下，他們鬥爭、意志也是比較強的，跟我們做事，看法，常常有的地方不一樣，因爲每個人的背景不一樣。他們後來跟公司的領導和同事溝通、要求的時候，跟我們有很多的地方不一樣。

此外，我們在談的時候發現，有些地方大家遇到的問題是很類似的，其中一個問題就是我們剛剛進來的時候，因爲公司是跟社會是類似的，是反映這個社會，大部分人都是白人，並且都是男的。環境是一個以白人男性爲主的社會。對於大部分的白人男性來講，它是一個很舒適，很容易打進去的社會。對於其他的少數族裔，或是白人的女性進來的話，在環境的適應上常常有很大的問題，所以看起來是一個很公平的環境，每個人進來的時候大家遇到的情形都是一樣的。

可是對所謂多數種族和少數族裔，其實環境是一個很不一樣的環境。多數種族進來的話，他發現這是大家對他很支持的環境，很容易就進入情況，很容易就開始做事，很容易和別人交談，獲得別人對他的支持。少數族裔的人進來，這個環境不是一個對他很有利的環境。很多事情他要去做，要花很多功夫，所以說等於賽跑，起跑的時候就比人家慢了一些，當然到最後，隔一陣子，開始考績要升遷的話就吃了很大的虧。

我們覺得這個問題，大家都有，並且最重要的問題，是在剛剛進來的時候。因爲剛剛進來的時候，人生地不熟。很多人剛剛進來，尤其是從別的學校，別的州過來的。對華裔來講，很多是從外國來的。對於黑人來說，他們人數也不多，所以常常也是從各種不同的州，可能是到伊利諾州來做事，可能從小在阿拉巴馬州（Alabama）的一個小地方長大，整個區都是黑人。到了貝爾實驗室來做事。貝爾實驗室的所在地，一般來講都是離大城不遠，高級住宅區的。所謂高級住宅區就是，大部分是黑人跟其他的少數族裔比較少的地方。我覺得這些地方，一般就是房子比較貴，收入比較高的人居住，相比而言少數族裔比較少，所以整個環境，對於白人來講是很舒適，很容易接受的環境；對於黑人來講，對於其他的少數族裔，包括華人來講，也有相當程度的困難，不管是居住還是工作環境裡。

所以大家談談，發現都有共同的情形。我們就想，也許我們這些人，可以做些什麼。由於我們這些談的人，都是到了經理級，事實上，我記得談的人都是第一級的經理。年紀還是比較輕，做事的興趣，能量也很高，總是想可以做一些什麼事情。所以大家談談，也許我們可以合起來做一些事情，這事情是什麼呢？就是我前面講的早期職業諮詢項目（Early Career Advisory Program）。

當我們每雇新的科學家和工程師進來的時候，我們在公司的慣例，都是會給他一個導師（Mentor）。這位導師，是一個資深的，對環境比較熟悉的員工，來帶著新人工作之外的一些事情，甚至於工作上的一些事情，幫助他很快地進入這個環境。這些指定的導師，都是一些做得比較資深，做的比較久的科學家或者是工程師，所以這些人多半都是白人，來的久的通常都是白人。黑人跟其他的少數族裔都是新來的，白人導師做的話，都願意好好地去做，帶著新來的小弟弟，小妹妹，來告訴他們一些在工作上怎麼樣很快地進入情況。有時候遇到一些問題他們也會很快地告訴你，比如說我要去拿一些文具，或是去申請這些不同的東西，他們都很會幫忙。可是這些人自己從來沒有面臨新到環境的問題，從來沒有面臨到少數族裔在多數民族中生活碰到的問題。

他們對於除了工作以外的環境問題，或者是社交這一類的問題，自己從來沒有碰到過，所以也無從瞭解別人所碰到的問題。要幫助新員工解決這些問題，就困難很多。所以我們當初這些人談了一陣以後，認爲導師的機制我們要繼續保留，因爲是公司主流裡面的一部分，對於新人可以有很大的幫助；另外，我們新來的人在一些比較軟性的環境面，需要比較大的幫助。在美國長大的白人男性的工程師或者科學家，就沒有這個需要。其他的少數族裔、或者女性，需要一些特別的幫助，對環境可以更快熟悉，或許遭遇到困難的時候，也有人可以談一談，幫助解決。

由於我們沒有很多這樣資深的科學家和工程師，也許我們這些作爲經理的人，至少我們經歷過這些困擾，經歷過這些掙扎，可以說適應得不錯，才可以做到經理的位置。也許我們來帶這些新進人員，當他們遇到一些困難，甚至於跟他們自己的經理，在開始的時候，如果發生了一些不能配合的事情的時候，他們至少有另外一個人，剛好跟他是同一種族的人，他覺得可以比較信任，並且對他比較沒有威脅，他跟這經理講話可能就覺得安心多了。所以也許這樣我們就可以幫助一些新來的人。

所以我們在討論，也是從一九七六年開始討論這個事情，到一九七八年，我們跟公司的領導把這建議提出去，他們也覺得這件事情很好，大家願意去試一試。因爲做這個事情，不是光我們做就可以的，我們需要在新人來之前，我們需要知道是一個黑人，是一個亞裔，或者是印度的，或者是女性，這樣我們才可以找一個跟他同一個族裔，或是同一個性別的經理來作爲他們的早期職業諮詢導師（ECAP Advisor），這需要跟人力資源部門配合。此外，做這些事情，我們需要一些人，需要一些功夫，要在公司找一個職員專職來做這事情，跟我們這個小組來配合。我們自己組織了一個小組，小組的成員包括了黑人，包括了一些白人女性經理，還包括一些其他的少數族裔，像西班牙裔，或者亞裔。那時候，我就代表亞裔，代表我們華裔參加，因爲當時發起的成員也是我。

這個早期職業諮詢小組（ECAP Committee）從一九七八年成立，開始的時候是在伊利諾做，後來別的地方看我們做得不錯，就開始來把我們的方法學去，在別的地方，在紐澤西，在俄亥俄州做等等。有些公司來跟我們談，他們也試著開始來做這件事情。差不多從一九七八年開始做，做到一九九〇年初，這一段時間的這個項目蠻有作用。主要是要雇新的人，新的人需要這種帶領。如果雇的人少了或者是不雇人，那項目就沒多大意思了。

AT&T公司進到九〇年代以後，雇的人很少了，後來又開始裁員、公司又開始分裂，這個項目的效用就逐漸開始失去了。可從一九七八年到九〇年代初期，這十幾年裡，尤其是在八〇年代公司擴充得非常快。擴充快的時候，我們雇用的新的人裡，很多都是少數族裔跟女性。這個項目，我覺得發揮了非常大的效應，在新來的人裡，開始的時候有一個人跟自己非常類似的，講起話來比較容易講，又很有經驗，提一把對他來講有很大的幫助。

我自己一方面在這小組上面，跟其他的族裔的人，大家合力來領導這個小組。另外，每一年雇的新的人裡，我都帶好幾位新的人，我來做他們的導師（Advisor），這個關係，從他們進到公司的第一天，大家就建立了，到現在很多人都已經退休了，或者離開公司去做別的事情，可是我們的關係，也就是說二、三十年以來，大家都是保持非常好的關係。當然對於剛剛進來公司的這些人，有很大的助力。我想對於參與者來講是非常好的。

像我這樣，即使做導師，我覺得也得到了很大的幫助，和新來的人交談，自己也學到了一些東西。有時候看問題，因爲在公司久了，看問題就覺得我好像已經看慣了，看久了以後，覺得這件事情就是這個樣子。從一個新的人、剛剛進來的人來看，他常常看到的角度跟層面不一樣，大家交流也可以學很多東西。所以對公司來講當然很好，新來的人越能夠早進入情況，早開始發揮他們的能力，公司的收益也就越多，這也是一個非常好的效果。

事後想起來覺得也非常欣慰，尤其這個項目是很少數、幾個不同的族裔合在一起，是跨單位、跨種族的一個項目。大家合起來做，當然我們在分派導師的時候，基本上是黑人來做黑人的導師，華裔的做華裔的導師，印度裔的做印度裔的，白人女性做白人女性的，儘量用跟新人接近的，這個項目成功的機會就越大。在做的時候，我們是整個公司一起來做。這個項目新進來的跟導師的關係是兩年，我們有的時候每年做。隔了兩年，我們覺得你應該已經對環境非常熟悉了，並且又有新的人進來，不可能一直做導師，否則一位導師，需要他指導的人太多了，他就沒有這個能力了。兩年以後我們就舉行像一個小的畢業典禮，大家一起來參加，然後表揚一些做得特別好的人。雖然是這樣，導師跟被指導者的關係，永遠超過兩年，這個關係一直延續了下去。

我後來升遷到公司領導的位置，當初七〇年代、八〇年代帶過的人，他們也做到第一線、第二線的經理人了，他們還常常來找我，有些事情，他們覺得找我談最自在，他們什麼事情都可以跟我談，我跟他講話也沒有太多的顧慮，大家的交談比較自由，他們想要問的問題比較容易得到答案。這層關係就維持到一輩子。現在想起這個項目，很爲當初跟其他的一些人創立它而自豪。

我持續這麼做，希望我們有更多的亞裔達到管理層，改變人們對亞裔的刻板印象。

有一件事情也很重要，原來講到的是我們整個爭取平權或者平等的地位，在貝爾實驗室裡面，我們亞裔，其中大部分都是華人，做了不少的事情，成立 4A 的組織。這個組織對於華人有很大的正面影響，其實是對公司有很多正面的影響。

對於公司來講，有很多很優秀的人才，如果老是把他們壓在底下，使他們不能發揮，對個人當然是很大的損失。可是有能幹的人不用，不能好好的用他的才能，對於公司來講這個損失更大。因爲個人的損失，基本上是一個人的事情，公司如果有上千位以上或者幾千位這樣的少數民族或者是女性，如果不能利用他們的長處，對公司來講這個損失是非常可觀的。所以做這種事情，一開始的時候好像是一個對立的、矛盾的局面。若做得好，反而變成一個雙贏的局面，讓有能力的人，有才智的人，能夠做事的人，有機會發揮他們的才能。同時他們對於公司的貢獻也增加了很多。

其實這件事整個來說，從一九七四年、一九七五年我們開始來看這個問題、研究這個問題，到一九七八年成立第一個 4A 組織，和一九七八年成立的早期職業諮詢小組（ECAP），然後在八〇年代的中期，成立亞裔女性爲主的組織，和亞裔的經理級的一個組織，然後一直到九〇年代到一九九五年、一九九六年 AT&T 分家，差不多二十年的樣子。這個組織現在還在，可是因爲時間的關係，公司大環境的關係，以及整個經濟大環境的關係，這個組織的地位跟作用已經跟以前差很多了。可是將近二十年的時間，我覺得它發揮了相當大的作用。

君子之德風

這個事情做的比較成功以後，我曾經接到過很多的人邀請，美國很大的公司，還有一些大的實驗室，包括一些像 IBM 的大的公司，像艾克桑石油公司（Exxon Corp., Exxon Mobile，現爲艾克桑美孚）這一類的公司，還有一些其他的公司邀請過我們去。我們在伊利諾，有阿岡國家實驗室（Argonne National Laboratories），裡面有很多很優秀的物理學家，跟其他的科學家，華裔也很多，所以從一九七八年成立一直到一九九幾年，我不斷地被請過去，被其他公司，跟其他的組織，或者是實驗室，邀請去跟他們交流這事，我數都數不出來一共談過多少次。把我們的經驗告訴他們，對他們講述我們怎樣做，爲什麼我們會成功。

到了後來，等到一九九〇年代再回頭看，沒有一家其他的公司，在這一方面做的跟我們接近。很多想做，可是種種的原因，其實我覺得有很大的原因就是不知道爲什麼，就是中國人跟中國人或者包括亞洲的人、印度人這些人都包括在裡面。合作做事情的時候，常常會有一些內部意見不能夠整合，所以到了最後很多的能量跟時間都是花在內部的協調跟整合上面，而忘記自己原來的目的，所以做事的時候，最後的成果都是不是很理想。

這點我回過頭看，貝爾實驗室裡面，不管是中國人也罷、印度人也罷，或者其他的亞洲國家去的人、或者他們的後代，能夠升遷到蠻不錯的位置。

我們後來做了一些統計，得到了一些非正式的看法，覺得4A組織是一個非常成功的組織。因爲我們的目的很明確，主要是讓我們亞裔在貝爾實驗室裡面能夠得到比較公平的待遇，至於是不是百分百的公平，我們永遠不知道。有一點我自己非常確信，我覺得很多人也跟我有樣的看法，就是如果我們當初沒有推動成立4A組織，我們亞裔在貝爾實驗室的成就跟受到的重視絕對會比今天要差很多。

我們組織4A同時，華人在科技界越來越多，在七〇年代到八〇年代這一段時間，在大公司做事的比較多，自己創業出來的也是有一些，人還是比較少。等到八〇年代的後期九〇年代以後，由於矽谷的興起，由於高科技業的蓬勃的發展，很多創業的人，華裔越來越多。所以這中間，由於美國整個大的經濟環境在改變，華人的定位也就隨之改變。

在美華人組織

除了4A這個組織，另外還有一些我們參加的比較重要的華人的組織。華人在美國的組織非常多，覺得有點太多了一點，組織的目的都不一樣，組織當然也很多不一樣。美國的華人組織，有一些是跟台灣政府的關係比較密切的，雖然中美建交是在七〇年代，可是由於很多的華裔都是從台灣去的，台灣政府跟美國華裔的科學家工程師、或者是做其他事情的人關係始終是很密切的。這樣的團體也蠻多的，有一些政治的味道比較濃。另有一些是專業性的組織，專業性的組織，有的是專業性，有的雖然名稱是專業性的，可是它做的事還是有相當程度的政治性。

我覺得跟政府的機關有一些往來，本身不見得是不好的事情。主要是任何一個組織有一個目標，做事是朝著這個目標走，就是一件很對的事情。跟很多的地方，也許是政府組織、學校或者是其他機構，有相當程度的往來、相當程度的溝通，我想是一個很正常的事情。

可是以當時的情況來講，我們覺得對政治有興趣的人並不是那麼多，因爲時間還沒有到。我們覺得從科學技術來切入，可能對我們來講，是一個比較發揮我們的優勢的切入方式，而這一類的工作人員在美國社會上也是受到相當的重視。

美中科技協進會

我們在芝加哥，也有一些相當大的組織，我現在談一下我們當初參與的比較多，花的時間比較多的，叫做「美中科技協進會」，美中這個中字倒不是中國的意思，是指美國的中部，因爲我們是在美國的中部，所以美中是 Mid America。重點是這科學跟技術，是由華人組成的一個協會，範圍比較廣，美國的中部當然芝加哥是最大的城，所以很多事情都是在芝加哥做。其他地方的很多人來參加，美國中部大學也蠻多的，美國中部的十大學校都很大，並且學校也都辦的很好。華裔學生、華裔教授數目也不少。

我們當初是在一九八〇年初成立「美中科技協進會」的，一九八〇年初成立的時候，主要的目的是想把華人在美國的科學家跟工程師的地位有系統地提高。提高的方式就是用一個團結的方式，我們華人在美國做得好的蠻不少，可是大家比較習慣單打獨鬥，這不知道是爲什麼？就是比較喜歡自己來做。當然有的領域自己可以做，做的蠻好的也不少，可是跟人家不太願意合作。有的時候遇到一些情形，反而是華人自己之間的爭鬥或者矛盾，比華人跟其他地方的還要顯得更高一點。所以我們想如果我們成立這樣的一個協會，主要的目的是團結起來，我們辦一些活動，我們凸顯的人當然是我們自己——美國的華人科學家跟工程師。

我們邀請一些其他的美國人等等，跟他們合作，讓他們知道我們不但每個人自己都很優秀，做事的能力很強，我們團結起來我們的力量更強，並且我們有這麼一個組織，如果需要做很多事情的時候，我們可以用蠻有力量的組織，來支援一些重要的事情，比如說我們去不同的地方、不同的公司要求平權等等，或者說遇到一些不合理的現象，如果一個人一個人跟對方談，力量很有限，如果說用一個組織來跟他談，說你不應該這樣做，或者說我們希望你們怎麼做，那這個力量就大了很多，這是我們當初的想法。這一類組織當然也很多。

我們芝加哥區域除了貝爾實驗室有很多的優秀的科學家跟工程師以外，另外還有一些其他的像阿岡國家實驗室（Argonne National Laboratories）、弗米實驗室（Fermilab, Fermi National Accelerator Laboratory），這些在全世界物理方面都是非常有名的。另外我們有一些其他的企業，像艾克桑石油公司（Exxon Corp.），非常大的一個石油公司，有一個研究中心也在那邊，還有其他的公司像土木建築等等，所以我們用這些力量來成立，成立以後我們辦一些活動，請一些在各方面有成就的人來跟大家做演講，增加大家方方面面的知識。每年開一個年會。年會非常熱鬧，除了美國中部的地區以外，其實美國所有的地區，還有包括在美國之外的，我們請很多知名的人來參加。這個活動越辦越大，辦到後來辦年會的時候，有一兩千人來參加，變成一個蠻龐大的組織。基本上以學術爲主，所以做的也非常成功。大家覺得有這樣一個組織，也是一件很欣慰的事情，好像是有了一個家在這個地方。

4A組織是以一個公司爲單位的，美中科技協會的範圍就更廣了，這個屬於美國中部。所謂中部到底怎麼算中部？我們沒有什麼地域性的限制，就是不願意把這講的太大，焦點會有問題。我們就以美國中部爲主，只要是有興趣來參加，在學校裡面教書的教授們、研究生、工作人員、科學家、工程師我們都一律歡迎，常常辦一些學術性的活動。中國人的學術性的活動總是跟吃的有關係，學術性之外，大家還做一些社交方面的活動。所以這個協會是一九八〇年初成立的，到現在還繼續存在，最興盛的時候我想就是八〇年代到九〇年代初，到了九〇年代以後，科技本身行業的發展到了一個程度，大家反而覺得對學會的依賴就小了。所以這個學會的力量也就逐漸地沒有像以前那麼大了。參加的熱情也比以前小了，這跟本身倒沒有關係。

我認爲任何一個機構都有一個過渡性，它當初有一個功能，這個功能如果達到目標，天下沒有永續的東西，該成立的時候成立，該做的時候做；等到這個事情做完了，我不需要它的時候，那這個機構就不應該再存在了，我們就再做一些別的事情。所以從這個角度來看，不管是 4A 組織，或者「美中科技協進會」，還有一些其他我們參加的組織，我覺得在一九七〇年代的後期，一九八〇年代一直到九〇年代這段時間，成立這些協會組織，有一個很明確的目標，大家努力去達到這些目標。這些回憶起來，都覺得是非常好的經歷，我覺得大家合在一起做了很多事情。

成功主要是大家肯合在一起做事情，爲了同樣目標努力，而不是爲了一點點小事在內部做一些不必要的爭鬥，就很麻煩。所幸我們至少在這十幾二十幾年裡，做的這些事情，結果是非常不錯。那時候大家合起來做這些事情的人，一起解決碰到的一些問題，也就變成了很好的朋友。

大道之行

最後，我想談談這個「環境面」的大的題目，尤其是少數族裔，尤其華人在美國的貝爾實驗室，或在其他的公司裡，這中間有很多事情，如果不是身歷其境不太容易瞭解。尤其是華人，我們眞的是從很少數的，在六〇年代、七〇年代初期、七〇年代的中期，華人在美國的公司裡，還是不多的，等到了九〇年代以後，人數就多了很多，所以這個中間，環境面變了很多。

後來我也交了不少黑人的朋友，除華人以外，我認得很多人，我跟他們交往的經驗，覺得世界上的人基本上都是大同小異的。表面看起來分別很多，講起英文，可能瞬間就差的很遠了。每個人的口音不一樣，可是你跟一個人越熟，你發現跟他的距離就會越短。所以眞的所謂的種族問題、性別問題，這些東西，我自己的感覺是，我進公司，三十年以前的觀念，跟很多人一樣，是一個很狹隘的觀念。我是站在一個華人的立場，是依照我自己的經驗跟經歷，我看事情就是往這個方向看的。

三十年以後我認得很多不同的人，不同經驗的人，不同種族的人，他們的想法跟我可能非常不一樣；可是我跟他們認識越多，聽的越多，大家交往越多，越覺得所謂多元化，不同的東西，是越珍貴的一樣東西。就是因爲大家不一樣，在互相相處的時候，互相交集的，彼此有時候甚至有些矛盾；可是力量用到正面的話，這力量是一個非常大的力量，遠比一個完全相同的環境裡面要好得很多。因爲如果大家都從同一個環境裡面出來，同樣類似的學校出來，受的教育都差不多，環境也差不多，想法一定非常接近。在這種情形下，很難產生很多新的觀念，大家想法一樣。大家想法一樣，就不需要那麼多人來討論了。

在美國，我常常碰到一些奇奇怪怪的人，這些人做什麼也不知道，講起話來很奇怪。開始聽他講話的時候，覺得他的觀點簡直荒謬得一塌糊塗。可是想想看，就會覺得他荒謬，主要是因爲他的觀點跟我長期形成的觀念是不一樣的。等到眞正好好想聽他的，想要瞭解他爲什麼這樣講的時候，覺得有很多可取之處。我相信他們對我也有同樣的感覺。開始的時候覺得：「這個華裔非常奇怪，怎麼講這麼奇怪的事情？爲什麼作這樣的假設？」這個假設跟他們的想法不同，是跟我的背景有很大的關係。他們也會跟我一樣，聽聽以後，就發現，我講的這個東西也有道理，而且發現其他的很多的可取之處。大家把不同的想法，集合在一起，這個力量，遠比大家想法很接近的力量要大。

現在美國，也就這四、五十年，從六〇年代進到二十一世紀初期，種族的問題，已經有了很大的一些進展。這些進展在哪裡呢？主要是從一個相對很敵對，互相敵視的、互相不信任的、覺得對方一無可取，甚至於覺得對方是很大威脅的狀況，變成對多元化的尊重。因爲大部分人都接受了價值多元化，就是我們對於不同的東西，不同的想法，不是把它當做一件壞的事情，我們覺得是一個很有價值、很珍貴的東西。就是因爲有這些不同的價值，使得我們這個社會變得更好，使得我們整個的看法變得更廣闊。我覺得這是美國社會，這四、五十年來進步可能最重要的一個因素。

當初種族的問題如果不好好地處理，會有更大的矛盾和衝突。種族的問題主要是黑白的問題，後來演變的主要是黑白、跟西班牙後裔的問題。

亞裔作爲少數族裔在美國衝突和矛盾原來不是很大，因爲我們的作法跟主流是比較接近的。可是如果當初沒有一些黑白的衝突，沒有一些西班牙裔的衝擊，沒有一些包括我們自己的衝擊，我想我們一些很優良的東西，也可能就沒有機會表達出來，而是變得百分之百去接受白人的文化，這對我們當然是有很大的損失，對整個美國社會也會是很大的損失。

我們九〇年代很多高科技行業，蓬勃發展突飛猛進，如果種族歧視嚴重，很多亞裔人士，包括華裔，印度或者其他的亞裔人士，也不會在高科技產業得到這麼多創業的機會，或者很多就業的機會。就我個人而言，用人用最合適的人，就沒有種族分歧，這個團隊自然就是多樣包容的團隊。

這些都是跟美國整個對種族觀念，對多元化，對平權一直是往前走，往前改進，有很大的影響。在九〇年代的時候，看到很多很好的事情，事實上是在八〇年代，七〇年代，甚至是六〇年代奠定的一些力量。就像我們原來講科技一樣，到了這時候開花結果。不管是科技面、社會面，都有類似的情形。我相信這些跟美國今天能夠這麼富強是有很大關係的，美國不是一個完美的國家，事實上，還是有很多問題，可是相對來講，它是世界上最富強的一個國家，我覺得跟它對種族的政策，對價值多元化有很大的關係。原來可能是很負面的情形，讓內部很多的能量、很多的財富都會被抵消掉。現在大家把它彙集起來，往正方向推進。這從負到正的力量，作出的影響，相差完全不可以道里計。

現在美國又有了種族矛盾激化的表現，但是整個政府還是從正面調節，所以世界可以繼續向前進。

美國《商業領袖》（Leaders of the Business）期刊，一九九四年訪問我時，問我自認最大的個人成就是什麼？我說，第一，是我在一九七八年，是貝爾實驗室美國亞裔平權協會（4A, Asian Americans for Affirmative Action）的創始人之一，同時很高興看到它是如何成長；第二，是培養兩個好孩子，他們當時都在研究所唸書。現在各有所成，生活美滿，我們很欣慰。

第十九章　企業文化

談笑皆鴻儒　親炙教益

我進貝爾實驗室，有一樣東西我覺得是非常珍貴的，一直到今天，我還是覺得貝爾實驗室的文化是一個非常好的企業文化。進到貝爾實驗室以後，知道貝爾實驗室有很多能人。當然別的地方有很多能幹的人，我不是說別的地方沒有。可是在通訊界領域，不管是研究發展，科學工程，集中這麼多的人才，世界上只有貝爾實驗室這一個地方。

我進去的時候，很多世界級的專家，都是在貝爾實驗室裡，然後，你可以打電話去或者自己過去面談。這個人一般來講，很多都是世界上很有名的人，我開始還有點擔心如果去找他的話，他不見得會理我，或者是覺得你這樣剛剛才畢業的學生，我不願意跟你談。可是很快的我就發現這是錯誤的想法。這些人真的是我在書本上看到，或是看到他們的論文，真的是世界級的大師，可是這些人不管他們的名聲有多大，學問有多高，每個人可以說都是平易近人，並且如果你想去請教他專業領域方面的問題，他會非常高興，他也非常喜歡把他所知道的東西告訴你。他們會很詳細地告訴我，然後跟我講很多參考的數據，然後說：「你有什麼地方還是不清楚的話隨時可以來找我。」就是這點，我對貝爾實驗室印象非常的深刻，非常地喜歡。

我覺得眞正學問好，學通徹的人，眞的是滿腹經綸的人，他反而一點都不擔心，他告訴你很多東西，他也不怕，他比你知道的東西多很多，他也不會刻意保留。這跟個人的品質水準，有很大的關係，聖人不積，越是高質量的人，當然一方面他知道的東西越多，他對自己的信心就越高，他根本就不怕跟人說跟人講，別人就竊取了他知道的東西，至少當時的話，我覺得沒有人有這樣的想法。

還有一個很好的指標就是，高質量的人眞的是所謂「知之爲知之，不知爲不知」。他知道的東西他就是說知道的，不知道的東西他就是說不知道的。他不太確定的東西，他也有足夠的自信跟勇氣，告訴你說，我可能這方面講的不太對，實際上他這方面的知識已經比很多人多了。

此外，你問他問題，跟他談，雖然他知道的比你多很多，可是談的時候常常他就會觸類旁通，想到一些另外的東西，他覺得自己一方面跟人們講，在這個講的過程裡，反而是自己一個學習的過程，反而是增加自己知識的一個很好的過程。這點我覺得就是件非常好的事情。

也許有些人吝於分享，這種人也不少，可是在貝爾實驗室裡面，我覺得，至少那個時候我碰到的人裡面他們的做法都不是這樣。

公司大多數的時間，都是有很多高質量而願意分享的大師，尤其在互聯網之前，找資料是一件很不容易的事情，可是你找資料跟找一個人去問，得到的效益相差何以千里。這我想是在貝爾實驗室外，其他地方很難達到的。其他地方當然也有很好的實驗室，可是在貝爾實驗室幾乎你想到的東西，你都可以找到世界級的人、最好的專家，免費地告訴你這些東西，這是非常難得的一件事情。

在我貝爾實驗室職業生涯裡，尤其是前期時候，我覺得這是貝爾實驗室非常大的一個長處，非常具有特色的風氣。大家很願意把自己知道的東西告訴別人，也很願意跟人家談論這個東西。我深信，越有能力的人越不藏私，這種企業文化讓公司變得更好。

貝爾實驗室知識的分享和不斷學習的氛圍，讓每個人變得更好。山水相逢，不負遇見。你天天努力，不覺得辛苦，持續學習，更加有趣。這必須是一個持之以恆的承諾。成功需要一遍又一遍的學習習慣，一年又一年的努力實踐。

從另一個輕鬆的角度看，這麼多高素質人員群聚的環境，非常難得。同事鐵馬金戈各擅勝場，專業的呈現自然引人入勝，日常生活的互動和高見，無論是像傳遞上帝的旨意，或是對流行時事的點評，還是有如鄉野術士的吹牛，都別具風采，時有佳作。年輕朋友詢問當年的貝爾實驗室，是不是就像今天市值最高的幾個公司這麼偉大？貝爾實驗室的珍貴，是在特殊時空下，母公司 AT&T 不只是當時全世界最大的公司，到目前為止，貝爾實驗室擁有十三個諾貝爾獎，是其他企業或高校都望塵莫及的；然後一騎絕塵領航人類文明發展，帶動美國的科技力量和經濟繁榮，獨霸世界。在在令人感到謙卑和動容。

戒之慎之

企業文化通常都是有好，有時也有一些不好的地方。貝爾實驗室的企業文化，好的地方，是大家始終在不斷地學習，成為一位世界級的專家。世界級的大師，不是生下來就是這樣，而是要非常努力，這些人繼續學新的東西，繼續做新的東西，他的知識一直在積累，等他教給別人的時候，就有很多好的可以教給別人。

可是這種企業文化如果變得不好，可能大家都是好為人師，去教別人而自己不願意去學；不去學，能夠教給人家的東西就會越來越少，到最後就沒有什麼東西可以教給人家。九〇年代晚期，通訊領域受到追捧，公司擴張的太快，就有一些不是那麼優秀的人開始蒙混進來，明明不是知道很多，假裝知道很多，或許他去跟一些人談，得到一些皮毛知識，然後就開始自己搖身一變，變成一個專家的樣子。這些人少的時候不是問題，少的時候，有一個輿論，有足夠的專家，有足夠的大師，導正蒙混，到後來他要立足都很難。若這樣的人開始變多，文化就會開始有點變質了，就會有一些負面的影響出來了。

所以自己要繼續不斷地努力去學，這是這個企業文化能夠繼續很好地存在的先決條件。

我在前面也提到過一些，如果是要讓有機體一直保持很年輕、很有活力的話，就要一直持續改進，一直要讓自己進步。這是件很不容易的事情，進步的話，基本上就要一直學東西，你就要聽，你要知道該做些什麼東西，然後去做，而不是說老是講而不做，或者講了不知道該怎麼做。如果老是講而不做，那這個機構就不再進步，不進步它競爭力就會逐漸地減弱，減弱的話，比起別的公司、別的機構，競爭力減弱，它在市場上面的能力就會比較差，越是這樣的話，不好好地去學，再不好好地去改，跟他人的能力就會差的更遠。

如果做領導的人，做決策的人，他自己的理解力越來越差，自己當初上去就是只會講不會做，喜歡的逐漸地就是只會講不會做的人，他以後升遷的人也常常只會講不會做。這樣的話，企業的文化在變，人事的結構也在變，整個機構做事的能力就越來越差了。

這些問題，並不只限於 AT&T 或者朗訊公司，因爲我在這個公司包括貝爾實驗室做這麼久，所以對它比較熟悉。現在這個問題是對整個高新科技，尤其是通訊科技這一方面，我們在這幾年可以說是有一個很明顯的、實在的例子，就是九〇年代的這段時間，可以說是高新科技突飛猛進的時候，這時候我們看得出來有一些公司是腳踏實地去做了，所謂腳踏實地的去做，它的創新的能力跟它技術的卓越一直保持不輟，然後配合市場上面的一些卓越活動，這公司就一直都做的很好。我常常用的一個例子就是微軟，微軟就是一個很好的例子。它不管是情形好的時候或者是外面情形不好的時候，微軟這個公司都一直做得很好。

可能很多其他的公司，主要是由於領導的基本的一些的問題，市場好的時候覺得錢很容易賺，什麼人都可以賺錢，對基本面就不重視，所謂的高科技的公司，基本上技術卓越是一定要的。可技術卓越本身並不是足夠的條件，你一定要把卓越的技術要能夠用到創新上面，在市場上面有一些比人家更好、更便宜、更有競爭力的產品。在市場上面成功，然後在市場上面把成功得到的報酬，再投資到創新技術爲主軸的創新上面。這樣的話，公司就可以繼續做下去，即使這樣做會很不容易。這樣做，你一直要花很多的功夫，一直要讓自己很努力，一直要瞭解市場的情況，要一直在技術上面要做一些新的東西。這些事情都不是很容易的事情，很容易會鬆懈，尤其成功的時候更容易就鬆懈，覺得反正我做不做，反正都容易成功。

就像九〇年代，尤其是一九九四年、一九九五年以後，一直到二〇世紀最後的這幾年裡面，很多的公司，等於說沒有什麼東西，可它的市值大的一塌糊塗，而且大到後來變成很不合理的程度。也就是說，這時候好的公司，這種公司不多，但基本上還是守在基本面上面，就是我們基本面一定要做的很好。有了這個基本的東西，有了實至以後再名歸，有了實至以後，這個利才會歸過來。

可是很多的公司開始走小路，就覺得，我不需要做這些事，做這些很花功夫的事情，不需要去花很多時間做技術上的卓越，我也不要花很多時間去做產品上的創新，我隨便弄一些東西，反正都可以賣得掉。這個時候競爭的能力就逐漸減弱，可是由於外在的環境非常的好，自己的能力逐漸減弱的時候看不出來，自己還洋洋得意，覺得是做得非常好。等到二〇世紀末期，突然一下子泡沫。這個泡沫是大家造成的，大家都覺得都可以不勞而獲，太多人想不勞而獲了，就變成一個很大的泡沫。這個泡沫一旦破裂的時候，它破裂的速度非常快，整個市場下降的速度非常快，這些公司整個的不成功的地方就全部都暴露出來了。朗訊是一個例子，AT&T是一個例子，北電是一個例子，很多公司都是這樣的。

這個時候，經營好的公司跟不好的公司分別就可以看得出來了。

因地制宜的企業文化

貝爾實驗室地方很多，在紐澤西就有很多不同的地方。在美國中西部，還有東部，有很多不同的地方，每個地方它的企業文化也受到一些當地的大環境影響。

總共來說，東部由於做的項目不是很大，並且很多都是做個人的研究，所以對於個人的成就比較重視一點。因為團隊都比較小，做的事情，就團隊的精神來講，比較傾向於個人的、小的團隊。

中西部的，像我在瑞柏城待的時間最久，從開始的時候不到一千人工程師，到後來的七八千人，做的項目差不多是跟當時最重要、最大的交換系統有關係的。所以都是幾百人，甚至於上千人同時做一個項目。在這種情形下，企業文化，雖然在同一個公司裡，由於不同的方向，由於不同的地方，由於做的不同的項目，企業文化也會不一樣。

美國東部受紐約的影響大，所以它的商業氣氛比較濃，個人主義比較濃。個人主義不是說好還是不是好，個人主義有好處，也有它不好的地方。可是整個東部大的文化，是白天我去紐約城工作，晚上回到家我再沒有時間跟鄰居來往，我基本上把自己的這一部分做好，不太管別人的事情。這對於公司內部的企業文化也有相當程度的影響。對於個人，或者是小的團隊之間，這樣的作為是一個主軸。

中西部就不太一樣了，中西部一來是當地的人就比較友善，對於社區的興趣，大家遠比東部要大很多。此外，剛好我們做的事情又是比較大的項目，在這種情形下，中西部的企業文化，也是團隊爲主。大家常常一起出去，只要有什麼事情覺得值得慶祝就一起慶祝。出去的話，形式也很有意思，大家同事聚集在一起，然後找一家，多半是一家披薩店這種速食店。吃披薩大概最多，因爲吃披薩可以喝啤酒，吵吵鬧鬧，利用這次機會，舒緩一些工作上的緊張。

美國的習慣就是高升了或者是得獎了有個慶祝會，大家舉杯喝酒致賀（Toasting），有些演講人，演講人也會對宴會主角調侃（Roasting）。許多大場合宴會的演講有調侃的環節，演講人以幽默談吐，吹牛、開玩笑、揶揄宴會主角。許多時候，大家可以從演講人謔而不虐的取笑，看看宴會主角的特質和風格。

在我們升職或是獲獎的聚餐，大家利用這個機會來慶祝，講講升職的人或是獲獎者一些在公司裡面發生的一些尷尬事。每個人在公司裡，總會發生過一些讓大家覺得可笑的事情，同事們說說當時我跟他在什麼時候做同事的時候，發生的一些事情，這些事情都是些不傷大雅，不是見不得人的事。當然不會有什麼見不得人，就是講講笑話，大家覺得很好笑。基本的精神就是說我們都是你的朋友，我們很高興你有這個機會得到這個獎、這個機會升了這個官，大家都很爲你高興。然後我們就畫一個卡通，卡通是技術加這個人、這件事情，加上把得獎作爲一個背景，如果升官的話就加上他個人的背景，或者當初做這個項目作爲背景。這些當初覺得蠻好玩的，後來我發現我收集的這些東西，現在看回去覺得非常好，看到這些卡通的時候，就想起當初大家同事一起合作的時光。

那時候眞的把團隊的精神發揮到很高的境界。隔了一段時間，這個傳統從哪裡來也不知道，我們就說男的如果升官，就把他的領帶剪成兩段，領帶你拿回去。升職也是件不容易的事，都要好幾年才升，有的人一輩子也沒升，犧牲一條領帶沒有太大的關係。凡是碰到這種事情，就是大家一起來慶祝，比較正式的是公司裡面的同事慶祝，後來華人越來越多，華人群體裡，大家的慶祝也就是越來越多了。

這種精神現在想起來還是覺得懷念。大家這麼一批人，不管是什麼人，事前的話也不知道誰會被擢升，誰會怎麼樣，得到以後，站在一個隊友的立場或者朋友立場，大家一起來慶祝，然後吵吵鬧鬧講一些這個人發生的一些事情，喝一些啤酒，趁著機會輕鬆輕鬆。這個文化，在美國的中西部，我們在瑞柏城做得非常成功。

東部也做一些，但是東部人數比較少，這個精神就是不太一樣，也不是說不好還是好，就是比較不同的文化。

華人越來越多，後來瑞柏城，這個城本身就有一個華人協會，大家輪流做理事做事情。這個協會，每年春節的時候辦一次，或者過年的時候，過陽曆年的時候，辦一次晚會，大家都來參加，邀請一些當地的美國朋友，比如說是市長什麼互相聯誼一下。到了八〇年代，或者是九〇年代的時候，差不多也是上千人的一個晚會的局面，場面也是非常偉大，大家合作的團隊精神，也是做得非常的好。

1999—2002

第五部・貝爾實驗室（中國）

第二十章　江澤民訪問茉莉山（Murray Hill）

貝爾實驗室進到中國，是一九九七年到二〇〇二年這段時間。我們先講中國國家主席江澤民訪問茉莉山這件事。這跟貝爾實驗室在中國的建立，前前後後都有些關係。

江主席訪問茉莉山，是在一九九七年十月三十一日，他那次訪美，當然是一件非常大的事情。一九九七年，他沒有決定訪美之前，我們貝爾實驗室有一件非常大的事情，就在同一年一九九七年五月六日這一天，我們貝爾實驗室在中國，正式成立。我們成立的時候，江主席非常高興，因爲他知道，中國原來就是要求AT&T，在中國成立貝爾實驗室。當然到後來AT&T分家，朗訊跟貝爾實驗室一起出來，這中間的話，有其原因。

貝爾實驗室的成立，雖然籌備的工作，早就已經開始了，可是由於種種原因，一直到一九九七年的五月才正式成立，所以那時候江主席非常高興。

我們成立的時候，貝爾實驗室的總裁是丹．史德揚博士（Daniel C. Stanzione），丹（Dan Stanzione）對貝爾實驗室在中國成立幫了很多忙，所以成立的時候他也非常高興。丹（Dan Stanzione）就親自帶了一個團到中國，參加這個慶祝成立貝爾實驗室的典禮，我們在上海跟北京都舉行了儀式。

由於江主席對這件事情非常支持，所以我們來的時候，江主席也在瀛台接見了我們這些人。大家談到了這件事情，談得非常愉快。

因爲那時已經知道江主席那年的秋天，大約十月左右會訪美。所以我們也提出這個邀請，希望江主席來的時候，歡迎他到貝爾實驗室來。我們也知道當初他擔任部長的時候，到美國訪問，也曾到貝爾實驗室來過。江主席當時也說他很喜歡貝爾實驗室，他來的話，雖然他的行程非常的緊張，可他也希望能夠抽出一些時間到貝爾實驗室來看我們。

等到江主席的這個行程定了以後，很多美國的公司，差不多所有的大的小的公司，都希望江主席能夠到他們的公司訪問。這對公司來講，不但是一個極大的榮譽，並且也可以增加在很多報章雜誌電視、各種媒體的曝光率。公司可以得到很多免費的媒體上面的曝光機會、免費的廣告，所以大家都希望江主席去訪問。

訪問節目計畫

我們當然也是非常希望江主席能訪問。所以當初，朗訊公司跟貝爾實驗室基本上一致決定，由我來主持這件事情。因爲貝爾實驗室在中國剛剛成立，並且江主席如果有興趣來訪問，他主要是對貝爾實驗室有興趣，他對科技方面的東西非常有興趣。由我來做這件事情，大家覺得是最適合的一個人選，所以我就就擔當這個重任。

這第一件事情，就是希望確定他能夠來，如果他們不來，我這個小組長的位置也沒有什麼太大意義，這個過程我們從來沒做過，因爲江主席也是第一次以國家元首的身份來訪問，我們也從來沒有接待過，做過這種事情。所以大家對這個沒有前例可循的事情，做起來有時候不知道怎麼做。

我的做法，先成立一個小組，這小組包括我們公關方面的人，還有一些我們在科學研究方面做的一些最新東西，覺得可能江主席來，會比較有興趣看的東西。開列清單，有很多一長串，我們自己看一看，跟他們講，跟他們做一些演示，然後再刷掉一些，時間不長可能只能做幾樣。這就一樣一樣把它刷下來。另外，這個小組裡，我請了趙子軍博士幫我一起來做這事情。趙博士在中國長大，在中國唸書，一直唸到博士學位才到美國來。他對中國人情世故非常瞭解，觀察力強，在溝通方面，會有很大的幫助。

所以我們組織的這個小組，主要是做兩件事情；這兩件事情彼此是很有關聯的，一個是我們怎麼樣盡量把我們的節目計畫做得非常吸引人，使得來看的人，都願意來看，包括江主席在裡面，他來看的話，會覺得這個是很值得的一件事。第二個，我們就是要盡量說服中方人士，就是我們公司，以及我們準備的項目，是江主席應該要來看的。因爲每個公司都在做這個事情，每個公司都是說我這個最好，我這個最新、我這個最值得江主席來，所以競爭激烈。

我記得我們當初花了蠻多的功夫，因爲一方面要跟科學家做很多事情，因爲科學家的習慣就是不太願意做預演，不太願意作準備的工作。你要他講什麼他就來了，拿了一支筆，在白板上就開始講。但是我們不可能這樣做，即使江主席來的話，根據當時告訴我們，他總共只有一個多鐘頭的訪問時間。一個多鐘頭要做很多事情，包括要聽幾個演講、到實驗室裡去看，所以整個節目要非常緊湊。

一位科學家上去像上課教書一樣地講，時間上絕對有問題。而這些都是有名的科學家，不是說你告訴他要做什麼，他就肯做，需要好好跟他討論。一方面，要借重他們的長才，另一方面，讓他們也接受時間上面的限制。不過，因爲這個機會很難得，所以這些科學家，基本上也願意，因爲他們覺得能夠在江主席面前做這件事，對他們自己來講，也是一件很露臉的事情，所以內部花了一些時間協調。

大部分的時間，是跟中方的官員溝通。我們一共接待過三波中方人員，在江主席來之前，最開始是當地的使館的一些人。中方也組織了一些團體，第一波是先派一些不同的人，到不同地方觀看；然後第二波，是層次更高的；第三波，是到最後小組差不多要拍板決定了，我記得那時候就是駐美大使李道豫先生，他自己親自來了。

我們自己內部也在一直在改進，原來想了一些覺得不錯的，後來發現，演示的時候可能並不理想。比如說某個項目雖然技術性非常前瞻、非常好的，可是在十分鐘、十五分鐘裡不太容易講得清楚、或者講起來覺得不是很有趣、或者是講的這個人，表達有點問題，可是我們也來不及把他們送去鍛鍊口才，而請他不講也不行。所以可以想像這中間有很多的問題，有些像是外交官的交涉問題，一方面要作展示，一方面跟他說謝謝你，我們這次大概就不會請你來了，可是不能讓他不高興，得罪一個人，也沒有道理，這個方面還花了蠻多功夫。

三個主題

最後，我們安排的一共是三個不同的主題。一個是關於微電子半導體方面，我們做的最新的一個技術，因爲我們知道江主席對這方面的興趣非常高；一個根據語音方面的技術，這是由一位講中文的專家來做的；另外是一個虛擬實境的技術，是一位歐洲籍的女科學家做的。這三個主題，都是跟通訊跟高科技有很大的關係，這三個主題都是不一樣的。大家投注了很多精力。

做完了以後，我們本來要邀請他們去參觀的實驗室，可是那個實驗室距離比較遠，就只好把那個實驗室也拍成一個短片，在裡面演示一下，再請江主席去看另外一個實驗室。

我們在預演半導體的時候，中文英文之間還有一個很大的時間差的問題，如果每次講先用英文講，再把它翻成中文，就要花兩倍的時間。這在時間上來講是很不經濟的，並且在效果上也很不好。因爲江主席他自己的英文造詣也不錯，所以講英文的時候，他已經聽的差不多了，如果再用中文講一遍，一方面浪費時間，另外一方面，對聽的人來講，實效性跟注意力都會受影響。所以我們爲了這個很傷腦筋，後來怎麼解決呢？就是第一個講的最新的微電子有關的技術，乾脆把它拍成一個視頻，把電子實驗室的情況拍下來，演講人在用英文講的時候，我們在裡面已經把它翻譯成中文了，用中文播出來，所以就沒問題。

第二位是用中文講，因爲這位科學家剛好是一位中國人。第三位用英文講的時候，我們就用即時翻譯，翻譯得挺不錯，所以從時間上來說，完全把重複性盡量減低。由於在作業這方面花了很大的功夫，所以到了那一天，這些都非常成功。

實驗室防塵最小晶體管

這個節目過了以後，我們再帶他到一個實驗室裡去看一下我們最新的，也是關於微電子方面的另外一個技術。就是在這裡，我們做了當時世界上最小的一個晶體管，這個晶體管小到什麼程度呢？當時是一九九七年了，一九九七年的時候，那時候這個晶體管已經是到了數原子的地步，這當時是最進步的一個技術。江主席去看的時候，也非常有興趣。因爲那個實驗室，對清潔程度要求很高，所以我們每個人進去的時候，都要戴實驗室裡面的面罩、帽子和口罩等等。後來這些照片，在中國還流行了蠻久，就每人都戴，所以有的時候戴了眼鏡戴了帽子，看不清楚誰是誰。

所以爲了江主席的到來，我們準備了大概有兩三個月的時間，安排改進、再安排改進。最後終於我們跟李大使、還有一些其他的中方的高級官員，我們同意，這就是我們的最終版本節目。

十月三十一日

江主席來參觀那一天，因爲他停留的時間不會多久，所以節目安排非常緊湊。那一天，江主席早上到了IBM和另外的公司去參觀。下午先到AT&T，然後再過來朗訊貝爾實驗室。上午參觀完了以後，他們下午出來的時候，是要從紐約城過來，因爲AT&T的總部跟朗訊的總部不遠，都是在紐澤西，所以他來的時候，車隊從紐約城開出來，先開到AT&T總部，AT&T總部是在巴斯金瑞吉（Basking Ridge），在那邊大概訪問一個多鐘頭，然後從那邊開過來，到我們這裡大概就是十幾二十分鐘的車程，之後再開回紐約去參加一個正式的晚宴。

一九九七年十月三十一日，基本上是這樣的一個安排，應該是一個很嚴密的安排，因爲中國國家元首訪問美國是件非常大的事情，所以那天，我們公司裡我們自己也演練了很多次。當然，安全問題是最重要的，美國的維安人員很早就到我們這邊來。在公司工作那麼久，從來沒有碰到過安全檢查這麼嚴格。很多人帶了好多條狗，每一層樓每一層樓地看，接著就發了我們參與的少數人一個小的識別證件，這個證件是一個金屬的東西，把它扣在身上。假如沒有這個，到了下午就要請回家了，所以那天在貝爾實驗室的其他工作人員，也非常感謝江主席，由於他要來，大家可以早回家，下午等於就沒上什麼班。

安置點一級一級檢查了，因爲當時我的辦公室就在那個地方，我就坐在那邊等，到了下午預計他們要到 AT&T 去的時候，我們大家就聚集在樓下開始做最後的準備。

這時候發生了一件意想不到的事情，有幾位跟江主席一起要去 AT&T 訪問的部長級的團員，突然在我們茉莉山（Murray Hill）的大廳出現了。我們非常奇怪，你們怎麼會沒有跟江主席一起去 AT&T 參觀？爲什麼先跑到我們這裡來呢？他們非常不高興，說他們因爲車隊從紐約出來的時候，當地的員警沒有配合好，所以這個長的車隊就一節一節一直往前走，可是到紅綠燈的時候，沒有排得很好，這個車隊走了一半了，綠燈變紅燈了，也就是說橫著的這條街紅燈變成綠燈了，有人不知道這是一個車隊，就把車子就開過來了，開過來的車子，撞到車隊中間的一部車，一撞到以後，車隊後面的車子全部堵住了。前面的人不知道就繼續往 AT&T 走，後面的這些人被堵住了，等到員警來把這個事情弄清楚，後面的人可以往前走的時候，他們不知道該往哪裡去？因爲大家之前沒有說是我們要到哪裡去，就是後面車跟著前面走好了，現在前面的車已經不見了，他們也不知道到哪裡去了？所以只好就說，好了，我們就先到這邊來好了。

這也是一個小插曲，所以有幾位部長級的人，事先就到我們這邊來。來了之後，對這件事情不是很滿意，說交通怎麼變成這個樣子？我們就安慰安慰他們說，很高興你們早點來了。

到了下午差不多三點多鐘，江主席過來，比當初的安排稍微晚了一點。他來的時候，我們公司最高的領導跟我在裡面等著接待他，主要是四個人，一個是我們當時的董事長亨利．夏特（Henry Schacht, Chairman），一個是我們當時的執行長瑞奇．麥金（Rich McGinn, CEO），然後另外一個就是貝爾實驗室總裁丹．史德揚博士（Dan Stanzione, President of Bell Laboratories）跟我在那兒接待。接待了以後，就跟他在大廳握手，然後又介紹一下其他的人。接著我們就上樓到了總部的五樓，五樓的那個房間，就是我們所講的董事會議事廳（Board Room），是貝爾實驗室當時是最大的、最重要的一個會議室。開始由我們董事長代表講一些話，主要是歡迎江主席，江主席也講了一些話，他一部分用中文講，一部分用英文講，講得也非常流利，有些字稍微遲疑了下，翻譯也配合很好，就把那個字講出來，這個事情進行得很順利。

我們所有的演示演講都在這個會議室舉行，舉行的內容我前面也提到了，就是三個項目，一個是微電子，講微電子最新的技術，一個是講語音處理技術，另外一個講虛擬實境最新的技術，這三項由於大家已經排練很多次了，進行的非常順利。之後，我們在下一步參觀這個實驗室之前，我們有一個禮物要送給江主席，我們當時準備了兩樣東西，不太確定哪一樣東西比較適合？一個是晶體管，這個晶體管就是五十多年前在同一棟大樓，茉莉山（Murray Hill）的大樓發明的，我們覺得江主席來的時候，送他一個這樣的模型是非常適合的。另外一個是貝爾的第一個電話模型，也是很有紀念性的東西，也是貝爾實驗室重大的創新有關係的東西。

內部在討論的時候，我們始終沒有決定，所以把兩個都放在裡面了，我們就說等他過來的時候，我們再決定，或者把兩個都拿出來請他選一個也可以。因爲事情很多，最後覺得送禮，有禮可送就好了。所以就把禮物拿來，拿出來以後發現江主席看著很高興，兩個都喜歡，兩個禮物都送給江主席了。送禮主要也是希望收禮的人比較高興，既然兩個都喜歡的話，我們就都送了。

然後我們就到貝爾實驗室裡去看世界上最小的晶體管。由於要穿避塵衣，也花了一些時間，這個專案也進行得很順利。

這幾個專案由於是江主席看過的，所以後來來訪的中國高級官員都很有興趣。那時候，江主席訪問過了以後，差不多將近有一年的時間，同樣的項目，我都不記得一共做過多少次，大家都覺得一來是江主席看過的大家都希望能夠看一下。第二的話，大家假設想我們一定是把最好的東西給江主席看，他們看完以後也很滿意，所以我們這同樣一個節目就做了很多次，最後訪問節目也就到這裡結束。

國家主席題字

最後一個節目就是我們在茉莉山（Murray Hill）的大廳，這個大廳是很大的大廳。已經準備好了一個桌子上面放了文房四寶，要請江主席題字送給貝爾實驗室。因爲江主席題字是很有名的，大家事前也協調好了，所以樓上的節目完了以後，我就陪他下來。下來的時候，所有的攝影記者都已經在了，攝影機就跟機關槍一樣，不得了，自己從來沒有經歷過這樣的情況，我想江主席經歷過很多次了，這麼多的攝影記者同時照相，不但閃光燈把眼睛閃的看不見了，更有一股很大的熱流從照相機那邊跑過來。然後主席就幫我們題字了，題的字就是「開闢高科技合作的新天地」，這個字我們留下來，作爲貝爾實驗室傳家之寶的一部分，題完字以後江主席等就回去了。

江主席對我們的實驗室很有興趣，所以他在我們這邊待的時間比他原來預計的時間要長了蠻久的。回去的過程中，一直有人說快一點快一點，但是客人這麼有興趣，別人也催不起來。江主席也提到他以前來過貝爾實驗室，一直覺得對貝爾實驗室好像是有比較深厚的感情，他很高興，這次能夠再回來。

等他離開，這個事情就告一段落了。這種事情一個人一輩子大概也就碰到這麼一次，自己非常幸運了，不但是躬逢其盛，並且整個事情都是由我來主持的。

這個過程裡面，我有一個比較大膽的新的做法。差不多所有的公司，有人來訪問的時候，因爲公司的人，尤其是公司的領導都是美國人，這些美國人都不會講中文，所以去別的公司訪問的時候，都是英文翻成中文，中文翻成英文，這樣的話，做的事情可以說少了很多。

我做的這個創新就是從頭到尾，除了很少的一部分以外，都是全部用中文來講的，我還記得當時用中文來講，我們自己的領導常常不知道我們在講什麼，只能大概跟他講我們下一個計畫大概做什麼，大概講一些什麼東西，可是詳細內容就沒有即時把它翻譯成英文。這個原因很簡單，因爲我覺得這種東西當然是以來訪問的客人爲主軸，就是說盡量利用他很短很寶貴的時間，把這個訪問以最有效率的方法達成。因此盡量都是用中文來講，用普通話來講，儘量少用英文。假如用英文一定要翻譯，一翻譯的話，這個時間，同一件事情本身要用兩倍的時間來做。

原理很簡單，可是做起來有人想不到，有人不願意做。這樣做的話可能對公司領導來說，他好像覺得你不講英文，可能他們不能完全知道這是怎麼回事，我們派了兩三個人坐在領導旁邊，用很輕聲的語言翻譯給他們知道到底是怎麼事情，這個時間利用就遠比講了翻，翻了講要經濟很多。並且站在整個的效果來講也會好很多，不然就翻譯來講，同樣的事情講兩遍，聽的人也覺得沒有什麼意思了，尤其是訪問的客人聽得懂英文，翻來翻去更是沒有意思的事情。

這是一九九七年五月北京中南海之後，再次見到江主席，江主席顯得分外親切，問我是哪裡人？我回答是山東人。他說：「你多回國來看看。」改革開放，科技興國，尊重專業。中國在對的時間，有對的領導人，所以國家進步得這麼快。

第二十一章　企業全球化

全球化這個趨勢是沒有辦法避免的。因爲這個世界，物理來講當然還是不變的，可是由於交通的發達，資訊的發達，國家跟國家之間的距離跟界限，以很快的速度在減少。

我們做的產品，也很快地從以製造業爲主的經濟，變成一個服務業爲主的經濟。製造業爲主的經濟，地域性蠻重要，製造業從一個地方搬到另外一個地方，運輸跟分發，占了銷售成本中間的很大的一部分。

服務業的話，尤其在通訊方面、或者是電腦方面的東西，由於軟體，服務業跟軟體的關係極爲濃厚，做出來的東西要從一個地方送到另外一個地方，幾乎不花什麼成本；今天的資訊科技、電腦的科技、通訊的科技，對人們有著極大的影響。它把地球變小，增加全球化的速度。由於有這樣的影響，全球化的速度越來越快，對這幾個產業的影響也就越來越大，是一種相輔相成的作用。

我自己的看法是，全球化這件事情是不可迴避的，一個國家做的事情，對別的國家一定會有影響，不光是我們剛剛講的這個大的經濟方面；甚至於在環境方面也是一樣，美國的汽車很多，每年排出來的二氧化碳很多，因此造成了對大氣層的一些影響跟破壞，因而影響到天氣，不管你住在什麼地方，都會受到影響。

任何比較重大的一些項目或者一樣東西，都是越來越世界性。也就是說，任何一個國家的一些決定，常常都是牽一髮而動全身，因此我們對很多事情，都要做一個全球性的考量，是一個不可避免的大的趨勢。

所以我們講到全球化，應有的態度是，不是如何來避免全球化，或者是來讓全球化的速度緩慢，因爲這是大勢所趨，做事情不能逆勢而行，而是要順著這個勢走，根據這個大勢的方向，怎麼樣來乘著這個勢，怎麼樣利用這個機會做一些對自己最有利的一些事情。

那麼這全球化，尤其是在經濟方面，由於金融流、物流跟資訊流速度越來越快，越來越跨國界，所以這整個的速度是越來越快。所以在公司裡，以前所謂的跨國公司，進到全球化是一件不可避免的事情。

當然還有很多人不喜歡全球化，覺得全球化會給他帶來很大負面的影響或者是困擾，所以每一次世界貿易組織（WTO）開會的時候，總有很多不同的組織或者個人來抗議全球化。每一個國家，每一個地區，不管它全球化的程度是怎樣，或多或少都有一些反對的聲音。反對的這個人或是團體，都並不是無理取鬧，而是有一些實際的，尤其是在經濟上面，有的甚至於在政治上，不過主要是經濟上的原因。因爲任何一樣事情，做的時候沒有都是好的，所以全球化這件事，對某一個地區來講可能好處多於壞處；可是在實施的過程中，總有一些人受到很負面的影響，受到負面影響裡的受害人，當然是要反對，因爲這直接影響他們的利益。

我們以中國作爲一個例子來講，中國進入 WTO，也經過了很多的考量，假設這個事情只有好處沒有壞處的話，也沒有必要做那麼多的討論和考量了。因爲加入 WTO，也就是說讓中國進到全球化的速度會更快，好處的話，長遠來講，對中國的經濟肯定是有很好的影響，可是短期來講，立刻會受到很多的外國產品的衝擊，尤其在農業方面，中國的農民人數又特別多，所以如何因應來解決這個短期的問題，是一件很大的事情。有很多人就站在這個立場，覺得也許全球化可能要慢一點，這都是一些理性的想法。

企業的目標是追求最高的效益，網路互聯不可逆，即使因為國際關係變遷和市場動態變化等的不確定因素，供應鏈相互依存的生態終究還是全球性的。

全球化是在不同的地方做本地化

跨國公司如果要繼續發展，它不但要到外國、其他的國家去做生意，並且這個公司，一定要讓當地的人覺得它是一個當地的公司，或者說當地的人對它有相當的認同感。這樣的話，做起企業來的話，就會方便很多，並且成功的機會就大很多。也就是說本地化越來越重要了。

全球化跟本地化不是兩個東西，而是一體的兩面，任何一個企業，任何一個公司，要做全球化的話，就要在不同的地方做本地化的工作，所以在不同的地方本地化做得越成功，常常就代表這個公司，甚至在整個全球化做得比較成功。到現在為止，企業的全球化，這個趨勢是不可避免的。

所謂跨國公司，包括歐美的公司、日本的公司到中國來做，也包括現在一些中國的大公司，比如說像海爾，像華為，還有其他的公司，到其他國家去做。

銷售

一般來說，跨國公司全球化的次序大概都是三個方式，最早是站在銷售的立場，所以第一個步驟，普通都是銷售。我做技術、做研究、做發展，做產品跟製造都是在我本國做，因為這是一個很熟悉的環境。在這個環境裡面，我東西都已經做好了，並且做得已經非常的順暢，很成熟的一個東西。這時候我就派少數的人到我想要賣東西的國家，做一些銷售的工作，如果賣不成的話，我的損失跟我的投資數量是蠻小的；做成的話，那我這個得到的利益可能是蠻大的。這些投資量，只是一些人事的積累，可以說是蠻小的，這個做法的好處是冒險性比較小。

這個壞處當然是也不少，第一個就是產品都是在自己的國家、或者是其他的地方產的，不是在要銷售的地方做的，所以這個產品能夠適合當地的需求的可能性就蠻小的。中國人講削足適履，那問題就都出來了。

此外，在本國做，再把這些產品運過去，加上運輸跟分配，價錢也會蠻高的。

第三個大的問題，由於做的東西是在自己國家，收到訂單或者是想要來賣的時候，這時候原來有興趣，即使有興趣想買的人，可能不願意等那麼久。產品跟市場，兩者之間是不是配合也是問題。

這些是價錢的問題，然後，就是時間的問題。

這些都是當初跨國公司要實現全球化第一時間碰到的問題，所以一般來講，除了很少數的例外，也許賣香水可以這樣賣，只要產品稍微有點變化、或者稍微跟市場有點脫節、或者商品稍微尺寸不大一樣，這些問題都不是很容易解決。

當地製造

所以跨國公司，假設這是一個問題，面對銷售，很普通的第二個戰略就是，我改變我的戰略，除了銷售人員以外，就在當地製造。這樣的話，我就把我在母公司或者是其他的分地所做的一些研究發展的產品結果，拿到我要銷售的地方；比如說由中國製造，在製造之前，由於我和當地的市場比較接近了，也許在產品上面，稍微做一些改變，稍微本地化一點，這樣的話，配合本地市場的需求可能性就大了一些。

當然，在本地製造的話，尤其是如果是勞工比較低廉，中國當年就是一個很好的例子，這樣的話，成本也會減低，成本減低的話，從收到訂單到把成品交到客戶手裡的速度也快了很多，因爲現在正在當地生產。

所以由於這些種種的原因，就有很多跨國公司的第二個戰略就是來到當地做製造。在很多的地方，不只目前發生在中國，這個情形很多。當年，所謂亞洲的四小龍、或者是其他發展中的一些國家或者地區裡面，大家都是循著這個模式往前走。比如說比較落後的國家，經濟水準比較低，工資比較低，找工人也比較容易，製造的成本也比較低。當年去中國，許多公司用這個模式推銷產品。

這是本世紀初的情形，世界各國爲進入中國市場，推波助瀾中國製造業的規模，把中國製造推向了全世界。

本地化的管理

如果只是來做銷售，也就是沒有眞正的在做本地化，是在這邊賣你在別的地方做的東西。等到當地製造，本地化要設一個工廠，設一個工廠就是一個很大的投資，然後要去雇當地的工人，當地工人的好處是工資低，可是在語言方面、文化方面、生活的習慣方面、工作的習慣方面，一般來講，跟你的母公司的地方常常有很大的不同。

所以這牽涉到一個怎麼樣來管理的問題，是母公司派人來管理？還是由當地人來管理？

母公司派人

母公司派人來管理，它的好處是這些人對這個母公司的作業程序，以及裡面的工作人員都很熟悉，所以有些事情很容易就可以解決；壞處是，母公司的人跟當地的人、當地的生活習慣、思想等等有很大的差異。

當地人

在這種情況之下，如果由當地的人來管理可能會更適合一點。問題是這些管理的人，如果都是當地人，他跟在母公司作業的人，又會有很大的距離，語言方面、思想方面、習慣方面、環境方面有很大的差異。在這種情形之下，常常會發生一些很大的誤差。

母公司派背景相似之人

所以很多公司做的時候，都是找一些來自當地的，比如說從中國到美國去留學，在美國公司做了一段時間，這樣兩邊的習慣，跟兩邊的文化、語言大概都沒有什麼問題，中間等於做了一個橋樑和潤滑劑；或者雇一些人，雖然他不一定目前在同一個公司裡面做事情，但有類似的一些背景跟經驗。很多的公司都是這樣的做法。

對於這種做法，好的地方我想是很明顯的，就是如果在中間對兩邊都瞭解，能夠知道兩邊情形，做一個很好的橋樑和潤滑劑的話，那事情就容易做了。

這樣做既有它的好處也有它的壞處，任何一個做法，它都是有一些好的地方，也有一些不是很好的地方。可能發生的壞處常常也不是很明顯，因爲這個人的重要性非常大了，尤其是他做兩邊的橋樑，完全靠中間這個人來擔任這工作，這個人如果發生一點問題，或者如果這人做事的能力不是很強的話，那整個本地化的操作，就會發生很大問題。做任何事情，總是有挑戰的。

二十年過去了，中國製造業蔚然成氣候，擁有世界上最完備的產業鏈。雖然中國人力不再如當年一般有足夠的優勢，又要衝刺綠能，限制電力供應，但是巨大的內需市場和方便的供應鏈，還是吸引國際公司欣然前往交易。

深耕研發

第三個方向就是，眞正要到另外一個國家做比較深耕的打算，也就是說把研究發展、製造、產品設計這些能力，也都搬到這個國家來，這是第三個戰略。

第二十二章　貝爾實驗室在中國（Bell Labs China）的建立

貝爾實驗室在中國

「貝爾實驗室在中國」是一九九七年五月六日正式成立的。在成立之前經過了很多的波折，我想重點講一下過去的歷史。

AT&T這個公司，事實上在八〇年代已經到中國來，當時很多其他的公司也是一樣的，八〇年代進入到中國來，那時候外國公司到中國來，一方面就是中國的改革開放才開始沒有多久，另一方面，外國公司，尤其是美國公司對於全球化不是很瞭解，尤其是對於中國，更是不瞭解。

很多公司來的時候，第一次來到中國做的都不是很成功，因爲中國那時候的經濟還是很落後，做事的方法和思維還是剛剛從一個比較封閉的社會開始走向開放的社會，美國人對亞洲很不瞭解，對中國尤其不瞭解。

他們以爲來了以後，做生意的方法、做事的方法，完全用美國的方法就可以了，所以開始的時候很多公司做得並不是很成功。AT&T也不例外，在八〇年代做的不成功。不成功的原因很多，我們可以想像到這個原因大概包括，文化上的差異、理論的差異、語言的差異、做生意的觀念等等都有很多的問題。

我還記得有一個故事，這個故事其實不是在中國發生的，是在台灣發生的。也是在八〇年，AT&T剛剛到台灣去開展它的業務，也鬧了不少笑話。那時候朗訊公司還是AT&T的一部分，他們想去做生意。主要是想成立一些合資企業，或者是賣一些東西給台灣的政府，因爲那時候電信還是由台灣的政府機構控制的，就是後來的中華電信，那個時候實際上就是電信局。剛去的時候，有一個人第一次去開會，還是以美國大公司的很狂妄的態度，他去的時候，當然不會講中文，發現別人都在講中文，他就要求他的客戶說，你們不可以講中文，每個人都要講英文的。當然後來他被趕出來了。這是一個小故事，證明當初很多人對於一些基本的理念都沒有搞清楚。所以八〇年代的話，像AT&T很多類似的公司，剛開始進來中國做的時候做得很辛苦，然後到了八〇年代的末期，有一些原因，AT&T就撤離中國了。

等到九〇年代的中期，又要回到中國來了，這時想要做生意更不容易了。因爲在跟中國政府打交道時候，中國政府的要求也比以前更高了，其中有一個很重要的要求就是如果你要來這邊，不管是做合資公司還是賣電信的設備給我們的話，你要成立一個貝爾實驗室。這個貝爾實驗室不是說掛一個牌子就可以，而是一定要是一個眞的貝爾實驗室，眞正的跟美國貝爾實驗室做類似的東西，這個要求被送回到總部去。

這個時候差不多是在一九九二年，一九九三年的時候，貝爾實驗室的總裁是約翰．梅爾（John Mayo），他跟我很熟，主要是我在前面講到我做AT&T的長途電話，把裡面全部的處理器換掉，替公司省了很多錢。這個項目是當時是最重要的項目，所以我每個月都要到約翰．梅爾（John Mayo）那邊去匯報，他有時候就到瑞柏城（Naperville）來聽、來看，然後他就跟我說，你一定要把這件事情做好，我整個貝爾實驗室在後面支援你，你需要什麼我一定都給你，可是你一定要把這個事情給我做好了，否則的話後果非常不堪設想。後來很幸運這個項目做得非常成功，大家覺得是我們有史以來做的最成功的項目。內部的客戶後來變成外部客戶的 AT&T 對這件事情極爲滿意，John 覺得是一件非常光彩的事情，前面幾年由於我們常常見面，所以變得很熟悉了。

所以當要在中國成立貝爾實驗室的要求被送到貝爾實驗室時，因爲要成立貝爾實驗室當然要由貝爾實驗室主導，約翰．梅爾（John Mayo）就把這件事情交給我來做了，這件事情也就是差不多在一九九三年，一九九四年這一段時間開始，他就要我想辦法開始來做這個事情。對貝爾實驗室我當然非常熟悉，認得很多人，內部的人都比較熟，中國也來了幾次了，也比較熟悉了。所以我就開始籌劃這個工作，籌劃從中間差不多一九九四年，一九九五年開始，一直到眞正做成是一九九七年。

花這麼久的時間，原因其實講起來很簡單。把這個事情做出來，中間主要是有很多重大的事情發生，另外加上一些其他內部的一些原因，所以這個事情本來應該不是很難的事情，可是結果花的時間和精力還是蠻多的。

第一個是約翰（John Mayo）他自己一九九五年退休了，由丹．史德揚博士（Dan Stanzione）來接任，很幸運我跟丹（Dan Stanzione）也很熟。他說這件事情非常重要，要求我繼續做這件事情。雖然我自己在公司裡主要職務跟這個都沒有什麼太大關係，他就說這個事情非常重要，叫我一定要組織把這件事情做成。可是每次在人事異動的時候，這件事情總是不免會有一些耽誤，這是一個原因。

更重要的一個原因就是一九九五年 AT&T 宣佈，要把 AT&T 跟朗訊分家。我們這一部分主要是做技術、做產品，都要分到朗訊這邊來。分家總是一件很大的事情，一宣佈分家的話，很多事情沒有辦法做下去了，大家所有的心思都是想辦法怎麼樣分家，我將來自己會怎麼樣。所以從宣佈到眞正分家的這一段時間情形就是蠻亂的，因爲你要到國外做什麼事情，一定要在美國國內先把這個事情談好。

但是宣佈分家的時候，每個人想的事情是我自己怎麼辦，到國外去做什麼事情就興趣缺缺了。

第三件事情就是我自己的職務又有調整，丹（Dan Stanzione）成了貝爾實驗室的總裁以後，他就很快的把我也升爲貝爾實驗室有史以來第一位，也就是到現在唯一的一位華裔 Officer 級別的人，我的職位從伊利諾又搬回紐澤西。

這個時候由於公司本身有很大的變動，我自己職位有很大的變動，這個新的職位又是要把很多不同的單位合在一起，然後再分一些到 AT&T，留一些在朗訊，一些人沒有職位，有些要分到別的地方。所以這個時候、這種情形下，整個公司可以說是大家的心思，都是在內部怎麼來分，而不是說怎麼樣擴展新的業務。所以在一九九五年、一九九六年這一段時間，由於 AT&T 自己分家的關係，整個要到中國來做貝爾實驗室的事情沒有辦法再推動。

到一九九六年，分家正式地分好了以後。這個事情就又可以往前做了。

全球化給美國企業帶來的影響

貝爾實驗室在中國的想法自然是全球化跟本地化。企業的全球化，是非做不可的事情，而在中國可以做的很好的產品，以很快的速度來做這些東西。我們爲什麼還要到美國去，把這些產品做了再運回到中國？

對我來講，理由其實很簡單，就是當這個朗訊公司越來越世界化的時候，我們就越需要本地化。我的想法是說，在幾年之內，我可以在把貝爾實驗室在中國這個分部，做到跟美國貝爾實驗室一樣的水準，擴大貝爾實驗室在全球的影響力，提升整個產業的能量。

當然在貝爾實驗室看來，我們本地化是進到第三個階段了，也就是說把一些研究發展的比較基本的能力，由美國帶到中國來。對於任何一個公司來講，這也是面臨著一個很大的挑戰。

研發本地化優點

好處是，如果是把研究跟發展都放到要做本地化的地方去做的話，不但在產品的製造跟運輸方面的速度可以快了很多，很多產品也都可以用本地化的方法來做，這樣的話，這個產品的研發方面速度也可以快了很多；並且它適合當地市場的可能性也就大了很多。

所以如果事情做好，對於這個公司來講，本地化的事情從研發就開始操作好，它的成本可以大量的降低，然後它的產品銷售成功的機會也就大量的提高，因而使這個事業，在當地本地化的成功的機會也就大了很多。

挑戰

至於冒的險，也就是說在另外一個地方成立研發中心，它面臨的挑戰就更多；牽涉到一些語言習慣，還有做事方法不同的問題。同時，美國、日本、歐洲的公司也很擔心知識及智慧財產權的保護問題，把一些技術放出去，這些技術是不是會被一些當地員工拿走，直接間接造成IP侵權，日後，甚至於自己出來開公司，成爲競爭者。

這些考慮都是很不容易作決定的，因爲這些事情都可能發生，好的也可能發生，壞的也可能發生。可是在這之間怎麼樣做一個比較好的平衡，這正是跨國公司在全球化，也就是本地化的時候，需要考量思考的一些基本的問題。

正是由於這些考量，尤其是不放心一些技術面的，所以有的公司做的時候，就是把並非尖端的技術，或者過時的技術先轉移過來，這樣做的話，當然說在技術轉移的時候也比較容易做一些；另外的話，這冒險性也比較小，即使中間出了一些差錯，有人想要竊取這個技術，對公司的影響也會比較小。這個壞處還是回到，冒險性更大，將來回收的可能性也大；做的都是比較老舊一點的技術，能夠吸引到最好的人才的吸引力就比較稍微差了一點，並且這舊東西做出來的產品在市場上的競爭力，一定會比新的科技做出的東西在競爭力方面要差了一點。

所以這個東西基本上是一個，我們叫做 Continuous，連續的，不是很明顯的可以做一些決斷，不是一二三就完了，而是說從〇到一之間有很多可能性，有的公司作決定的時候可能靠近〇，有的公司可能是比較靠近一，這跟公司本身內部的結構、公司本身的決策、對全球化的看法，以及對不同地區的全球化、本地化的期望跟它的承諾都有很大的關係。

這個當然我們在貝爾實驗室要到中國來的時候，大家在公司裡都討論過。做這件事情不是一個很容易做的決定，一方面想好好做，另外一方面又怕這個地方出問題，那個地方出問題。公司越大，這方面的、各方面的考量也就越多，而作決定的時候，有發言權的人越多，作決定的速度也就越來越慢。

我在前面也提到過，就是當初我們到中國來成立貝爾實驗室，很多延遲的原因，都是內部的原因，其中關於這一部分的，大家的討論，有的時候是辯論，也是其中一個很大的原因。這也是可以理解的，有的延遲的原因是有人不願意作決定，或者有人根本就不喜歡離開美國，他覺得美國對他來講是最自在的地方，到別的地方去威脅很大，這些原因就沒有什麼道理。可是我覺得我剛才講的這些原因，是眞正要一個企業的決定，眞的需要考慮的一些事情。所以我們在這方面，我們大家也做了很多的討論。

研發前進中國的決定

這些考量，這些需要討論的事情，不管站在人才面，不管站在技術面，或者是如何做多大程度的本地化、我們能不能相信本地的人等等，這些都是值得考量，可是這些考量到一個程度的話，如果再一直討論下去不會解決問題，因爲這個問題永遠在那裡。

作決定的時候，不是說如果這個問題什麼時候可以消失或者如何，而是我們知道這些都會是我們的挑戰，在我們知道的框架裡面，我們知道這些是邊界條件，我們知道這些問題都會在那裡。我用什麼樣的方法來做，可以使得這些問題，出現的機會比較小，然後我想要得到的那個收益，成爲事實的可能性比較大，所以基本上這是一個最大化和最小化的問題。最大化是我想得到的利益；最小化是我可能碰到的一些冒險，基本上是這樣的，不是說〇跟一，而是在〇跟一之間找到一個平衡點。

當初的想法，後來決定的作法，大概是根據這樣的一個思考面來做的。

貝爾實驗室在中國

方向

當時我們成立實驗室在中國，朗訊就是經過這三個大步驟：銷售，然後製造，然後再做技術。

二十世紀末，亞洲市場快速發展，貝爾實驗室不遠千里到中國來，利用中國高科技的頂尖人才發展適合當地的科技，增大貝爾實驗室向外探索的空間，進一步豐富貝爾實驗室，提升全球產業的科技能力。每個人在不同的年紀、不同的階段，你的想法、你的成熟度、跟你的作法，都在變。我們就把這不同的人合在一起，變成一個創新的方式和創新的機會。

這也就是當初我們到中國來設立貝爾實驗室，是這個第三個戰略的實現。這個戰略每走一步，投資的數目就會增加很多，冒險性當然也高了很多。投資的數目多，如果做好的話，回收當然也很多，可是如果做不好的話，這個損失也會很大。此外，本地化的要求高了，本地化做的過程裡面，發生的問題也就會越來越多了。

我那個時候遇到一個問題，是什麼呢？發現貝爾實驗室的觀念是，大家都覺得到中國成立一個貝爾實驗室是應該的，是件很好的事情。所以我們問同事說你覺得怎麼樣，他肯定覺得很好，但我如果說你出點錢或者拿些工作到中國去，那反應就完全不一樣了：沒有錢，拿些工作到中國去的話，管理起來會有很多的困難之類的。

跟很多人談過以後，我開始形成一個想法，如果這樣做的話，會有很多的問題。因爲如果大家都是拿一些工作過去，支離破碎也不是一個道理。所以我想了一下以後，決定請我單位的王澤霖先生先搬到中國來建立貝爾實驗室，我在美國支持他，所以說我們決定了一個大的方向。

大的方向是這樣一個想法，就是說我在中國成立貝爾實驗室，因爲我們在美國的貝爾實驗室基本上有三個層面，一個是基礎的研究，這些人是做基礎的研究工作的。另外中間的話，我們有一些先進科技，這個部門剛好是由我來管，也是說從 AT&T 分出朗訊的時候，那時候我把很多人整合起來成立一個先進技術的機構。這個差不多有三千人的樣子，主要是把基礎研究和產品開發之間創新過程的距離拉近了，使創新的速度加快。第三個層面，是大部分的人都是做產品的開發。

如果一開始三個都做，事實上是不可能的。因爲我們一開始做基礎研究的話當然是不錯的，可是基礎的研究短時間內看不出什麼成果。因爲基礎研究是要到以後來看的，並且基礎研究做出來的東西有沒有用也不知道，如果基礎研究一定要做出有用的東西就不是基礎研究了，要經過很長時間的驗證，所以我們說開始做基礎研究可能不是很理想。如果開始做產品的話，需要相當的人員、技術和經驗，可能也不是一個很理想的方式。

剛好我自己又在管先進技術的這個部分，所以就乾脆用先進技術的這個部分切入，這樣技術的層次也蠻高的，另外，我們如果要跟基礎研究連起來也可以，我們跟產品連起來也可以，這樣做事情也比較容易。所以我們當初就用這個方法。另外一個很大的原因。就是別人都是說很好，可是都不願意出人出錢，先進技術由我這邊管，出人出錢，都是由我來決定，這個事情就好辦多了。

所以我們決定一九九七年就正式成立了貝爾實驗室在中國，因爲我自己職務的關係，我的控制力就比較大了，這樣的話王澤霖博士在中國做事就比較容易了。我們原來已經決定了一個時間，就是一九九七年的二月正式到中國成立貝爾實驗室，所有的東西都準備好了，飛機都安排好了，要走前幾天突然中國傳來一個很重要的消息，鄧小平先生去世了。當然對於中國來說是一件極大的事情，全國舉哀，這個時候所有的事情都停頓下來。我們原來想在中國成立「貝爾實驗室在中國」這件事情也因此要延期。從二月一延延到五月，因爲一件事情不是說你馬上開始做就可以了，並且我們要去見江主席，要見其他的領導，也要事先安排，所以這也就是我們當初爲什麼最後變成一九九七年五月正式成立。假設說鄧小平先生去世不是在那個時候的話，我們正式成立的時間應該是在二月左右，這也是歷史上小小的一個側記。

開始成立的時候，由於當年我們 AT&T 公司在上海和北京都做了相當的承諾。大公司做事情常常有這個問題，作承諾的人常常不是眞正要把這件事情做了的人。作承諾的人，沒有好好地想，到別人要做的時候就增加很多的困擾。AT&T已經同意了並且承諾在上海、北京都做。假如沒有這樣的承諾，我們應該在一個地方開始做，把那個地方做好了以後，再來做第二個地方，兩個地方同時成立，在管理方面、在發展方面，增加了很多的困難和困擾。不過這是我們當初的做法。

人才

一九九七年五月，我們成立「貝爾實驗室在中國」，成立了以後，開始招聘一些人員，人數不是很多。在國外的跨國公司到中國來做這個研究發展的機構，在當時我們可以說是領先的地位。然後我自己也看了一下，不管是AT&T或者是後來的朗訊，在很多世界上其他的國家想要做一些研發，做得都不是很成功。剛開始的時候也做了一點點，不成功不光是AT&T做的不成功，其他的公司做得也不成功。

不成功有一個很大的原因，就是做的人他一開始的時候，他的想法基本上就是變成一個不太成功的可能。

去的人常常都是空降。你到這邊待個兩三年然後就回去了，或者是說你來了以後做這個，將來怎麼樣我也不知道，所以被派出來的人他一來就想，我最重要的事情不是想把這件事情做好，而是我將來有沒有一條退路。

他找退路的話，第一個想法就是怎麼樣時時刻刻跟我的母公司保持聯絡，確定那些人不會忘記我，我隨時可以回得去，所以他的心就不會在外國，而是在本國，在美國，或者是在歐洲。

第二個是說，我如果不知道將來會怎麼樣的話，最好不要太培養當地的人。如果說把他培養得太好，他可以隨時取代我了，我就無路可走了，並且我從國外來，我的薪水和待遇比在國內雇的人要高很多，如果他做的能力跟我差不多，我的情形就很危險了。

這種事情很多，有的是可以在檯面上談，有的是根本不能在檯面上談的事情。可是人總是要幫自己想，這是一個很自然的現象。如果這個問題不能解決的話，事情就很難做。

所以我當時的想法是這樣，我們這個事情要做成功，一定要本地化，就是說將來我們做這個事情，大部分甚至所有人都是要在中國本地雇的、本地培養的，這個事情才能夠生根。

一方面要讓本地雇的人覺得將來我們的目標一定是本地化的，所以將來，他們有很好的前途。我們盡量地會教他們學習新的東西，他們有升遷的機會，將來他們可以在這個地方做下去。

可是另外一方面，我剛開始來的時候，一定需要一些從美國來的華人幫我來做這個事情，因爲他們對於公司的情形很瞭解，他們可以起到帶頭作用，可以起到聯絡的作用。否則這邊剛雇的人，你即使把他送到美國去培訓，可是他對於美國的文化，對美國做事的方法等等，不會一下子可以學得到的；語言、文化、習慣方面都有很多的問題。

另外的話，我們要使從美國過來的一些少數的人，覺得他們做的事情非常有意義，並且他們將來一直會扮演重要的角色。

所以一定要找一些從美國來的人，可是這些人來，基本上我們對他也有一些責任，不能說你來做，做了，我不要了你就走，這樣也不可以。等到有一天他們過渡性的角色如果消失的時候，我們想辦法讓他們夠能回到美國去，繼續他們在美國的事業。這樣的情形下，我覺得這個事情做得成功的機會就比較大了。

所以這中間是一個很重要的平衡，這個平衡如果做好，這個事情做成功的機率很大，如果這個平衡不好，或者對這些人基本的一些憂慮不能得到解決，事情就有危險。

也就是說我們在別人的失敗裡得到一些教育，在教育裡面找到一些新的方向，不但是方向還有實際執行的方式，讓我們找到事情做成功的方向。

一九九七年「貝爾實驗室在中國」成立以後，第一步就是開始招聘一些人員，因爲做的是先進技術，一開始的人數並不是很多。這時候我們做播種紮根的工作，從美國也請來了一些華裔的同事，他們對中國的文化、環境熟悉，講中國話，對於美國也比較瞭解，所以我們這樣雇了一些人。

技術的做法，我在前面也提到，我們是用先進科技的切入，把一些最基本的，有的是硬體，大部分是軟體，一些基本做事的方法引進來。然後開始雇一些當地很好的人才，給他們適當的培訓；並且開始的時候，我們人少的時候，我們就把所有招聘進來的人，全部都送到美國的總部去，做幾個月的培訓，跟著當地做技術，跟當地實際的軟體項目設計、硬體項目設計的人一起做。也就是公司內部的在職訓練，這個花費其實是蠻大的，可是我們當時覺得，現在事後更是這樣覺得，這種當初的投資非常值得，因爲這些回收是非常的大，因爲這些人學得非常快。一定要親自看、親自談、親自做，以後才知道怎麼一回事。另外一個很大的好處，就是到了美國，跟當地的人大家都認得了，以後再寫郵件，再打電話的時候，做事情就比當初要容易的多很多。

等到一九九七年開始到一九九八年初將近一年，我們主要做的事情就是這樣的。

亞太技術中心

貝爾實驗室在中國於一九九七年的五月成立，我自己的職務又有異動，負責通訊軟體事業。用先進技術切入以後，我們下一步，就是做大型的軟體項目的研究和發展。大型軟體研發，是我們今天通訊整個產業裡面，主流裡面的最主流。大部分在這個產業的公司，做硬體的人越來越少，做軟體的人越來越多。

通訊產業，主要的基本精神是服務。通訊就是做一個服務業，通訊基本精神就是讓人和人之間的交流，不管用任何方式、任何時間、任何地點越來越方便，越來越快，越來越便宜。所以通訊這個產業，最終的目的是一個服務性的產業。任何一個服務性的產業，軟體占的比例就越來越高。

貝爾實驗室，我七〇年代進去的時候，絕大部分的人都是做硬體。因爲那時候，硬體還有很多的技術上的問題。軟體只是通訊軟體，還是一個萌芽的階段。今天的硬體做得非常好，有些做硬體的公司像英特爾（Intel）或者其他的這種做晶片或設計的公司，很多人做。世界上很多成功的微電子公司、做處理器的公司，這些公司把硬體部分做得很好。

有一些其他的公司把硬體再加上一些軟體，做成一些很好的個人電腦，做了一些很好的工作站（Workstation）。這些事情，對通訊公司來說，完全不需要再做，因爲既花時間又花錢，是吃力不討好的。我們現在，就是去買這些產品，買了以後，再在上面開始加工。由於是以服務爲主，盡量是往軟體這個方向走。所以去買市場上已經有了的最好的東西，然後在上面加工，以最快的速度、最低廉的價錢、好的品質很快能進到市場上面去，賣給電話公司，讓電話公司可以很快的做一些服務。這就是我們今天的通訊產業，最主流的東西。

可是在做這個通訊軟體的時候，並不是件容易的事情。每個公司都是在自己固有的平台上去做，所以即使別人竊取了這個軟體，除非再回頭來買你的硬體，這樣軟體的價錢也都付了。所以這個想法，是從這個方向來想的。

我們同事在美國討論的時候，我就說大家沒有什麼好擔心的，我們做的大型項目，不管是硬體還是軟體，大型硬體要竊取的話也是很難的事情，大型軟體要竊取也是很難的事情。

可是大家對軟體，尤其是這種項目性的軟體跟我們普通看到的音像製作軟體，可能還是有點誤解。因爲中國跟其他的一些地方盜版很多，爲什麼？一個電視節目出來或者一個電影出來，如果要盜版是非常容易的。這種軟體做起來很辛苦，你辛苦做了半天做出一個東西來，如果說是沒有很好的法律的保護的話，很容易就被竊取，竊取的話，原來花了很多錢設計、製造的這些人，就受到了很大的損失。

我們講的軟體，一般來講大型項目的通訊軟體不是這樣的軟體，我們的軟體是一個很複雜、很不容易設計、技術性很高的軟體，需要很多的人來做。通訊軟體著重安全、穩定、可靠，是一個一個模組集成，知道一部分代碼，也只是一個大系統裡的一部分，做不出這樣的軟體。

不光是這樣，我們現在講的軟體，是通訊軟體的設計，它的平台的觀念非常重要。這個平台不是完全開放。它的界面，可能是標準化的，是開放性的。這種軟體本身不是說你在任何一個機器上面，就可以讓它發揮作用，這個軟體，一定是要做在一個特定的硬體的平台上面。

每個公司在做的時候，是用不同的方法做。平台上面可能買了在市場上可以買到的工作站（Workstation），然後在軟體上面、硬體上面加了工。也就是說這個軟體的某一部分，即使你把它拿出來，可是拿走以後，對你一點用都沒有。因爲你如果不在一個特定的硬體上面，這個軟體完全不能發揮作用。

這個和我們開發二十一世紀的移動互聯網，是不同的概念和標準。現在開發的軟體主要是在應用層，框架一樣，範本差不多，應用核心不同，講求創意、演算法、流程，代碼量不大，安全要求不高。不過，這種做法發展到一個程度，大的企業又漸漸走向平台的觀念，保障軟體的安全性。

說了很多軟體，並不是表示硬體不重要。

通訊領域裡關鍵技術包括微電子、光電子、數據網路、無線技術和軟體技術。這五大技術推動了新一代網路的演變和發展。

美國高科技通訊產業的基礎建立和培養花了幾十年。過去五十年，對整個硬體、或是整個技術層次來講，微電子眞正帶動高科技最原動的力量。這是用最便宜的方法，做出最小的東西，而它有很大的功能。這個絕對是會做下去。可是站在通訊立場，光通訊會越來越多。在可預見的將來，光和電都非常重要。

我在二〇〇〇年接受中國《晨報》記者訪問時談到，台灣在微電子和個人電腦硬體方面技術很強；中國政府投資興建中關村科技園區的想法很好，但更應該注重最基礎的技術。

貝爾實驗室有些做硬體做得非常好，在中國做的非常好，我們貝爾實驗室在上海的硬體單位也做得非常好。我爲什麼強調軟體？因爲我們大部分是做軟體，我們主要的產品是在軟體上面。

通訊是一種服務的產品，做很多硬體的目的是什麼呢？不是說我要做很多的硬體，因爲做硬體的速度，絕對快不起來。因爲硬體它本身，光是設計硬體，製造硬體，都會有很多的問題。所以我們現在用硬體，基本上都是說怎麼樣用最快的方法，用人家已經做好了很多的硬體把它搭併起來，然後做成一個很好的平台。這事情非常重要，絕對不是說硬體不重要，可是我們需要的人，在這方面的人並不是很多。我們需要一些少數很好的人，可以幫助我們把這個平台很快的實現。

我的工作換了以後，等於說又有了一個機會，我覺得通訊軟體非常適於中國人，事實上我在貝爾實驗室做的工作裡大部分都是跟軟體有關係。在美國，做軟體的中國人特別多，當然印度人也蠻多，不過中國人更多了。

我覺得這是一個很好的機會，尤其中國的人才濟濟，中國的經濟水準還沒有到那個程度，所以基本上我們可以請到最優秀的人才，而在薪酬方面可以比美國更有優勢，所以我就在我通訊軟體裡面找到一位很得力的副總裁，就是孫筱鏞先生。

孫先生在通訊軟體方面做得非常好。不只對通訊軟體有很深的造詣，成就也很好，他對來中國做事也有相當大的興趣。所以我那時候就跟孫先生研究，剛好我們中國這邊實驗室也到了需要擴充的時候，下一步最合理的做法，是做產品。產品裡面，我個人覺得做軟體是最好的。

站在通訊軟體的立場，爲什麼要這樣做呢？原因其實也很簡單，我們那時候在美國做了一些費用支出分析這方面的研究。在美國雇一個人，跟在中國雇一個人，就是同樣的學歷，比如說是碩士畢業，事實上，我們在中國雇的人，品質還會更好。因爲中國的話，我們可以從最好的學校裡雇最好的學生，大家都很願意到貝爾實驗室來工作。在美國，在九〇年代，人才競爭非常激烈，所以要找最好的人還不是很容易。

即使人員差不多，我在中國雇一個人，比在美國雇一個人，一年可以省十萬美元。這數目非常大。到最後，我們當初的計畫是說希望到二十一世紀，也是二〇世紀末，我們可以到一千人左右，對公司會有很大的幫助。最後由於朗訊公司的業務的問題等等，沒達到這個目標。不過我們也到了七百個人。七百個人，一個人省十萬塊錢，也就是說我們每年省七千萬美元。省了七千萬美元，做的東西，後來證明，不但不比美國的團隊差，事實上，比美國的團隊還要好。

中國人非常適宜做軟體，軟體在設備上面的投資也比較少，時間也比較短，工程師加以培訓以後很快就可以開始做，並且做出來之後，也不牽涉到跟工廠之間的一些聯繫等等，做起來了，速度可以快很多。這樣我們進展可以很快。

軟體，二十一世紀初一些人大聲疾呼軟體很適合中國人來做，這是一個非常好的現象。中國好好發展軟體，可以成爲軟體發展甚至是最好的國家。印度沒有幾年的功夫，就從完全不知道軟體是什麼，二〇〇〇年時已經有八千億美元的產值。印度人比中國少，受的教育也比中國少，現在已經做到，中國人的能力絕對不會有問題。

二〇〇〇年央視上海「東方時空」欄目的記者對我的專訪如下：

問：貝爾實驗室在中國招的人大概是什麼樣的來源？

答：我們貝爾實驗室主要是在北京、上海兩個地方。我們最近北京發展比較快，大部分是在北京。人的話，我們有一個很高也很簡單的標準，就是說，從最好的高校裡找最好的學生，主要是以碩士、博士為主。

問：您有聽到這樣一個觀點，就是朗訊公司貝爾實驗室在中國招納的人才往往是叫高貴不貴，因為是像北大、清華這樣非常有名學校的學生，吸納這樣的人才，實際上是有一種挖牆角這樣的意味？

答：我的看法跟這個可能很不一樣，事實上我們很多的機制已經本地化了，有的地方可能比美國的機制還要好。我覺得對這些畢業生來講的話，是一個很不容易找到的一個學習的機會。

問：這是不是也是另一種層面上的人才的流失？

答：（不禁莞爾）……我實在是……我真的覺得跟這種人才流失的觀念完全相反。我覺得是做的多了以後，因為你自己要摸索很難。學會以後，我們一定會有些反流失，對不對？從我們公司到別的地方，或他自己出去開公司，這等於說在很多的地方種了很多的種子，以後它就會開花了。這個速度會加快。

問：也就是說，我應該採取風物長宜放眼量的觀點去看人才將來的發展？

答：我覺得完全是雙贏的局面。

如今看來，中國人軟體做得特別好，移動互聯網世界翹楚。

通訊軟體技術和平台

於是一九九八年，我們通訊軟體事業集團要在亞太地區建立一個通訊軟體研發中心，許多美國公司看好印度，甚至考慮的是印度或中國兩個國家，因爲中國的軟體研發相對滯後。我決定要把這個研發中心放在中國，中國中央電視台（CCTV）訪問過我當時的考量，我說：「因爲整個亞洲來講，中國的人才跟中國的市場前景，不管你問任何人，大家都覺得是最好的。所以不到中國來的話，是一個非常不對的決定。」

這件事，我就是請孫先生幫我來跟北京的王澤霖先生合作。他們兩位剛好也是老朋友，所以合作起來非常愉快，我感到非常欣慰，也很感謝的是他們兩位爲了做這件事情，盡心盡力去做，並且基本上把貝爾實驗室成立的利益，絕對放在個人的考量之上。大家做起事情的時候，都以大局爲重，所以這個事情進行得非常順利。

我們在一九九八年三月就是正式宣佈成立，在北京做通訊軟體，我們稱作亞太地區的技術中心（Regional Technical Center），通訊軟體在亞太地區的技術中心，正式在北京成立了。這對中國貝爾實驗室來講，又是一個極大的里程碑，就是說就成立以後第二個重要的里程碑。成立以後，由於全球軟體的需求很大，我們以極快的速度成長。

我們由開創時候有幾個人，到一九九七年正式成立，又差不多幾十個人，作爲一個重要的里程。一九九八年，我們開始進到迅速發展的階段，由於我們通訊軟體在一九九八年，做的很好，到一九九八年、一九九九年，我們開始進到三位數了。等到差不多一九九九年的時候，我們就已經有三百人。這大部分的人，都是在做軟體方面的工作，也就是通訊軟體的工作。做的東西越多，成績就做的越好。

我們在通訊軟體裡面，有個很重要的部門叫做智慧網（Intelligent Networks），主要是在電話的網路上面，做一些智慧的東西，新加一些我們平常比較熟悉的服務。利用智慧網平台，用軟體把許多需要做的新的服務寫出來。因爲這些服務都是寫在網上面，所以叫做智慧網。

舉幾個很簡單的例子，在九〇年末時候，通訊裡最紅最熱門的東西，就是無線，就是手機了。當時手機裡面，最普遍的服務項目，一個是預付電話費（Prepay），就是我先付了錢，打到錢快沒有的時候，快打不下去了，然後再去付錢。這個功能，在全世界每一個國家都是非常受歡迎的一個服務項目。因爲這樣的話，電話公司的冒險性就降低很多。客戶不能一直打電話打到錢付不出來，因爲他先就把錢付了。對使用者來講，也方便很多，有的客戶沒有錢，用很少的錢就可以有一個手機，有最基本的通話，對他們來說方便了很多。

另外是簡訊，價錢非常低廉，一些簡單的資訊很容易送出去。這些都是當年通訊軟體的最好的例子。現在許多人用很多不同應用的簡訊，是建立在智慧型手機上的網路的應用，與當年在運營商所用的硬體的平台上面做法不一樣。

這一類的功能都是用軟體做的，提供服務，要使用者覺得非常容易用，做好的話，電話公司很快地可以回收，可以賺很多錢，所以這是一個很重要的部門。

我們當初把智慧網的一些功能拿到中國做的時候，美國的一些管理人員抱持很懷疑的態度，不知道是不是能做得成？這懷疑的態度倒不是歧視，而是說不知道，因爲你不知道的事情你總是覺得懷疑。就像如果說我們現在從中國到一個發展中國家或地區去成立一個實驗室，我絕對可以做得很好。大家一定第一個反應一定是懷疑，除非你能夠證明給我看，否則的話，我第一個反應總是會懷疑的。所以當時大家也是懷疑，並不是大家覺得中國怎麼樣，而是大家對中國都不太瞭解，很多人一輩子根本沒有到過中國，絕大部分人都沒有到過中國。

他們不知道中國的教育的情形，也不知道中國學生的能力，現在突然說，要把一部分工作拿到中國去做，到那邊去雇人，他想的這些問題都是頭痛的問題，雖然省了一些錢，可是對他來講，是蠻麻煩的。

所以我們決定，在中國的貝爾實驗室，有一個領導團隊，負責管理所有的中國的貝爾實驗室的人，這些人跟他在美國的單位要保持很緊密、很好的聯繫。一九九八年的時候，公司情況非常好，做不完的工作。要做什麼都從美國那邊來，跟美國保持很好的聯繫。這麼做，我們做事情不會有偏差，在當地的話，所有的人都在一個公司裡面，有同樣的做事的方法，用著同樣的流程和規範，我們就可以維護我們貝爾實驗室的高水準。

如果我們做的好，我們可以把兩邊的優點都彙集起來，用美國的經驗、中國的比較優勢的人力成本，可是更好的人才。當然做不好的話，這個問題是反過來了，變成一無是處。這個觀念其實我們後來證明是做的很好。

當然，當初我們做的時候，不知道可不可以達到這個境界，可是我自己的感覺，跟孫先生的感覺，以中國當時我們能夠雇到的這些科學家工程師，加以培訓以後，我們覺得他們做事的能力，整個團隊的能力，應該跟美國差不了多少。這樣的話，如果每個人能夠省這麼多錢，又多了這麼多優秀的人力資源，對公司來講，當然是極好的事情。對個人來講，對我們在中國的實驗室發展來講，也是一個非常好的事情，所以就做好了，這也是一個雙贏的局面。

這主要還是一個團隊的觀念，就是大家互相有信任，願意合作，這個事情就比較容易做。我覺得我很高興我們這個團隊非常好，大家合作的意願也非常好，並且這個實際的合作經驗也非常好，這一點是很多人的貢獻，孫筱鏞先生跟王澤霖先生這兩位領導人，一個在美國，一個在中國，我們三個人合作也非常的愉快，有很大的關係。

第二十三章　貝爾實驗室亞太地區和中國

中國給世界提供了一個巨大的市場機會。許多外來的公司，前仆後繼地到中國賣東西。朗訊公司把中國看做是最重要的業務增長市場。

大概是一九九九年的七月，公司覺得亞太地區對我們很關鍵了，一方面這邊的市場對我們越來越重要，另外一方面，這裡的人才對我們已經越來越重要，所以就決定在貝爾實驗室成立了一個新的機構，這個單位主要還是以貝爾實驗室在中國作爲骨幹，然後擴充，這就是貝爾實驗室亞太地區和中國，就是 Bell Labs Asia Pacific and China。亞太地區和中國，也許很多人聽起來不太合道理，因爲中國實際上在亞太地區，它爲什麼要叫亞太地區跟中國？

並不是說地理有問題，而是在公司裡面，由於中國很大，中國的戰略的重要性非常高，所以很多的公司以市場來分，把中國從亞太地區分出來，就是把中國當做一個單獨的單位。然後把剩下的亞太地區，韓國、日本、一直到印度作爲另外一個單位，我們成立這個貝爾實驗室亞太地區跟中國的時候，基本上是把它合在一起了，因爲在中國做的很好，我們想把在中國做得好的地方繼續擴充到其他地方去，成立這樣一個機構，由我來負責這整個的機構，一九九九年的七月，我就從茉莉山（Murray Hill）辦公室搬到北京來了。

十月的時候，我們正式宣佈，貝爾實驗室在亞太地區跟中國地區的總部就設在北京，這個等於是第三階段，這是非常重要的一件事情。前面我們經歷過兩個階段；第一階段是建立貝爾實驗室在中國，第二階段是發展亞太地區的技術中心，這是第三階段就是成立貝爾實驗室亞太地區與中國。由於貝爾實驗室在中國做得很好，在公司裡，大家以前都是懷疑態度，現在大家都知道，實際上有成績出來了，所以支持就比以前更好了，因此就成立這樣一個機構。還是以北京作爲樞紐，整個負責的地方，從日本一直到印度。

一九九九年的十月，我們就進入下一個更重大的里程碑，我們成立貝爾實驗室在亞太地區和中國。我們在印度的軟體中心班德羅（Bangalore）有一些人。最主要的兩個地方，還是中國跟印度，我想大家都可以想像得到爲什麼這樣做？在印度做這樣大的技術中心，尤其是軟體中心，很多人都可以瞭解，可是我們在北京、在上海做得這麼大，做得這麼好，很多人都覺得非常詫異，是很少人做得到的。成立了這個中心以後，我們就繼續發展，所以在中國的貝爾實驗室我們最高的時候，差不多到七百個人，跟我們原來的計畫相當接近。雖然那時在公司營運，整個世界，尤其是世界很不景氣，整個的通訊的行業這麼不景氣的情況之下，我們還是能夠朝我們的目標往前進，很可喜也很值得驕傲的一件事情。

完善貝爾實驗室在中國

我於一九九九年七月搬到北京，二〇〇〇年的二月我們宣佈成立基礎研究院，由李大維博士負責。我在前面也提到過，貝爾實驗室有三個大的方向，一個是做基礎研究，一是做先進技術，然後最多的是做產品的發展。

當初一九九七年的時候，我們是先從先進技術切入，一九九八年，開始產品的開發，尤其以軟體產品爲主，到了二〇〇〇年，我們再把這個基礎研究帶進來，這樣，我們貝爾實驗室就是一個完整的貝爾實驗室。其他的國家除了美國以外，我們是唯一有這樣一個完整的，全部都做的貝爾實驗室，對我們自己來講，這件事情非常重要。

當年答應中國政府要做一個完整貝爾實驗室的人早都離開公司了，之前答應的時候，我不知道他們是以怎樣的一個心情答應的，做這件事情很不容易，可是我覺得我們既然做了這樣一個承諾，我們就應該盡我們最大的努力來把這個承諾實現。

所以等到二〇〇〇年，我們正式成立這個基礎研究院的時候，我們就完全達到了對中國的承諾。雖然我們的母公司在經濟很不景氣的情況下有很多的困難，對我們做貝爾實驗室也帶來很大的困擾，可是我們很高興即使在這種很困難的情況之下，我們還是百分之百地達到了我們當初的承諾。這個對公司來講很重要，對我個人來講更是重要。雖然當初承諾的時候，這承諾不是我們做的，可是很高興，在很多人的努力之下，我們終於達到了這個目標。

二〇〇〇年開始，包括朗訊、微軟等一些世界一流的公司都紛紛在中國設立研發機構，這種情況對雙方的意義絕對是雙贏的。朗訊到中國來當然對我們有好處，而這對中國，不僅對國家，而且對這些受雇的員工也是一個難得的機會。

我們想法是這樣，如果我們做的科技或者是什麼樣的產品，如果需要的人數很少，只有一兩個人在實驗室裡面做，都是研究方面的東西，這種東西拿來中國，或者其他的國家，可能不是一個最適當的方法。這也許要留在總部的茉莉山研究機構來做，那裡有很多世界級的專家，讓他們來做的話可能做得更好。把它拿過來，冒險性很大，收益也不會很大。

我覺得重點不應該是這個方向，而是應該在大型的項目上，因爲通訊，我們做的是通訊的東西，貝爾實驗室做的東西，不管是研究或發展也是通訊的東西。通訊，差不多所有的東西，團隊都越來越大了，因爲很少能夠一兩個人做出什麼通訊上面很有用的東西，基本上都是一個團隊的一個東西。團隊的東西，我覺得團隊大的東西，把它拿來中國來做是比較適合的。

第一個原因很簡單，因爲中國的人才很多，我們在美國，那時候有很大的人才荒，價錢越來越貴，好的人才越來越難找到。中國的話，不但由於市場的關係，由於當時的經濟不景氣，一直到這世紀初期的經濟情形，我們可以招聘到非常好的人，而人力成本要比美國本土有很多優勢。所以如果以人數多來講，到中國來是很好的，因爲人才是中國的一個很大的優勢，很具吸引力的地方。我們好好做，並不擔心這些人才會離開公司。

第二，我覺得做軟體方面的東西，比較適合，因爲軟體方面，需要的人也比較多，並且通訊軟體需要大的平台，它的技術性，常常不是一個人兩個人能夠做得特別好。

通訊軟體技術，不容易竊取，項目的成功，很多時候在於團隊跟管理、領導跟管理。我在《感悟創新》裡面也一再提到，創新四個要素是技術、人才、團隊跟領導。在這裡面，技術的竊取是最容易的事情，可是技術在這四個層面裡面，我覺得占的分量雖然很重，可是在這裡面是比重最輕的。怎麼樣把人才變成一個團隊，怎麼樣來領導他們、來管理他們，這個才是最大的學問，做得好不好最大分別是在這個地方。通訊如果做好，很難竊取。

我現在舉個例子。我幾年以前看到有一個記者去訪問日本豐田（TOYOTA）他們的董事長，稱爲執行長，談到日本這個汽車的做法，因爲 TOYOTA 做得非常成功，不但在日本非常成功，在世界每個地方都做得非常成功。

記者就問他，到底他的祕訣在哪裡？是不是他有很多的專利，是不是他有很多什麼？這個董事長講的很有意思。他說我們並沒有什麼專利，當然我們有一些專利，但我們不是靠專利來跟大家競爭。他說汽車這個東西，基本上怎麼做，大家都知道，這是沒有什麼祕密的東西，做汽車已經是一個很傳統的產業，汽車產業已經做了很久。不是說你去做一個驚天動地的研究、新的發現，而是你每天在製造汽車，在設計汽車、製造汽車裡面，你怎麼樣把你的團隊每天在執行製造的過程裡面，做得比你的競爭者好？如果每天都做得比較好，你做出來的產品一定會比人家好，品質高、便宜，這就是我們成功的祕訣。這個祕訣很多人知道，可知道的話，他做得到我這一點嗎？他沒有辦法做得到，這也就是我們的公司做得很好的原因。

我覺得我們做高科技的產業，怎麼能讓技術不斷創新，我自己的感覺是技術是非常重要的，如果你沒有技術，當然你很多事情不能做的。可是技術，爲什麼技術轉移的過程中常常發生問題？有的時候一個技術跟國外的一個公司合作，把技術轉移進來，轉移進來到了一定程度以後，這個原來不錯的技術就不見了，然後接受這個技術的公司，或者是工廠或者是什麼，到最後還是在原地踏步。

問題是在接過這個技術以後，只是得其形而不得其神，這個技術本身不是最重要的東西，最重要的東西是得到這個技術以後，怎麼樣眞正去瞭解它，怎麼樣能夠消化它，需要知道這個技術在整個創新的過程裡面，扮演一個什麼樣的角色？然後要把這整個創新的團隊跟管理領導理解好，然後在這原有的技術上面做新的技術，然後再把新的技術再發揮到整個創新的過程裡面。這樣事情才會做得更好，做得有競爭力。所以在這種情形下，回到我們本地的人才，我們怎麼樣來做？答案就變得很明白了。

二〇〇〇年，中國大陸「東方之子」節目曾經問我對於貝爾實驗室將來在中國的發展是不是有信心？我非常有信心，當然中國開放了以後，競爭性會越來越高。貝爾實驗室在中國，我還是回到我們當初爲什麼要來？主要的兩個原因，一個是人才，一個是市場，這兩樣東西，我想將來只會更好。

增大貝爾實驗室空間

我們在中國成立貝爾實驗室，是以高目標建立「貝爾實驗室在中國」。我們的目標是在亞太地區複製貝爾實驗室的成功案例，把貝爾實驗室的管理機制帶來，並且將其地區化以適合中國的國情。

企業全球化的發展的目標是追求價格下降和產品質量提升。研發集思廣益的設計更可以爲產業創新提供寬廣的機會。

站在高科技的立場，眞正的重點是什麼呢？不是這一些軟體，而是你怎麼樣來用這些當地的人才，給他們很好的培訓，讓他們知道做軟體的一些正確的步驟、流程，並由整個團隊來做。

這中間的學問非常大。軟體做得好，做不好，跟領導、團隊、跟人之間的互動，人跟技術都有關係。和大型的硬體系統比起來，可能更複雜都不一定。有些人不是很瞭解，甚至於包括我們朗訊公司本身的一些人，都不是很瞭解。所以我是覺得沒什麼好擔心，無論這是不是很容易的被竊取，就像這位豐田的董事長，他說他不擔心人家竊取豐田成功的地方。他說這沒什麼好竊取的，我都告訴你怎麼做了。問題是你有沒有這樣的能力？有沒有這樣的一個結構？有沒有這樣的領導跟視野？有沒有這樣的團隊精神，能夠把這件事情做得好？你如果能把這些事情做得好，那你就比我強；但是我很懷疑你們能做到這個程度。

我們身處高科技，持續努力追求卓越是工作常態，當我們發佈某個產品的時候，我們已經是爲下一個進程努力了。這個努力的方向，是領導的職責，和團隊彼此的信任和激勵。我們的目標，是要我們的技術和產品，受到最多人的關注和使用的時候，我們就是用全球的力量推動這個技術和產品，更進一步提升了企業的影響力和產業的發展。

整體來說，貝爾實驗室的工作環境，和人員素質都還是正面、有目標、有效率的。

創建區城市場強大技術能力

我們從這個角度來看，對我們來講眞正最大的挑戰是怎麼樣以很大一批的軟體人才，很快地能夠做出一些有用的軟體，在市場上有很大的競爭力。這才是我們的挑戰。今天我們講高科技，科技跟管理這兩者之間，結合是越來越密切。

我們在中國成立貝爾實驗室，所遇到最大的挑戰，基本上就是說我們怎麼樣以最快的速度，把我們在當地招聘到的極優秀的人才，使他們知道我們做一個軟體的過程是怎麼樣，這個團隊的精神是怎麼樣？然後很快地學，能夠開始用，開始做實實在在的東西。

我們的目標是要做出一些實實在在有用的東西，在市場有競爭力。否則的話，我們在中國成立貝爾實驗室就失敗了。成功或失敗的話，不是自己講。成功或失敗，是要禁得起市場上面的考驗。我們當初想法是這樣，做法是這樣，到最後發現我們做得很成功，也是這樣。通訊軟體是大型科技項目的管理。

我們用跨國式公司組織和管理提升整個產業。在我們的產品積極進入全球市場之後，我們尋求在區域市場上創造強大的技術能力。亞太地區的每個市場都代表著多元化的計算式文化，具有多方面的需求。我的工作是確認這些不同的需求，並爲這些市場制定獨立的戰略。戰略就是執行時的策略選擇，整個過程就是創新的具體實現。

首先，我們在中國建立一系列的貝爾實驗室功能，由商業需求驅動發展產品實現中心。招募當地，包括印度，頂尖的研究人員，設立貝爾實驗室研發中心在中國，以充實貝爾研究實驗室。

我們到中國來，是靠貝爾實驗室的品牌效應，可是未來我們要靠自己的努力，還是不斷追求卓越。事實上我們離完美還有很大一段距離。我們做到最大限度的人才本地化，培養優秀的個人才能，利用一流的流程和實踐，以及高超的團隊精神推動卓越。

有一位同事就說，我們現在做的項目管理，有點像一個大的交響樂團的指揮。交響樂團裡面有的人是拉小提琴，有的是吹喇叭，或者是管各種不同的樂器。我們現在基本上的想法，就是我要把很多優秀的音樂家，小提琴家、大提琴家，等等擅長不同樂器的人請來，請來以後，我並不是請他來獨奏，這些人習慣了，從小養成了是獨奏的習慣。

就像我們學校裡招聘的學生也是一樣的。國內好的大學裡的優秀的學生，從小都是單打獨鬥出來。他自己學習的能力很強，功課非常好，考的都是好的學校，從小學、中學到大學，也就這樣過來的。基本上教育的過程，都是要求培養個人。這教育基本上的精神就是這樣，當然有很多團體的活動，可是站在學習的立場，都是個人需要做很多東西。考試的時候呢？如果說是團隊精神，就叫作弊了。考試的時候當然是自己考。

所以基本的精神，也就是說我們雇了很優秀的音樂家，可是，我們現在並不是要求他們來表現他自己，而是要求他在一個交響樂團裡面，奏出最美好的音樂來。類似這樣的挑戰，音樂家跟我們所雇的這個科學家、工程師也是一樣，他花了功夫把自己做到最好，經過這麼多的磨難，到學校裡面做那麼多事情，他當然希望做個人的表現。這個是人之常情，這是人的一個基本的欲望跟理念。

可是我們在一個交響樂團裡面，若每一位音樂家都想表現自己的話，奏出來的音樂，不但不可能是世界上很高級的交響樂團音樂，實際上奏出來很可能是雜音。在這兩者之間，一方面表現自己的才能，貢獻出自己的能力；另外一方面，對於成功的定義，有一個共識，成功只有團隊成功，才有個人的成功。而沒有說個人成功，團隊失敗，這樣都是失敗的。

把這種精神用到實際上做事，是極大的挑戰。這在做科技的研究和發展來講，尤其是我們做大型項目的研究和發展，這大概是最大的挑戰，所以再回到我在《感悟創新》裡面一再強調，技術非常重要，人才非常重要，更重要的是，怎麼樣在一個很好的領導，在一個很好的一個管理的制度，要這些優秀的人才，做一個最好的團隊，然後，用新的技術，在創新裡面，做出一個最好的東西來。

建立中國團隊觀念的挑戰

我們當年進入中國，中國最大的問題，就是沒有團隊的觀念，沒有過做大項目的概念、習慣和經驗。我和我的管理層在貝爾實驗室（中國），在這一方面花了很多的時間和精力。

中國的創新發展，好的方面，是中國人才很多，並且努力的人也非常多。另外一個優勢，中國人在中國做東西，對中國的產業和對中國的需求，比外國公司進來，佔一些便宜、佔一些地利。因對市場的瞭解，語言、文化方面上也沒有隔閡，如果把東西做好的話，較能滿足中國市場的需求。

比較弱的部分，還是整個創新從頭到尾的環節。牽涉到領導的作法和團隊的精神。中國在這一方面，可能比最好的跨國公司，還是可以再加強一些。領導重要的是他能夠看到大的情況，然後，帶領企業做一些事情，這些事情，可以使企業的競爭力隨著時間來加強，這是領導最需要做的。我相信大家都在努力做這件事。

團隊的精神，不光是精神，這團隊的實際合作的情形極爲重要。這就是我們到中國來做貝爾實驗室，我當初想到，後來也面臨的一個很大的挑戰，一直到今天還是一個很大的挑戰。

這個挑戰是永遠會存在的。因爲我不希望雇一些人，他不是很優秀的人。假設不是很優秀的人，雇進來，他做事不可能是最好的。

可是優秀的人呢？他一般來講，他都有一個很強的意願，就是說我在學校裡面成績非常好，功課很好，名列前茅，所以在公司裡面我也要這樣做。這個精神是非常好的，我們非常希望能有這樣的一個精神，可是所謂名列前茅做得好，跟以前不一樣。以前考試，考得比較好，人家考九〇分，我考一〇〇分；人家考九五分，我考九八分，就是比人家好。

這個不是我的標準。我們的標準是說你怎麼樣能夠跟別人合作，把你的長處發揮起來，可是也讓別人把他的長處發揮出來，誰有這個能力？越有這個能力，貢獻越大。團隊裡面，每個人都很優秀，但是到了做事的時候，長處還是有不同的長處，有人可能在系統工程方面做得很好，有人可能在實際的設計做得很好，有人可能做研究做得很好，有人可能做測試可能是第一高手。

在這不同的人裡面，根據他的能力，給他分配不同工作，然後，讓大家互相配合的很好，一方面每個人盡他的努力，可以說是一方面在競爭，可是在這個競爭的裡面，大家還是站在一個團隊的精神，就是說成功，是以一個團隊作爲成功。團隊成功的時候，每個人貢獻可能不一樣，然後我們根據每個人的貢獻，給他一些不同的獎勵。

芝加哥籃球隊

整個事情做起來不是很容易，舉個例子，芝加哥的籃球隊，這個籃球隊得過六次全美國的冠軍，那是因爲喬丹（Michael Jordon）。我想講到這位人士，世界上沒有什麼人不知道，他開始幾年打的非常好，可是芝加哥這個整個球隊始終就是不行，不要說打冠軍了，打到季後賽就算不錯了，常常在第一輪就被打下來，那麼他的想法呢？越是這樣，他就自己想一個人把整個球都帶過去。他越是這樣想，投的籃越多，然後得分越多，這個芝加哥輸球的次數就越多。喬丹，大家公認是所有籃球打得最好的人，但即使在這種情況之下，一個最好的人也不能把這個團隊帶變成一個最好的團隊。

一直到後來芝加哥換了一個教練，換了菲爾．傑克遜（Phil Jackson），他就是一個很好的領導、管理者。他就知道，如果說是讓喬丹一直這樣打下去的話呢，芝加哥永遠不可能打出來，芝加哥所需要的是一個更好的球隊，把這個壓力，讓整個球隊分擔一下，跟整個對球隊的負擔分配一下，然後呢？這樣的話，喬丹得分不一定要每場都得五十分，得五十分對芝加哥球隊不是一件很好的事，其他四個人就坐在旁邊看他一個人打。而是要找其他的好的球員，這些球員可能不是世界上最好的球員，可是也是不錯的球員，然後他們能夠配合喬丹，使得這個球隊，是一個五個人的球隊。

根據這個精神，芝加哥就得了六次世界冠軍，美國的冠軍。事實上，喬丹如果當初不退休的話，得的次數可能還會更多。打球比做項目，可能要容易。

堅定營造　團隊為本

這是一個很好的例子，就是你需要找最好的人，找很好的人來。找好人後，並不是說這些人是最好，就會勝利，就會得到成功。而是這個團隊之間的一個互動，哪一個團隊打的比人家好一點，或者哪一個團隊在我們的這個領域裡面把項目做得比較好一點，這才是眞正的成功。

以後我們再看這個團隊裡面每一個人，他對這個成功的貢獻可能不一樣，我們到了考績、講到加薪的時候，也應該是不一樣。這個競爭，不是一個內部的競爭，就像喬丹拿的錢，遠比芝加哥球隊其他的球員拿的多了很多，可是也沒有人抗議。打球的球員都願意跟他在一起，因爲不跟喬丹在一個隊的話，這輩子可能一次冠軍都拿不到。雖然喬丹錢比他們拿的多很多，可是對他們來講，在職業上能夠得到冠軍、總冠軍這種滿足，只有在跟喬丹這樣的人在一起的時候，他才有機會，並且覺得喬丹比他高很多是應該的。

所以這一方面顧到團隊，一方面顧到個人對這個團隊的一些貢獻。這中間的平衡，就是怎麼樣來減少人和人之間的矛盾，使大家有共同的目標，大家有很強的意願，實際上也這樣做互相支持。一方面有一個競爭的環境，另一方面更有一個合作的環境，因爲眞正的競爭，所謂眞正的敵人是在外面，不是在裡面。

這裡面還有一個重要的事，當我們幫助員工把團隊的成功看的比個人的表現更重要的時候，他的眼界提高了，他的能量增大了，負責的範圍擴大，對企業的貢獻也可以越大了。既以爲人己愈有，既以與人己愈多。所以我們說，一個人的器識有天生，有自覺，也有好的環境培養出來的。這是我們作爲科技領導人帶領成功的單位責無旁貸必須的先見之明。

而團隊的建立，就是我們無論對項目管理或者對是整個創新來講，成功或者失敗最大的一個關鍵。這件事，我們沒有做之前，就知道這是對我們是一個很大的挑戰，因爲我們招進來的人都是非常好的人。

所以從第一天開始，我自己跟我們的領導層，花很多的時間跟我們這個團隊，尤其是新進來這個團隊，強調這個觀念，就是團隊的觀念。做什麼事情，一定要以團隊爲主。我們做很多的事情，我們自己也很小心，遇到什麼事情，我們要表揚一些事情的時候，我們也是儘量以團隊作爲一個單位。

其實團隊裡面誰做得好，誰做得比較差，或者誰眞的出力出的多，大家也都知道。該讓這個個人有所表現的時候，我們也會做這些事情，因爲遇到升遷的時候，不可能升一個團隊。一定是升一個個人。可是我們要做到，讓這個團隊整個都感覺到，覺得沒有不安的感覺，就是說做事成功是我們整個團隊做，可是等到升遷的時候升某人，大家都覺得是，某某人在我們的團隊裡面，是應該他第一個升上去。就像喬丹得到這個「最有價值的球員獎」的時候，他所有隊員沒有人會說他不應該得，或者怎麼樣，大家都很高興，因爲他是最有價值的一個人。

這就是我們一直最重視的團隊的精神。因爲我以前看到了很多的例子，尤其是中國人多的時候，我覺得這方面的挑戰就會更大，如果不小心的話，到最後就是變成內部，爲了爭功或者如何，內部一發生問題，這個團隊，即使你原來的人才好，發生內部的問題，這整個團隊的精神，跟團隊所能做事情的能力跟品質，就立刻就會下滑很多。所以這一直是我們非常重視的一個重點，然後也就是我覺得做得很成功的一個地方。

領導的決斷和責任

團隊不是一個很自然的現象，就是說，團隊是需要花很多的功夫來培養團隊之間的合作。做一個好的團隊是要彼此要有相當大的一個瞭解，一個相當大的信任。

一個好的團隊，不是一個人講話，別人都鼓掌都說我贊成。這樣的反而不是一個好的團隊。好的團隊，是大家要有不同的意見，要能夠聽不同的意見，要容忍不同的意見。有的時候，在不同的意見的時候，可能甚至於吵得很厲害，這些都是沒有錯的。可是，在有不同意見的時候，要有一個方法，能夠把不同的意見，讓大家有機會提出來，時間也不能拖太久了，拖太久，就變成不能做決定。聽到不同的意見，對領導人而言，是一個很大的責任。一方面，讓大家有機會發表意見，可另外一方面，要作一些決定，做了決定以後，就不要再改。如果決定做的太快，很多人說我還有意見沒有發表，你就作了決定，他心裡會很不高興。兩派有不同意見，你任他一直吵下去，吵得面紅耳赤，大家的感情越來越不好，你如果遲遲不作決定，等到最後作決定的時候，不管往左走往右走，這個團隊的精神也受到很大的影響。

把一個團隊變成一個很合作、很好的團隊是件非常不容易的事。在創新裡面，為什麼領導的責任這麼重大，就是他要把這個團隊所能發揮的力量，全部發揮出來，這中間的學問非常的大，不光是學問非常大，這中間所要做的事情也非常的多，而且是每天都要做。

《美國財富雜誌》（Fortune Magazine）曾經登過一篇文章，為什麼公司的領導人很多失敗了？跨世紀的時候，很多大公司的營運不佳，到最後的話，都是把問題歸到這個公司執行長（CEO），最高的領導人有沒有做好。對於這個問題分析很多，做了很多研究，最後歸結於兩個結論：第一，公司做不好，最高負責的領導人要負最大責任；第二，做不好的話，並不是說他在戰略上面出錯，戰略上出錯的問題不多，都是在執行的時候發生了問題。執行的時候發生問題，就是這個團隊，不能作為一個很好的團隊，執行公司已經決定了戰略，中間發生了問題的時候，領導人不能夠及時發現改正，或者是發現了以後不知道怎麼辦，這一類問題是最多的。你再胸懷大志，也要逐一完成。對的方法，需要對的領導人，才能實現對的結果。

現在回過來看，我們還做了些什麼呢？團隊精神，對我來講，對我們貝爾實驗室在中國的成功和失敗，我覺得是極為關鍵性的東西，所以除了剛剛講的這些事情，我一有時間，就是盡量把這個理念，傳授給我們工作人員。

升遷方式

由於我們在中國做的很成功，我們在升遷方面，也升遷的很快。在升遷到第一線跟第二線的管理人員，我們叫功能經理（Functional Manager）跟技術經理（Technical Manager）。功能經理是我們在中國做的，技術經理在美國來講，是第一線的管理。在美國的話，大概四、五年的時間才升，但是我們中國這邊，差不多三年都不到就升了。這中間的原因很多，主要就是跟當初這個人本身的品質很好，然後做的結果也非常好，有很大的關係。跟本地化的政策，也是非常的配合的。

當然，裁員的時候也是用文明的方法，給他一段時間，讓他去找事。

午餐會的期許

我每個月花一些時間跟這些新升上來的技術經理，還有將來還有潛力再繼續往上升的功能經理，跟他們一起吃一頓中飯，大家利用這個時間，討論一些事情，他們想要討論什麼就討論什麼。這個方案執行的還蠻成功的，大家都覺得蠻有興趣。談的東西，常常是各種不同的東西。平常和他們沒有機會碰面，在這種情況下跟我見面，所以問的話，都是問我一些大的方向，比如公司的方向或者產業、技術這些東西。

我基本的做法不是答。如果問了答，問了答，我覺得這樣就沒有什麼意思。常常我就說，這個問題問的非常好，我們就來問每一個人，看看大家的反應怎麼樣。給大家每個人都有一個發表意見的機會，因爲這東西常常不是一個是非題，對或錯，而是說你對這個事情有什麼想法，然後在想法裡，大家再引起一些新的想法。

所以在這個討論的過程中，主要是我想做下面幾件事情，第一，就是讓大家聽聽看別人的意見，有的人不願在公開的場合發表意見，我就等於逼著他非要發表意見，並且給他一個觀念，就是我們所謂好的團隊，不是你要猜領導的想法，而是你有什麼想法，你把它提出來，如果你的想法講得很好，別人也會贊成你的想法。如果別人想法比你更好，你就應該贊成別人的想法。別人提出一些不同的想法時，你要去聽聽看，爲什麼我是這樣想，爲什麼他是那麼想？在這個過程裡面，是一個很好的學習的方式。

另外一方面，也是一個很好的團隊建設，把這個團隊，做成一個更好的團隊，就像這樣的互相尊重。這件事情，我是這樣想的，別人是那樣想。有人有的地方想得比較周到，也會想別人也許能想得更周到。如果你每次想得都比人家差，那可能能力上面有點問題？一般來說，我倒很少碰到這樣的問題。都是一件事出來，就有好幾個不同的想法，表達的時候，表達的方式也就覺悟到，即使不同意另外一個人的想法，也並不是跟他過不去，而是說我有一個想法，我把它提出來了，你有個想法，你把它提出來。然後也不是投票說誰的想法好，而且大家互相聽聽，再回家去想一想，這樣慢慢的，整個團隊就慢慢的建立起來。

每次跟他們談的時候，我只強調一件事情，你們一定要做一個團隊，尤其是你們現在是所有的工作人員裡面，這麼多科學家工程師裡面，你們已經被認爲是比較最好的領導人。將來，你們可能就是一直往上面走，然後負更大的責任。這些人，都是能力很好的人，第一，我們怎麼樣來合作，把這個事情做得更好。事情做得越好，公司擴充的機會越大，每一個人升遷的機會就越多。什麼人升上去，反正是由上面的領導來決定。可是我們能做的，是把事情做好，把機會造的更多，那這樣的話，大家的機會都好了。

第二，將來做事情，絕對不是單打獨鬥的局面，不是說我把你們人鬥下去，我就可以上去。即使能把別人拋下去，你這邊做事也做不下去了。將來要做的事情，一定是大家互相支持，互相幫忙的一個局面。越能夠互相幫忙，越能互相支持，大型的項目才能做的越好；大型的項目，做得越好，我們這個貝爾實驗室，我們的公司才能更成功。

我們這些貝爾實驗室挑出來的年輕人，日後都有機會成爲高層級的科技領導人。當這些年輕人能夠看到團隊成事的時候，他們的胸襟擴大了，看到更多的機會，不失時機，有效發揮他們的領導力，積極與國際接軌。這樣又回到了，大家的機會也就越好，大家得到收入多的機會也就越好了，也就更能夠爲公司和整個產業做出更多的貢獻。這個原理其實很簡單的，可是有的時候不仔細去想，做的時候，可能會跟一個很好的原則背道而馳。

當年的技術經理在「令人羨慕的超級導師」裡，對於午餐會有些相關的描述：

張奇偉：「在午餐會上，我們無拘無束地討論各種有關公司，產業，技術的話題。當時的朗訊因為沒能抵禦互聯網泡沫的誘惑，花費鉅資收購大量互聯網公司，已經造成現金流的困難，公司需要戰略調整。許博士讓我們暢言公司未來的戰略。無知者無畏，我們也說了一堆各式各樣的想法。我記得印象最深的是最後許博士的總結。他在白板上用筆寫下大大的一個公式：『Strategy = Choice』，策略是執行時的選擇。他說關鍵不在於你們的想法，而在於你們實際行動的取捨和選擇，這才是戰略。這可以說是我上的最生動的一次管理課。」

宗志東：「令人羨慕的超級導師。他努力幫助本地經理們拓展視野，鼓勵並期盼著中國的年輕經理們不斷進步。一次碰到了一位從美國來的技術總監，瞭解到許博士帶給我們的這一培訓過程，不勝感慨和羨慕地說道：『你們真是太幸運了。』」

這些年輕人，以後有的留在公司，有的到了美國。無論前途怎麼樣，這段彼此交流的時間，如果能夠帶給他們愉快的記憶和眞實的幫助，就很有意義了。

授人以魚不如授人以漁

我們貝爾實驗室在中國本地化的一些成就，講到這兒我就覺得非常的驕傲。因爲我們從一九九七年成立，不到五年的功夫，就做出了很多的成績，甚至有很多東西是比我當初很期望的目標，做得還要好。

我舉一個例子，我們曾談到的智慧網，其中許多的軟體應用，包括無線的查找所處位置、分散式數據庫管理，都是在智慧網裡面。

我們一九九八年成立亞太地區的技術中心，智慧網，也是其中一個很重要的部門。我請中美兩邊的負責人，就這事情作出一個計畫，看看我們需要在中國提供哪些功能？我們需要雇多少人，需要多長時間來招聘，多少時間來聯繫，花多少時間來培訓。然後這些人開始做，做這些東西，我們需要有一個指標，在多少時間裡面，做多少事情來，就算成功了。假如沒有達到這個指標，那就表示說，我們沒有成功通過，甚至於失敗。

我自己深信，做一件事情，一定要有一個很明確的目標，你知道你的目標在哪裡，你做完以後，才能知道你是達到了目標，還是沒有達到目標。否則到最後一定是和稀泥，糊里糊塗就過去了。事情絕對做不好。

這個項目工作一定要顯示，中國團隊能夠在很快的時間，做出一些兩邊都同意、蠻不錯的事情。當初的話，就是差不多在六、七個月裡面的時間，貝爾實驗室在中國把人雇好，送到美國去培訓一段時間，然後就開始做眞正的一些大型軟體的設計。這些軟體的設計，研發和設計做出來東西，就是一些眞正的通訊軟體。事實上已經有電話公司要買我們這些軟體。

這個安排的時間很短，我們計畫如果能在六、七個月裡面，從雇人、到培訓，到整個的設計，到測試，到能夠交貨，能夠做出三個功能來的話，就表示我們做的很成功。因爲，在別的地方都沒有能夠做到，我們一直認爲我們中國這個團隊非常好，尤其是聘請到的人都非常好，我們應該有這個能力做到，所以這個目標訂的，其實是挑戰性很大的一個目標，可是我覺得寧願把挑戰提高一點，看我們能做多少，而不要把這個目標放得比較鬆。因爲當我們訂下一個高目標，並且努力完成它，即使沒能做到，我們距離起跑點已經很遠。

大家就很努力地去做。等六、七個月以後，我們再回頭看看，到底做了多少？結果發現，非常欣慰的，我們不但人也在那個時間雇了，培訓也培訓了。這些雇人、培訓都是開銷，所以眞正唯一一個有意義的指標，是說我們在最後這段時間，我們把軟體設計出來，是高品質，並且已經測試好了，然後電話公司，馬上就可以用，它可以開始幫公司賺錢。這是唯一有意義的指標。中間的話呢，都是內部的指標。眞正有意義的這個指標是一個外面的指標，市場上面的指標。所以在同一段時間裡，不但我們原來說要是能做出三樣事情就好了，結果我們做了大概是十四樣，遠比我們當初期待的覺得已經是一個挑戰性很高的目標，做得還要好。

有一個主要在歐洲研發的無線全球移動通訊系統（GSM）計畫，幾年來這套無線通訊運行一直有問題，但始終找不出原因，我們的中國工程師到那兒待了一個禮拜，找出了錯處，解決了問題。

中國團隊已經支援的客戶包括美國各大運營商客戶，AT&T、貝爾大西洋（Bell Atlantic）、美國技術（Ameritech）、南方貝爾（Bell South）、荷蘭移動電信（KPN）、德國電信（Dutch Telecom）、義大利全能電信（Omni Telecom）；亞太地區有日本 NTT、台灣新世紀、中華電信、新加坡電信等等；還有公司未曾看好，我們接手之後成爲旗艦軟體到現在還存活的產品，支援包括美洲、歐洲、以及亞太地區端到端（End-To-End）整個軟體發展和售後服務。營業額大概是八億美元的產值。

這都是非常令人欣慰的事情。

二〇〇二年一位中國記者訪問我，問及：

問：中國如果發展軟體，靠的是政策？還是大環境？

答：軟體的發展有好幾個可能，一個是國內跟國外的廠商合作。軟體的需求很高，直到去年開始經濟不景氣之前，世界上除了印度和中國，大家都鬧人才荒，軟體人才荒。現在經濟不景氣稍微緩和一點，再過兩年，這個問題會出來。中國在這方面，教育部有新的政策，訓練軟體的人才。做這個科技項目，基本上是要企業作為主導，只有企業知道市場上需要什麼。國家可以幫助訓練人才，也許在軟體方面可以給更多的優惠等等，然後用企業作為主導。不但要中國做，也和世界上許多其他的公司合作，這是印度最成功的地方。印度本身沒有太多的產業，印度可以做，中國的能力絕對不會有問題。給人才的薪水也可以跟他匹配，這樣一下子就可以把大筆的錢收入吸到中國來了。企業也可以在國外找些應用。

有位美國同事來到中國，看到貝爾實驗室在中國的情形，感慨的說，這麼多優秀的人在一起，很是難得。一位技術經理答道，這麼多優秀的人，都是朝著同一個方向做事，才是最難得。

中國團隊，很多是從學校剛剛畢業，經過很短的時間培訓，成爲軟體開發人員。我們整合人才，組織人才，建立做事方法，中國高新科技在技術和產品方面要達到世界水準，必須要有一個做事的方法。不只是理念問題，而是眞正在做。

人員儲備與遠見

公司要成長，需要人才，需要創新。我們找到好的人才，要讓他們能夠發揮，就要提供一個好的創新環境。我要創造一個很好的環境，讓大家覺得自己的意見被重視。不管我的位置怎麼樣，我的意見都會被重視。我要求我們管理層領導不是按部就班，墨守成規，必須有預見和有遠見。

人員儲備，實際上是關於未來的準備，沒有對未來的準備就沒有未來。

我想引用一位當時基礎研究院的技術經理劉芳，對當時這段情況的描述。

「對於創新，許博士是非常重視的。正是因為有了十足的創新動力，貝爾實驗室才能孕育出那麼多諾貝爾獎獲得者，有那麼多的發明創造，為整個人類做出了巨大的貢獻。作為貝爾實驗室亞太和中國地區總裁，許博士深知此點，並大力推動著貝爾實驗室在中國的創新，致力於培養中國本土的優秀人才。印象非常深刻的是有一次許博士的『鎮民大會』（Town Meeting），他強調了要給予基礎科學研究院寬鬆的研究環境，讓更多優秀的人才加入，鼓勵並且尊重個人的特長、興趣，有自己的研究課題，在經費上給予支持。面對著台下一排排仰慕的目光，他充滿期待的說，你們別羨慕我現在處在的位置，我其實也羨慕你們，你們處在一個發展的大好時期，你們的機會會更多，你們中會有人做到比我更高的位置，做出更大的貢獻。

許博士是貝爾實驗室亞太和中國地區總裁，也是貝爾實驗室基礎科學院中國的締造者。正是在他的倡議和推動下，貝爾實驗室基礎科學研究院中國於二〇〇〇年三月二十三日在北京成立了。我非常榮幸地成為了第一批員工並參加了成立儀式。許博士儒雅的風度、智慧的微笑、風趣的談吐給我留下了深刻的印象。高山仰止，景行行止，雖不能至，心嚮往之。」

我們用貝爾實驗室優秀的傳統，和中國頂尖的人才，面對中國巨大的市場，在當地創新，豐富公司技術的選擇，力量就很大了。

另外一件事情，朗訊公司在一九九九年，到二〇〇一年，由於經濟不景氣的關係，開始裁員。我覺得欣慰的是，在裁員的過程中，我們在二〇〇〇年、二〇〇一年，然後直到我退休之前，我們貝爾實驗室亞太和中國地區從來沒有裁過員，別的任何一個機構，稍微有幾十個人以上的機構差不多全部都裁員過了，因爲貝爾實驗室，就是朗訊公司裁員的幅度極高，二〇〇〇年、二〇〇一兩年之內，裁員的幅度超過了六〇%，可是我們貝爾實驗室亞太和中國地區這幾年裡沒有裁過員。

事實上，當二〇〇〇年後由於互聯網泡沫的破滅，出於節約成本的需要，一些國際大公司包括朗訊，開始將很多項目向國外轉移，如果沒有當初大規模的人力儲備，後續的項目轉移是根本不可能在短期內完成的。

總裁金獎

能夠做得這麼好，我覺得重要的是大家整個團隊的努力的成果，這個努力的成果，在二〇〇〇年又有另外一個很大的里程碑，證實了我們眞的是做得非常好。我們整個貝爾實驗室在中國，得到了貝爾實驗室的總裁金獎，這個是一件非常大的事情，證明這個團隊，在中國貝爾實驗室這個團隊做事的能力，不但已經達到了美國貝爾實驗室的水準，事實上已經達到了世界貝爾實驗室裡面最高的水準。

貝爾實驗室金獎從一九八九年左右開始的，中間有兩三年由於種種不同原因沒有頒發，所以一直到二〇〇二年爲止，總共給金獎的次數大概只有九次。每年得獎的團隊只有幾個團隊，總共的人數加起來的話，在貝爾實驗室整個的人數不會超過一%到二%。有的團隊比較小，只有幾個人；有的團隊比較大，有幾十個人。超過幾十個人的團隊已經不多了，主要的是給團隊不是給個人，所以來報名的，基本上是以一個項目團隊爲主。

這一定是以團隊來申請，要求非常嚴格，一定要證明這團隊，做的東西在市場上面取得很高的認可，有市場的指標，外在的指標，不能自己吹吹擂擂說做的有多好。

所以我在二〇〇〇年的十月，也就是我們成立後的三年五個月，我就把這整個實驗室合起來申請實驗室總裁金獎。普通申請這個東西，都是以項目作爲一個單位。項目作單位的話，這個指標最簡潔，就說你這項目當初是要多少人、多少錢、什麼時候要做好？你現在做出來是怎麼樣，客戶對你的感覺怎麼樣？市場上反應怎麼樣？這些都是硬指標。

我自己在這個之前，已經得過三次了，就是說領導的三個不同的團隊，中國的貝爾實驗室得的話是第四次得。我們的公司有史以來給過九次，得兩次的大概都沒有什麼人，我得了四次在公司裡面是絕無僅有的，不一定是我得，就是我領導的團隊得過。每次得的時候我覺得都是一件非常值得驕傲的事情。

我們貝爾實驗室在中國，因爲我們強調團隊精神；我們做的時候，常常是今天做這個，如果明天另外一個項目來了，你這個項目做的差不多，我們就把你放到另外一個項目。強調隨著團隊精神，不是說今天我在做無線，我就永遠都做無線，而是我是屬於貝爾實驗室的一部分，只要有什麼需要，我就去做。所以我們人員裡面，做不同的事情蠻多，對他們的能力的培養，是非常好的一件事情。對整個團隊，整個公司，對整個單位的一個認同，是件很好的事情。

所以等到申請時，我就面臨一個挑戰。我有兩個做法，一個是我找出一些做得最好的項目來申請。另外就是把整個中國貝爾實驗室一起算進去。我覺得我絕對不能夠以一個項目來做，以一個項目來做、送進去的話，我不管選哪一個項目，對其他的項目都是一個很不公平的事情。大家都做得很好，並且我們要求在不同的時間，可能在不同的項目上面做事情，所有我就堅持，我們是用整個中國貝爾實驗室作爲一個單位。就是幾百人的一個單位，作爲申請，送到美國去申請。

當初我們送進去的時候，我們唯一遇到的問題，評審委員打電話給我，這個評審的委員跟我說，以前我們都是以一個項目爲單位申請，可是你這次好像把整個組織，整個貝爾實驗室在中國，以中國貝爾實驗室作爲一個單位申請，是跟我們的做法有一點不太一樣，你可不可以想想，把它改成一個項目？我說已經想過了，我以前三次都是以一個項目，項目有的最大的，有好幾千人的一個項目申請。

我覺得我們目前的情形很特殊，我們人數並不是那麼多，就是幾百個人。可是呢，我們基本上是一個單位，我們做的雖然有不同的項目，可是我把它們當做一個項目，並且我覺得每個項目都有市場，有客戶回饋給我們的一些很強有力、對我們非常滿意的一些數據。

我們這裡面做了很多個項目，並且都做得很好。如果我以一個項目作爲申請單位的話，就會對很多人不公平，不管我送哪一個項目進去都不公平，所以在這種情形之下的話，我寧願不申請，我不願意任何一部分的人得到了，另外一部分得不到，這樣的話就完全違背我一直跟大家講，一個堅信的團隊的精神。這個團隊裡面有一部分得到這個金獎，別人沒有得到，對團隊來講，是件非常不好的事；我寧願不申請，寧願不得。所以說你們各位評審委員，由你們來決定。我寧願所有人都不得，而不願意只是其中少部分人得，這樣的話，我覺得反而對整個的團隊精神會有不好的印象。結果非常高興的，就是這位評審委員以非常高的分數，推薦我們得這個金獎。

這還不是最後一步，接著我就接到貝爾實驗室總裁打電話給我。他說他非常高興，我們做這麼好，可是他說，就是你們是以整個的單位，而不是以一個項目來申請，也不完全符合我們的這個規定，你可不可以重新考慮一下。我跟他講的還是同樣的答案。我說，因爲我們這裡的情形很不一樣，我們是把整個貝爾實驗室在中國，當做是一個單位，在不同的時間，不同的人，做不同的項目。今天做這個，明天可能做那個，如果執意地決定哪個項目的話，這是絕對不對的，並且對很多人來講很不公平。我寧願不要，否則就是大家都得。他聽了一下，也覺得很有道理。

所以到了二〇〇一年三月正式宣佈，一共有六個團隊得獎了，我們是其中的一個。這個是貝爾實驗室，有史以來第一次以一個單位得到這樣一個最高的品質獎，就是空前的一件事情。

帶「貝爾實驗室在中國」得獎，對我來講尤其覺得非常驕傲。因爲我以前帶的團隊都是在美國，並且都是以一個計畫一個項目，項目小的，也許幾十個人到一百個人，最多的話甚至於上千人，所以我帶的項目的團隊，都是蠻大的一個團隊，並且都是做得眞的是不錯的。

可是美國帶的團隊，都是在美國很有經驗的人。中國這一次得，等於是新的人，因爲我們是在一九九七年成立，等到我們二〇〇〇年十月把這個申請表送進去的時候，我們的同事平均在公司裡面，大家都是只有兩年的樣子，多半是剛從學校畢業出來。貝爾實驗室在中國雖然是一九九七年成立，那時候人很少，大部分是一九九八年以後才進來的，所以平均只有兩年經驗的這樣的一個團隊，能夠做出在整個貝爾實驗室裡面被評爲最好的一%、二%的成績，對很多人來講是覺得不可思議的事情。

也就證明我們在中國的人才的優秀，大家團隊合作的能力，以及最後做出來的成果，不是說空口說白話，而是做出一個東西，這個東西是依據帶給朗訊公司實際的業績來作爲評分的標準。

另外有一點，我們進到這個大的里程碑，這是一個非常硬的指標，因爲這些評審委員，都是在美國，對項目的管理，對一個團隊該做些什麼事，對這個市場上的一些指標，都有極深刻的瞭解。這些人，都是在公司裡面極爲受尊敬的人，他們做這個審核的時候，是完全客觀的審核。

事實上，如果對我們任何不利的，是其他的團隊差不多在美國，只有我們這個團隊在中國。這些審核委員見都沒見過我們，所以如果有說有什麼對我們不利的，我們的距離對我們來講，是比較不利的因素。可是我很感激，包括這些審核的委員，他們以一個非常客觀的立場，推薦我們得這個獎，我們也得到了這個獎。

決定之後，他們跟我講，根據我們的申請，申請是在二〇〇〇年的十月送進去的，也就是我們正式成立一九九七年的五月，那時候只有三個人的這樣的一個單位，到後來有幾百個人的單位。這個速度，我想貝爾實驗室有史以來沒有發生過。所以這些種種，得到這個貝爾實驗室團隊創新和技術卓越的最高榮譽，我覺得這是我們貝爾實驗室在中國，本地化做得非常成功的一個非常好的指標。回想起來的話，也是件非常欣慰的一件事情。

雪泥鴻爪

剛到中國來的時候，感覺最不習慣的是不能自己開車。這是公司的規定，避免萬一發生事故引起不必要的糾紛。我們的司機受過嚴格接待外賓的訓練，不用後望鏡和車側鏡，照樣技術漂亮。但是我和太太在美國養成一邊開車，一邊在車裡隨意討論事情的習慣，用英文交流，有時候覺得對其他的人也不是特別禮貌。有次兩個人說得高興，乾脆半路下車，走著回家。

在北京生活，有個巨大的驚喜。我們住在紐澤西的時候，常會去紐約城裡聽音樂會和看歌劇演出。到了北京發現，世界各地最好的音樂家、舞蹈家都輪流到北京表演，許多在紐約、拉斯維加斯，或者到其他歐洲國家不容易看到的表演藝術，在北京都看到了。剛去的時候，我們還可以買到很好位子的便宜票，因爲有些人從公家拿到好位子，沒什麼興趣，就拿出來便宜賣了。幾年之後，我們如果再在北京臨時起意看表演，即使能買到好的位子，也只有黃牛票了。中國大陸各方面進步神速。

北京天子腳下，人文薈萃，我們很有興趣，想著瞭解一下五千年文化食衣住行的來龍去脈，應該有所獲益。從紐澤西帶來的習慣，週末如果在家，總是想去古董店逛逛，認識了幾個古董店朋友，會把他們特別好的非賣收藏拿出來讓我們長長眼。我原就對歷史非常熟悉，聽他們講些三皇五帝的遺聞逸事特別有意思。有位老闆，不知道爲什麼看中了我們，很懇切的希望和我合作，要我們在美國開一家中國古董店，他負責進貨。我們當然是不可能擔當這個重任了。

我們對中國木器特別有興趣。這是我們這些年在中國的最大娛樂。我和太太一開始就特別喜歡黃花梨，覺得它的材質形制文雅優美，好的黃花梨還有些輕微的香氣，令人愛不釋手。對於和它齊頭並列，甚至更廣爲人知的紫檀反而不那麼在意。木器基本上全是樹，後來慢慢知道，樹越好長得越慢，也越珍貴。有些傢俱上有鑲銅裝飾，幾百年下來，有的銅件都腐蝕，木頭還是好好的。

二〇〇六年十一月，我在大學同學會對「古典傢俱」從木器材質、年代、工藝、門類、完整性、藝術性和觀賞性，分門別類，做了一份心得報告。同學多半也在美國，問起黃花梨和西方的黃檀木(Rosewood)和桃花心木(Mahogany)的比較。我分享了一下自己的想法，但不能肯定這種比對是不是正確？中國人用文言文傳遞科學很辛苦。

這段期間，我們的書架上增加了很多古董書，無論木器、瓷器、玉器、錢幣，應有盡有，只要我們對某一個課題產生了興趣，就忙著蒐集所有在大陸、台灣能夠買到的好的各種新舊書籍，然後實事求是，務必研究透徹。這些書籍內容豐富、印刷精美、價格也很合理，對於我們對中國古物的理解，幫助很大。

家裡藏書很多，事實上，我們美國、中國兩邊家裡，都是滿坑滿谷的書。朋友問，這麼多書，你都看過嗎？當然都是看過的。至於能不能夠學以致用，就因人而異好說了。

一九九六年搬家到美東之後，因爲離家近，一有空就到了歐洲旅遊。到了中國，家還在紐澤西，每次回家，慢慢擴大營業，全世界都跑遍了。很多地方去了很多次，還是很喜歡。有時候看到介紹什麼特別地方，覺得有意思，只要兩個人可以同時挪出一點時間，說出門就出門，說回來也就回來了。

有一次在泰國一位美國人開的精品店，也是一位美國人他鄉遇故知的過來對我說，「我認識你，我們肯定是在同一個公司工作。」我想公司同事很多，也不以爲意，說了半天，才知道他是美國聯合航空公司的機長。

每次搭美聯航的飛機，已經習慣它的流程，該吃的時候就吃，該睡的時候則睡。有次和太太搭乘國際航班，剛好是美聯航第一次把頭等艙的座椅換成完全平躺的模式。第二天起來，機長特意過來對我們說，很可惜沒有事先徵得我們的同意，不然，應該爲我們拍張休息時的照片，放在他們宣傳冊裡，讓大家看看美聯航新的頭等艙平躺模式是多麼的舒適。

英國王妃戴安娜去世的那天早上，我們剛好從紐澤西飛抵巴黎。到處聽到戴安娜，因爲不懂法文，以爲她來訪問，到了旅館，看了報紙，才知道是怎麼一回事。我們住的旅館，離她不遠，早上七點，一路上已經可以看到鮮花和攔路標誌，不可思議。

我們另外一個興趣就是乘坐遊輪，上了遊輪和外界聯絡很不方便，也是我們最能夠放鬆的時候。可是有一次，船停在阿姆斯特丹，一停兩天，沒有動靜，原來是前面大螺旋槳壞了，技術人員看過之後，認爲需要整個送進廠裡修。船公司很抱歉，宣佈免費招待大家在船上待一個禮拜，並補償所有的費用。兩個禮拜的行程，根本是頭一年作好的計畫，衝擊很大。我們必須馬上利用這段早已預定的假期時間，自我安排行程，結果決定在荷蘭、比利時玩了兩天，然後直接啟程中歐去維也納、布拉格、布達佩斯、奧地利附近城市遊走，很是盡興。這次旅遊印象深刻，我們離開遊輪的時候，很多人平日很少出門，不知道怎麼應對，還是坐在原地。好在這家船公司，好像是名人號（Celebrity），回來以後退回包括機票的全款，之後還是可以再去一趟。我們第二年又按原計畫玩了一趟，有一種撿了便宜行程的樂趣。

我們去過世界上的地方很多，幾乎想不起來有什麼是想去而沒有去的。各個國家民情風俗都不一樣，即使去過這麼多的地方，多麼熟悉旅遊的流程，還是覺得無論什麼行程，無論什麼妥善的事前安排，既然出門，路上總是會碰到各式各樣意想不到的情況，當然更多的是驚喜。

許多人說歐洲，尤其可能是義大利扒手很多，但是我們去過多次，是眞沒有碰到，也沒有什麼遺憾。只記得我們有次不記得在哪裡打算搭火車去龐貝（Pompeii），上了車，動也不動，義大利人在車上歡天喜地，我們也不知道爲什麼？後來總算弄明白了這趟車會晚點，而停靠在對面開往反方向的火車，卻可以送我們到龐貝。我們讚嘆這樣的設計，趕到對面，對於印度名言：「有時候錯誤的火車，會帶你到目的地。」（Sometimes the wrong train takes you to the right station.），再無懸念。

我們沒有被偷盜的經驗。倒是記得在印度的時候，車子停著等候紅綠燈，小朋友拿著很漂亮的孔雀羽毛扇兜售，十塊錢美元，太太想買了回去送人，拿出錢來，立馬被朋友攔下，要小朋友先把商品拿出來，一手交錢，一手交貨。小朋友愣在原地，再也拿不出同樣的孔雀羽毛扇。

我有一個董事會，基本上都是固定在康乃狄克州，或是在紐約城裡舉行，他們每次都會派車子到紐澤西家裡接我開會。因爲康乃狄克州在我們喜歡的肯尼邦克港（Kennebunkport）休假地的路上，如果時間許可，我們就自己開車北上，不麻煩公司，開會之後，到肯尼邦克港（Kennebunkport）待個週末，這個城很小很有度假感，住的地方是住宿附家庭式現做早餐（Bed and Breakfast）。小小的旅館，但是很有味道，有的旅館房間，還用了詩情畫意的名字，什麼「莎士比亞午後」、「仲夏夜之夢」之類。我們來到這裡，不做什麼，在路上走走，也覺得非常放鬆。

走過這麼多地方，除了蘇聯，好像沒有什麼拿美國護照需要簽證的國家。拿美國護照進去蘇聯比較麻煩，但是進去了，每到一個地方，兜售紀念品的攤販，都是一路說著英文，以美元作爲交易的單位。

我們在外面碰到各色種族，各有不同背景的人，講起話來，都很有趣。有次去瑞士路上的火車，包廂裡的另一對夫婦，也是從美國來，他是皮膚科醫生，說起來什麼樣的痣是好的，什麼樣是不好的，我們聽得津津有味但還是不得要領，他乾脆趴在地上具體說明，氣氛特別歡樂。

出門在外，萍水相逢不同專業的人士，增長了很多知識，對於各個地方的人都沒有成見。每個國家也各有它的特色，無所謂好壞，也不應該畫地自限，如果截長補短，全球化供應鏈於是能夠發揮作用。

第六部・大趨勢、大挑戰和大機會

第二十四章　巨大趨勢、巨大威脅和巨大機會

科技發展的趨勢和機會，我們從科技融合、個性化服務、和領導力三個層面來探討：

一、科技融合的巨變，創造人生機遇

美國居於全球領導地位有四個支撐的力量：高科技、華爾街金融、軍事、和好萊塢影藝，而高科技的發展根本影響其他三個領域。

電信是當年帶動美國高科技產業國富力強的一個主力火車頭。九〇年代末期，數位通訊進入人類的生活。從二〇〇九年開始，4G移動技術全面更新爲數位通訊方式，數位爲本的互聯網、移動、和多媒體的交錯融合，對通訊業和全球經濟產生了徹底的影響和巨大的機會。數位通訊技術簡化通訊網路，也使得萬物互連變得更加多元化。我們從推動這個局面的三個要件：科技、萬物互聯和演算法來討論。

科技

通訊從類比進入數位技術的根本改變，對資訊產業以及其相關技術產生巨大的衝擊。資訊基礎設施從光纖到移動通訊數位技術快速部署，促使各行各業產品脫胎換骨。

無線技術已是當代技術產品基本配備，AT&T／朗訊建立的電信網路基礎建設，具有系統上的重要性，不僅對寬頻連線與手機上網至關重要，對政府、企業、醫療、生計機構等的任何通訊網路都不可或缺。企業產品用到無線通訊技術，需要支付無線通訊製造商權利金。

數位通訊在這裡起到了關鍵作用，收集大數據、提供雲服務，數位無線傳輸串起物聯網，啟發人工智能，節節推高不同產業的萬物互聯和自動化的增長潛力。

高科技數位網路的構建，擴大商業優勢，同時也能主導軍事能力的發展。除了在地面構建移動數位通訊網，也可以在海底鋪設洲際電纜，建設空中衛星通訊系統，能夠導航、定位，甚或打通歐亞在北極航道的通訊。低軌衛星可以提供快速預警能力，也會有洩露行蹤的風險。寬頻上網，主要爲了擴增帶寬、加快速度，達到產業額外競爭力。

這些基礎設施滿足了一些關鍵任務、低延遲的需要，例如能源的傳輸和分配、自主駕駛、或是醫療增強實境（AR）手術、球場球賽的即時轉播移動網路，提供甚至低於一毫秒的延遲服務。這是「即時的」，可以用「虛擬化」的方式實現功能，把很多功能推到邊緣，做成新的生態系統。WiFi 提供了短距離高速連接互聯網路，是無線規格的互補，目標是要萬物隨時隨地都可連網。最好的通訊網路技術對於人們，要能夠像「水」跟「電」一樣，是一種自然的存在。

可預見的情況是，未來的通訊網路會更複雜了，不容易管理。於是，我們通過逐漸建立數位連接，把沉悶和重複的任務自動化，通過遠端、或是虛擬化的方式整合管理。

萬物互聯

數位化資訊，爲移動網路下的視頻多媒體、和鋪天蓋地而來的工業革命 4.0（Industrial Revolution

2011）的人工智慧功能，提供了最好的平台。

數位爲本的技術，推動萬物互聯，實現網路互聯的資訊服務。到目前爲止，移動網路的覆蓋需要大量的光纖才能成功，這不僅是擴展容量，也是爲了實現網路多樣性、可用性和覆蓋範圍，對於強大的移動功能目標，提供更多的互聯路徑。

多媒體體驗

語音、文字的傳輸被廣泛使用之後，視頻多媒體的應用，藉由移動數位化網路和它的萬物互聯的能力，必然蓬勃發展。高速穩定的數位化網路，特別是移動通訊技術的發展，帶動多媒體。使用者在意它的服務品質、回應時間和內容豐富。

多媒體的發展，從平台到內容，循環漸進，應用萬般。

從平台的角度來說，二〇〇四年我擔任台灣大哥大董事時，對台灣大哥大運營商提出強化視頻多媒體的建議。台哥大併購凱擘，當日股票大漲，之後一躍成爲台灣第二大電信運營商。

目前，數位轉型已經普及，世界各國更是大幅度開放通訊與媒體的跨產業匯流。數位爲本的通訊技術，建構多媒體服務平台，推動關鍵視頻能力，通過互聯網業務，滿足多元化的群眾，水到渠成。如今的過頂服務（OTT）主要是指影音串流平台，例如YouTube、網飛（Netflix）。也就是無論何時何地可以視頻同步、「影像帶著走」的概念。

有了平台，還要有內容。早期的過頂服務（OTT）是指電信、網路服務供應商（ISP），將內容建構於基礎電信上而形成的服務。

二〇一二年，我在運營商董事會提出運營商創造內容的想法，爲什麼要創建媒體內容呢？因爲內容更容易帶動平台，強化數位生態，當客戶數量劇增，我們需要透過創作內容，使客戶能夠習慣在同一個具有視頻功能的平台上觀看節目和交易，我們也更容易掌握客戶的喜好。創作好的內容還可以推送到全球，帶來版權費用和廣告收入，拓寬移動運營商的收入來源。此外，與其他通路包括與新聞媒體合作分享也是好的補充。

影音串流平台的功能越多，消費者選擇其他通訊或有線電視的機會越少。當然，價格仍是重要的決定因素。

其他多媒體的應用包括社群媒體越來越受歡迎，它利用群體資訊的精準營銷成爲操縱輿論的工具，弊端也是有的，可能成爲發送扭曲的資訊的平台。我很少依賴社群媒體，以免干擾到正常生活，但是如果商家能夠使用它進行精準的資訊推送，連接物流，增加販售，倒不失爲幫助偏遠地方創業的好方法。

有時，太多的視頻溝通，可能會造成大腦疲勞。因爲視頻侷限於螢幕內容，難免阻礙創意。畢竟，面對面互動可以藉助周圍的肢體語言理解對方，實體溝通傳達更多的交流的資訊，它的豐富性高於虛擬溝通。

神經醫學醫師曾經指出，人類注意力的縮短速度，正遠超過演化速度，這個發現給人工智能應用很好的發展機會。如此，我們可以利用人工智能收集電影的視覺、聽覺的構成元素，重複強化成爲電影「瞬間」，例如，製作恐怖電影。短影音的應用漸漸成爲流行。從傳播及溝通效果來說，圖片勝過文字、短影音又勝過圖片。Youtube 盛行，可見一斑。而且這些產業的崛起離不開高速的數位網路。

和視頻相伴而來的語音辨識的技術，因爲機器學習方法的突破，人工智能的興起，訓練數據較容易取得，開源項目的普及，圖形處理器（GPU）計算力的提升，大幅降低了今天語音技術的門檻，快了很多，但是如何量化數據、加強演算法，還需要繼續有突破性的發展。畢竟當今的語音識別更多依賴於統計模式，讓機器像人類一樣的思考語言是一個挑戰。雖然離理解任意自然語句有一段距離，但這也是這個領域本身的實用性，和吸引人的地方。

另外，因爲語音辨識的隱私性質，學習的過程需要在端上做，電池需要有低功耗、高性能的能力。

軟體技術成熟，用於醫療，無需強光照射，就可以追蹤到細小的原始細胞的三維（3D）變化並重建圖像，對於疑難雜症的分解極具意義。人工智能場景模擬可以帶來沉浸式的體驗和高品質的畫面。例如，我們可以借助視覺技術、空間音頻、數據生成的機器學習、和演算法，實現三維像素場景的每一個片段，構建複雜的全息場景，看著眞實，其實不存在。

這種超高清晰度的畫面，配合虛擬實境、擴充實境的技術，和UHD超高清影片服務，或三百六十度全景寬頻影像身歷其境，可以幫助醫師做手術模擬，有助於專注性的邏輯分析和理性決策。

技術都在，也會不斷進步，但是推出任何應用還是取決於市場接受的程度。例如，我們意識到老人照顧是成長非常快的領域，如果把新興的技術應用在老年照顧，應該是一個有前景的方向，但是虛擬接觸無法取代人物關心和肢體接觸的溫暖，太多的網路溝通反而更增加老人的被隔離和老無所依的孤寂感覺。虛實整合，不可不愼。

轉型人工智能

人工智能是數位智慧，是人類智慧利用數位生成的有針對性的智慧。

因爲數位化的普遍存在，首先呈現在生活百態的，是自動化的能力。物聯網、演算法、與晶片運算等技術的持續發展，帶動視頻應用的複合成長，全球人工智能相關產值，已經全面滲透到各行各業，推動零售百業的發展。

我特別關心糧食領域。因爲氣候變化越來越大，任何氣溫、雨量的反常，都會嚴重影響糧食產量，確保充足的糧食是未來需要面臨的問題。

首先，用更科學的方法栽培農作物。如果把數位化、自動化、智慧聯網應用於農業糧食生產領域，我們可以更有效地發展高端農業科技。例如，採集現場感測器和種植操作的數據，根據大數據樣本，通過人工智慧深度學習，結合數位化的專家經驗，做出科學的監控和預測。

其次，對於農作物進行基因調整和加工，智慧化栽培，標準化生產。因爲氣候劇烈變化，現代主食例如小麥、大米、玉米、大豆產量急劇降低的時候，利用基因改造，在不降低營養成分的前提下，量產傳統上比較適應氣候變化的穀物如畫眉草、莧菜、高粱和蕎麥；或是多種植肥料成本低的黃豆，作爲我們未來糧食安全的保障，降低氣候變化對農業生態系統造成的影響。至於以演算法和預測等技術改變環境、氣候的嘗試，可以列爲長期目標。

然後可以用數位化方式，加強糧食管理和運送。像大糧商一樣，對糧食的供需調節做到運籌帷幄。這些都是利用數位技術的方法建立系統化的操作平台，提升品質和生產效益，構建智慧農業生態。

至於肉品，想辦法建立去中心化的系統，打破寡占現象，增加供應安全性。此外，人口老化、飲食習慣的變化，都應該一併考慮，尋求農產品需求結構的調整和平衡。

人工智能發展帶動了影像辨識的大突破。影像感測能力很適用於物流和自動駕車領域。無人超市利用大量的鏡頭和感測器收集到的數據自動檢測計算處理，達到人工收銀的效果。如果自動駕駛有風險，小範圍社區巡迴自駕巴士，或是自動停車入車位，相比之下，就簡單實用。

人工智能模擬人腦的運作方式，但是，人工智能很難取代人類的想像力，自動駕車很難取代人類開車。如果所有的車都是循著一定的規則自動駕駛，出現變數的機會就小了很多，所以，如果所有人都使用自動駕車，自動駕車就比較容易控制，容易進入我們的生活。因爲數位管理需要而受益的電動車關鍵零組件生產，也是未來主導產業走向的重要力量。

未來的事物會變得越來越智慧化，特別是智慧硬體或設備，例如在智慧家居上的家電應用，通過接入互聯網，可以人性化的自動調節和被遠端控制；共用單車通過接入網路，被定位和解鎖；穿戴設備通過檢測各種資訊來給使用者更好的回饋等等，萬物互聯影響了生活了的方方面面，這些離不開數位化的通訊平台。

就終端裝置來說，一旦邊緣運算更加成熟，加上高移動傳輸的速度，其實很多運算功能交給邊緣運算就可以了，甚至推動強大邊緣運算的能力，成爲數位中心。手機也可能呈現不同的樣貌。

晶片

半導體工業是資訊產業的元件。充滿想像的軟體新科技能力，因爲萬物互聯帶來晶片的發展。晶片技術持續精進，使得新技術應用的創新如虎添翼。自從無線通訊普及，物聯網（IoT）被認爲是未來帶動半導體產業收入增長的首要應用，然後是人工智能（AI）。

原來在雲計算環境下，計算的主力還是英特爾中央處理器（Intel CPU）。物聯網快速發展的今天，對於硬體之間的連結不僅要求更即時，也要求更智慧，這就需要端上的晶片有很強的計算能力。英偉達的圖形處理器（GPU）繪圖晶片即時上位變成了晶片市場的新強權。

面對越來越多互聯、感測、即時計算的需要，我們將利用數位科技和人工智能量身打造多元化的半導體元件，所謂語音辨識、網路安全、搜索能力無所不在。加大創新的力度，企業才能成長。

晶片製造業主要在亞洲。智慧手機、個人電腦和車用三大應用都是重要方向，互爭產能，尤其電動車是一個新興領域，需求暢旺。爲了突破摩爾定律極限，提升計算力，晶片製造業除了持續專注先進製程，還要精進封裝和電路板技術，並尋找高速計算的方法和材料，同時確保電子供應鏈順暢。

競爭不是壞事，可以促成產業的進步。接下來幾年晶片產業將進入高速發展時期，移動數位網的高傳輸、低延遲，以及大數據普及、視覺繪圖處理精進、遠端處理和自動化相應技術的成熟，隨著半導體元件應用更多元化，從雲端運算、邊緣運算到人工智能支持基礎配套成熟，一觸即發。

演算法

大數據的應用，因為演算法和數據庫的結合，為人工智能提供指數加速學習能力特別好的平台和願景。未來五到十年，高效能運算（HPC），將是成長動能最強的方向。

雲服務是利用電腦系統提供的數據儲存和運算力，透過因特網即時滿足使用者的需求。這個必須透過網路的服務需求，是運營商明顯的機會。如果是由運營商提供的公共雲的方式，可以跨越不同的垂直行業。許多大的企業有興趣擁有和經營雲計算，一般使用者不需要積極管理，正業不被耽誤，可以仰賴永不停止的數據中心。

如果是企業自建邊緣雲，自然願意使自己成為業界價值鏈重要的一環，但是對於運營商來說，這麼做會剝奪了運營商的利潤，對於資訊安全、網路可靠性的保障，增加了不確定性。

硬體軟體分離，更容易通過虛擬化網路，和端到端網路切片的靈活性，快速響應客戶的各種計算需求，儘量做到客制化的承諾。虛擬化的網路方式，對於網路功能提供了靈活性，雖然軟硬體分離的做法，也會減緩性能和速度。

當遠距離交易正在改變人們的交易和工作方式，平台的便捷性和穩定，以及終端網路安全，是驅動遠端交易成長的要素。從私有雲、公有雲，再到以後可能會有的個人雲服務，是定制化的不斷升級，對於用戶的使用也會更友好和便捷，雲的價值能力也會不斷地得到體現。網路技術多樣，基於項目需求的選擇多了，競爭也不可避免，這些都是好事。

現今強大的超級電腦的處理器，把指令化繁爲簡。用一序列的簡單基本指令，實現處理器並行計算，來提升效能。普遍使用的 Linux 操作系統，也是當年貝爾實驗室簡而美的 UNIX 作業系統的一脈衍生。

我們更致力量子計算能夠跟上商業化。量子電腦被視爲下世代的電腦運算解決方案，驅動資通訊軟硬體相關技術的變革。當超級電腦對於巨大數據的問題，很難算出來的時候，量子計算更容易解決人工智能大數據即時性的計算難題。例如，對於忙碌城市的實時交通分析和疏導，量子電腦可以輕易辦到。

因爲量子計算可以有效地允許一個系統計算具有大量不同結果的問題，我們可以把高複雜度的 NP 計算問題，變成 P 問題；把傳統算力無力解決的問題，在有限的時間內完成計算。

當然，量子電腦的高性能運算，在科學和工程層面，存在嚴重的問題，它需要絕對乾淨的物質材料，現階段量子電腦裡的粒子，很難穩態存在，必須在接近絕對零度（攝氏零下二七三・一五度）的環境下才能控制、運作，目前還難普及。

當摩爾定律進行不下去，計算能力不能反應人們對速度更高需求的時候，量子電腦爲產業提供了一個努力的方向。量子產業的潛力可以另創一個半導體產業，採取水平式分工。

量子計算還有一個優點，理論上它沒有熱耗散的問題。傳統電腦的熱耗散問題是原理上就已經決定的，集成度越高，熱耗越嚴重。量子計算原理上是可逆計算，在裡面自循環，沒有熱耗散。這些優勢更增加了我們對未來量子電腦的期待。大道至簡（Simplicity and Universality）。

二、全方位資訊服務是「精細個性化」的新遊戲規則

當移動互聯網進入我們的生活，產生大量數據。因爲是以數位的方式呈現，與服務相關的百業百態，就更容易以客制化爲最高指導原則，量身定制服務成爲理所當然。九〇年代晚期，朗訊就推出了個性化概念的項目，有機角色（Organic Persona），由傑瑞・巴特斯（Gerry Butters）領軍，但是由於周邊的配套措施不健全，人工智能尚不成熟，項目最終無疾而終。

科技創新是用於解決人類問題，造福人群。新一代的科技產業核心是數位爲本和供應鏈重組。個性化的訴求，需要利用大量的數據提供準確度，科技發展於是有了方向。人工智能因勢利導，站到了技術關注點的中心。

移動大數據的產生，基礎軟硬體的精進鋪墊，使人工智能技術得以在各個生活層面帶來了貼心設計，創造了無窮的產業價值。

當我們懷抱產品或服務必須得到顧客喜愛並能夠大幅成長的使命，可以做到虛實並進，採取多面向的企業文化。虛的層面可以是讓消費者能更輕鬆地買到東西；實的則是建立物流配送與資料中心，縮短運送距離，讓消費者能更輕鬆地收到東西。如此，更貼心的服務客戶，擴大商業應用版圖。

我們想要身邊任何東西都要極度專屬化的時候，數位通訊的立基，使我們實現萬物互聯，加強網路內部的連接，加快網路智慧化改造。面對增強全球因特網的連接，我們還可以上天下地的發展，搭建衛星，鋪設海底洲際電纜，讓人們在地球的任何角落都可以高速上網。

如果把人工智能的模型簡單理解爲一個數學公式，它的強項是在大量的數據下，用快速的演算法，不厭其煩地重複著同一個動作。我們讓人工智能通過高速計算，甚至量子運行，儘量準確的模擬物質可能同時以多種狀態存在的自然的運作，保持超高的精度，像是一個勤能補拙的過程，做出非常聰明的決策，儘可能滿足定制化的需求。

醫療

無需諱言，醫療最是量身定制。

常見的智慧醫療服務，基本上是一些自動化服務。

人工智能還不能建構足夠複雜準確的醫療能力，可以先從保健做起，或是利用圖像和相關感測技術的幫助遠距照護、居家檢測、和偏鄉會診。

過去以來，循證醫學更多的來自於部分臨床數據，這種數據量級一般不會很大，而且個性化不夠，很難做到因人而異，要做到個性化，需要人工智能從海量的數據中挖掘個性化訊息。

人工智能和人類相比最大的優勢在於能夠處理海量的數據，總結和歸納。對於醫生來說，不可能閱讀和分析過萬級別研究報告和相關病歷，而機器通過人工智能技術，深度學習技術可以在海量數據中捕捉到更多的病人訊息，組合訊息，以及一些隱式的訊息，對病患診療給出客觀「建議」，使得診斷流程更高效。

智能化機器手臂的精準功力，對於簡易臨床輔助，可以有不錯的發揮。預測預防病患行爲，避免危險；用人形機器人，協助外科手術房器材的準備和搬運；甚至於日常生活，從照顧病患，到喚醒失智者的溫情，多有助益。至於利用人工智能解析蛋白質的三維結構，就是更細緻的生醫探索了。

但是人工智能在醫療上的應用發展還是有一段路要走。到目前爲止，醫療產業利用高科技術，還是不斷會有會錯意的錯誤，都需要累積經驗、不斷修正，才能做好生病之前的預警，和對病患有效的追蹤。因爲它需要大量醫療人員人工建立資料庫，提供足夠自我學習能力。

許多身心相關的特別疾病以及退化性疾病，並不是絕對的二分法。需要醫師的理解力和洞察力做出診斷，要求醫生在龐大數據中，一一標記，並不現實，甚至會在這個關鍵步驟上產生差異，影響最終的演算法預測的精確度。所以目前還是專注特定疾病，我們從運算法得來的結果，還無法得到疾病的機轉。

對於人工智能來說，醫療數據越全面，包含的資訊越多，智能診斷也會越準確、越個性化。對於近年流行的個人化精準醫療、例如基因比對、以程式設計基因修復等，還是需要借助於大量的醫療數據，這些甚至包括不同的種族、環境、氣候變遷等的訊息。醫療量級不夠的話，深度學習程式的泛化能力和記憶能力都不能得到充分的學習。

要想人工智能更智能化，需要處理大量的非結構醫學影像數據，之前分析較少，原因在於計算和處理的技術要求高，隨著機器的計算能力越來越強，這些問題慢慢得以解決。

智能化的最終目標，是讓它更接近大腦類比神經元的存儲、計算、連接、傳遞。因爲很多高階的訊息不能通過專家設計來表達，傳統的統計學習方式基本不能實現，基於神經網路的深度學習能很好的解決這個問題。

但是我們現在對大腦結構運作不了解，通過從不同年齡和疾病的數以萬計的 MRI 腦部掃描中學習，教人工智能模型生成大腦圖像，只能靠影像處理作爲深度學習突破點，利用影像處理幫助情緒辨識，突破空間障礙，捕獲到隱式的特徵。也就是，借用圖像的方式數據化喜怒哀樂，建構自帶情緒的人工大腦，使得智能化更接近大腦的運作方式，更容易接近複雜的決策問題。

願景是美好的，道路是漫長的，智慧醫療是長期而有意義的工作。隨著醫療產業數據不斷累積，連結醫師導向的數據分類、標示，更準確的影像處理，快速的圖形處理器（GPU）機器，和高速演算法，都持續推動智慧醫療從目前輔助角色走向關鍵助益。

轉播　多媒體虛實同行

個性化服務另一個引人共鳴的體驗，是同聲相應的多媒體應用。多媒體功能是數位技術最直接的呈現。電信業迎接新一代的移動數位技術，利用自身傳輸的優勢，以數位科技工具突破空間限制，落實開放透明的現場實況。

我個人比較看好也最感興趣的是結合移動網路和虛實整合技術，隨走隨看的球賽轉播或直播。這種沉浸式的多媒體體驗，隨著數據移動高速推進，網路傳輸速度的提升，各種直播技術的成熟發展，還有終端設備的計算處理能力的增強，讓這個設想可以成爲現實。

當前的用戶普及度不夠，主要是兩個層面，一個是穿戴設備比較昂貴、沉重而不方便，再就是各種平台存在相互兼容的問題，在不久的將來，這些問題會得以解決，就像科幻小說《一級玩家》（Ready Player One）裡面的世界一樣，虛擬全宇宙（Virtual Full Universe），增強現實（AR）、虛擬現實（VR）、擴展現實（XR）將會帶來全新和高品質的體驗。

當然，現場的氣氛無法取代，視聽共感、群體互動不容易即時複製。但是我們可以利用新科技讓球迷以多元的方式享受比賽，滿足個人觀看球賽場景的自主性。球迷不在現場，但是感覺近距離，從最好的角度身歷其境觀看比賽，並且這個比賽是可以隨走隨看。

好的國際球賽，是一個世界舞台。許多企業，都競相利用這個場地做媒體廣告，推廣產品。可以說是多媒體內容是最自然實際的展現。

沉浸式的體驗用於遊戲平台憑添了許多樂趣。它可以讓人自覺特別美貌、生活得特別優渥。如果在特殊場景和情景，借用虛擬實境，幫助使用者調整心情，善莫大焉。但是，我們不願意讓這些只停留在墻裡鞦韆，如果虛擬實境不能夠從正面幫助人們有希望的成長，將失去了科技更新的意義。尤其不能在沉浸中進行交易，不然因此造成身份混亂，後患無窮。各行各業可以抱持更開放但審慎的態度，多瞭解自己的領域能否受惠於人工智能。

智慧城市

數位技術表現在人口聚集的都市，主要是實踐自動化的服務，建構新型大數據中心的智慧城市，也實時掌握事件和地區狀態，便於及早因應。

全球人口越來越有往都市化聚集的趨勢。行動設備的普及，網路提供頻寬、連接技術，物聯網、雲端運算的快速發展，都在催生智慧城市。數位移動互聯網產生的大量數據，利用感測技術和機器學習、演算法，催動智慧化操作；大數據不同於人類思維，可以自發找出關聯性，升級智慧應用，例如，傳誦一時，九〇年代美國某沃爾瑪超市（Walmart）的啤酒和嬰兒尿布的關聯性故事，是一個有趣的例子。中國和新加坡在這方面做了很多，深入百姓的生活。不過，全面數位身份服務果眞能行，還是需要更明確的技術規格、協議標準和法律環境的保護。

物流是現代城市不可或缺的功能。中國有很強的物流和供應鏈領域的專業能力，美國亞馬遜也投入了很多。智慧物流可以結合國際科技公司的優秀技術，研發相關的科技，擴展全球零售基礎設施的能量，從提升機器人的自動化，開發如同眞實人工客服的智慧客服，到更好的預測演算法，調整庫存，突破傳統零售業；同時，優化遞送路線，減輕物流網路的負擔，在全方位、全面化的物流供應鏈下，提升運送效率，利用倉儲的佈建，與外送平台合作，讓消費者的最後一哩路更便利，爲消費者提供更個人舒適便捷化的購物體驗。

如果物流受到阻礙，無論是因爲能源不足、零件短缺、關鍵原物料漲價、極端天氣變化或是運輸堵塞，都會使得國際貿易運轉不良、減緩，有些貿易甚至無利可圖。不過，供應鏈一時的混亂，總會找到出口，找到市場、產品，和生產據點最優化的組合，自我癒合。在地生產短鏈調整和多方採購，是未來供應鏈管理趨勢，而最終是由信任的夥伴形成供應鏈。

另一個城市發展的重要指標是電動車的推廣。電動車的聯網配備和傳統的燃油車不同，需要很大力度的基礎建設，以數位化的方式操作，促進電動車聯網，從製造、零件、和維修方法，都可以走向聯網和數位自動化，做到雲端更新，軟硬體並行。電動車的設計是幾個主件，不再是千百個零件。發展電動車的一個重要任務，是要建置方便的車充電站，使消費者能夠在低成本時間內進行「智慧充電」，樂意使用電動車。

另外，我們利用叫車平台，結合物聯網線上線下應用，用科技探索消費者的喜好和習慣，推動電動車共享，建置移動聯網，優化出行，幫助規劃城市交通。電動車還有一項重要的功能，它可以支援靈活的電網資產。

所有設備和人力同類型的自動化的應用，包括電動車、機器人，自然不限於陸地操作，完全可以用於海上船塢，空運空廚的相關調配。如果是大規模的生態改變，一定嚴重影響勞力分配，必須預作規劃。自駕車離完全來去自如還有一段時間，我看好綠色能源相關開發技術和在繁忙路上奔走的物流運送機會。

越來越多的智慧，越來越多的個人隱私，需要藉由技術，被保護處理。我們提供智慧城市自動化，目的是予民方便，但並不推薦機械式智慧的管理整個城市。

人工智能擅長的是確定性問題，或者有限解問題。例如你和他下棋，步驟是可以有限解。所以最開始是象棋能下得過人類，因爲當時的算力只能讓象棋有限解，後來算力大了，圍棋也可以接近用類似的方法擊敗人類。人工智能辨認瑕疵的速度比人工快很多，但是如果你讓它告訴你今天哪檔股票漲，這個問題對它很難。這個是開放性問題。

當我們利用大量的數據訓練，人工智能將成爲通訊工程師工具袋中的有用工具。並且，每個人都會不自覺的一直使用它。

大型企業的領導各有視野，大數據的普及，和工業 4.0 的人工智能應用，讓過去互聯網與半導體的半壁江山重新定位。

由創新所帶領的經濟模式，把消費市場提升至另一層次。我們未來身處的環境很可能成爲無線系統本身的一部分，而不是一個旁觀玩家。

資訊安全

移動服務的快速推動，創造規模經濟。因爲超強的人工智能收集大量的數據，儘量使它有人腦的表現，使人全無隱私可言。

越來越多的數據集中儲存在雲端，通過無線傳輸，數據洩漏事件隨著增加。資訊安全問題成爲科技和企業主管特別關注的一個重要領域。

資訊安全兩個重要的課題，一是隱私保護，另一是網路安全，都是機構投資對數位資產退避三舍的主要疑慮，最終還是應該靠技術解決。未來幾年，對於自然語言理解方面的數據處理需求巨大，網路健全管理，無論如何模塊化控制平台和數據平台，或者因爲邊緣計算，到處都是數據中心。新的技術，需要過濾虛假資訊，避免假數據和演算法的錯誤融合，甚至放大偏誤。

我們在追求方便和自由的同時，必須保證隱私和資訊安全，打擊虛假交易，避免日後承受失去網路開放和自由的風險。不然，網路出現接口，呈現私有網路四處移動，攜帶零星資訊，將會是一個完全不同的技術。用量子計算加密，也是充滿潛力的技術方向。

三、領導力　知所先後

領導帶領團隊展現鼓舞人心的競爭力。團隊時刻記得核心價值、紀律和榮譽。每個人善用科技動機與能力不同，受惠程度就有區別。風俗之厚薄自乎一二人之心之所嚮而已。當我們做每一個決定的時候，也已經對單位設下了核心價值，對成功與否非常重要。

建立資訊平台

這個世紀最偉大的技術變革就是人工智能的廣泛追求。四十年前人們多用電腦的時候，我們注重的是晶片能夠提供足夠的處理能力。進入移動時代之後，蘋果從 iPhone4 開啟了手機上網和強大運算的時代。我們追求的是個人移動裝置更高效能、更省電。工業革命 4.0 之後，人工智能無所不在，下一代移動平台的特色是數位、簡單、智慧。企業根據消費者行爲模式，從調整硬體的性能和設定，例如，推動滿足消費電子產業和高運算（HPC）需求的小晶片模式，甚至推薦軟體，使個人移動裝置更智慧、更能隨心所欲。

企業追求線上和線下配合使用，但是各行各業有多大程度常態使用線上經濟和娛樂，還未可知。如果因爲天災人禍突發狀況，只能線上作業的時候，必須要爲支持擁擠操作環境，包括建立網速和頻寬基礎設施、萬物互聯、和演算法的能力，預作準備。

這種全面動員推廣智慧應用和物聯網體系，像是打造一流綜合資訊化服務平台。隨著技術的發展，我們期待人工智能的服務可以像電力一樣，隨取隨用。

策略是執行時的選擇

對於企業來說，科技的選擇永遠都在，如何在千軍萬馬、創意紛紜、變遷轉折中取捨輕重找出方向，我們訂出的策略必須是經過細節思考能夠執行的策略。

很久以來，我們就有人工智能的項目，但還是要等到相關技術，包括移動傳輸速度、雲計算、人工智能等技術發展成熟，環境到位，人工智能轉進市井百態。最普遍的趨勢，就是企業把傳統上重複、繁瑣的工作自動化。對製造業來說，工業4.0是一次本質上的革命。

我們把未來人工智能發展定位爲輔助人類。智慧應用，可以多元發展。現在一般人隨口就有人工智能的意識，做人工智能的門檻也就不是特別高。自動化通常是解決單一、獨立問題的過程，我們對人工智能的期待，是提供一個數位平台，促進整個生產作業和供應鏈管理。

越來越多的線上行爲，是人工智能公司最好的資源，它們可以改善提供個人化推薦和創造更多銷售的演算法。

我們用大量的數據一直訓練，然後利用數學的知識做出模型。最終，利用現成的開源，不需要從頭做起。人工智能成爲人們的工具。

因爲數位很難捕捉人的感覺，心理狀態、人格魅力是很難被數位化的。人工智能很難在「美麗」的領域替代人類。人們渴慕眞實的美麗，很難欣賞虛擬的美麗。人工智能即使經過極端強化學習，所學到的技能還是有限，還是很難對環境的微小變化做出反應，就儘量利用圖像作爲人工智能的突破口。

人工智能系統往往在記憶性是強項，可以反映準確的記錄，在抽象推理上會不足，無法像人類能夠突破時空限制，時有不同的思考。

大數據可以被人工智慧利用推送個性化資訊，資訊的繭房更加強化了差異化觀點，偏誤被放大傳播，使得人的思想會變得極左或極右；另外，不可測的事件，因爲不能收集到足夠全面的數據，電腦視覺和語音處理錯誤多，又難以阻止訊息過擬合；還有，我們很難把握個人眞實的身心素質，很不容易掌控生死攸關的判別，例如自動駕駛領域會引入仿眞係統來模擬極端情況。醫療領域更是要小心翼翼。

從人類的認知思考來看，如果我們認爲自動駕駛車行駛在一般道路或許還有不少挑戰，可以先在相對比較容易控制的農業領域，依照同樣的原理，發展自駕農耕機，解決勞動力短缺問題。也是加強糧食的生產和供應的穩定的方法。另外，如果開發用於戰爭的武器的停損點和限度設在哪裡？這類開放性的問題解決，還是要靠人類的智慧給出方向。我很清楚高科技爲人類帶來的幫助和風險，可以影響幾十億人的生活，所以我們引導它，讓科學家的精益求精，帶來更多好處。

人工智能產業提升到國家層級，成爲全球共識。這是一個產業的整體供應鏈，一個生態價值鏈的運作。價值鏈上任何一個環節都有它的作用，對於價值鏈產生實質的影響。

智能化創造就業機會，許多工作職位也因此正在消失。人才數位技能提高，就不會被機器取代。因爲跨領域需求日多，訓練人才和重組人才的過程，無需在同一個企業中完成；也可以設立短期、長期的目標，消化冗餘的人力。例如，在人工需求量越來越大的老人照顧領域，利用人工智能技術，提升工作的專業能量。吸引人才轉型到比較高階的創新，創造更大的收入。

面對未來的十年的問題，不會是運算處理的能力，而是需要考慮如何取得高品質數據？有沒有足夠好的願景來支持這些新科技？有沒有對人才數位能力盡力培訓和重組？

我們要「找出」要交給人工智能解決的問題。

創新價值

尖端科技創新，不是一朝一夕可立即達成，這條路上，貝爾實驗室不斷以創新和技術的卓越相互探索、相互驗證。但是不能只問耕耘、不問收穫，不然也無法有效地在社會中創造價值。

科技的發展對科學家來說是有趣又具有挑戰性，技術的創新是滿足市場的需要，因爲創新的目的是能夠解決最艱難的問題，而技術是用來嘉惠每一個人。作爲領導，在關鍵時刻，應該有一雙穩健的雙手和冷靜的大腦，獲取合理商業利益之外，利用科技引導產業發展，承擔社會責任，不是宣傳口號，一榮俱榮，一損俱損。

貝爾實驗室從來不缺創新的建議，在創新的過程中也從來不會是一路平安。我們帶領越大的團隊，越要有清晰的見識和責任心。所謂高科技，就是高速推進、日新月異的科技。領導在持續變動的環境中，面對選擇，要有清楚的頭腦，才能當機立斷。如果思慮不周，只是誤判，影響就很大了。值得注意的是，這個決定是一個磊落的決定，應變才能容易，眞正做到我們的承諾。如果領導遇事沉吟不做決定，其實就是一個決定。

領導人正直公平，才會得到員工的信任；能得到員工信任，員工才會支持你的決定。更重要的是，領導無私無懼栽培人才，這樣的領導才是領導，有追隨者的領導。人心齊，泰山移。我們待人誠信寬容，對外承擔社會責任。

從德國幾年前提倡的工業 4.0，未來生產線勢必會加速走向自動化，生產方式也會變得更在地化、智慧化。當年從美國轉出去的人力製造工作，不會再回來了，因爲全球社會已經進步，工作方式已經智慧化。

所謂製造業「搬回」美國，不會是回到二十年前美國的製造流程，也不能複製亞洲的生產製造流程，美國的勞工、法規、技術、文化等等，都不再相同。如果眞正熱衷製造業復興，主事者需要有決心，有壟斷產業界的策略，實踐包括自動化、機器人，人工智能等創新技術，把出色的創新發明轉化爲產品，在國內或鄰近地區重新建立製造生產供應鏈。這種做法，牽動整個的產業鏈。

我認爲，關鍵產業，例如再生能源的發展，美國應該考慮借力使力，放棄製造競爭，利用已經存在的中國製造低成本的工藝，協助企業自動化，以自己強大的創新體系，直取下一代科技。

中國大陸目前出口產品的科技層級，涵蓋各級領域，未來也是需要基於已有的專業知識和科技，提出自己的科技創新。

數位智慧

數位科技從根本上顚覆了資訊產業的新技術，為工作環境和娛樂休閒提供無限發展的機會。電子設備、雲端和網路使用量飛速增長。移動數位網路和雲計算的結合，無論是互聯網、物聯網、還是腦聯網，都指日可待。從貨幣支付，或跟隨摩爾法則的平面細微化晶片製造，推動經由立體化晶片的光刻設備，不同企業選擇不同的創新方向和技術調度。

消費者可以透過虛擬實境（VR）功能，在穿越半個地球外的商店虛擬實境購物。商業大品牌也應該加速數位升級選擇，重塑產業價值鏈，面對新的市場環境，從品質到服務，滿足消費者。

當年，美國諾德斯莊（Nordstrom）百貨公司因為才華洋溢的銷售人員而聞名一時。無論用直播還是虛擬現實（VR），都是希望重現顧客親身購物的娛樂感；我們的目標就是，企業在收集消費者的意見反饋的同時，儘快把智慧客服做到金牌銷售人員的水準。

企業數位轉型箭在弦上，隨著人工智能技術的爆發，企業收集到的數據得以被高效的利用。以往人工收集、分類、標註費時費力，機器就能很好的解決這些問題，也能利用這些數據給客戶提供更個人化的服務，如推薦領域使用的協同過濾、用戶試探、以及退場機制，保證用戶的個性需求得以滿足。選用硬體定制，改動不是那麼容易。做不做？做什麼？到目前為止，還是需要人類智慧對商務合理，對客戶有利的即時判斷。最簡單的例子，電動車，特斯拉（Tesla）電動車的聯網功能，會是搜集個人資料的工具；其他製造商的電動車也可以就是電動車。我們作決定，眼光獨到和目標明確永遠是關鍵。

任何一個商業定位，反應領導者的格局。

人工智慧的發展，特別是近年來的深度學習技術，解決了很多領域的難題，機器的優勢在於複雜計算和大規模資訊存儲，例如在對弈領域，機器可以通過複雜計算或者近似計算得到終局近似最優解，而人類往往擅長局部最優解，所以機器下棋的思路有時人類完全想不到，下不過它。但是，機器即便打敗頂尖棋士，是勝率的複雜計算，正如愛因斯坦所說「上帝不擲骰子」一樣。「理智」的機器不會有靈光一現。我們可以學習機器，提升棋藝，但畢竟電腦的計算和人類的思考方式不同，還是要學習和人類對弈，才能有神來之筆。所謂不役於物，不困於心。此外，我們發現演算法會複製、甚至放大創造者的偏見，如果完全依靠演算法，也容易出錯，結論未必如預期。

創新是宏觀的啟發，然後有計畫的執行。在我們作商業決策過程中，決定哪些事情不做，有時比決定要做什麼更重要。我們作決定的時候，資訊總是不齊全的，不然這個決定沒有什麼好作。一旦作出判斷，沒有完美的策略，也沒有不好的策略，關鍵在於目標明確、帶領團隊確實執行。

高價值工作的轉移和更新，即時考驗企業領導人的遠見和執行能力。最先進的人工智能，是以模仿大腦運作爲目標。從另一個角度來看，人類有感情、有靈性，我們利用人工智能，也是創造人類大腦 2.0 版。

經濟轉型

科技是推動國力的主要力量。在未來的十幾二十年，許多國家領導看好人工智能將是「經濟進一步成長的主要觸媒」。數位科技啟發最大的產業改革。

人類的工業革命是從十八世紀發明機器開始，機器取代手工，可視爲工業革命1.0；二十世紀發明暸電腦和通訊，可視爲工業革命的2.0；之後的互聯網數位和移動應用普及，視爲工業革命的3.0；現在二十一世紀開始的人工智能（AI），視爲是工業革命4.0。每一次的工業革命，都自然的改變當前及未來的全球發展趨勢。

世界需要新技術來支援經濟成長。長期而言，就是通過競爭力影響全球的權力版圖。之前提到德國倡議工業4.0，從德國、法國、中國、韓國、日本等國家領導人，都希望利用這樣的機會重植國家實力。亞洲各國更把人工智能、機器學習視爲未來十年最重要的技術發展項目，是國家發展的關鍵。

有趣的是，過去科技發展自然促進國家經濟成長。這次是各個國家領航政策主張，強力推行人工智能，這些決心和力道都給了經濟發展最一致的方向。

人工智能因爲可以準確提供個性化，它的腳步勢不可擋。我們用技術創新和人工智能滿足市場的需要，許多時候，客戶並不能預見他們眞正的需要，要等到市場推出了產品，客戶才有相應的回饋，好的企業用豐富的技術能力，帶領市場的發展。

日本人口老化而且人口減少，現有的年輕人不足以照顧越來越多的老年人，這使得尤其日本成爲人力及機器人整合程度最高的經濟體。我們發展人工智能照顧老人的技術，利用技術的專業性質吸引年輕人。當老人照顧走向專業化和市場化，照顧者對待工作嚴肅，態度輕鬆，樂意貢獻充滿創意的生命力，對生命尊重，對缺陷包容，就能提供好的照顧。

台灣的發展，基本上，還是在硬體的基礎上建立智慧系統的操作。台積電的晶片製造自動化是很好的標杆。南韓也推動相關措施。台灣應該藉此機會加強軟件的研發。

法國、日本、韓國對於吸引人才、創立人工智能研發中心、增加就業機會，都投入大量資金。

美國比較普及的是在城市開發增強和虛擬實境技術的教育和訓練應用。另外一個辨識度高的是軍事領域的研發，利用深度學習的演算系統和影像分析，迅速偵測敵蹤，判別敵方的飛彈發射，發動「群體攻擊」。這種利用人工智能，開發軍事戰力，是有爭議的。作爲科技領導人，把控高新科技的發展方向，有時候是艱難的，但卻必要且非常關鍵。

智慧城市裡，人工智能的活躍遠遠超出了互聯互通的功能。數位與自然的虛實連接，變成自我虛擬化身流連忘返的空間交互場景，這些嚴重依賴合作夥伴的數位化能力和更大的技術生態系統。而消費者對客製化的嚮往，和自動化的不斷進步，以及各國貿易往來漸從全球化走向區域化的趨勢，使全球歷經十多年的穩定產業鏈增加了不確定性。

對國際企業來說，供應鏈是一種長期互信互利的依存的關係，牽一髮而動全身，不容易隨意變動。在操作過程中，像是單一實體，而不是分開的功能。如果供應鏈出現問題，是相當危險的管理問題。想要操作孤立或圍堵或去除某一個供應站，不是容易的事。供應鏈的整體功能將跟著著市場機會和生產效能慢慢調整。

全球供應鏈錯綜複雜地交織在一起。對於通訊產業來說，關鍵軟體和硬體元件來自世界各地，自成方圓。國家保護主義限制元件和產品的准入，將會衝擊整個行業，造成供應鏈漏洞，並威脅到全球遵行的通訊標準。

企業全球化的根本動力是降低成本、增加收益。在絕大多數例子中，全球化實際上完成了這兩個使命。中國消費市場大，對許多外國企業來說，中國具有極大的吸引力。

決勝千里

科技日新月異，我們永遠不滿足於當下的產業成果。

從高科技角度來看，不外兩個重要的方向，一是軟體，一是半導體。

高科技產業要成功，不同於純科學領域，它需要結合創新和經驗。企業發展要有人，人才在貝爾實驗室不是問題，但是高科技不能單打獨鬥。貝爾實驗室不是用最好的福利，而是用全球科技領先地位的榮譽光環和美好的願景吸引員工。我們帶領公司發展尖端科技，朗訊公司把每年營業額的一一%用於研發，提供先進的職場環境，同事之間學習最自由的想法、最先進的技術，創新的機會，就是吸引優秀人才持續投入貝爾實驗室的驅動力。

《華盛頓郵報》曾經報導，美國一年的科研經費約五千億美元，高居世界第一，中國排第二，緊追其後，第三是歐盟，第四是日本，認為中國超越美國的科研經費指日可待。這和中國第十四個五年計畫公佈的官方科研的預算編列數字有所出入。一般來說，中國研發費用大約是美國的三分之二，兩邊的生活水平不同，都可見兩個大國對掌握科技能力的戒慎恐懼之心。

軟體　人工智能

無線互聯網路長期累積大量數據，我們利用雲計算能力和深度學習演算法，分析出大數據背後的規律。當數據計算能力成長到一個臨界點，終於讓人工智能發揮作用，啟動工業4.0，進入我們的生活。

半導體的持續精進，和量子電腦的卓然而出，將使得人類的計算能力，成指數級增長。這些演算法是人類智慧的結晶，是人工智能背後強大支援力量。

當數位技術、人工智能和量子技術的碰撞，對於新科技而言，將是很大跨越。我們現在要做的是，通過人工智能和應用打造生態系統，思考如何用人工智能新科技能力幫助解決人類的難題，避免它所帶來負面的問題。

科技領域重要的發展與突破，還都是由美國地區的頂尖科技專家所驅動。八〇年代，先進國家已有很好的硬體基礎，逐漸向軟體靠近。中國傾國家之力往高科技發展，已經逐漸走出自己的道路，現在產業規模日漸壯大，經濟效益明顯。

就人工智能領域來說，美國主要是線上的概念開發和運用，線下的操作比較少，因爲原來實際生活應用已經足夠。

中國多年以來，互聯網和移動技術的磨練，已經有了相當好的軟體發展人才和條件。中國當年發展科技，像是暫時跳過了基礎階段，無論電商、企業都是各展所長，能夠利用人工智能，由研發轉變爲實際操作，形成產業供應鏈的上下游，最終成爲規模經濟，也因此被西方先進國家視爲最大威脅。

最特別的是，中國有龐大的人力，龐大的人力非但沒有阻撓人工智能的應用，反而表現出欣然接受各種新技術，並且學習新技術的迫切意願。

當然，在基礎研究、操作系統、和尖端科研能力上，美國還是遠遠領先中國，美國畢竟經歷了這麼多年人才和知識的累積。

人工智能機器學習需要大量的數據，數據愈多，愈有相關性，效果愈好。中國知行合一的實際生活應用產生大量數據流，臉部辨識技術領先全球。把人工智能普遍應用於各行各業的生活體系，中國在這個領域的潛力難以估計。

中美這兩種模式，勢必相互衝擊影響，對於產業的發展總是一個大好的消息。

技術革命導致產業模式的變化，尤其新商業模式的誕生。九〇年代末期，當軟體發展進入以數位方式呈現，移動互聯網的普及不只令數據量劇增，而且相互之間的關聯性，使我們收獲大量具有代表性的數據。我們用大數據驅動人工智能，使得個性化得到最好的發揮。也可以呈現虛擬的環境。

硬體開發雖然時間比較長，但是可以做出高效能產品。隨著科技發展擴大，因爲人工智能成就個性化的訴求，加上本位主義的風氣，供應鏈壓力增強，開啟千家萬戶的企業自己設計晶片，交由晶片製造企業製造的模式。這種高彈性的設計架構，加快研發速度，降低生產成本。各種裝置內部最重要的元件晶片，高速成長。

就現有硬體科技能力與科技發展能量來說，美國仍是領先群倫。

中國硬體部分發展緩慢，和國情民性有很大的關聯。跨世紀之初，中國很矯捷的先從軟體切入，所以整個國家科技經濟可以一躍而起。至於硬體技術，硬體投資金額龐大，它的發展不是一蹴可幾。硬體技術發展需要完成的特定的工序時間，使剛才脫離貧困正在急速上攀的中國研發人望而卻步。當年負責領導國內科技的專家，有自身的局限，畢竟錯過了西方世界科技起飛的軌跡，至爲可惜。

目前中國自產晶片貢獻半導體產值距離自給自足還有超過八成的缺口。中國大陸在類比、功率、低階晶片都已有成績，這些低階晶片可用於汽車、機電、機械各式行業的自動化零部件；但是數位和高階產品還是需要仰賴進口。大陸全力扶持半導體產業，從人才到設備各種優惠資金鋪天蓋地，發展半導體已成爲中國的全民運動。

中國製造的電子產品，越來越回避美商，儘量選用世界其他各地的晶片。這種做法，對全球半導體產業的發展，長期下來，不會是正面的影響。

當然，關鍵設備在美國手中，中國眞正做到半導體產業完全跟上時代的腳步，還是需要一段時間。如果美國失去了中國巨大的市場，半導體的研發預算和能量都會受到很大的影響，中國的追趕就不是那麼辛苦了。

一九八〇年代美國爲制衡日本，推動半導體產業水平分工取代垂直整合，失去自身完整的供應鏈。英特爾是碩果僅存，這些年在電腦處理器做的也非常好。如果美國決定確保研發與製造之間的支援，重新取得晶片自主，投下巨資重回晶片製造，帶動半導體設備市場的擴張，擁有完整供應鏈，英特爾是當然首選。這樣，可以減少對韓國、台灣的依賴。韓國企圖打造晶片大國，日本極力爭取尖端半導體工廠投資，中國則全力發展第三代半導體的新興領域，採用碳化矽 (SiC)、氮化傢 (GaN) 化合物，期待把握利用新型材料的機會，在第三代晶片取得主導的地位。商業交易莫非人性，信任一旦被打破，重建很難了。

「天下大勢，分久必合，合久必分。」業界因爲水平分工和智慧型手機晶片要求各不相同，種類多、變化大。各家包括微軟、亞馬遜、英偉達大客戶，以廣泛用於手機的 Arm 開放授權的架構，結合台積電最先進的製程，爲自家量身打造處理器。摩爾定律的進展已接近物理極限。晶片製造業未來輸贏不只是看「幾奈米」，而是需要加強封裝和電路板技術。應用需求多元化，半導體主要晶片不再掌握在少數廠商。

當然，各自爲政，難免不能互通，事實上，不同廠家產品，即使理論上可以互通，實際都未必能順暢地做到。如果消費者覺得不方便，市場就難以普及。所以無論多麼合久必分，在爲客戶提供客製化的同時，企業需要合力推動業界統一標準和規格，才能確保彼此連接，打造商機，進而轉進更先進的製程技術。

物聯網、高效能運算晶片化用於電動車會是非常實用的新創方向。根據國際能源署（IEA）統計，到二〇四〇年，全球將有三億輛電動車。電動車的硬體體系包含了上千個晶片，在軟體體系中，如車聯網軟硬體更新，周邊的應用，高階要求，甚或發展自動駕駛等都是半導體發展的機會。晶片的供應直接影響電動車的生產力。

此外，軟硬體捆綁固然可以使產品達到最高效能，有助於資源豐厚的公司有更多的機會出奇制勝，搶佔市場。歷史像是不斷自我重複，太貫徹的垂直研發，要能夠避免當年 AT&T 中間產品滯銷於相似企業的窘境。

半導體技術逐步拓展，除了掌握關鍵 IP，最重要的是人才。

高科技是一個積累的過程，硬體產業的研發，需要較高的時間成本，尤其是在中國，當年嚴重影響了這個行業對人才的吸引力。

近年，中國看到半導體、集成電路（IC）設計是中國產業升級、往高端科技發展的最後一哩路，傾全力延攬半導體人才，從技術人員到高級管理人才，不一而足。要注意的是，人才培養的過程除了技術以外，必須提升國際化眼界、團隊精神、和法治觀念。當我們領導高知識密集產業，尤其進一步發展高階晶片，除了需要投入大量資金與人才，也需要培養相關人員寬廣的心態和自律的做事方式。

台灣半導體

半導體可說是台灣一直以來最具優勢、最有群聚效應的產業，台灣半導體人才濟濟。

台灣半導體產業中，從上游到下游超過廿項產品不是全世界第一，就是第二，都能擴展到海外市場。擁有虛擬實境技術的宏達國際電子公司（HTC）頂尖廠商，在南韓市場表現非常成功。我們在美國貝爾實驗室的研發過程，也用到台灣半導體的產品。

能源是國家強盛、經濟發展的指標。對於台灣，我尤其看重智慧電網相關的研發。移動數位連結智慧電廠，是工業自動化的關鍵之路。二〇〇八年我當面建議當時最高行政首長建立前瞻的產業，專注發展綠色能源、資通訊科技、遠端醫療，期待軟硬兼施，相互呼應。使台灣產業在結構上做出大的改變，從硬實力發展軟實力，從製造業發展服務業。

我的建議是政府獎勵扶持特定產業，尤其是能源產業鏈。因爲台灣不出產能源，但是硬體蓬勃發展的平台需要巨大能源的支援。發展生產的能源能力和技術，還可以輸出國外。不然，政府對所有產業都扶持，也就等於對所有產業都沒有扶持。

信然諾　起而行

技術領先和客戶信任同等重要。我們創建什麼樣的機構，就吸引什麼樣的員工。任何佈局策略，說服客人之前，要先說服自己及團隊。新的技術、好的技術永遠都在，我們企業的目標是什麼，可以對社會提供什麼有意義的生活形態，可以在多長久的時間落實新的功能？

公司聚集頂尖人才如雲，企業要提供良好公平的競爭機制，才能同心協力、各展所長。如果只是大儒式的以德化人很難達到目的，不然以大儒之最孔子感化下的春秋就會是盛世了。

貝爾實驗室的人才資源自不待言，在中國也是一樣聚集了頂尖的人才，這些頂尖的人才都朝著同一個繁榮公司的方向努力。

中國人有活動力又有韌力，常有好的發明創造，但也許是社會文化習慣，因爲缺乏團隊的訓練和精神，創作者始終戒備與人合作，把創作能力與經營權力混而爲一，即使創作者本身並不具備企業經營的專業能力。貝爾實驗室許多科研成果，是同事之間討論、激盪而來，如果只想著獨領風騷，到後來變得孤芳自賞，也就沒有什麼意義了。當然，政府和企業也需要推出政策保護創作者的權益，使整個的創作商品化成爲一個良性產品發佈的過程。

我的職業生涯，不管負責哪個單位，始終堅持團隊精神。小成功靠個人，大成功靠團隊。持續遠距離居家上班，不是發展高科技最好的方法。對於企業而言，長期遠距離辦公，也許減少了員工工作場所和商務差旅費用，但是對於員工之間腦力激盪的創新能量，甚至溝通技巧都會有負面的影響。高科技行業，要成就，一定是要團隊的成就；要成功，要其他人跟我們一起成功，我們才會成功。

無可否認，領導需要用心經營，才能夠建成好的團隊。我看重誠信，我們縱橫職場、商場，總會遇到不同的壓力，誠信的名譽得之不易，有時候需要很大的勇氣，卻是最能持久的優勢。作爲領導要做到實踐承諾，才能累積團隊的信任。堅持道德標準和企業價值，對於艱難或不受歡迎的決策坦誠以對。對內對外，領導必須以身作則，言必信、行必果，帶出優秀的團隊。不然，連自己都做不到的事，怎能要求別人呢？

美中兩國科技發展路徑並不相同，美國國力已成氣候，始終主張通過市場開放競爭的科技創新，中國經濟剛才起步，科技發展依賴大有爲政府政策、資源支持特定技術領域，加速發展科技的實質水準。

政府扶植新技術，在開始的階段是有幫助的，但是在技術商品化之後，太多的扶植，太長的時間，就不再是成就企業最健康有效的方法。企業的成就最終還是要回歸本身的競爭力。

全球高科技產業發展，已成完整和綿密的產業聚落。領導人建立讓單位能有效發展的機制，堅持競爭優勢，不要鬥爭。中美貿易戰有後面的霸權因素，不過，貿易戰還是拖累了世界經濟成長，美國民間投資創新低。

高科技領域，領導人登高能賦，爲員工創造機會，利他的思考，更能夠制敵機先。這些能力，不會是一朝一夕而成。

高科技工作不會是日以繼夜的拼命。唯其放鬆，才能專注，唯其專注，才有創新，在固定的環境下，創造另一種選項。當年貝爾實驗室創建了無數至今影響人類至深的通訊產品，從電晶體到無線數位技術，就是在這種開放又專注的環境中培養成的。

作爲領導，敢爲天下先的勇氣，是志在必得，也是眼界和能力。創意人人會想，策略人人會說，領導人必須從中找出可行的道路。執行力決定競爭力，要明快要全面。將來的技術可以變成隨取隨用的服務平台，成爲一個支持因特網的智能空間，技術細節隱藏在基礎設施中。帶領高科技，沒有超前的競爭力，根本妄言，重要的是有所爲，有所不爲，愼於思，敏於行。

回想自己多年高科技的管理經歷，很多努力，有些運氣。謙虛的態度，不只是居身之珍，也是處事的潤滑劑。堅持禮貌謙遜，使我受益良多。

寫於二〇一二年一月三十一日

第二十五章　未來的力量

能源攸關經濟和全球勢力。發展再生能源對於國家提升經濟是最具意義的科技方向。能源是國家基本配備，需要能源自主，但是物資有限，能源的需求只會越來越多。

全球氣候特殊變化，一些地區的供暖和製冷需求越來越多，電子產業充斥，需要足夠的能源支援。能源用途廣泛，需求增長趨勢明顯。

而建立乾淨能源，因爲需要啟動大規模基礎建設和科技應用，是最好提升經濟的機會，以前瞻性科技基礎設施帶動公共投資。

再生能源科技的部署，除了能源本身帶來解決民生事務的效益，專業知識能力和經驗也可以外銷，成爲國際性的科技力量。

我們可能需要花費好幾年時間完成這項大的國家現代化項目，但是這些前瞻的目標、投資的動作和人民實事求是的工作，都持續對市場發出國家急迫需要和機會的訊號，刺激經濟成長。

能源的轉型可以帶來巨大的動力轉移。我們的目標是把可再生能源建設爲主要的電力生產來源。

二〇〇八年，我曾經和台灣當時最高行政首長當面建議，發展再生能源是對台灣最具意義的科技方向。因爲台灣不出產能源，能源供給高度依賴進口，台灣必須高度選擇性地部署有限的資源。提高能源自主比率，是台灣必須走的一條安全路。

我的想法是由上而下的整體的部署，利用電信和資訊科技（IT）技術建立最好的數位智慧電網。政府和企業只有在對智慧電網進行了描述和理解之後，才能實施一個有意義的、可行的支持替代能源政策，協助業界。

除了全球對抗嚴峻的氣候變遷，台灣電子業發達，需要高度電能供輸，綠能的生產可以提供電子業豐富的綠電和相對便宜的電價。台灣如果大力提倡綠能發電及發展儲能系統，可以形成龐大的太陽能、水力、風力發電聚落，然後以相對低廉的電價投資招商吸引數據中心業者投資，設立數據中心，成爲軟體發展關鍵的一環。用台灣的硬實力，幫助發展軟實力。發展綠能科技的部署、專業知識能力和經驗也可以進一步外銷，使台灣重新站上世界的舞台。

發展再生能源，除了探討能源本身，從科技的角度來說，我們必須認識並解決再生能源可能帶來的問題。解決再生能源非穩定供電的特質，有兩個重要的機制，一是儲能，我們用儲能解決可再生能源的間歇性問題，平衡電力供需；另一個是發展智慧電網收集調解不同種類電力的配比，定位微電網，幫助隨取隨用電的自主運行，並且優化電力的使用，保持健康的電源結構。

再生能源的建設，在最初的時候，總是花費比較多，成爲穩定的供電來源之後，價格和性能上能夠達到平價。我們用技術繼續優化它的競爭優勢，也可以模組化能源生產管理。

傳統電力

天然氣和燃煤是比較傳統的發電方式。美國擁有豐富的石油蘊藏，出產油頁岩，原油消費量很大。

大陸積極發展工業，是世界最大能源進口國；美國成爲能源淨出口國的同時，大陸四分之三的石油仰賴進口。中東國家生產油氣，能夠善用本身的資源，採用天然氣發電；其他開發中國家多偏重燃煤。

再生能源完成之前，天然氣是優先考量的燃料。已開發國家中，比較多考慮環保因素，大約有四〇%到五〇%的歐盟國家使用天然氣發電，其他國家的天然氣發電都在四〇%以下。這也是爲什麼部分歐洲國家電價高出亞洲國家二至三倍，而埃及計劃和以色列合作，建海底天然氣管，出口歐洲。蘇俄波羅的海下的天然氣管可以直通德國。

亞洲大體上比較不介意煤火力發電轉向天然氣的急迫性。現有的燃煤產業關乎數百萬人生計，還有利益糾葛，加上成本低廉，目前仍是許多國家奮力發展經濟的工具之一。

通常，越是發達國家，發電燃料組合越是多元而均衡，因爲發電燃料組合越是多元化，電力供應受到外界干擾就越少，電力越能夠自主，電價也就越能夠得到控制。這個能源可靠安全的目標，是我們要建成一個自動管理的智慧電網的現實原因。

科學家一直努力發現乾淨、無污染的核電，幫助解決能源問題。有謂第四代核電可以在地下操作，放射物質一直重複使用到用盡爲止，沒有核廢料。另外，研發核聚變方法，實現能量增長。

再生能源的重要，是只有大量使用再生能源，才能達成氣候目標，避免對環境的污染或是生命的危害；另一方面，又幫助不生產傳統能源的國家建立經濟上能自立的主力能源。

再生能源

再生能源的選擇，在減碳、儲存兩大目標下，不外遵循能夠最大化就地取材的原則。

加拿大、巴西、挪威的森林及河川密佈，水力發電占六〇%以上。挪威雖然是產油國，石油卻多是輸出。

水電是當今最大的單一可再生能源，以具有競爭力的價格提供了世界一六% 的電力。它在一些包括發達國家的電力結構中占主導地位。但是水力發電不容易擴大規模，再生能源的發展難免受限。台灣的自然環境很適合發展綠能。它的日照充足比美洲都好，風力資源豐沛，高山綿延，可以有大量的水力發電。

太陽能

發展太陽能是最簡單直白，廣爲大眾接受的創造再生能源方式。太陽光業務單純。太陽能的採集，相對來說比較單純，只要搭建完成，設備沒損壞，太陽都會出來，等著經營收入。

太陽能發展除了美國和智利的傳統市場，還有墨西哥、巴西、阿根廷，以及中東和非洲日照豐沛的地區，都有很強的發展潛能。中國大陸石油聖地甘肅玉門轉型發展聚光型太陽能。台灣陽光遍地，太陽能是一種自然資源，應該認眞考慮。水上建立漂浮太陽能農場，也是很好的選擇，可以大量減少對昂貴土地的巨大需求。太陽能的收集因爲起落有時，發電廠必須配對電池存儲技術。

太陽能的另一個用途，是可以用於無人機，構建空中局域網，實現對地和對海面用戶大範圍網路覆蓋，可以爲偏遠山區、小型島礁提供通訊網路覆蓋解決方案。

風電

歐洲國家，例如英國、荷蘭、和北歐一些國家因爲地利自然建置風力發電，利用技術主導風能的發展。

根據英國研究報告，全球最好的二十個風場，有十六個在台灣海峽。但是，台灣有颱風及地震等天災，加上海床土壤液化問題，導致基礎結構不穩定度提高，即使在亞洲風機基礎結構裝置更長的基樁，可面對十七級強風，但是建置靜態成本高，投資回報週期長，風電硬體定期更換，本益比沒有足夠的說服力。完全棄風電制氫的說法，也不切現實。

再生能源選擇多元，太陽能及風力發電爲各國再生能源發展的首選，對台灣而言，台灣產業的製造能力卓越，可以借鑑電腦、晶片等的產業領域的成功經驗，以政府支援的大企業帶動本土廠商。無論是太陽能還是風電能，利用硬體工藝精湛技術，再次建構產業供應鏈，在發展再生能源元件的供應鏈上，取得關鍵地位。再生能源相關技術趨於成熟，成本會持續下滑，使再生能源投資更有競爭力。

再生能源選項也必須與生態平衡取得高度和諧，避免過度的開發，失去人類原有平靜的生活空間，誤入難以回復的自然風暴。

氫氣研究

製造光合作用中的氫氣變電力是再生能源重要研發方向。將氫氣從水中分解出來，再將氫氣貯存備用。

氫氣儲存下來，在空間上移轉，彷彿大型的廉價電池。氫動力車加氣的速度和行駛中的加速度都很快，加滿之後，可以行駛幾百英里。在燃燒過程中，氫動力汽車只排放水蒸氣。

綠氫只要有水、陽光或風力就可以綠能生產氫能。台灣得天獨厚有終年強烈的日照，可據此打造零排碳能源的出口大國，以全球爲目標，增加競爭力。

石油公司也適合發展氫氣。石油公司在煉油過程中使用了大量的氫，很熟悉如何大規模製造氫，如果能夠在提取氫的同時，捕集天然氣轉爲氫過程中排放的二氧化碳，結合碳捕獲和封存技術，將會是維護環境的好方法。氫有時候會再轉化爲氨，方便大型車輛大陸之間的運輸。

氫氣製造從技術發展看，是一種可能的解決方案。但氫的製造和運輸價格仍然很昂貴。想要氫燃料的客戶已經準備好了，但是需要等待氫的大規模應用條件。比較明顯的應用是，氫動能飛機，因爲綠能電池太重，影響承載，研發氫能用於大型的飛機，或是用於耗資能源的大型遊輪或是貨船，是值得推動的應用方向。氫不會很快成爲主要的能源來源，但是可以作爲其他再生能源的補充。無論用什麼方法，氫氣因爲減碳和儲存能量優點，未來有機會成爲主流能源之一。

科學技術不斷進步，我們還會發現其他能夠強化電力，分解壓縮輸送的新一代技術，幫助節約能源。

支持能源產業的重要目標，我們從三個方面來討論，第一，全國性電網；第二，儲能技術；第三，減碳節能。

全國性智慧電網

電網能力和儲能減碳技術是發展再生能源產業的重中之重。我們的目標是做出世界上最好規劃、設計和優化使用的數位爲本的自動化智慧電網。這個目標雖然看似大膽，但是可以做到。將電力立於能源最重要的中心位置，不再完全依賴石油和天然氣。

智慧電網是由政府自上而下的整體網路規劃和部署，由政府領導的整體網路規劃和部署對成功至關重要。這是一個由數位爲基礎的電信、互聯網、無線等智慧集成的關鍵技術，是智慧電網的精髓，做出提供穩定電力、優化節能和能源分配的合理方案。

再生能源項目最大的亮點是一個融合並優化各式能源和交易的智慧電網，沒有其他的技術像這個一樣重要。

數位智慧電網比起傳統電網，一是可以運行不同類型的流量，自動結合太陽能、風能、氫能、智慧儲能等間歇性資源；二是可以整合產銷者的交易。

電力系統　分散式

再生能源電力與傳統電力不同，是一種分散式電力，可以自電自發。過去的電力消費者轉型爲「產銷者」，也可以納入儲能電池與電動車等的區域電力。電力企業需要建立公平交易與自由競爭平台。

新的數位電網，結合交易平台，理解各式能源收集的情況，當新式再生能源加入供應系統，簡化新能源進入電網的流程，確保太陽能、風能這類「間歇性能源」自動安全進入電網，進一步通過改進的互聯標準，使各種各樣的發電和儲能系統容易接入。不同容量的發電和儲能設備、電壓等級都可以實現互聯。然後選定輸出，力求新能源無縫接入，隨插即用。

這個利用軟硬體和晶片建立的數位智慧電網技術，是一個自動化的電網，必須和發掘再生能源同步進行，搭配儲能，才能夠最善利用再生能源。讓再生能源供電成爲可預期、可調度、及可控制的穩定電源，也有效降低運營的成本。

如果電網完整，傳輸分配系統鋪設到位，無論氣象怎麼變化，總有再生能源可用，也可以不斷測量各式電力的效能，尖離峰用電規劃，甚至投資報酬率。

當電網總是在最佳負載下運行，我們更可以讓電動車通過這個新能源電網充電。當然，電力車也可以充當一個移動儲能裝置，在需要的時候，協同電廠發電。

智慧電網還有一個重要的功能，就是幫助在轉型綠能的過渡時期，也提供穩定電力。傳統電力的優勢在於容易貯存和運送，很難完全被淘汰，再生能源利用電池貯存，數位電網需要特別考慮備用電力的設計，以因應電力的急需陡增的情況。另外，設立更多的電纜，同時探討未來可能發展無線傳輸和光電轉換的方式，有彈性地把不同來源的電力輸送到各地。智慧電網對於電力的評估，有助於規劃轉型再生乾淨能源過程中，設置穩定電力。

政府推動經濟活動有效成長，支持私人企業主導的替代能源運作，以確保項目進展速度和財務回報。主管企業要有足夠的視野和高度，對智慧電網和科技能力有相當體認，幫助政府制定合適的電力政策。

發展再生能源的關鍵前提是供電穩定和安全。和許多領域的聯盟結成夥伴關係是一個謹慎向前邁進的方式。面對再生能源併網的技術操作，所有參與者應該要制定並遵循一個規範，確保電網的穩定和韌性，並對未來可能的變化預作準備，例如，儲能系統、快速反應的機制。

這種穩定聯盟帶領出一個產業體系，培養相關專業人才，支持能源相關科技開發能力。

消費者做的很少，所以工作必須由智慧網路和關鍵科技的力量承擔。消費者以經濟利益爲動力，而不是呼籲愛國口號。

當電網使用再生能源比例高時，除了確保達到區域的能源自主，不妨和臨近區域系統互聯，相互支援，穩定供電。數位智慧電網就是要將多種可再生能源，用自動化的方式集成到其電源中，提高電網的安全性或可靠性，實時掌握從電廠到消費者的每個電網環節，自動彈性調配電力，幫助客戶改變用電行為，達到節電效果。電網故障時，也能夠迅速找到問題，修復故障點，縮短復電的時間，使得整個地區都將受益。大規模集成數位電網技術，在歐洲和臨近國家之間，是比較容易實現的方式。在腹地比較小的地方，智慧電網需要更高的設計準確度。

建構最佳利用再生能源的電力和電網系統，是整個發展再生能源體系的重中之重。這些不是紙上談兵，不是研發摸索，不只是滿足某一個區域內供電需要，而是要建立一個實在的產業。這個產業能不能確保電力從它生產的地方送到需要的地方？產業具備什麼能力？佔據什麼地位？預算價格是不是合適？都是國家經濟發展確切而必須整體的規劃。這類有技術含量的公共建設，可以提升國內外投資和企業活動，帶動經濟，增加就業；並把好的產品和技術能力推廣到海外。

企業一般比政府掌握更多的資源，以美國為例，八十二%的資源在企業手中。用電產量巨大的電子產業可以考慮成為電力產銷者，自生自用。或是，鼓勵用電企業和官方大智慧電網合作，專用部分電能，企業自由選擇產業結構和能源配比、時段、備轉容量率，並進而「優化」使用，以節省能源和削減成本，也省去了外行管理電網的麻煩和失誤，並推動再生能源產業的商機。

考慮國家安全，產銷者之間交易，政府將是電力的唯一買家，負責智慧型網路整體規劃，確保供電穩定，用電安全，支援緊急不斷電功能。把握供應廉價電力，並且控制碳排放量。

電力安全

數位電網的智慧能力必須有助於快速識別、定位問題，提升能源電網的安全性。智慧電網的中央系統從眾多設備收集能源使用和輸配的數據，容易引發惡意攻擊和資訊篡改，破壞電網平衡，並造成計費系統混亂。這是一個相當關鍵和難度高的問題。

未來的網路應該更多利用電信和 IT 技術的數位網管經驗，使電網變得更爲聰明，更加安全。數位化電網需要提供持續監控輸配即時預警、預測性維修、和備用系統，以加速停機恢復。另外，當供電資訊在網路上公開，產業界及民眾可以有效配合使用電力，從需求面協助提高電力安全性。

唯有穩定供電，才能確保投資者信心和帶動經濟成長。能源發展關係國家安全，無論電力市場是否自由化，基礎建設還是掌握在大電廠手上。政府政策決定有相當的影響力，如果能夠認眞執行能源轉型，改變的速度會很快。

政府設立經濟發展的目標，我們要以這項科技專業知識能力和經驗，幫助國家在確保穩定能源供應的基礎上推動能源部署，調整產業結構，帶領重塑影響世界的力量。

儲能技術

電網儲能

電網需要一種方法來幫助分配，控制能源的使用。水力發電可靠水庫調節儲存電能，新開發的風能、太陽能等間歇性的能源，發電量不穩定，就需要找到合適的儲能設備穩定電力輸出。電池儲能可以幫助再生能源快速穩定供電，在電網突然跳電的時候，提供最即時穩定的電供給。

電池儲能系統充放電快速而且頻率調整比較容易。到目前爲止，電網儲能最好的方法是安裝非常大的「電網規模」（Grid Scale）電池，儲存可靠而且經濟實惠的清潔能源能量，在需要時釋放，充分利用再生能源的價值。如果遇到天災人禍，整個期間可能所有太陽能和風能都會中斷，電網及儲能也即時發揮作用。

製造大體積電池的技術非常困難，人類可說已經達到了某些物理極限，電網級儲能電池，目前還無法達到商業化規模。科學家還是會不斷尋找新的材料和提升技術能量密度，貯存尚未使用的太陽能和風電。解決電池易燃等安全問題，也至關重要。

電動車儲能

電池不僅僅是用於能源電網，移動式能源是高科技產業發展的重要目標，電池也是電動車發展的核心要件。

電動車是能源利用非常重要的一環。根據國際能源總署（IEA）統計，全球大約有五五%的石油量是消耗在道路上。對於一般大眾來說，使用電動車是其中距離最近也最容易實現的。

電動車要普及必須有兩項客觀條件：價格足夠低，和充電基礎設備足夠多。電池的能力是電動車發展的關鍵指標，它主導電動車性能和成本結構。目前，中國大陸電動車可以就地更換電池的充電樁已經做得很方便，美國也急於普及充電樁設施。當然，鋪設充電樁最好要因地制宜，否則恐造成局部電網無法承受。電池研發的主要目標，是能夠提升續航能力，加快充電或是更換電池的速度。研發電動車元件新晶片材料，也是要以能夠加快電池的充電速度，降低能量轉換損耗爲原則。

雖然傳統的汽車僅占整體碳排量七％。它或許不貢獻最大碳排量，但是需要的能源最多。從傳統的燃油車轉型到電動車和環保車，是項迫切問題。

當然，製造電網級儲能電池和車輛電池，被認爲是天差地遠。電網級儲能電池的難度，比車用電池高二十倍。

我們需要發揮更偉大的創造力，考慮其他的儲能物質和方法。

電池技術

電池壽命直接影響電動車壽命。電池能夠普及，有助於電動車的推廣，進一步防止氣候變遷。電池需求持續上揚，電池製造技術升級，競爭激烈，價格下滑。鋰電池因爲使用壽命長及電力密度高，同時容易維護，爬坡時馬力比較足的特性，適用於儲能系統，是目前儲能主流。中國在鋰電池製造居於世界領先地位。在鋰礦蘊藏量佔全球一半以上的南美洲，阿根廷尋求靠著和中國大陸的良好關係，在幫助世界擺脫化石燃料的關鍵產業上，也發展自己的電池及電動車。印度是鋰電池礦物原料大國，也努力轉型成爲鋰電池材料製造中心，挑戰大陸地位。另外，在水力礦產都豐富的地方，可以利用水力發電，降低想要生產電池發掘原料時所產生的二氧化碳。

氫氣燃料車，無論是以氫氣爲燃料，直接驅動車輛，或是以氫氣爲發電、運輸用途的氫燃料電池充電，有絕對優勢。大型石油公司，有龐大碳氫資源，也加入電池的研發。他們用的成本低和供應足的氫和溶解的溴儲存電力，比起需要取得稀有稀土金屬的鋰電池更爲穩定，但是氫能源系統保存及應用技術較難，成本較高，不如鋰電池容易商品化、市場化，它更適用於大型運輸車輛。

巴士和載貨卡車的廢氣，對環境造成不成比例的影響。轉型電動巴士是不可迴避的重要方向。這些運作基於完全不同的基礎建設和數位化系統。電動巴士耗電量較大，需要更快的充電速度。發展氫汽車提供乾淨的燃料，又能夠短充氣跑長程。這是一整套的準備工作。

日本、德國兩大汽車王國，汽車發展企業鼎盛。未來電動車必須電動化、智慧化、聯網化和共用化。這些新型汽車業需要投資許多新技術研發，許多資金必須用於電力、電池技術研發的相關領域。日本車廠生產電動車，也積極投資開發氫能電車，有助於卡車脫碳的目標。

從實用的角度來看，開發固態電池，也是一個選擇。固態電池小而輕巧、很好導電、密度更高、又不易燃。鈉電子電池技術材料容易取得，有成本優勢。不過，固態電池的研發仍有技術困難需要克服。

我們可以鋰電池單獨或配合使用其他種類電池材料。

科學家和企業持續尋求新科技，研發可重複充電的電池，或是利用人工智能機器學習，縮短選用金屬材料的流程，開發不同化學材料作爲陽極與陰極，主要目的是可以大幅提高產出，延長供電時間，並降低成本。如果能夠利用自動化方式，有效量產，對於消費性電子產品、電動車、再生能源儲存將會有革命性的貢獻。

儲能電池需求量大，但是，電池材料在小規模電池運作良好，未必在電網級電池運作良好。在各級電池使用效果還無法完全定案的情況下，電池系統要能夠多元化，而電池安全性是關鍵考量。

非洲國家跳過固定電話，直接使用手機，跳過傳統金融，直接升級至行動金融，現在則跳過燃油車，直接開電動車。

在電動車的安全性成熟之前，油電混合可以是最好的選擇。油電車近年最受到消費者青睞，部分是由於政府政策，部分是因爲電池科技的成本和方便性。

電動車的規劃和發展方向，需是強化電池供應鏈，以相對穩定的電池技術，配合有效率的產業政策，穩住電動車業產值。

減碳節能

我們關注再生能源完成之際，另一個重要的發展課題是減碳。

如果減碳速度落後，地球暖化速度會更加快，降雨不足，乾旱頻率增加，會嚴重影響糧食產出、水力發電和河川運輸等我們極力避免見到的能源短缺問題。

世界絕大部分國家支持的二〇五〇年之前達到「淨零排放」技術上看似可行，甚至負擔得起。當然，每一種方法也需要付出不同的社會和經濟代價，因爲包括建築材料和交通運輸等影響經濟的元素，都需要有所更新改變，可以說是非常艱難的事。

能源轉型不只是政策，還需要成爲新一代人心中的生活方式。食衣住行各方面，都需要規範努力。

我比較留意的是因爲氣候變遷導致糧食的供應不穩。從農場到餐桌全面零碳排，除了有計畫的嚴格降低使用殺蟲劑和抗生素，也考慮多利用植物製造動物蛋白質，以減少因飼養牲畜而產出的溫室效應氣體排放量，降低環境成本。這類產品如果在實驗室的細胞層次和營養上與動物產品沒有差別，又能夠把食用口感做得越像眞實肉類、海鮮和乳製品，並且降低售價，就可以和動物肉競爭並且量產，即便在研發的過程中，需要面臨相對嚴格的法規及冗長的審查過程。當然，我們還需要儘量減少糧食損失和浪費。

穿衣方面，從布料製作、調色、染色、上色等等，都有節約能源的空間。

智能房屋建築需要做到「夏天隔熱，冬天保暖」，建築節能、節水、節材、節地；做社區儲能，可以利用高低地形差距，爲一般生活作微型水力發電，各家安裝「智慧電錶」，瞭解用電的情況，規劃用電的方法；鼓勵企業花錢保育樹林吸碳，栽種有能源潛力的植物，長期淨化土地，自然碳匯，持續碳中和，同時維護自然環境；用電解水，轉成氫儲存；進一步，從大氣中直接捕獲二氧化碳，吸走超量排放的溫室氣體，同步發電，或是進行封存，都是保護環境的方法。

交通方面，航空運輸是溫室氣體排放成長最快來源，在短程旅行方面，可以鐵路代替飛機，消減碳排。推動共用車、電動車，引領各種代步工具電動化，設置充足的充電設施和加氫站，和在住家配備充電設施；長程交通的話，可以引進中國大陸領航的依靠慣性、節能無污染的高溫超導高速磁懸浮列車。當然，交通工具用電最好都來自再生能源，建置碳中和港口，開發綠色航空燃料。只不過，在製造交通工具的過程中因爲使用大量重金屬，也排放大量的溫室氣體，我們必須提高警覺，步步爲營，同時處理廢氣廢物。

這些都是希望用突破性技術幫助節能減碳。直接捕獲碳，是達成零碳的有效方案。碳捕捉技術實在太重要了。

科技公司用電多，公司內部有能力核查製程或是設備功能的效能，用技術優化用電，也可以進一步透過機器學習，在低峰期安排運算任務，調整用電，降低各個零件的耗電，探討全循環、零廢棄，並動員供應鏈，推動綠色製造。

我們可以把碳捕捉和封藏技術，以及其他幫助節能減碳方法，打造成一項服務，並且推廣應用，成爲一個服務的市場，不只是捕捉自身碳排，也爲其他高碳排企業提供服務。

我始終認爲技術創新終是可以解決問題，但我們還是在跟時間賽跑。政府推動發展技術的同時，在包括資金的取得、相關標準的制定、關鍵原料的掌控，應該提出短期、中長期的具體策略、實施路徑，和相關配套，緩解氣候暖化。發展再生能源和節能，需要在政府的政策幫助下，與相關領域結爲夥伴關係或是聯盟。

關於傳統能源生產者和消費者就業和收入的安排，我們應該作出相應的職訓和保障。

結語

我認爲替代能源技術是今日世界技術重中之重，推動這項技術和能力的工作，是國家級的政策，但是應由政府支持企業率先主導再生能源運作，優化項目進展速度和財務回報。

這個競爭將是極端激烈的，因爲很多國家已經跳進了這個領域。我們最初的目標可以類似於成功的集成電路和個人電腦行業，未必做到這個領域全球領導者，但可以是全球最快和第二最好。官商合作，擴充電網；並和相關領域策略聯盟，推動企業的影響力。

企業引導研發，新技術研發，因爲具有高度不確定性，政府應資助研究工作，並制定最受歡迎的政策，協助業界。以任務帶動技術，研究機構除了專注技術研究開發，更強調技術實用化，讓產業技術力進一步提升。我們鼓勵科學家做出根本性突破，例如，借鑒恆星內部源源產生能量的方法，實現能源增長。象牙塔式的探討推演，對與時間賽跑的再生能源產業，究竟是緩不濟急了。

發展再生能源和智慧電網、電網連接和管理、儲能系統、碳捕捉與封存的創新技術，在國家能源自主之後，強大的再生能源開發能力，將使成本變得更可管理，然後輸出應用到環境和需求相似的其他世界各國。

主事者的前瞻能力和魄力，是促使能源轉型過程平穩的關鍵。政府促成各方攜手合作共創價值，企業提供消費者使用便利，市場的回報，使產業建立生生不息的資源機制。

當然，一個可能的推進替代能源方案方式——「多說少做」也就是了。

寫於二〇〇八年十一月

第二十六章　春節應該設定在立春

陰曆年（春節）每年都在變，由於陰曆年必需是陰曆月（每月二十九或三十天，平均爲二九．五三天）的整數倍，所以陰曆一年不是三五四至三五五天（十二個月），就是三八三至三八四天（十三個月）。因爲不論是什麼曆法，一年都應該是三六五．二四天，這兩個數目都離平均數太遠。相對來看，陽曆一年三百六十五天，每四年加一天（閏年）變爲三百六十六天就合理多了。這個道理，中國人很早就明白了。《尚書．堯典》中就有下面這段記載：「汝羲暨和，期三百有六旬有六日，以閏月定四時成歲。允厘百工，庶績鹹熙。」

爲了使陰曆年平均爲三六五．二四天，陰曆以每十九年爲一週期，其中十二年爲十二個月，七年爲十三個月（閏年）。由於這些原因，每年的春節和上一年的春節至少差了十至十二天（無閏月），多達十八至二十天（有閏月）。因此每年的春節假期及春運都要重新規劃，對政府，單位，學校，家庭，及個人都造成了極大的浪費及不便。

中國自古以農立國，農民的作息都是以農曆的二十四節氣爲本。而第一個節氣就是立春，代表了一年的開始。二十四節氣是根據陽曆而非陰曆所定的。農民靠天（太陽而非月亮）吃飯，春耕，夏耘，秋收，冬藏，都是跟著二十四節氣也就是陽曆而非陰曆走的。可惜的是封建帝王，由於迷信守舊和缺乏科學發展觀，一直到清朝末年都是用陰曆，使得中國的曆法在陰陽曆間夾纏不清，嚴重的影響了整個國家科學和經濟的發展。

事實上，如果我們把所有陰曆新年的日期平均一下，如附表所示，平均值爲陽曆的二月四日至二月五日，也就是每年的立春日。如果國家把春節固定在立春，不但符合了傳統過年（整整一年過去了，每年都差不多一樣長，一元複始，萬象更新）的本意，也會節省了大量的資源及時間。政府，單位，學校，家庭，個人不需要每年重新規劃春節的運輸方案和行事曆。只要做一次後就可以年年重複使用。這樣去做，可以說是有百利而無一害的。

春節日期 New Year Dates			
鼠 Rat	子 Zǐ	1996.02.19	2008.02.07
牛 Ox	丑 Chǒu	1997.02.07	2009.01.26
虎 Tiger	寅 Yín	1998.01.28	2010.02.14
兔 Rabbit	卯 Mǎo	1999.02.16	2011.02.03
龍 Dragon	辰 Chén	2000.02.05	2012.01.23
蛇 Snake	巳 Sì	2001.01.24	2013.02.10
馬 Horse	午 Wǔ	2002.02.12	2014.01.31
羊 Sheep	未 Wèi	2003.02.01	2015.02.19
猴 Monkey	申 Shēn	2004.01.22	2016.02.08
雞 Rooster	酉 Yǒu	2005.02.09	2017.01.28
狗 Dog	戌 Xū	2006.01.29	2018.02.16
豬 Pig	亥 Hài	2007.02.18	2019.02.05

＊注：陰曆年每十九年爲一週期。其中七年爲閏年（十三個月—三百八十三／三百八十四天），十二年爲平年（十二個月—三百五十四／三百五十五天）。每十九年的陰曆新年平均值爲陽曆二月四日至五日。

寫於二〇一〇年六月二十八日

感謝同事親朋支持，得成此書。

本書版稅全部捐贈華山基金會。

PEOPLE 487

大其心：全美電信第一華人，貝爾實驗室全球執行副總裁許濬回憶錄

作　者—許濬
圖表提供—許濬
責任編輯—陳萱宇
主　編—謝翠鈺
行銷企劃—鄭家謙
封面設計—陳文德
美術編輯—菩薩蠻數位文化有限公司

董事長—趙政岷
出版者—時報文化出版企業股份有限公司
一〇八〇一九台北市和平西路三段二四〇號七樓
發行專線—（〇二）二三〇六六八四二
讀者服務專線—〇八〇〇二三一七〇五
（〇二）二三〇四七一〇三
讀者服務傳真—（〇二）二三〇四六八五八
郵撥—一九三四四七二四時報文化出版公司
信箱—一〇八九九　台北華江橋郵局第九九信箱
時報悅讀網—http://www.readingtimes.com.tw
法律顧問—理律法律事務所　陳長文律師、李念祖律師
印　刷—勁達印刷有限公司
初版一刷—二〇二二年十二月三〇日
定　價—新台幣六八〇元
缺頁或破損的書，請寄回更換

時報文化出版公司成立於一九七五年，
並於一九九九年股票上櫃公開發行，於二〇〇八年脫離中時集團非屬旺中，
以「尊重智慧與創意的文化事業」為信念。

大其心：全美電信第一華人,貝爾實驗室全球執行副總裁許濬回憶錄/許濬著. -- 初版. -- 台北市：時報文化出版企業股份有限公司, 2022.12
面；　公分. -- (People ; 487)
ISBN 978-626-335-754-9（平裝）
1.CST: 許濬 2.CST: 回憶錄

783.3886　　111011761

ISBN 978-626-335-754-9
Printed in Taiwan